Grundriss der deutschen Rechtsgeschichte

Begründet von
Prof. Dr. Rudolf Gmür †

fortgeführt von
Dr. Andreas Roth
Professor an der Universität Mainz

14. überarbeitete Auflage

Verlag Franz Vahlen München 2014

Zitiervorschlag: *Gmür/Roth* Grundriss Rechtsgeschichte Rn.

www.vahlen.de

ISBN 978 3 8006 4821 4

© 2014 Verlag Franz Vahlen GmbH
Wilhelmstraße 9, 80801 München
Druck: Druckhaus Nomos
In den Lissen 12, 76547 Sinzheim

Satz: R. John + W. John GbR, Köln
Umschlagkonzeption: Martina Busch Grafikdesign, Homburg Kirrberg

Gedruckt auf säurefreiem, alterungsbeständigem Papier
(hergestellt aus chlorfrei gebleichtem Zellstoff)

Vorwort zur 14. Auflage

In einer Zeit, in der – wie heute – das Recht einem ständigen und immer schneller werdenden Wandel unterworfen ist, wird die Besinnung auf die historischen Grundlagen immer wichtiger. Die Frage, was Recht überhaupt ist, kann ohne seine Geschichte nicht befriedigend beantwortet werden; denn das Recht ist selbst ein Produkt der Geschichte, was sowohl für die Rechtsordnung an sich gilt als auch für die Rechtswissenschaft und die Methodik. Wie Recht entsteht, unter welchen Bedingungen es funktioniert und warum bestimmte Rechtsinstitute untergehen, lässt sich anhand der Vergangenheit besonders gut beobachten. Dabei spielen die politischen, ökonomischen, sozialen und ideengeschichtlichen Einflüsse eine große Rolle, die in diesem Buch so weit wie möglich einbezogen werden.

Der Grundriss ist in erster Linie für Studierende der Rechtswissenschaft gedacht, die sich die historischen Wurzeln des Faches erarbeiten möchten. Es dient speziell zur Vorbereitung auf den an vielen Universitäten vorausgesetzten Grundlagenschein, bietet aber auch für jeden historisch Interessierten die Möglichkeit, sich über die Grundzüge der Rechtsgeschichte zu informieren. Der Inhalt ist zwar auf die Geschichte des deutschen Rechts ausgerichtet, nimmt aber an vielen Stellen die europäischen Bezüge mit auf, die in den letzten Auflagen noch verstärkt einbezogen wurden.

In dieser Neuauflage wurden einige wenige aktuelle Entwicklungen nachgetragen, an anderen Stellen neuere Forschungen berücksichtigt. Mitunter wurden Anregungen von Lesern aufgegriffen, die ich auch in Zukunft dankbar entgegennehme (aroth@uni-mainz.de).

Ich danke Herrn *Tillmann Gimm* für seine Mithilfe bei dieser Neuauflage.

Mainz, im Juli 2014 *Andreas Roth*

Inhaltsübersicht

Vorwort zur 14. Auflage	V
Inhaltsverzeichnis	XI
Abkürzungsverzeichnis	XVII

1. Kapitel. Einleitung ... 1
    A. Grundbegriffe ... 1
        I. Recht ... 1
        II. Gesetz – Gewohnheitsrecht ... 2
        III. Recht im engeren und weiteren Sinn ... 3
        IV. Rechtsgeschichte im engeren und weiteren Sinn ... 4
    B. Bedeutung der Rechtsgeschichte für den Juristen ... 4
    C. Begrenzung und Gliederung des Stoffes ... 6
        I. Geographische Begrenzung ... 6
        II. Zeitliche Begrenzung ... 6
        III. Institutionelle Begrenzung ... 7
        IV. Gliederung ... 8
    D. Schrifttum (zusammenfassende Werke in Auswahl) ... 9
        I. Grundrisse und Lehrbücher ... 9
        II. Andere Einführungsliteratur ... 9
        III. Handbücher ... 9
        IV. Werke über Teilbereiche der deutschen Rechtsgeschichte ... 9
        V. Werke über die Rechtsentwicklung in der ehemaligen DDR, in Österreich und der Schweiz ... 10
        VI. Gesamteuropäische Rechtsgeschichte ... 11
        VII. Lexikon ... 11
    E. Rechtsquellen ... 11
        I. Begriff ... 11
        II. Unmittelbare und mittelbare Rechtsquellen ... 11

2. Kapitel. Germanische Zeit (ca. 100 v.Chr.–ca. 500 n.Chr.) ... 13
    A. Quellen ... 13
        I. Cäsar, De bello gallico, 58–50 v.Chr., VI 21–28 ... 13
        II. Tacitus, Germania, 98 n.Chr. (unter Trajan) ... 13
    B. Grundzüge germanischer Stammesrechte ... 14
        I. Forschungsstand ... 14
        II. Gesellschaftsordnung ... 15
        III. Gerichtswesen ... 15
        IV. Unrechtsfolgen ... 15
        V. Privatrecht ... 16
    C. Zuverlässigkeit der Angaben von Tacitus? ... 17
    D. Dauer und örtlicher Bereich der geschilderten Verhältnisse ... 17
    E. Beurteilung des Rechts der germanischen Zeit ... 18

3. Kapitel. Fränkische Zeit (ca. 500–888) ... 21
    A. Vorbemerkungen ... 21
    B. Rechtsquellen ... 21
        I. Leges barbarorum (Volksrechte) ... 21
        II. Andere unmittelbare Rechtsquellen ... 24
        III. Mittelbare Rechtsquellen ... 24

C. Verfassung	25
I. Monarchie	25
II. Hofämter	26
III. Grafen und Zentenare – Beginn des Lehenwesens	27
IV. Grundherrschaft	28
V. Die Kirche	29
VI. Städte	30
VII. Ländliche Besitzverhältnisse	30
VIII. Heeresversammlungen	31
D. Recht im engeren Sinn	33
I. Gerichtswesen	33
II. Strafrecht	38
III. Privatrecht	40
E. Würdigung des fränkischen Rechts	41
4. Kapitel. Hochmittelalter (888 – ca. 1200)	**43**
A. Vorbemerkungen	43
B. Territoriale Neugestaltungen	43
C. Rechtsquellen	44
D. Weiterentwicklung fränkischer Institutionen	45
E. Lehensverhältnisse	46
I. Terminologisches	46
II. Entstehung	47
III. Das Lehenrecht	48
IV. Ausblick: Niedergang des Lehenwesens	51
F. Die Kirche im Feudalstaat	53
I. Vorbemerkungen: Geistige Grundlagen – Römisches Kirchenrecht	53
II. Papsttum	54
III. Bischöfe	55
IV. Abteien	57
V. Pfarreien	57
VI. Schlussbemerkung	59
G. Anfänge der Rezeption des römischen und kanonischen Rechts	60
I. Die Rechtswissenschaft in Italien	60
II. Einfluss auf die Praxis	63
5. Kapitel. Spätmittelalter (ca. 1200 – ca. 1500)	**65**
A. Vorbemerkungen	65
B. Verfassung	65
I. Allgemeines	65
II. Königtum und Kaisertum	66
III. Anfänge des Reichstags	70
IV. Die Landesherrschaft	71
V. Städte	73
C. Rechtsquellen	82
I. Quellen universalen Rechts,	82
II. Quellen des gemeinen Reichsrechts, dh des grundsätzlich im ganzen Reich geltenden Rechts:	82
III. Quellen partikulären Rechts	83
D. Privatrecht, Strafrecht und Prozessrecht	88
I. Privatrecht	88
II. Strafrecht	92
III. Strafprozessrecht	95
IV. Zivilprozessrecht	97
6. Kapitel. Frühe Neuzeit (ca. 1500–1806)	**99**
A. Vorbemerkungen	99
B. Reichsverfassung	102
I. Reichsreformbestrebungen um 1500	102

	II. Der Reichstag	103
	III. Der Kaiser	107
	IV. Weiterentwicklung der Reichsverfassung	108
	V. Beurteilung der Reichsverfassung	109
	VI. Ende der Reichsverfassung	110
C.	**Territorialverfassungen**	111
	I. Kräftigung der Landesherrschaft	111
	II. Konflikte mit den Landständen	113
	III. Aufbau moderner Staatswesen – Beispiele	115
D.	**Grundherrschaft**	118
	I. Terminologisches	118
	II. Rückblick auf die Entwicklung im Hoch- und Spätmittelalter	118
	III. Fortentwicklung in der frühen Neuzeit	118
	IV. Bäuerlicher Widerstand	119
	V. Ausblick: Aufhebung der Grundherrschaft	119
E.	**Markgenossenschaften**	121
	I. Terminologisches	121
	II. Ursprung: Entwicklung bis ca. 1500	121
	III. Fortentwicklung in der frühen Neuzeit	122
	IV. Besonderheiten in Westfalen als Beispiel einer Gegend mit vorherrschender Einzelhofsiedlung	123
	V. Auflösung der Markgenossenschaften	124
	VI. Rechtsnatur der Anteilsrechte an der gemeinen Mark nach ehemaligem und geltendem Recht	125
F.	**Zivilrecht und Zivilprozessrecht**	125
	I. Reichskammergerichtsordnung (1495)	125
	II. Stadt- und Landrechtsreformationen des 15.–17. Jahrhunderts	128
	III. Polizeiordnungen	129
	IV. Usus modernus Pandectarum	130
	V. Naturrecht	131
	VI. Kodifikationen	134
	VII. Zivilprozess	139
G.	**Strafrecht und Strafprozessrecht**	141
	I. Reformen unter Bewahrung des mittelalterlichen Strafrechtscharakters	141
	II. Reformpostulate der Aufklärungszeit	144
	III. Reformen der Aufklärungszeit	145
	IV. Strafrechtspostulate des deutschen Idealismus	147

7. Kapitel. Das Zeitalter des liberalen Rechtsstaates (1806–1900) 151
    A. **Zusammenbruch der mittelalterlichen Institutionen** 151
    B. **Verfassungen der Einzelstaaten** 153
        I. Freiheitsrechte 153
        II. Beteiligung des Volkes an der Gesetzgebung 156
        III. Bindung der Regierung (im weitesten Sinn) an Gesetze 158
        IV. Strafprozess-Reformen 159
        V. Gleichheitsgrundsatz 161
        VI. Allgemeine Wehrpflicht 162
        VII. Allgemeine Schulpflicht 162
        VIII. Universitätsreform 162
    C. **Die Einigung Deutschlands** 163
        I. Die Bundesakte v. 6. Juni 1815 163
        II. Die Gründung des Deutschen Zollvereins (1833) 163
        III. Die Frankfurter Reichsverfassung von 1849 (Paulskirchenverfassung) 163
        IV. Der norddeutsche Bund 164
        V. Die Reichsverfassung von 1871 164
    D. **Das Reichsstrafgesetzbuch von 1871** 167
    E. **Die Reichsjustizgesetze von 1877** 167
    F. **Das Reichshaftpflichtgesetz von 1871** 168
    G. **Gesetze über den gewerblichen Rechtsschutz** 168

H. Kulturkampfgesetze (1871–75) 169
J. Die Vereinheitlichung des bürgerlichen Rechts 170
  I. Thibauts Schrift »Über die Nothwendigkeit eines allgemeinen bürgerlichen Rechts für Deutschland« (1814) 170
  II. Savignys Gegenschrift »Vom Beruf unsrer Zeit für Gesetzgebung und Rechtswissenschaft« (1814) 171
  III. Historische Rechtsschule 172
  IV. Pandektenwissenschaft und deutsches Privatrecht 173
  V. Reichsgesetze bis 1871 174
  VI. Entstehung des BGB 175
K. Sozialversicherungs-, arbeits- und wirtschaftsrechtliche Gesetze 177
L. Zoll- und Steuergesetzgebung 179

✗ 8. Kapitel. Das Zeitalter des sozialen Rechtsstaates (20. Jahrhundert) 181
  A. Allgemeine Entwicklung – Verfassung 181
    I. Zustand um 1914 181
    II. Ende der konstitutionell-monarchischen Reichsverfassung (1918) 181
    III. Die Weimarer Reichsverfassung v. 11.8.1919 182
    IV. Die nationalsozialistische Zeit (1933–1945) 188
    V. Die Zeit der Herrschaft von Besatzungsmächten (1945–1949) 197
    VI. Das Grundgesetz für die Bundesrepublik Deutschland v. 23.5.1949 .. 200
    VII. Die DDR und die Wiedervereinigung der beiden deutschen Staaten . 212
  B. Entwicklung des Verwaltungsrechts 216
    I. Allgemeine Entwicklung 216
    II. Ausbau der Leistungsverwaltung 217
    III. Steuergesetzgebung 218
    IV. Verwaltungsrechtspflege 219
  C. Arbeitsrecht 220
  D. Wettbewerbsrecht 223
  E. Strafrecht und Strafprozessrecht 225
    I. Reformbestrebungen 225
    II. Widerstand der klassischen Strafrechtsschule 225
    III. Einzelreformen 226
  F. Zivilrecht 229
    I. Gesetzgebung 229
    II. Gerichtspraxis 232
    III. Rechtswissenschaft 233
  G. Zivilprozess 233

Namen- und Sachverzeichnis 235

Rechtssprichwörter 257

Inhaltsverzeichnis

Vorwort zur 14. Auflage V

Inhaltsübersicht VII

Abkürzungsverzeichnis XVII

1. Kapitel. Einleitung 1
    A. Grundbegriffe 1
        I. Recht 1
            1. objektives Recht (Recht in objektivem Sinn) 1
            2. subjektives Recht (Recht in subjektivem Sinn) 1
        II. Gesetz – Gewohnheitsrecht 2
        III. Recht im engeren und weiteren Sinn 3
        IV. Rechtsgeschichte im engeren und weiteren Sinn 4
    B. **Bedeutung der Rechtsgeschichte für den Juristen** 4
    C. **Begrenzung und Gliederung des Stoffes** 6
        I. Geographische Begrenzung 6
        II. Zeitliche Begrenzung 6
        III. Institutionelle Begrenzung 7
        IV. Gliederung 8
    D. Schrifttum (zusammenfassende Werke in Auswahl) 9
        I. Grundrisse und Lehrbücher 9
        II. Andere Einführungsliteratur 9
        III. Handbücher 9
        IV. Werke über Teilbereiche der deutschen Rechtsgeschichte 9
            1. Privatrechtsgeschichte 9
            2. Strafrechtsgeschichte 10
            3. Verfassungsgeschichte und Geschichte des öffentlichen Rechts 10
            4. Geschichte des Kirchenrechts 10
            5. Biographien/Geschichte der Rechtswissenschaft 10
        V. Werke über die Rechtsentwicklung in der ehemaligen DDR, in Österreich und der Schweiz 10
        VI. Gesamteuropäische Rechtsgeschichte 11
        VII. Lexikon 11
    E. Rechtsquellen 11
        I. Begriff 11
        II. Unmittelbare und mittelbare Rechtsquellen 11

2. Kapitel. Germanische Zeit (ca. 100 v.Chr.–ca. 500 n.Chr.) 13
    A. Quellen 13
        I. Cäsar, De bello gallico, 58–50 v.Chr., VI 21–28 13
        II. Tacitus, Germania, 98 n.Chr. (unter Trajan) 13
    B. Grundzüge germanischer Stammesrechte 14
        I. Forschungsstand 14
        II. Gesellschaftsordnung 15
        III. Gerichtswesen 15
        IV. Unrechtsfolgen 15
        V. Privatrecht 16
    C. Zuverlässigkeit der Angaben von Tacitus? 17
    D. Dauer und örtlicher Bereich der geschilderten Verhältnisse 17
    E. Beurteilung des Rechts der germanischen Zeit 18

3. Kapitel. Fränkische Zeit (ca. 500–888) ... 21
A. Vorbemerkungen ... 21
B. Rechtsquellen ... 21
    I. Leges barbarorum (Volksrechte) ... 21
        1. Name und Entstehung ... 22
        2. Die einzelnen Volksrechte ... 22
        3. Sprache, Aufbau und Inhalt ... 23
    II. Andere unmittelbare Rechtsquellen ... 24
        1. Kapitularien ... 24
        2. Konzilsbeschlüsse ... 24
    III. Mittelbare Rechtsquellen ... 24
        1. Formelsammlungen ... 24
        2. Urkunden über Grundstücksgeschäfte ... 25
        3. Urbare ... 25
        4. Rechtswissenschaftliche Bücher ... 25
        5. Chroniken ... 25
C. Verfassung ... 25
    I. Monarchie ... 25
    II. Hofämter ... 26
    III. Grafen und Zentenare – Beginn des Lehenwesens ... 27
    IV. Grundherrschaft ... 28
    V. Die Kirche ... 29
    VI. Städte ... 30
    VII. Ländliche Besitzverhältnisse ... 30
    VIII. Heeresversammlungen ... 31
D. Recht im engeren Sinn ... 33
    I. Gerichtswesen ... 33
        1. Dinggenossenschaft ... 33
        2. Königsgericht ... 37
        3. Grundherrliche Gerichte ... 37
    II. Strafrecht ... 38
    III. Privatrecht ... 40
E. Würdigung des fränkischen Rechts ... 41

4. Kapitel. Hochmittelalter (888 – ca. 1200) ... 43
A. Vorbemerkungen ... 43
B. Territoriale Neugestaltungen ... 43
C. Rechtsquellen ... 44
D. Weiterentwicklung fränkischer Institutionen ... 45
E. Lehensverhältnisse ... 46
    I. Terminologisches ... 46
    II. Entstehung ... 47
    III. Das Lehenrecht ... 48
        1. Lehensfähigkeit und Heerschildordnung ... 48
        2. Errichtung eines Lehensverhältnisses ... 49
        3. Persönliche Wirkungen der Belehnung ... 49
        4. Dingliche Wirkungen der Belehnung ... 50
    IV. Ausblick: Niedergang des Lehenwesens ... 51
F. Die Kirche im Feudalstaat ... 53
    I. Vorbemerkungen: Geistige Grundlagen – Römisches Kirchenrecht ... 53
    II. Papsttum ... 54
    III. Bischöfe ... 55
    IV. Abteien ... 57
    V. Pfarreien ... 57
    VI. Schlussbemerkung ... 59
G. Anfänge der Rezeption des römischen und kanonischen Rechts ... 60
    I. Die Rechtswissenschaft in Italien ... 60
        1. Vorbemerkungen: Aufschwung des Handelsrechts ... 60

2. Römisches Recht: Die Glossatoren	60
3. Kanonisches Recht	62
II. Einfluss auf die Praxis	63

5. Kapitel. Spätmittelalter (ca. 1200 – ca. 1500) 65
A. Vorbemerkungen 65
B. Verfassung 65
    I. Allgemeines 65
    II. Königtum und Kaisertum 66
        1. Geistige Grundlagen 66
        2. Schranken der monarchischen Gewalt – Widerstandsrecht 67
        3. Königs- und Kaiserwahl 68
        4. Krönung 70
    III. Anfänge des Reichstags 70
    IV. Die Landesherrschaft 71
    V. Städte 73
        1. Begriffsmerkmale 73
        2. Entstehung 73
        3. Verfassung 75
        4. Stadtherren 75
        5. Konflikte zwischen Städten und Stadtherren 75
        6. Innerstädtische Verfassungskämpfe 76
        7. Ausübung der städtischen Autonomie – Wirtschaftsrecht, besonders Zunftwesen 77
        8. Stadtrecht 79
        9. Stadtrechtsfamilien 80
        10. Ausblick: Niedergang der Städte in der frühen Neuzeit 80
        11. Anhang: Bürger, citoyen und »Bourgeois« 82
C. Rechtsquellen 82
    I. Quellen universalen Rechts, ... 82
    II. Quellen des gemeinen Reichsrechts, dh des grundsätzlich im ganzen Reich geltenden Rechts: 82
        1. Reichsgesetze 82
        2. Corpus iuris civilis 83
        3. Libri feudorum 83
        4. Literatur 83
        5. Einzelurkunden 83
    III. Quellen partikulären Rechts 83
        1. Unmittelbare Rechtsquellen 84
            a) Privileg 84
            b) Satzung (Einung, Willkür) 84
            c) Weistum 84
        2. Mittelbare Rechtsquellen 85
            a) Schöffensprüche 85
            b) Rechtsbücher 86
            c) Register 88
            d) Einzelurkunden 88
D. Privatrecht, Strafrecht und Prozessrecht 88
    I. Privatrecht 88
    II. Strafrecht 92
    III. Strafprozessrecht 95
    IV. Zivilprozessrecht 97

6. Kapitel. Frühe Neuzeit (ca. 1500–1806) 99
A. Vorbemerkungen 99
B. Reichsverfassung 102
    I. Reichsreformbestrebungen um 1500 102
        1. Ewiger Landfriede (1495) 102

Inhaltsverzeichnis

    2. Reichskammergericht (1495) 102
    3. Gemeiner Pfennig 103
    4. Reichsregiment (1500–1502, 1521–1530) 103
    5. Reichskreise 103
  II. Der Reichstag 103
    1. Zusammensetzung des Reichstags im 16.–18. Jahrhundert 104
    2. Verfahren 105
    3. Kompetenzen und tatsächliche Wirksamkeit 106
  III. Der Kaiser 107
  IV. Weiterentwicklung der Reichsverfassung 108
    1. Augsburger Religionsfrieden (1555) 108
    2. Der Westfälische Frieden (1648) 108
  V. Beurteilung der Reichsverfassung 109
  VI. Ende der Reichsverfassung 110
C. Territorialverfassungen 111
  I. Kräftigung der Landesherrschaft 111
  II. Konflikte mit den Landständen 113
  III. Aufbau moderner Staatswesen – Beispiele 115
D. Grundherrschaft 118
  I. Terminologisches 118
  II. Rückblick auf die Entwicklung im Hoch- und Spätmittelalter 118
  III. Fortentwicklung in der frühen Neuzeit 118
  IV. Bäuerlicher Widerstand 119
  V. Ausblick: Aufhebung der Grundherrschaft 119
E. Markgenossenschaften 121
  I. Terminologisches 121
  II. Ursprung: Entwicklung bis ca. 1500 121
  III. Fortentwicklung in der frühen Neuzeit 122
  IV. Besonderheiten in Westfalen als Beispiel einer Gegend mit vorherrschender Einzelhofsiedlung 123
    1. Hutegenossenschaften 123
    2. Nachbarschaften, Bauerschaften und Kirchspiele 123
  V. Auflösung der Markgenossenschaften 124
  VI. Rechtsnatur der Anteilsrechte an der gemeinen Mark nach ehemaligem und geltendem Recht 125
F. Zivilrecht und Zivilprozessrecht 125
  I. Reichskammergerichtsordnung (1495) 125
  II. Stadt- und Landrechtsreformationen des 15.–17. Jahrhunderts 128
  III. Polizeiordnungen 129
  IV. Usus modernus Pandectarum 130
  V. Naturrecht 131
  VI. Kodifikationen 134
    1. Codex Maximilianeus bavaricus civilis (1756) 135
    2. Das Preußische Allgemeine Landrecht (= ALR, 1794) 135
    3. Code civil (1804) 137
    4. Das österreichische Allgemeine Bürgerliche Gesetzbuch (= ABGB, 1811) 138
  VII. Zivilprozess 139
G. Strafrecht und Strafprozessrecht 141
  I. Reformen unter Bewahrung des mittelalterlichen Strafrechtscharakters 141
  II. Reformpostulate der Aufklärungszeit 144
    1. Christian Thomasius 145
    2. Montesquieu 145
    3. Beccaria 145
  III. Reformen der Aufklärungszeit 145
    1. Einzelreformen 145
    2. Kodifikationen 146
  IV. Strafrechtspostulate des deutschen Idealismus 147
    1. Kant 147

2. Paul Anselm Feuerbach 148
3. Ausblick: Auswirkungen in den Strafgesetzbüchern des 19. Jahrhunderts 149

7. Kapitel. Das Zeitalter des liberalen Rechtsstaates (1806–1900) 151
A. **Zusammenbruch der mittelalterlichen Institutionen** 151
B. **Verfassungen der Einzelstaaten** 153
   I. Freiheitsrechte 153
      1. Persönliche Freiheit 153
      2. Freiheit des Bodens 153
      3. Niederlassungsfreiheit 154
      4. Handels- und Gewerbefreiheit 154
      5. Ehefreiheit (Eheschließungsfreiheit) 154
      6. Glaubens- und Gewissensfreiheit 154
      7. Pressefreiheit 155
      8. Vereinsfreiheit 155
   II. Beteiligung des Volkes an der Gesetzgebung 156
   III. Bindung der Regierung (im weitesten Sinn) an Gesetze 158
      1. Der Grundsatz der gesetzmäßigen Verwaltung 158
      2. Der Grundsatz »nulla poena sine lege« 158
      3. Notwendigkeit der Begründung von Zivilurteilen 159
   IV. Strafprozess-Reformen 159
      1. Trennung von Voruntersuchung und Hauptverfahren 159
      2. Staatsanwaltschaft 159
      3. Öffentlichkeit, Mündlichkeit und Unmittelbarkeit des Hauptverfahrens 160
      4. Der Grundsatz der freien Beweiswürdigung 160
      5. Schwurgerichte 160
   V. Gleichheitsgrundsatz 161
   VI. Allgemeine Wehrpflicht 162
   VII. Allgemeine Schulpflicht 162
   VIII. Universitätsreform 162
C. **Die Einigung Deutschlands** 163
   I. Die Bundesakte v. 6. Juni 1815 163
   II. Die Gründung des Deutschen Zollvereins (1833) 163
   III. Die Frankfurter Reichsverfassung von 1849 (Paulskirchenverfassung) 163
   IV. Der norddeutsche Bund 164
   V. Die Reichsverfassung von 1871 164
D. **Das Reichsstrafgesetzbuch von 1871** 167
E. **Die Reichsjustizgesetze von 1877** 167
F. **Das Reichshaftpflichtgesetz von 1871** 168
G. **Gesetze über den gewerblichen Rechtsschutz** 168
H. **Kulturkampfgesetze (1871–75)** 169
J. **Die Vereinheitlichung des bürgerlichen Rechts** 170
   I. Thibauts Schrift »Über die Nothwendigkeit eines allgemeinen bürgerlichen Rechts für Deutschland« (1814) 170
   II. Savignys Gegenschrift »Vom Beruf unsrer Zeit für Gesetzgebung und Rechtswissenschaft« (1814) 171
   III. Historische Rechtsschule 172
   IV. Pandektenwissenschaft und deutsches Privatrecht 173
   V. Reichsgesetze bis 1871 174
      1. Allgemeine deutsche Wechselordnung (1848) 174
      2. Allgemeines deutsches Handelsgesetzbuch (1861) 174
      3. Dresdener Entwurf eines Obligationenrechts (1866) 174
   VI. Entstehung des BGB 175
K. **Sozialversicherungs-, arbeits- und wirtschaftsrechtliche Gesetze** 177
L. **Zoll- und Steuergesetzgebung** 179

8. Kapitel. Das Zeitalter des sozialen Rechtsstaates (20. Jahrhundert) 181
   A. Allgemeine Entwicklung – Verfassung 181
      I. Zustand um 1914 181
      II. Ende der konstitutionell-monarchischen Reichsverfassung (1918) 181
      III. Die Weimarer Reichsverfassung v. 11.8.1919 182
         1. Entstehung 182
         2. Inhalt 183
         3. Auswirkungen 185
      IV. Die nationalsozialistische Zeit (1933–1945) 188
         1. Lebenslauf Hitlers bis 1925 188
         2. Grundgedanken und propagandistische Erfolge Hitlers 188
         3. Hitlers Herrschaft 189
         4. Die Juristen im Dritten Reich 193
      V. Die Zeit der Herrschaft von Besatzungsmächten (1945–1949) 197
      VI. Das Grundgesetz für die Bundesrepublik Deutschland v. 23.5.1949 200
         1. Entstehung 200
         2. Inhalt 201
         3. Auswirkungen 207
         4. Wirtschaftliche Entwicklung 211
      VII. Die DDR und die Wiedervereinigung der beiden deutschen Staaten 212
   B. Entwicklung des Verwaltungsrechts 216
      I. Allgemeine Entwicklung 216
      II. Ausbau der Leistungsverwaltung 217
      III. Steuergesetzgebung 218
      IV. Verwaltungsrechtspflege 219
   C. Arbeitsrecht 220
   D. Wettbewerbsrecht 223
   E. Strafrecht und Strafprozessrecht 225
      I. Reformbestrebungen 225
      II. Widerstand der klassischen Strafrechtsschule 225
      III. Einzelreformen 226
   F. Zivilrecht 229
      I. Gesetzgebung 229
      II. Gerichtspraxis 232
      III. Rechtswissenschaft 233
   G. Zivilprozess 233

Namen- und Sachverzeichnis 235

Rechtssprichwörter 257

Abkürzungsverzeichnis

ABGB . . . . Österreichisches Allgemeines Bürgerliches Gesetzbuch (von 1811)
Abs. . . . . Absatz
ADHGB . . . . Allgemeines Deutsches Handelsgesetzbuch
ALR . . . . Preußisches Allgemeines Landrecht (von 1794)
Art. . . . . Artikel
Aufl. . . . . Auflage

Bd., Bde. . . . . Band, Bände
betr. . . . . betreffend
BGB . . . . Bürgerliches Gesetzbuch (von 1896)
BRD . . . . Bundesrepublik Deutschland
BVerfG . . . . Bundesverfassungsgericht

CDU . . . . Christlich-Demokratische Union

DAP . . . . Deutsche Arbeiterpartei
DDR . . . . Deutsche Demokratische Republik
dh . . . . das heißt
Dig . . . . Digesten
DKP . . . . Deutsche Kommunistische Partei

ECU . . . . European Coin Unit
EG . . . . Einführungsgesetz
EKD . . . . Evangelische Kirche Deutschlands
EU . . . . Europäische Union
EURATOM . . . . . Europäische Atomgemeinschaft
EWG . . . . Europäische Wirtschaftsgemeinschaft
EWS . . . . Europäisches Währungssystem

f. . . . . und folgende Seite (oder Randnummer)
FDP . . . . Freie Demokratische Partei
ff. . . . . und folgende Seiten (oder Randnummern)
Frhr. . . . . Freiherr

gegr. . . . . gegründet
Germ. . . . . Germania
Gestapo . . . . Geheime Staatspolizei
GG . . . . Grundgesetz
GVG . . . . Gerichtsverfassungsgesetz (von 1877)
GWB . . . . Gesetz gegen Wettbewerbsbeschränkungen

HGB . . . . Handelsgesetzbuch (von 1897)

i. . . . . in, im
ieS . . . . im engeren Sinn
InsO . . . . Insolvenzordnung
Inst. . . . . Institutionen
iwS . . . . im weiteren Sinn

Jhdt. . . . . Jahrhundert

KO . . . . Konkursordnung
KPD . . . . Kommunistische Partei Deutschlands

Lib. . . . . Liber (= Buch)

NATO . . . . Nordatlantikpakt
NSDAP . . . . Nationalsozialistische Deutsche Arbeiterpartei

Rn. . . . . Randnummer, Randnummern
RKG . . . . Reichskammergericht
RKGO . . . . Reichskammergerichtsordnung (von 1495)

S. . . . . Seite
s. . . . . siehe
SA . . . . Sturmabteilung
SED . . . . Sozialistische Einheitspartei Deutschlands
sog. . . . . sogenannte
SPD . . . . Sozialdemokratische Partei Deutschlands
SS . . . . Schutzstaffel
StGB . . . . Strafgesetzbuch (von 1871)

Tac. . . . . Tacitus

und . . . . und
UNO . . . . Vereinte Nationen
usw . . . . und so weiter
uU . . . . unter Umständen
UWG . . . . Gesetz gegen den unlauteren Wettbewerb

v. . . . . von/vom
vgl. . . . . vergleiche

zB . . . . zum Beispiel
ZGB . . . . Schweizerisches Zivilgesetzbuch (von 1907)
Ziff. . . . . Ziffer
ZPO . . . . Zivilprozessordnung (von 1877)
zT . . . . zum Teil

1. Kapitel. Einleitung

A. Grundbegriffe

I. Recht

Dieses Wort hat *zwei Bedeutungen*, die beide für die gesamte Rechtswissenschaft und damit auch für die Rechtsgeschichte grundlegend sind. Recht kann nämlich bedeuten:

1. objektives Recht (Recht in objektivem Sinn)

Hierunter ist zu verstehen die *Rechtsordnung*, die aus mehr oder weniger bestimmten Rechtssätzen, dh aus *abstrakten, für viele Fälle geltenden Rechtsregeln (Rechtsnormen)* besteht. Rechtssätze sind zB folgende Sätze aus dem ersten Artikel des Grundgesetzes:

»Die Würde des Menschen ist unantastbar.
Sie zu achten und zu schützen, ist Verpflichtung aller staatlichen Gewalt.«

Als weitere Beispiele seien drei Rechtssätze aus dem mittelalterlichen Strafrecht angeführt:

»Den Mörder soll man rädern;
den Brandstifter soll man brennen;
den Dieb soll man hängen.«

2. subjektives Recht (Recht in subjektivem Sinn)

Hierunter versteht man die *Berechtigung*, dh das, was einem oder einer Vielzahl von Berechtigten kraft objektiven Rechts, also der Rechtsordnung, zusteht: zB das durch Art. 1 GG gewährleistete Recht der Menschen auf Achtung der Menschenwürde; ganz allgemein das *Eigentum* der Menschen an den ihnen gehörenden Sachen; das *Forderungsrecht* eines Gläubigers gegenüber seinem Schuldner; das *Sorgerecht*; das *Erfinderrecht* des Erfinders und andere Rechte mehr.

Für die Rechtsgeschichte sind beide Bedeutungen von »Recht« wichtig. Ganz besonders aber ist es die Bedeutung von Recht als objektivem Recht, also als Rechtsordnung, die, wie erwähnt, aus mehr oder weniger bestimmt formulierten oder formulierbaren Rechtssätzen besteht. Solche Rechtssätze sind enthalten insbesondere in *Gesetzen* und gesetzesähnlichen Erlassen, außerdem aber auch in sog. *Gewohnheitsrecht*, das in alter Zeit eine überragende Rolle spielte.

1 Doppelbedeutung von »Recht«

2

II. Gesetz – Gewohnheitsrecht

Begriff Gesetz

3 **1. Gesetz** ist eine hoheitlich, zB vom Bundestag, erlassene *Ordnung, die mindestens einen Rechtssatz, meist aber mehrere, sinnvoll miteinander verbundene Rechtssätze enthält.* Heute gibt es in den europäischen Staaten viele Hunderte, ja Tausende von Gesetzen, und fast täglich kommen neue hinzu, die allerdings zum Teil nur schon bestehende Gesetze abändern oder an deren Stelle treten. Die heute geltenden Gesetze sind großenteils sehr umfangreich. So umfasst das *Bürgerliche Gesetzbuch von 1896 (= BGB)*, das, allerdings mit zahlreichen Änderungen, heute noch gilt, 2385 Paragrafen, von denen die meisten nicht nur einen, sondern mehrere Rechtssätze enthalten. In alter Zeit aber gab es nur wenige, großenteils recht kurze und in sehr alter Zeit überhaupt keine Gesetze. Aber es gab doch schon eine Rechtsordnung, die allerdings nur rudimentär ausgebildet war. Sie beruhte auf sog. Gewohnheitsrecht.

Begriff des Gewohnheitsrechts

2. Gewohnheitsrecht ist *objektives Recht, das kraft allgemeiner Rechtsüberzeugung seit langer Zeit von den Rechtsgenossen als Recht befolgt wird.* Eine solche Rechtsüberzeugung hatte meistens nur einen wenig präzisen Inhalt. So war man zwar schon in sehr alter Zeit davon überzeugt, dass man fremdes Eigentum achten müsse, also fremde Sachen weder wegnehmen noch beschädigen dürfe. Aber man hatte ursprünglich nur sehr unbestimmte Vorstellungen davon, was für Rechtsfolgen die Missachtung fremden Eigentums nach sich ziehe, ob zB die Wegnahme einer fremden Sache nur die Folge habe, dass die Sache dem Eigentümer zurückgegeben werden müsse, oder ob diesem darüber hinaus eine Sühne- oder Schadensersatzleistung, und wenn ja, in welcher Art und Höhe, gebühre. Daher ist es nur sehr beschränkt möglich, den Inhalt von solchem Gewohnheitsrecht präzis wiederzugeben, und können die meisten Rechtsordnungen, die in uralten Zeiten galten, höchstens in großen Zügen – also nicht in ihren Einzelheiten – erschlossen werden. In späteren Zeiten, etwa im Spätmittelalter, aber wurden manche gewohnheitsrechtliche Rechtssätze in bestimmten, formulierten Fassungen von Gerichten als geltendes Recht verkündet oder von rechtskundigen Personen privat (nicht amtlich) in sog. *Rechtsbüchern* (zB dem *Sachsenspiegel* von ca. 1220) aufgezeichnet. Soweit dies geschehen ist, kann ihr Inhalt ebenso genau erkannt werden, wie wenn er in einem Gesetz ausgesprochen worden wäre.

Entsprechendes gilt für gewohnheitsrechtliche Rechtssätze des modernen Rechts, die zwar neben dem heute vorherrschenden Gesetzesrecht nur eine bescheidene Rolle spielen, aber doch noch vorkommen und gelegentlich von einem Gericht verkündet werden: so etwa für den vor etwa 80 Jahren formulierten handelsrechtlichen Grundsatz:

»Wer im Geschäftsverkehr wie ein Kaufmann auftritt, muss sich gutgläubigen Dritten gegenüber wie ein Kaufmann behandeln lassen«. (Betr. den sog. »Scheinkaufmann kraft Auftretens«.)

III. Recht im engeren und weiteren Sinn

Im geltenden Recht wird diese Unterscheidung nicht getroffen. Auch in der Rechtsgeschichte ist sie nicht allgemein gebräuchlich; aber sie ist in ihr sinnvoll.

1. Unter **Recht im engeren Sinn** ist *das von den Gerichten gehandhabte objektive Recht* zu verstehen. Es umfasst also die von den Gerichten angewandten Rechtssätze. Zwischen Rechtsordnung und Gerichten bestand seit jeher ein enger Zusammenhang. Im Mittelalter war dieser sogar so stark, dass das Wort »Recht« damals gewöhnlich »Gericht« oder auch »gerichtliches Verfahren« bedeutete. Zu allen Zeiten, in denen es Gerichte gab, wurden von diesen unter anderem Streitigkeiten zwischen Privatpersonen über private Angelegenheiten, zB über die Frage, wem von ihnen ein bestimmtes Grundstück gehöre, entschieden. Maßgebend für solche Entscheide waren Rechtssätze des sog. *Privatrechts*, das stets zum Recht im engeren Sinne gehörte. Recht im engeren Sinne waren und sind aber auch die Rechtssätze des sog. *Strafrechts*, die für Rechtsbrüche bestimmte Strafen vorsehen, zB bestimmt geartete Todesstrafen für Mord, Brandstiftung und Diebstahl. Schließlich gehört zum Recht im engeren Sinne seit jeher auch das *Prozessrecht*, welches das Verfahren in gerichtlichen Streitigkeiten ordnet, zB bestimmt, wie eine Klage vor Gericht anzubringen ist, wie die Behauptungen der Parteien bewiesen werden können und in welcher Form das Urteil auszusprechen ist.

<small>Begriff des Rechts im engeren Sinn</small>

2. **Recht im weiteren Sinn** umfasst, außer dem Recht im engeren Sinn, solche *Rechtssätze, die nicht von Gerichten, sondern von anderen Herrschafts- oder Hoheitsträgern sowie von sozialen Verbänden gehandhabt werden.* Herrschafts- und Hoheitsträger dieser Art sind im geltenden Recht zB der Bundestag, der Bundeskanzler, der Bundespräsident, die Bundesministerien, der Landtag, der Regierungspräsident, der Oberstadtdirektor usw; ehemals gehörten zu ihnen zB der Kaiser, die Kurfürsten, die Landesherren und die Grundherren. Von sozialen Verbänden, die in älterer Zeit für das Recht im weiteren Sinne überaus wichtig waren, können, besonders für das Mittelalter, als Beispiele genannt werden die Familie, die Geburts- und Berufsstände, die städtischen Zünfte und die ländlichen Markgenossenschaften.

<small>Begriff des Rechts im weiteren Sinn</small>

Die Tätigkeit solcher Hoheitsträger und Verbände besteht und bestand größtenteils nicht in Rechtsprechung, sondern in Gesetzgebung, Verwaltung und Regierung und noch anderem. Sie kann allerdings heute großenteils durch Gerichte auf ihre Rechtmäßigkeit hin überprüft werden. Dies ist der Grund, aus dem die Unterscheidung zwischen objektivem Recht im engeren und im weiteren Sinn heute nicht mehr sinnvoll erscheint: Fast alle Rechtssätze können ja heute letzten Endes von Gerichten angewandt werden. Die gerichtliche Überprüfbarkeit der Rechtmäßigkeit von Gesetzen, Regierungs- und Verwaltungsmaßnahmen sowie von Handlungen im Bereich der Familie und

<small>Nichtanwendbarkeit dieser Unterscheidung auf modernes Recht</small>

<small>Anwendbarkeit auf älteres Recht</small>

anderen sozialen Bereichen ist aber erst ein Ergebnis des Ausbaus des modernen Rechtsstaates. Im Zeitalter des monarchischen Absolutismus, also besonders im 18. Jahrhundert, sowie im Mittelalter war nämlich eine gerichtliche Überprüfung etwa von Regierungs- und Verwaltungshandlungen nur sehr beschränkt möglich, und in sehr alter Zeit war sie wohl gänzlich ausgeschlossen. Dennoch gab es schon in jenen Zeiten mehr oder weniger feste Grundsätze über Rechte und Pflichten von Hoheitsträgern und Verbänden. Doch beruhte ihre Geltung und die Korrektheit ihrer Handhabung in viel höherem Maß auf den tatsächlichen Machtverhältnissen als die Tätigkeit der Gerichte, die schon in sehr alter Zeit weitgehend unparteiisch war.

IV. Rechtsgeschichte im engeren und weiteren Sinn

6 Diese Unterscheidung entspricht der von Recht im engeren und weiteren Sinn. Die *Rechtsgeschichte im weiteren Sinn umfasst:*

1. Die Rechtsgeschichte im engeren Sinn, dh die Geschichte des von Gerichten gewahrten objektiven Rechts, also vor allem des Privatrechts, Strafrechts und Prozessrechts;

2. die Verfassungsgeschichte (in einem etwas vagen, von den reinen Historikern verwendeten Sinn), dh die Geschichte des objektiven Rechts, soweit dieses nicht von Gerichten, sondern von anderen Herrschaftsträgern und sozialen Verbänden gewahrt wird.

Rechtsgeschichte im engeren Sinn und Verfassungsgeschichte in diesem etwas vagen Sinn stehen in enger Beziehung zueinander, ergänzen sich wechselseitig und lassen sich nicht streng voneinander scheiden. Sie werden daher in den rechtsgeschichtlichen Gesamtdarstellungen – so auch in diesem Buch – gemeinsam behandelt.

B. Bedeutung der Rechtsgeschichte für den Juristen

Ideale Bedeutung der Rechtsgeschichte

7 Die heute geltende Rechtsordnung ist in einer zum Teil nahen, zum Teil weit zurückliegenden Vergangenheit allmählich entstanden. Daran, dass sie ihre heutige Gestalt erhalten hat, waren viele wechselnde Umstände rein tatsächlicher Art als Ursachen beteiligt: zB wirtschaftliche und soziale Verhältnisse; der Stand der Technik und des Schreibvermögens; die Entwicklung der Sprache sowie der Fähigkeit und des Willens zu abstraktem, vielleicht sogar systematischem Denken; das jeweils herrschende religiöse und philosophische Denken; die sittlichen Anschauungen des Volkes, besonders seiner geistig führenden Schichten; schließlich der bei den Gesetzgebern meist vorhandene Wille, neue Gesetze in Anlehnung an überliefertes Recht zu gestalten. Es ist daher unmöglich, die geltende Rechtsordnung zu verstehen und zu würdigen, wenn man nichts oder nur wenig vom früheren Recht und den Tatsachen weiß, die auf seine Fortentwicklung bis zum gegenwärtigen Recht eingewirkt haben. Auch birgt die Vergangenheit

einen großen Schatz von Rechtsgedanken sowie von Erfahrungen darüber, wie sich jene in der Praxis bewährt haben. Er nötigt zu hoher Achtung vor den Rechtsschöpfungen früherer Generationen, daneben freilich auch zu kritischer Beurteilung von vielem, was entweder von Anfang an nicht befriedigend geordnet war oder doch unter heutigen Verhältnissen und nach modernen Maßstäben unbefriedigend erscheinen müsste.

Unentbehrlich, obwohl häufig nicht in ausreichendem Maß vorhanden, ist die Kenntnis der Rechtsgeschichte in der politischen Diskussion über die Fortgestaltung der Rechtsordnung.

Aus all diesen Gründen kann niemand als gebildeter Jurist angesehen werden, wenn er keine guten Kenntnisse der Rechtsgeschichte hat.

Es gab sogar eine Epoche, in der die Rechtsgeschichte die Methode der gesamten Rechtswissenschaft entscheidend bestimmt hat. Es war dies das Zeitalter der sog. *Historischen Rechtsschule*, einer nicht förmlich organisierten wissenschaftlichen Bewegung aus der ersten Hälfte des 19. Jahrhunderts, die mit gewissen Abschwächungen auch noch in der zweiten Hälfte des 19. Jahrhunderts herrschte und bis zur Gegenwart nachwirkt. Gründer der Historischen Rechtsschule waren die Römischrechtler *Friedrich Carl von Savigny* (1779–1861), der, wie kein anderer deutscher Jurist vor und nach ihm, höchsten Weltruhm erlangte, und, als Vertreter des germanisch-deutschen Rechts, *Karl Friedrich Eichhorn* sowie der berühmte Märchen-, Rechtsaltertümer- und Sprachforscher *Jacob Grimm*. Diese erklärten, die Rechtswissenschaft, und zwar im Sinn der Wissenschaft vom geltenden Recht, beruhe auf einer Verbindung von Rechtsgeschichte und Rechtssystematik. Diese Ansicht passte für ein Zeitalter, in dem das Recht nur zu einem geringen Teil in Gesetzen für das gesamte Deutschland kodifiziert war, während im Übrigen neben vielen Landesgesetzen aus der Antike überliefertes römisches Recht sowie altes deutsches Gewohnheitsrecht galt. Doch dauerte dieser Rechtszustand nur noch wenige Jahrzehnte lang. Er wurde entscheidend verändert, nachdem *Bismarck* 1871 die politische Einigung Deutschlands ohne Österreich zustandegebracht hatte. Noch 1871 wurde ein *Reichsstrafgesetzbuch* erlassen. Wenige Jahre später (1877) folgte der Erlass der heute mit Abänderungen geltenden *Reichsstrafprozessordnung* und *Reichszivilprozessordnung*, und gut zwei Jahrzehnte später, am 1.1.1900, trat das deutsche *Bürgerliche Gesetzbuch (BGB)* in Kraft, durch das das ehemals geltende, teils römisch-rechtliche, teils germanisch-rechtliche gemeine Privatrecht und die geltenden partikulären Privatrechtsordnungen, zB das *preußische Allgemeine Landrecht v. 1794*, abgelöst wurden. Seitdem ist historisches Verständnis nicht mehr in einem so überragenden Ausmaß wie früher für die Entscheidung von Rechtsfällen notwendig. Denn diese richtet sich jetzt meistens nach dem Text jener großen Gesetze, die im Allgemeinen so klar abgefasst sind, dass sie auch ohne geschichtliche Überlegungen verstanden werden können.

8 Grundlegende Bedeutung im Zeitalter der Historischen Rechtsschule (19. Jhdt.)

Rückgang dieser Bedeutung seit 1871

Die Auffassungen der Historischen Rechtsschule wirken aber mit guten Gründen nach bis zur Gegenwart und werden auch in Zukunft

9

Praktische Bedeutung der Rechtsgeschichte

ihr Gewicht behalten. Jeder Rechtsstudent soll daher Rechtsgeschichte studieren, dies weniger aus rein praktischen Gründen, obwohl es nach wie vor viele Fälle gibt, die ohne Kenntnis der Rechtsgeschichte überhaupt nicht gelöst werden können (so besonders bei Rechtsfragen aus Bereichen, die, wie etwa Jagd, Fischerei und Waldgenossenschaften, beim Erlass des Bürgerlichen Gesetzbuches bewusst nicht vereinheitlicht, sondern der Weitergeltung des Landesrechts überlassen wurden). Im Übrigen soll das Studium der Rechtsgeschichte vor allem der allgemeinen Bildung des Juristen dienen. Denn die Geschichte lehrt uns, wie Recht entsteht, wie es sich weiterentwickelt, ob und unter welchen Bedingungen es funktioniert und warum manche Rechtsinstitute untergehen. Üblicherweise wird es an den Beginn des Studiums gestellt. Dies hat den Vorteil, dass an Kenntnisse angeknüpft werden kann, die der Student vom Deutsch-, Geschichts- und Lateinunterricht an den Gymnasien mitbringt. Auch bildet die Rechtsgeschichte gleichsam ein Fundament der Rechtswissenschaft, mit dessen Errichtung der Bau des Ganzen zu beginnen hat.

C. Begrenzung und Gliederung des Stoffes

I. Geographische Begrenzung

10 Über das Gesamtthema »Deutsche Rechtsgeschichte« gibt es viele Bücher, die besonders seit einer 1803–1843 erschienenen vierbändigen »Deutschen Staats- und Rechtsgeschichte« von *Eichhorn* (→ Rn. 8) entstanden sind. Auch werden spätestens seit jener Zeit an allen deutschen Universitäten Vorlesungen über deutsche Rechtsgeschichte gehalten. Man könnte dieses Thema so auffassen, dass es nur die Geschichte des Rechts deutschen, also letztlich germanischen Ursprungs, zum Gegenstand habe, also nicht etwa auch das Recht römischen Ursprungs, das infolge seiner sog. *Rezeption* vom Mittelalter bis zum Ende des 19. Jahrhunderts in Deutschland weitgehend angewandt wurde und das Recht germanischen Ursprungs stark zurückdrängte. Indessen behandeln fast alle Lehrbücher der deutschen Rechtsgeschichte die Geschichte des Rechts schlechthin, das in Deutschland und ehemals deutschen Gebieten gegolten hat, gleichgültig welches sein Ursprung war. Das vorliegende Buch folgt insoweit jenem Ansatz. Häufig wird es auch auf außerdeutsche Verhältnisse hinweisen, teils wegen ihres Zusammenhangs mit der deutschen Rechtsentwicklung, teils um deren Eigenart besser hervortreten zu lassen.

Einbeziehung des rezipierten römischen Rechts

II. Zeitliche Begrenzung

Einbeziehung der germanischen und fränkischen Zeit

11 Zeitlich beginnen fast alle jene Werke und Vorlesungen mit dem Recht der sog. *germanischen Zeit*, die von etwa 100 v. Chr. bis etwa 500 n. Chr. gedauert hat. Sodann behandeln sie ausführlich das Recht

der *fränkischen Zeit* (auch als Frühmittelalter bezeichnet), dh der Zeit von ca. 500 bis ca. 900, genauer bis 888, dem Jahr des Auseinanderfallens des fränkischen Reiches. Zwar hat sich ein zunächst als *regnum Teutonicorum* bezeichnetes deutsches Reich *erst nach 888* gebildet, und daher ist es nicht ganz unbedenklich, schon für die vorangegangene Zeit von einem deutschen Recht zu sprechen. Dennoch ist es gerechtfertigt, wenn dies geschieht und wenn somit auch das Recht der fränkischen, ja auch der germanischen Zeit, als deutsches Recht in die Darstellung der deutschen Rechtsgeschichte einbezogen wird. Denn das Recht des regnum Teutonicorum war größtenteils schon in fränkischer Zeit entstanden, und das Recht der fränkischen Zeit beruhte seinerseits weitgehend auf einer Fortbildung des Rechts der germanischen Zeit.

Die eingehende Beschäftigung mit dem Recht der germanischen und fränkischen Zeit empfiehlt sich noch aus einem anderen Grund: Sie fördert das *Verständnis für die Gemeinsamkeiten des abendländischen Rechts*, weil das Recht jener Zeiten mehr oder weniger gemeinsames Recht aller westeuropäischen Völker war und, wie das römische Recht, zu den gemeinsamen geschichtlichen Grundlagen des abendländischen Rechts schlechthin gehört. Auch in diesem Buch soll daher das zum Teil recht pittoreske Recht jener Zeiten mitbehandelt werden.

III. Institutionelle Begrenzung

In manchen Lehrbüchern und Vorlesungen über deutsche Rechtsgeschichte wird die Geschichte nicht des gesamten objektiven Rechts, sondern nur eines Hauptteils desselben, nämlich des sog. *öffentlichen Rechts*, geboten. Das *öffentliche Recht regelt die Rechtsbeziehungen der Hoheitsträger untereinander sowie der Hoheitsträger zu den einzelnen Menschen*. Wichtige Teilgebiete des öffentlichen Rechts sind das *Verfassungs- und das Verwaltungsrecht*, die größtenteils erst seit knapp 100 Jahren, dh seit der Einführung der Verfassungs- und Verwaltungsgerichtsbarkeit, eindeutig zum Recht im engeren Sinn (→ Rn. 4) gehören. Ferner gehören zum öffentlichen Recht das *Strafrecht* und das *Prozessrecht*, also zwei Kerngebiete des Rechts im engeren Sinn. Allerdings werden sie nicht immer als Teile des öffentlichen Rechts, sondern häufig als besondere Rechtsgebiete betrachtet.

12

Öffentliches Recht

Strafrecht
Prozessrecht

Das Gegenstück zum öffentlichen Recht bildet das *Privatrecht*, das auch *Zivilrecht* oder *bürgerliches Recht* genannt wird. Dieser Teil der Rechtsordnung *regelt die Beziehungen der einzelnen Menschen zueinander*, indem er zB Rechtssätze über den Abschluss und die Wirkung von Verträgen, über den Erwerb und die Wirkungen des *Eigentums* an beweglichen Sachen und Grundstücken sowie über Eingehung und Wirkungen der *Ehe* enthält.

13

IV. Gliederung

Chronologische Gliederung

14 Jede wissenschaftliche Arbeit bedarf einer äußeren Gliederung nach einem grundlegenden Einteilungsprinzip. In Schrifttum und Vorlesungen über deutsche Rechtsgeschichte ist dieses Einteilungsprinzip fast durchweg das *chronologische*, also nach Epochen, deren Behandlung ihrerseits nach institutionellen Gesichtspunkten, etwa nach Verfassungsrecht, Strafrecht und Prozessrecht, untergliedert zu werden pflegt.

Einzelne Epochen

Auch dieses Buch ist so gegliedert, und zwar werden in ihm folgende Epochen gebildet:

1. Germanische Zeit, ca. 100 v. Chr. bis ca. 500 n. Chr., eine Zeit, in der das heutige Deutschland teils von den Römern – teils von unabhängigen germanischen Völkerschaften – civitates – besiedelt war.

2. Fränkische Zeit, auch als *Frühmittelalter* bezeichnet, ca. 500 bis ca. 900 (genau: bis zum Auseinanderfallen des fränkischen Reiches im Jahr 888), eine Zeit, in der erhebliche Teile des heutigen Deutschlands zum fränkischen Reich gehörten. Die fränkische Zeit wird unterteilt in die *Merowingerzeit*, ca. 500 bis ca. 750, und die *Karolingerzeit*, ca. 750 bis 900.

3. Hochmittelalter, ca. 900 bis ca. 1200. (Viele rechnen zum Hochmittelalter die Zeit bis zum Ende des sog. Interregnum, 1273).

4. Spätmittelalter, ca. 1200 bis ca. 1500. Zu ihm gehört unter anderem das Zeitalter der beginnenden *Renaissance* (15. Jahrhundert) und des beginnenden *Humanismus* (ab ca. 1450).

5. Frühe Neuzeit, ca. 1500 bis ca. 1800. Zu ihr gehören unter anderem das Zeitalter der *Reformation* und *Gegenreformation* (16. Jahrhundert), auf das manche Autoren die Bezeichnung »frühe Neuzeit« beschränken; ferner das Zeitalter der *Aufklärung* (18. Jahrhundert, nach manchen Autoren auch schon das 17. Jahrhundert).

Hochmittelalter, Spätmittelalter und frühe Neuzeit bilden für die deutsche Rechtsgeschichte insgesamt die Zeit des *Heiligen Römischen Reiches Deutscher Nation*, welches mit der Kaiserkrönung Ottos I. im Jahr 962 begann und mit der Ablegung der Kaiserkrone durch Franz II. im Jahr 1806 aufhörte.

6. Das Zeitalter des liberalen Rechtsstaates (1806–1900).

7. Das Zeitalter des sozialen Rechtsstaates (20. Jahrhundert).

Abweichung von dieser Gliederung

Dieser chronologische Aufbau wird nicht an allen Stellen des Buches streng eingehalten. Institutionen wie Grundherrschaft und Lehenwesen, die mehrere Epochen überdauert haben, werden im Rahmen derjenigen behandelt, in der sie am stärksten hervorgetreten sind, und zwar in der Weise, dass jeweils unmittelbar anschließend an den damals herrschenden Rechtszustand dessen in der Folgezeit eingetretene

Änderungen aufgezeigt werden. Diese Straffung soll bewirken, dass Gesamtbedeutung und Entwicklungsgeschichte der so dargestellten Institutionen deutlich hervortreten.

D. Schrifttum (zusammenfassende Werke in Auswahl)

I. Grundrisse und Lehrbücher

15

Bader, K. S./Dilcher, G.: Deutsche Rechtsgeschichte, 1999, 853 S.
Hähnchen, S.: Rechtsgeschichte. 4. Aufl. 2012, 459 S.
Eisenhardt, U.: Deutsche Rechtsgeschichte, 6. Aufl. 2013, 521 S.
Köbler, G.: Deutsche Rechtsgeschichte, 6. Aufl. 2005, 308 S.
Kroeschell, K.: Deutsche Rechtsgeschichte, Bd. 1 (bis 1250), 13. Aufl. 2008, 345 S.; Bd. 2 (1250–1650), (zusammen mit: *Nehlsen-von Stryk, K./Cordes,* A.) 9. Aufl. 2008, 333 S.; Bd. 3 (seit 1650), 5. Aufl. 2008, 310 S.
Meder, S.: Rechtsgeschichte, 4. Aufl. 2011, 509 S.
Mitteis, H./Lieberich, H.: Deutsche Rechtsgeschichte, 19. Aufl. 1992, 570 S.
Senn, M.: Rechtsgeschichte. Ein kulturhistorischer Grundriß, 4. Aufl. 2007, 482 S.
Wesel, U.: Geschichte des Rechts. Von den Frühformen bis zum Vertrag von Maastricht, 4. Aufl. 2014, 651 S.

II. Andere Einführungsliteratur

Coing, H.: Epochen der Rechtsgeschichte in Deutschland, 4. Aufl. 1981, 139 S.
Hattenhauer, H.: Die geistesgeschichtlichen Grundlagen des deutschen Rechts, 4. Aufl. 1996, 475 S.
Laufs, A.: Rechtsentwicklungen in Deutschland, 6. Aufl. 2006, 546 S.

III. Handbücher

Conrad, H.: Deutsche Rechtsgeschichte, Bd. 1: Frühzeit und Mittelalter, 2. Aufl. 1962 (Neudruck 1982), 496 S.; Bd. 2: Neuzeit bis 1806, 1966 (Neudruck 1982), 552 S.

IV. Werke über Teilbereiche der deutschen Rechtsgeschichte

1. Privatrechtsgeschichte

Mitteis, H./Lieberich, H.: Deutsches Privatrecht, 10. Aufl. 1988, 198 S.
Schlosser, H.: Grundzüge der neueren Privatrechtsgeschichte, 10. Aufl. 2005, 316 S.
Wesenberg, G./Wesener, G.: Neuere deutsche Privatrechtsgeschichte, 4. Aufl. 1985, 304 S.
Wieacker, F.: Privatrechtsgeschichte der Neuzeit, 2. Aufl. 1967, 659 S.

2. Strafrechtsgeschichte

Rüping, H./Jerouschek, G.: Grundriß der Strafrechtsgeschichte, 6. Aufl. 2011,136 S.
Schmidt, E.: Einführung in die Geschichte der deutschen Strafrechtspflege, 3. Aufl. 1965 (unveränderter Nachdruck 1995), 481 S.
Vormbaum, T.: Einführung in die moderne Strafrechtsgeschichte, 2009, 311 S.

3. Verfassungsgeschichte und Geschichte des öffentlichen Rechts

Boldt, H.: Deutsche Verfassungsgeschichte, Bd. 1 (bis 1806), 3. Aufl. 1994, 377 S.; Bd. 2 (von 1806 bis zur Gegenwart) 2. Aufl. 1993, 400 S.
Duchhardt, H.: Deutsche Verfassungsgeschichte 1495–1806, 1991, 270 S.
Frotscher, W./Pieroth, B.: Verfassungsgeschichte, 12. Aufl. 2013, 417 S.
Grimm, D.: Deutsche Verfassungsgeschichte 1776–1866, 3. Aufl. 1995, 270 S.
Huber, E. R.: Deutsche Verfassungsgeschichte seit 1789, 7 Bde., 1957–1985, 1982–1992 sind von den 5 ersten Bänden Neuauflagen erschienen, ferner 1991 als 8. Bd. ein Register. Insgesamt über 7.000 S.
Menger, C.-F.: Deutsche Verfassungsgeschichte der Neuzeit, 8. Aufl. 1993, 227 S.
Stolleis, M.: Geschichte des öffentlichen Rechts in Deutschland, 4 Bde., 1992–2012. Insgesamt über 2000 S.
Willoweit, D.: Deutsche Verfassungsgeschichte, 6. Aufl. 2009, 486 S.

4. Geschichte des Kirchenrechts

Feine, H.-E.: Kirchliche Rechtsgeschichte, 1. Bd.: Die katholische Kirche, 5. Aufl. 1978, 788 S.

5. Biographien/Geschichte der Rechtswissenschaft

Kleinheyer, G./Schröder, J.: Deutsche und europäische Juristen aus neun Jahrhunderten, 5. Aufl. 2008, 603 S.
Stintzing, R./Landsberg, E.: Geschichte der deutschen Rechtswissenschaft, 3 Bde., 1880–1910 (unveränderter Neudruck 1978). Insgesamt 3.369 S.
Schröder, K.-P.: Vom Sachsenspiegel zum Grundgesetz. Eine deutsche Rechtsgeschichte in Lebensbildern, 2001, 276 S.
Stolleis, M. (Herausgeber): Juristen. Ein biographisches Lexikon. Von der Antike bis zum 20. Jahrhundert, 2001, 719 S.
Wolf, E.: Große Rechtsdenker der deutschen Geistesgeschichte, 4. Aufl. 1963, 803 S.

V. Werke über die Rechtsentwicklung in der ehemaligen DDR, in Österreich und der Schweiz

Brunner, G.: Einführung in das Recht der DDR, 2. Aufl. 1979, 224 S.
Baltl, H./Kocher, G.: Österreichische Rechtsgeschichte, 10. Aufl. 2004, 344 S.
Brauneder, W./Lachmayer, F.: Österreichische Verfassungsgeschichte, 11. Aufl. 2009, 292 S.
Lehner, O.: Österreichische Verfassungs- und Verwaltungsgeschichte, 4. Aufl. 2007, 440 S.
Carlen, L.: Rechtsgeschichte der Schweiz, 3. Aufl. 1988, 129 S.

Heusler, A.: Schweizerische Verfassungsgeschichte, 1920 (Neudruck 1968), 392 S.
Peyer, H. C.: Verfassungsgeschichte der alten Schweiz, 1978 (Nachdruck 1980), 160 S.

VI. Gesamteuropäische Rechtsgeschichte

Coing, H.: Europäisches Privatrecht, 2 Bde., über 1.300 Seiten, 1985, 1989.
Hattenhauer, H.: Europäische Rechtsgeschichte, 4. Aufl. 2004, 955 S.
Schmoeckel, M.: Auf der Suche nach der verlorenen Ordnung. 2000 Jahre Recht in Europa. Ein Überblick., 2005, 600 S.
Schlosser, H.: Neuere Europäische Rechtsgeschichte, 2012, 398 S.

VII. Lexikon

Erler, A./Kaufmann, E. (Hrsg.): Handwörterbuch zur deutschen Rechtsgeschichte. 1964–1998, 5 Bände. Insgesamt über 10.200 Spalten, 2. Aufl., seit 2004 (achtzehn Lieferungen erschienen).

E. Rechtsquellen

I. Begriff

Rechtsquellen (= Rechtserkenntnisquellen) sind die ursprünglichen Dokumente und anderen Zeugnisse, aus denen das ehemalige und das geltende objektive Recht erkannt werden kann.   16

II. Unmittelbare und mittelbare Rechtsquellen

1. Unmittelbare Rechtsquellen geben im Wortlaut Rechtssätze wieder, die von Gerichten und anderen Hoheitsträgern anzuwenden sind. Sie sind für die Erkenntnis des ehemaligen Rechts besonders wichtig. Für die ältere Zeit bestehen sie fast ausnahmslos aus *schriftlichen Dokumenten* mit Aufzeichnungen insbesondere von Gesetzen und gesetzesähnlichen Erlassen, aber auch von *Gewohnheitsrecht* (also von Rechtssätzen, die aus allgemeiner Rechtsüberzeugung seit langer Zeit gehandhabt und befolgt wurden, obwohl sie niemals von einem Hoheitsträger als Gesetz erlassen worden waren (→ Rn. 3).   17   Begriff der unmittelbaren Rechtsquellen

2. Mittelbare Rechtsquellen sind Rechtsquellen, aus denen ehemals oder heute geltendes objektives Recht erschlossen werden kann. Die durch mittelbare Rechtsquellen erlangte Kenntnis ist meistens nicht so sicher und nicht so genau wie die durch unmittelbare Rechtsquellen ermöglichte Kenntnis. Aber es sind viel mehr mittelbare als unmittelbare Rechtsquellen auf uns gekommen, ja für einzelne, be-   18   Begriff der mittelbaren Rechtsquellen

Beispiele

sonders für sehr alte Zeiten, gibt es überhaupt nur mittelbare Rechtsquellen, so für die germanische Zeit, weitgehend aber auch für das 10.–12. Jahrhundert, also das Hochmittelalter. Sie sind denn auch für die Erforschung der Rechtsgeschichte unentbehrlich. Zu ihnen gehören *Urkunden* über Gerichtsentscheide und einzelne Verträge; ferner schriftliche Register, etwa über Geburt, Eheschließung und Tod von Personen oder über Rechtsverhältnisse an Grundstücken; weiterhin altes und neues *Kartenmaterial*; desgleichen *chronikalische Aufzeichnungen*; mit starken Vorbehalten auch die ältere und neue *schöne Literatur*; ebenso *Bildwerke* und Skulpturen; sodann *archäologische Gegenstände*: zB die Überreste alter Gerichtsstätten, Burg- und Schlossanlagen, Rathäuser und Stadtmauern, Kirchen, Grenzzeichen, Flurformen, Strafvollzugs-Werkzeuge.

2. Kapitel. Germanische Zeit (ca. 100 v.Chr.–ca. 500 n.Chr.)

A. Quellen

Es gibt aus der germanischen Zeit gar keine unmittelbaren und nur wenige mittelbare Rechtsquellen. Soweit diese schriftlich sind, stammen sie ausschließlich von römischen, nicht auch von germanischen Autoren.

Hauptquellen sind:

I. Cäsar, De bello gallico, 58–50 v.Chr., VI 21–28

Cäsar hat in diesem Bericht anscheinend den Begriff »Germani« in die römische Literatur eingeführt, um mit ihm die Gesamtheit der Völkerstämme nördlich und östlich der Gallier zu bezeichnen.

II. Tacitus, Germania, 98 n.Chr. (unter Trajan)

Der ehemalige römische Konsul gibt auf wenigen Seiten in formschöner, lapidarer Darstellung unter anderem einen Überblick über die Grundzüge der Hauptzweige des germanischen Rechts. Bedeutsam sind besonders folgende Stellen:

Ziff. XI: De minoribus rebus principes consultant, de maioribus omnes, ita tamen, ut ea quoque, quorum penes plebem arbitrium est, apud principes praetractentur.

Über geringfügigere Anliegen beschließen die Häuptlinge allein, über bedeutendere alle, jedoch in der Weise, dass auch das, worüber das Volk zu entscheiden hat, von den Häuptlingen vorbehandelt wird.

Ziff. XII: Licet apud concilium accusare quoque et discrimen capitis intendere. Distinctio poenarum ex delicto: proditores et transfugas arboribus suspendunt, ignavos ... caeno ac palude – iniecta insuper crate-mergunt ...

Sed et levioribus delictis pro modo poena: equorum pecorumque numero convicti multantur. Pars multae regi vel civitati, pars ipsi, qui vindicatur, vel propinquis eius exsolvitur ...

Vor dem Thing darf man auch Klage erheben und einen Prozess auf Leben und Tod anhängig machen. Aus dem Vergehen ergibt sich das unterschiedliche Strafmaß: Landesverräter und Überläufer knüpfen sie an Bäumen auf, Feiglinge ... versenken sie im Morast eines Sumpfes, den sie mit Reisig überdecken ...

Aber auch geringere Vergehen finden die entsprechende Sühne: Die Schuldigen büßen ihr Vergehen mit einer bestimmten Anzahl von

Pferden und Vieh. Ein Teil der Strafe wird dem König oder dem Gemeinwesen, ein Teil dem Geschädigten oder seinen Verwandten gezahlt

Ziff. XX: Heredes ... successoresque sui cuique liberi, et nullum testamentum ...

Erben und Rechtsnachfolger sind ... jeweils nur die leiblichen Söhne, und eine letztwillige Verfügung gibt es nicht.

Ziff. XXI: Suscipere tam inimicitias, seu patris seu propinqui, quam amicitias necesse est; nec implacabiles durant; luitur enim etiam homicidium certo armentorum ac pecorum numero recipitque satisfactionem universa domus ....

Man muss unter allen Umständen die Feindschaften wie die Freundschaften des Vaters oder eines Blutsverwandten übernehmen. Die Feindschaften dauern jedoch nicht unversöhnlich fort; sogar Totschlag lässt sich nämlich mit einer bestimmten Anzahl von Groß- und Kleinvieh sühnen, und das ganze Haus empfängt die Genugtuung ....

B. Grundzüge germanischer Stammesrechte

I. Forschungsstand

21 Als Germanen werden die Bevölkerungsgruppen bezeichnet, die etwa zwischen 100 v. Chr.–500 n. Chr. in Mitteleuropa und in Skandinavien gesiedelt haben. Da es an einer eigenen germanischen Überlieferung für die frühe Zeit fehlt, ist man neben den römischen Schriftstellern letztlich auf Archäologie und Sprachwissenschaft angewiesen, die weitere Erkenntnisse über das damalige Rechtsleben vermitteln können. Die frühere Auffassung von einer einheitlichen germanischen Kultur und einem entsprechenden Recht ist von der neueren Forschung widerlegt worden, sodass Zweifel bestehen, ob man für die Zeit vor der Völkerwanderung und der Christianisierung überhaupt von einem »germanischen Recht« sprechen soll. Auf der anderen Seite haben die beschriebenen Bevölkerungsgruppen selbstverständlich nach einem bestimmten Recht gelebt, das Gemeinsamkeiten gehabt hat und ähnlich dem anderer Stammesgesellschaften ausgesehen haben wird. Diese orale Rechtskultur wurde dann in Berührung mit der römischen schriftlich fixiert. Heute wird daher nicht in erster Linie nach einem germanischen Recht gesucht, sondern nach Spuren germanischer Rechtskultur, die in die Ausbildung des Rechts des Frühmittelalters eingegangen sind, wobei dieses seinerseits während dieser Zeit schon immer in Wechselwirkung mit der Kultur der antiken Welt gestanden hat. Insoweit ist das »germanische Recht« Teil des Kontinuitätsproblems der gesamten europäischen Geschichte.

II. Gesellschaftsordnung

Es bestanden nebeneinander mehrere selbstständige Gemeinwesen *(laut Tacitus: civitates)*, die zwar gelegentlich unter sich verbündet waren, häufig aber auch Kriege gegeneinander führten. Diese Auseinandersetzungen betrafen wahrscheinlich eher kleine schlagkräftige Heerhaufen, die auch das Rückgrat der Völkerwanderung bildeten, weniger den gesamten Stamm. Auf der anderen Seite gab es bäuerlich lebende Dorfgemeinschaften, die dauerhaft sesshaft waren. Denn Germanen siedelten in Dörfern, die aus bis zu 20 Gehöften bestanden und nur selten befestigt waren. Wie bei vielen Stammesgesellschaften trat die Gesamtheit der waffentragenden Freien von Zeit zu Zeit, jeweils am Neumond oder Vollmond, zu einem *Thing (concilium)* zusammen. Das Thing wurde jeweils von einem Priester gehegt, dh unter einen besonderen Frieden gestellt. Das Wort »Thing« begegnet noch heute in Skandinavien für die Bezeichnungen der dortigen Parlamente (»Folketing« in Dänemark, »Storting« in Norwegen). Es hatte bei den Germanen sowohl eine politische als auch gerichtliche Funktion. Wahrscheinlich wurden vereinzelt sogar Wahlen, etwa des Heerführers für einen bevorstehenden Feldzug, abgehalten. Man darf sich dies allerdings nicht so vorstellen, dass eine Abstimmung nach heutigen demokratischen Regeln stattfand, sondern eher rituelle Zustimmungsgebärden wie die Akklamation durch das Klopfen auf die Schilde. Es spricht einiges dafür, dass diese Thingversammlungen sehr formalisiert abliefen und eine Verpflichtung zur Teilnahme bestanden hat. Im Übrigen war die Gesellschaft aber wohl sehr hierarchisch nach Rang und politischer Bedeutung gegliedert, indem die einzelnen kleinen Verbände jeweils einen Kriegsfürsten an ihrer Spitze hatten. Es gab Sklaven, von denen Tacitus ein günstigeres Bild gezeichnet hat als es der Wirklichkeit entspricht; ferner Freigelassene, die nur wenig über den Sklaven standen und für die Wirtschaft eine große Bedeutung spielten, dann die Freien, der größte Teil der Bevölkerung, und Adlige (nobiles), die um einiges reicher waren als die normale Bevölkerung, wie wir aus Gräberfunden heute wissen.

22 Civitates

Concilium

III. Gerichtswesen

Das *Thing* urteilte als höchstes Gericht wohl nur über besonders schwere Rechtsfälle, die örtlichen *Gerichte* urteilten über minder wichtige Angelegenheiten.

23

IV. Unrechtsfolgen

Belegt ist zB durch Moorleichenfunde, dass vereinzelt Todesstrafen verhängt wurden, in der Regel für schwerste Vergehen (Verrat, Feigheit), auch wenn nicht alle Moorleichen durch derartige Bestrafungen zu Tode kamen (s. vorn Germania XII). Leichtere Vergehen, auch

24 Todesstrafe

Familienfehden	Totschläge, wurden häufig überhaupt nicht gerichtlich geahndet, sondern zogen *Familienfehden* nach sich. Bei diesen waren die Sippengenossen zu wechselseitiger Unterstützung verpflichtet (s. vorn Germania XXI). Diese Form der gewaltsamen Selbsthilfe lässt sich bei vielen Stammesgesellschaften nachweisen. Aber die principes bemühten sich, die Fehde durch Vermittlung eines von den streitenden Sippen zu
Sühneverträge (= Versöhnungsverträge)	schließenden *Versöhnungsvertrages* zu schlichten. In solchen Fällen war es indessen auch zulässig, unmittelbar bei einem Gaugericht Klage zu erheben. In dem daraufhin zu fällenden Urteil (oder schon vorher in einem von einem princeps vermittelten Sühnevertrag) wurde bestimmt, dass für die begangene Missetat, zB für die Verwundung oder Tötung eines Mannes, eine bestimmte Anzahl von Groß- oder
Sühnegeld (= Versöhnungsgeld)	Kleinvieh an den Verletzten oder, wenn er nicht mehr lebte, an seine Verwandten zu leisten sei (s. vorn Germania XII Abs. 2 und XXI). Ein Teil dieses *Sühnegeldes* (compositio, meist ungenau mit »Buße« übersetzt) war dem Gemeinwesen zu entrichten. (In späterer Zeit
Friedensgeld	wurde dieser Teil »fredus« = *Friedensgeld* genannt; er betrug meist ein Drittel des ganzen Sühnegeldes und fiel an den Richter).
Kompositionen-System	Dieses System der Ahndung von Missetaten durch Sühnegeldleistungen wird als *Kompositionen-System* bezeichnet. Es ist durch die Volksrechte der fränkischen Zeit überliefert; manches spricht indes dafür, dass zumindest ähnliche Regelungen bereits vorher gegolten haben. Es hat sich mehr als tausend Jahre lang gehalten, bis gegen Ende des Hochmittelalters härtere Sanktionen, nämlich Blutstrafen an Leib und Leben, vorherrschend wurden.

V. Privatrecht

Treuegelöbnis	25	Tacitus sagt hierüber nur weniges: So berichtet er über *Treuegelöbnisse*, die, auch wenn sie einen bedenklichen Inhalt hatten, von den Germanen unbedingt gehalten worden seien (Beispiel: Verpflichtung des Würfelspielers, sich in Schuldknechtschaft zu begeben, falls er nach Verlust seines ganzen Vermögens auch im letzten Wurf unterliegen sollte).
»nullum testamentum«		Typisch für archaische Rechtskulturen ist, dass sie ein *Erbrecht nur innerhalb der Familie* kannten und keine Testamente zuließen (»*nullum testamentum*« – s. vorn Germania XX).
Einehe		**Familie:** Auch die hohe Bedeutung der Familienbande (betr. Fehdesachen und Sühneverträge, Erbrecht, Landbesiedelung, auch Heerwesen und politische Belange) ist in Stammesgesellschaften verbreitet. Üblich war die *Einehe*, obwohl die Mehrehe nicht verboten war. Es bestanden sehr strenge Ehesitten.
Genossenschaftliches Grundeigentum		**Grundverfassung:** Den einzelnen Familien gehörten gewöhnlich nur ein einräumiges Haus und das unmittelbar umliegende Land. *Acker-, Weide- und Waldland* scheinen in *genossenschaftlichem Eigentum von Nachbarschaften* gestanden zu haben. Doch wurde das Ackerland

entsprechend dem Ansehen (»secundum dignationem«) der einzelnen Familien, also nicht gleichmäßig, auf diese zur Bewirtschaftung aufgeteilt und zwar derart, dass jährlich anderes Land unter den Pflug genommen wurde. Auch wurden manche Bauerngüter an Sklaven zu selbstständiger Bewirtschaftung gegen die Pflicht zur Abgabe eines Teils der Erträge ausgegeben.

C. Zuverlässigkeit der Angaben von Tacitus?

Es ist zweifelhaft, ob die Darstellung des Tacitus, auf die sich die frühere Rechtsgeschichte hauptsächlich stützte, zuverlässig ist. So hat Tacitus selbst die germanischen Gebiete nie bereist. Neuere archäologische Funde haben einige Skepsis gegenüber jenen Annahmen erzeugt, besonders bezüglich der von Tacitus geschilderten kräftigen demokratischen Verfassungselemente. Die Entdeckung reicher und prächtiger germanischer Königs- und Häuptlingsgräber legt nämlich den Schluss nahe, dass die sozialen Unterschiede unter den Germanen viel größer gewesen seien, als es dem von Tacitus gezeichneten Bild vom Typus des in einfachsten Verhältnissen lebenden freien Germanen – auch des adligen – entsprochen hätte. Man neigt heute darüber hinaus dazu, die Beschreibung des Tacitus ganz allgemein, wenn auch nicht als falsch, so doch als von einem bestimmten subjektiven Blickwinkel aus getroffen zu beurteilen, der den römischen Konsul manches etwas anders habe sehen und bewerten lassen, als ein anderer (zumal ein moderner!) Betrachter es gesehen und bewertet hätte. Dieser Blickwinkel aber sei der des römischen Aristokraten gewesen, dem die sozialen Unterschiede in den germanischen civitates geringfügig erscheinen mochten, weil sie in Rom noch größer gewesen seien. In vielen Punkten ist das Recht der Germanen auch durch einen Rückschluss von den Rechtsaufzeichnungen der fränkischen Zeit auf frühere Verhältnisse konstruiert worden. Wir wissen heute jedoch, dass diese Leges bereits stark durch das römische Recht und teilweise auch die christliche Kultur geprägt sind, sodass sie kein »reines Germanenrecht« wiedergeben.

26

D. Dauer und örtlicher Bereich der geschilderten Verhältnisse

Die Beschreibung des *Tacitus* gilt für die Zeit um 100 n. Chr. und bezieht sich auf die Gebiete östlich und nördlich des zuvor errichteten Limes, also unter anderem auf Westfalen und die nördlichen Teile der heutigen Länder Hessen und Bayern. Annähernd gleiche Verhältnisse dürften in diesen Gebieten noch mehrere Jahrhunderte weiter bestanden haben und seit etwa 250 auch im Gebiet zwischen dem von den Germanen damals durchbrochenen Limes und dem Oberrhein, wo die Römer einen neuen Limes errichteten. Zweifelhaft ist, inwieweit

27 Ursprünglicher Bereich

sie sich später auf die weiter südlich und westlich gelegenen Gebiete erstreckten, welche die Germanen im Lauf der sog. »Völkerwanderung« in Besitz nahmen (Schweiz, Frankreich, Nord- und Mittelitalien, Spanien, Portugal). Sicher ist nur, dass sie auch dort, in allerdings stark abgewandelter Weise, nachwirkten, und zwar in nur sehr langsamer Abschwächung bis ins 19. Jahrhundert, ja zT sogar bis zur Gegenwart.

28 (unbelegt)

E. Beurteilung des Rechts der germanischen Zeit

29 Dieses Recht wird häufig – mit etwas abwertendem Unterton – als primitiv bezeichnet, oft aber auch – mit anerkennendem Akzent – als urwüchsig. Es zeigt Ähnlichkeit mit dem sehr frühen Recht anderer Kulturvölker, zB dem *altrömischen Recht* der Zeit vor der Zwölftafel-Gesetzgebung (450 v. Chr.), besonders aber mit dem Recht der *Griechen*, wie es aus der Ilias und Odyssee erschlossen werden kann, in einigen Punkten auch mit dem alttestamentlichen Recht der *Juden*. Dagegen ist es nur wenig verwandt mit dem noch älteren Recht der *Babylonier*, wie es uns im Codex Hammurabi (ca. 1700 v. Chr.) entgegentritt, und mit dem Recht der alten *Ägypter*; denn diese beiden Rechtsordnungen waren trotz ihres sehr hohen Alters in manchem viel weiter fortgeschritten als das germanische Recht, da sie nicht wie dieses für eine primitive Gesellschaft von Jägern, Hirten und Kriegern, sondern für hochentwickelte Kulturvölker mit ausgezeichneten Landwirten, vielen Architekten, Handwerkern und Kaufleuten bestimmt waren.

Ähnlichkeit mit anderen alten Rechtsordnungen

30 Von den Römern, zumal von *Tacitus* selbst, wurden die Germanen mitsamt ihrem Recht in Hassliebe gleichzeitig bewundert und wegen ihrer Gefährlichkeit gefürchtet. Erneute hohe Bewunderung wurde ihnen im 18. Jahrhundert durch *Montesquieu* zuteil, der sie in seinem »Geist der Gesetze« (1748) als Vorfahren des französischen Adels pries und bei ihnen sein Ideal einer aus monarchischen, aristokratischen und demokratischen Komponenten gemischten Verfassung freier Menschen verwirklicht sah. Aus denselben Gründen hielt die liberalkonservative Geschichtsschreibung des 19. Jahrhunderts die germanische Vergangenheit sehr hoch. In der Schweiz betrachtete man spätestens seit damals jene Verfassung als eine Vorläuferin der heute noch in einzelnen Urkantonen geltenden Landsgemeinde-Verfassung, die durch eine unmittelbare Ausübung der politischen Bürgerrechte in periodisch stattfindenden Versammlungen aller mündigen Bürger unter freiem Himmel gekennzeichnet ist. Später rühmten in Deutschland die nationalsozialistischen Historiker die Rechtsverhältnisse der alten Germanen, allerdings nicht deren von *Tacitus* gerügten Mangel an Disziplin, wohl aber ihre Gliederung in gegenseitig aufeinander angewiesene Stände sowie ganz besonders ihr an-

Beurteilung durch Tacitus

Montesquieu

Liberal-konservative Historiker

Schweizer Historiker

Nationalsozialisten

gebliches Gefolgschaftswesen, in dem das »Führerprinzip« und der Treuegedanke in vorbildlicher Weise verwirklicht gewesen seien. Andererseits hat aber auch *Karl Marx* die Rechts- und Sozialordnung der Germanen hochgeschätzt, da in ihr Agrarkommunismus bestanden habe.

Karl Marx

So haben sich Denker mit den unterschiedlichsten politischen Anschauungen immer wieder vom germanischen Recht faszinieren lassen, sodass die Wissenschaftsgeschichte des »germanischen Rechts« einige Erkenntnisse jedenfalls über die jeweilige Zeit der Betrachter selbst zu geben vermag.

3. Kapitel. Fränkische Zeit (ca. 500–888)

A. Vorbemerkungen

Als fränkische Zeit bezeichnet man die Zeit *vom Ende der sog. Völ-* **31** *kerwanderung bis zum Jahr 888*, in dem das fränkische Reich infolge Absetzung seines letzten Kaisers, *Karls des Dicken*, auseinanderfiel. Man pflegt sie einzuteilen in die *Merowingerzeit* (bis 751) und die *Karolingerzeit* (seit 751).

In der fränkischen Zeit wurden viele germanische Völkerstämme, besonders die meisten der in ehemals römische Gebiete eingedrungenen, schrittweise unter der Oberhoheit der Könige (seit 800 Kaiser) der Franken vereinigt:

Im Frankenreich vereinigte Völkerstämme

um 500 durch *Chlodwig* die *salischen Franken* (angesiedelt in Nord- und Mittelfrankreich) und die *ribuarischen Franken* (angesiedelt in Belgien, Lothringen und den Rheinlanden mit dem Mittelpunkt Köln);

im 6. Jahrhundert die *Aquitanier* (in Südfrankreich), die *Burgunder* (in Savoyen und in der Westschweiz) sowie die *Thüringer*;

im 8. Jahrhundert die *Alamannen, Bayern* und die *Langobarden* (in Italien);

schließlich um 800 die *Sachsen* (wohnten nicht im heutigen Sachsen, sondern stark westlich davon, unter anderem in Westfalen).

Doch behielten alle diese Völkerstämme auch nach ihrer Vereinigung mit dem Frankenreich ihre angestammte Rechtsordnung.

B. Rechtsquellen

Aus der fränkischen Zeit sind viele – und zwar großenteils unmittel- **32** bare (→ Rn. 17) – Rechtsquellen überliefert, die über zahllose Einzelheiten Aufschluss geben, wobei jedoch unklar ist, inwieweit sie tatsächlich das ältere germanische Recht wiedergeben und ob sie in der Praxis – wie geschrieben – angewandt wurden:

I. Leges barbarorum (Volksrechte)

Das sind umfassende Gesetze der einzelnen Volksstämme des Frankenreiches und der angrenzenden Gebiete; sie enthalten *Recht im engeren Sinn* (→ Rn. 4).

1. Name und Entstehung

Name

33 Man hat diese Gesetze als »*Leges barbarorum*« bezeichnet (heute meist nur »leges«), um sie von den Gesetzen der Römer zu unterscheiden. »*Volksrechte*« aber wurden sie genannt, weil sie nach einer – freilich allzu romantischen, nicht mehr herrschenden – Vorstellung unmittelbar dem Volk und dem Volksgeist entsprungen sind (richtig ist, dass ihr Inhalt größtenteils der überlieferten Praxis von Gerichten entstammte, an deren Tagungen die Gesamtheit der erwachsenen freien Männer des betreffenden Gerichtsbezirks teilnahm und weil sie selbst von solchen Volksgerichten angewandt wurden). Dass die Volksrechte größtenteils altes, an den Gerichten geübtes Gewohnheitsrecht wiedergeben, ist nicht gesichert, wird aber vermutet, weil die getroffenen Regelungen in vielem, besonders in der Übernahme des germanischen Kompositionen-Systems, der von *Tacitus* geschilderten Ordnung ähnlich sind. Nach einzelnen Präambeln waren die

Entstehung

betr. Gesetze dadurch zustande gekommen, dass die bestehenden Rechtsgewohnheiten durch Rechtskundige, möglicherweise römische Juristen, festgestellt und aufgezeichnet wurden. Bei diesen Aufzeichnungen pflegten sich die Rechtskundigen allerdings nicht nur an das Überlieferte zu halten, sondern römischrechtliche Elemente mehr oder weniger primitiver Art sowie kirchenrechtliche Sätze in den Text einzustreuen und bei dessen Gestaltung außerdem die Bedürfnisse ihrer Zeitgenossen und ihre persönlichen Gerechtigkeitsvorstellungen zu berücksichtigen.

Geltungsdauer

Die Leges haben jahrhundertelang gegolten, zT mit später hinzugekommenen Änderungen und Ergänzungen, die mitunter eine Romanisierung bedeuteten. Ihre Anwendung war freilich nicht immer gewährleistet, da die Ausübung der Gerichtsbarkeit gelegentlich durch Gewalttätigkeiten gestört wurde und die gewaltsame Selbsthilfe weit verbreitet war. (Hierfür bietet die Chronik des *Gregor von Tours* aus dem 6. Jahrhundert viele Beispiele). Nach dem Zusammenbruch des Frankenreichs galten die Volksrechte noch weiter, gerieten aber allmählich ganz oder teilweise in Vergessenheit.

2. Die einzelnen Volksrechte

34 *Codex Euricianus* (ca. 475) = ältestes Volksrecht der Westgoten in Spanien;

Lex Salica (ca. 500) = *bedeutendstes Volksrecht*, letztmals um 800 unter Karl dem Großen neu redigiert; nach diesem Recht lebten auch die fränkischen Könige;

Lex Burgundionum = Lex Gundobada (ca. 500), die nach dem König benannte Gesetzessammlung der Burgunder.

Ebenfalls aus der Zeit um 500 stammen zwei Gesetze für die in einzelnen Stammesgebieten ansässige römische Bevölkerung; sie enthielten sog. *römisches Vulgärrecht*:

Lex Romana Visigothorum (= Breviarium Alarici – bedeutendes westgotisches Gesetz, das eine mehrfach überarbeitete Sammlung von Königsgesetzen darstellt und manchen Abschnitten einzelner späterer Leges als Vorlage diente);

Lex Romana Burgundionum (galt für den römischen Teil der Bevölkerung).

Die folgenden Gesetze gehören wiederum zu den Volksrechten ieS:

Edictus Rothari (643) = ältestes Volksrecht der juristisch sehr begabten *Langobarden*, die 568 Italien erobert hatten und ihr, durch römische Grundsätze beeinflusstes Recht später durch weitere Gesetze fortentwickelten;

Lex Alamannorum (ca. 720), und nach deren Vorbild:

Lex Baiuwariorum (ca. 740), ein Volksrecht verschiedener keltoromanischer Gruppen, aus denen sich der bairische Volkes»stamm« zusammensetzte;

Lex Ribuaria (ca. 750), das Recht der rheinischen Franken, die am Mittel- und Niederrhein siedelten;

Schließlich wurden die folgenden *leges* auf Befehl Karls des Großen auf dem Aachener Reichstag (802/803) redigiert;

Lex Saxonum (ca. 800);

Lex Angliorum et Werinorum = Lex Thuringorum (ca. 800);

Lex Frisionum (ca. 800).

3. Sprache, Aufbau und Inhalt

Sprache: *Latein* (allerdings jahrhundertelang ein barbarisch fehlerhaftes Latein! Erst von der karolingischen Renaissance an, um 800, entstanden sprachlich korrekte lateinische Fassungen).

35 Sprache

Einzelne überlieferte Handschriften der Lex Salica enthalten gerichtsübliche Ausdrücke in altfränkischer Sprache, die als Übersetzung der jeweils vorher angegebenen lateinischen Ausdrücke in den Text eingefügt wurden; man nennt diese sprachgeschichtlich höchst bedeutsamen Einstreuungen *Malbergische Glosse*. So lautet eine grundlegende Bestimmung aus der Lex Salica:

Malbergische Glosse

»Si quis ingenuos Francum aut barbarum, qui Salica lege vivit, occiserit – mallobergo leodardi – solidus CC culpabilis iudicetur«.

Wenn einer einen freien Franken oder sonstigen Nichtrömer, der nach salfränkischem Recht lebt, erschlägt – was im Malberg (= Gericht) als leodardi bezeichnet wird – werde er 200 Schillinge zu schulden verurteilt.

Nur schwach entwickelt waren in den meisten Volksrechten Ansätze zu einer planmäßigen, systematischen Gliederung des Stoffes. Doch wurden auch hierin um 800 erhebliche Fortschritte erzielt.

Aufbau

Inhalt: Alle Volksrechte enthalten Rechtssätze des *Prozessrechts*, zB über Formen und Fristen für Vorladungen; sodann viele Bestimmungen über *Rechtsfolgen von Missetaten* (den heutigen strafrechtlichen Bestimmungen vergleichbar). Durch diese Bestimmungen wurde das germanische Kompositionen-System bis ins Einzelne entfaltet (Näheres → Rn. 74). Schließlich enthalten die Volksrechte auch *privatrechtliche Bestimmungen*, besonders solche über die Erbfolge sowie über die Form des Abschlusses bestimmter Verträge und anderer Rechtsgeschäfte sowie über die Möglichkeit, bei Nichterfüllung der aus ihnen entstehenden Pflichten gerichtliche Klage zu erheben. Dagegen enthalten sie *keine unmittelbar verfassungs- und verwaltungsrechtlichen Bestimmungen*.

In den anglischen und sächsischen Reichen in England wurden Gesetzessammlungen seit dem ausgehenden 6. Jahrhundert in der Volkssprache abgefasst.

II. Andere unmittelbare Rechtsquellen

1. Kapitularien

36 Sie werden so genannt, weil sie schon in fränkischer Zeit in Kapitel eingeteilt waren. Vom Herrscher mit Zustimmung der Großen erlassen, enthalten sie überwiegend Rechtssätze für das ganze fränkische Reich, aber größtenteils nicht solche des Rechts im engeren Sinn, sondern Verwaltungsanweisungen an Grafen und andere Würdenträger. So betreffen sie zB: Reichsteilungen, Zölle, Münzen, Verwaltung der königlichen Güter, Heereswesen, kirchliche Angelegenheiten (Pfarreien, Kirchenbau, Schulen). Einige enthalten aber auch Recht im engeren Sinn: Strafrecht (harte Strafandrohungen!), Privatrecht (zB Erbrecht, zT in Abänderung einzelner Leges), Prozessrecht (besonders betr. das Königsgericht sowie den gerichtlichen Schutz von Witwen, Waisen und Armen).

2. Konzilsbeschlüsse

dh Beschlüsse der unter königlichem Vorsitz tagenden fränkischen Nationalkonzilien.

III. Mittelbare Rechtsquellen

1. Formelsammlungen

37 Sammlungen von Mustern für die Formulierung bestimmter Klagebegehren (zB von Klagen auf Herausgabe eines dem Kläger vorenthaltenen Grundstücks) sowie für die Abfassung bestimmter Arten von Verträgen und anderen Rechtsgeschäften (zB Grundstücksschenkungen, Grundstücksverleihungen, Erteilungen von Privilegien für ein Kloster).

2. Urkunden über Grundstücksgeschäfte

in vielen Klosterarchiven überliefert. (Besonders berühmt ist die Urkundensammlung der Abtei St. Gallen.)

3. Urbare

Urbar bedeutet wörtlich »Ertrag«, im übertragenen Sinne aber *ein Buch, in dem ein Grundherr zB eine Abtei, die ihm zustehenden Rechte auf Erträge von bestimmten Grundstücken aufzeichnen ließ.* In solchen Urbaren wurden auch die Grundstücksgrenzen und die Namen der pflichtigen Nutzungsberechtigten der Grundstücke aufgezeichnet. (In großer Zahl wurden Urbare im Spätmittelalter und in der frühen Neuzeit angelegt und vielfach bis ins 19. Jahrhundert geführt. Sie bilden Vorläufer der heutigen Grundbücher.)

4. Rechtswissenschaftliche Bücher

nicht zahlreich.

5. Chroniken

zB des Bischofs *Gregor von Tours* (6. Jahrhundert); auch Biographien, so die ansprechende »Vita Caroli Magni« (Leben Karls des Großen) von *Einhard*.

C. Verfassung

I. Monarchie

Anders als in den gemischten Verfassungen der germanischen civitates herrschte in den Verfassungen des fränkischen Reiches sowie der einzelnen Stämme, die ihm schrittweise angeschlossen wurden, das monarchische Element vor. Dies ist eine Folge davon, dass die Staatsbildung aus Kriegen hervorgegangen war, in denen die sich bekämpfenden Gemeinwesen einer streng hierarchisch organisierten Befehlsgewalt unterstanden. Die Konzentration der Macht auf einen Monarchen ist aber auch charakteristisch dafür, dass ein großräumiges Reich entstanden war, in dem die Gesamtheit der den Gauen vorstehenden Würdenträger nur noch schwer und das Volk überhaupt nicht mehr zur Fassung von Beschlüssen zusammentreten konnte. 38 Vorherrschen monarchischer Verfassungselemente

Zwar war die Gewalt des Königs, wie in der germanischen, so auch in der fränkischen Zeit, keine absolute; doch waren ihre Schranken nicht festgelegt. Praktisch pflegte der König wichtige Angelegenheiten den Großen des Reiches an alljährlich zweimal stattfindenden Hoftagen zur Beschlussfassung vorzulegen. Der Hof selbst hatte *keinen festen Sitz*, sondern wurde, wenn die Vorräte in einer bestimmten Pfalz aufgezehrt waren, nach einer anderen verlegt. In der Merowingerzeit weilte Beschränkte Gewalt des Monarchen der Hof besonders häufig in Orléans, Paris, Soissons und Reims, in der Karolingerzeit in Aachen.

Thronfolge 39 Nicht genau geregelt war auch die *Thronfolge*. Sie beruhte in der Praxis auf Wahl durch die hohen Adligen und die Bischöfe. Doch war weder der Kreis der Wahlberechtigten noch das Wahlverfahren festgelegt. Nach dem Tode eines Königs wurde regelmäßig einer seiner Söhne als Nachfolger gewählt. Diese Verbindung von Wahlprinzip und praktischem Erblichkeitsprinzip bei der Königswahl wird von *Mitteis* als *Geblütsrecht* bezeichnet. Es kam aber auch häufig vor, dass sämtliche Söhne als Erben ihres Vaters die Thronfolge antraten und dann das Reich unter Wahrung der ideellen Reichseinheit unter sich aufteilten. Doch führte dies fast immer zu unerträglichen Spannungen und Kriegen unter ihnen und endete regelmäßig mit der gewaltsamen Wiederherstellung der unbeschränkten Reichseinheit durch den stärksten. Um solchem vorzubeugen, ließen einzelne Herrscher – so auch *Karl der Große* – schon zu ihren Lebzeiten einen bestimmten Sohn als künftigen Thronfolger für das ganze Reich wählen.

Diese sehr unbestimmten Thronfolge-Grundsätze und -Praktiken haben, mit Abschwächungen, später auch im regnum Teutonicorum fortbestanden, bis endlich 1356 durch die Goldene Bulle eine feste Wahlordnung geschaffen wurde. Sie sind kennzeichnend für eine Zeit, in der es im Verfassungsleben mehr auf tatsächliche Machtverhältnisse und augenblickliche Bedürfnisse als auf strenge Rechtssätze ankam und in der die Menschen noch nicht, wie später infolge des Einflusses rationalistisch ausgerichteter kirchlicher Kreise (*Innocenz III.* und andere), die Fähigkeit zu scharfem begrifflichem Denken und zur Formulierung entsprechender Rechtssätze erlangt hatten.

Kaisertum (seit 800) Durch die *Krönung* Karls des Großen in Rom zum *Kaiser (800)* wurden die Rechte des Monarchen nicht vermehrt, sondern nur dessen Würde erhöht, allerdings neues Konfliktpotential mit dem Papst geschaffen.

II. Hofämter

Nachwirkungen im Hoch- und Spätmittelalter

40 Einige fränkische Hofämter waren sehr bedeutend und blieben auch nach Auflösung des fränkischen Reiches, wenigstens der Form nach, bestehen.

- *Seneschal* (später Truchseß genannt); er war für die Versorgung des Hofes mit Speisen verantwortlich;
- *Mundschenk*; er war zuständig für die Weinzufuhr an den Hof;
- *Kämmerer* = Finanzminister, als solcher schon in der Bibel mehrfach erwähnt;
- *Marschall* = Verwalter der königlichen Pferdestallungen, Oberbefehlshaber des Heeres; *Pfalzgraf*; er leitete bei Abwesenheit des Königs das königliche Gericht.
- Leiter der ganzen Hofverwaltung war der *Hausmeier*. Dessen für die Könige sehr gefährliches Amt wurde aber von den Karolingern nicht wieder besetzt, nachdem der karolingische Hausmeier *Pippin* 751 durch einen Staatsstreich den letzten Merowinger-König abgesetzt und sich selbst zum König hatte wählen und krönen lassen.

- Wichtig war auch ein recht zahlreiches *Urkundspersonal* mit verschiedenen Bezeichnungen, zB *Referendarius* und *Notarius*. Einen *Erzkanzler* gab es allerdings erst von ca. 850 an; dessen Amt stand seit dem 10. Jahrhundert dem Erzbischof von Mainz zu.

Erzkanzler

III. Grafen und Zentenare – Beginn des Lehenwesens

Der König ernannte in einzelnen Gegenden als seinen Stellvertreter für einen Gau einen *Graf (comes)*, für die Grenzgaue je einen *Markgraf*. Diese bedeutenden regionalen Würdenträger des fränkischen Reiches waren in ihren Gauen sowohl höchste Richter als auch höchste Offiziere und Verwaltungsbeamte, insbesondere auch im Steuerwesen. Überwacht wurde ihre Tätigkeit durch *Sendgrafen (missi)*, die vom König gelegentlich mit Spezialaufträgen in die einzelnen Gaue gesandt wurden.

41 Graf, Markgraf

Sendgraf

Nach damaligem Recht konnten die Grafen zwar jederzeit vom König nach Belieben abgesetzt werden. Praktisch aber waren Absetzungen mit einem schwer kalkulierbaren Risiko verbunden; der König musste Intrigen eines abgesetzten Grafen, ja, uU dessen offene Rebellion befürchten. Daher erfolgten solche Absetzungen nur selten. Es war überdies üblich, dass nach dem Tode eines Grafen einer seiner Söhne vom König als neuer Graf im betr. Gau eingesetzt wurde. Diese Gewohnheit dauerte so lange, bis schließlich die Rechtsüberzeugung entstand, einer der Söhne habe Anspruch darauf, als Rechtsnachfolger seines Vaters zum Grafen ernannt zu werden. Damit wurde die Grafenstellung praktisch erblich. Schon die Möglichkeit der Einsetzung eines Vertreters förderte die geschilderte Entwicklung, die dazu führte, dass sich die Hoheitsrechte des Königs über die Grafen zu einer bloßen Lehensherrschaft abschwächten und die Grafen von ehemals absetzbaren Beamten zu Vasallen des Königs (Kaisers) wurden, denen ihr – sogar erblich gewordenes – Recht zur Ausübung ihres Amtes nur noch bei schweren Verfehlungen gegen den König und nur aufgrund eines Gerichtsverfahrens entzogen werden konnte. Hierdurch wurde das Grafenamt »feudalisiert«.

Allmähliches Erblichwerden des Grafenamtes

Doch ist es nicht nur auf diese Weise zu der in die fränkische Zeit fallenden allmählichen Entstehung des mittelalterlichen Lehenwesens gekommen, sondern unter anderem auch dadurch, dass der König erobertes Land an Adlige oder an kirchliche Institutionen, zunächst widerruflich und später endgültig, *»verschenkte«* (dh praktisch »verlieh«), um sie für geleistete Dienste zu belohnen und zu weiteren »höheren« Dienstleistungen zu verpflichten.

42 Entstehung anderer Lehensverhältnisse durch Schenkungen von Land

Die den Königen verbliebene *Lehensherrschaft* (Lehensherrlichkeit) war wichtig als Recht auf Kriegsdienste oder andere »höhere« Dienstleistungen der *Vasallen*, dh solcher Personen, denen der *Lehensherr* ein Amt oder Grundbesitz oder ein dauernd nutzbares Recht (zB Jagdrecht) zu dauernder und erblicher Nutzung verliehen hatte.

Allgemeine Ursache der Entstehung von Lehensverhältnissen	43	Die Neigung zur Entstehung von Lehensverhältnissen bestand allgemein in großräumigen Reichen mit schlechten Verkehrsverhältnissen. Sie erklärt sich daraus, dass solche Reiche zwar praktisch nur von einem Einzigen geleitet werden konnten, dass aber auch dieser – der Monarch – die in den verschiedenen Reichsteilen eingesetzten Beamten nicht wirksam zu beaufsichtigen und zur Erfüllung ihrer Aufgaben zu zwingen vermochte, weshalb eine äußerste Dezentralisierung der Herrschaft praktisch fast unvermeidbar wurde. (Näheres über das Lehenwesen → Rn. 92 ff.)
Zentenare	44	In den einzelnen Gauen gab es außer den Grafen auch *Zentenare* (»*Hundertschafts*«-Vorsteher, vielleicht den germanischen principes vergleichbar). Diese wurden nicht vom König ernannt, sondern hatten seit jeher eine erbliche Stellung inne oder wurden vom Volk gewählt. Sie vertraten den Grafen am Gaugericht und leiteten selbstständig die Gerichtsverhandlungen in Angelegenheiten der sog. niederen Gerichtsbarkeit.

IV. Grundherrschaft

Begriff	45	Sie spielte seit der fränkischen Zeit eine überragende Rolle in der Rechts- und Sozialverfassung ganz Westeuropas. *Grundherrschaft = Grundbesitz, verbunden mit Herrschaftsrechten über Personen*, die das Land des *Grundherrn* für diesen bearbeiteten oder es als dessen *grundhörige Lehenleute* selbst nutzen durften, aber hierfür *Zinse und andere wirtschaftliche Leistungen* zu erbringen hatten. Ihre Wurzeln liegen zum einen in dem vom Bodeneigentum geprägten römischen Herrschaftsverhältnis, zum anderen in den personalen Abhängigkeiten der germanischen Rechtskultur.
Vergleich mit der Lehensherrschaft	46	Grundherren waren der König, geistliche oder weltliche Fürsten, zT auch die Abteien. Die *Grundherrschaft* konnte der *Lehensherrschaft* sehr ähnlich sein, nämlich dann, wenn der Grundherr sein Land den Grundhörigen zu selbstständiger Bebauung gegen die Pflicht zu Zins- und anderen wirtschaftlichen Leistungen überlassen hatte. Es gab aber folgende Unterschiede: Der wichtigste bestand darin, dass dem Lehensherrn ein Vasall gegenüberstand, der ihm zu »höheren« Dienstleistungen, dh insbesondere zu Kriegsdienstleistungen oder zu Bewachungsdiensten, sowie zur »Hoffahrt« verpflichtet war, während
Bodenzinse Frondienste		der Grundhörige dem Grundherrn wirtschaftliche Leistungen (*Natural-* oder *Geldzinse* sowie *Frondienste*, dh Arbeit, besonders für die Bebauung des vom Grundherrn selbst bewirtschafteten Gutshofs) zu erbringen hatte.
		Ferner unterschieden sich Lehensherrschaft und Grundherrschaft praktisch, obwohl nicht zwangsläufig, dadurch, dass dem Lehensherrn als Vasallen Adlige (meist niedrigeren Ranges) gegenüberzustehen pflegten, dem Grundherrn als Grundhörige aber regelmäßig Bauern, Handwerker und Gastwirte; sodann auch dadurch, dass das einem Vasallen zu Lehen gegebene Lehensobjekt gewöhnlich sehr bedeutend war, zB in einer Grafschaft oder einer Burg mit einer ganzen Grundherrschaft über viele umliegende Bauernhöfe, bestand, während der Grundherr dem einzelnen Grundhörigen meistens nur

einen Bauernhof, einen Handwerksbetrieb oder eine Gaststätte (Taverne) verliehen hatte. Ein weiterer Unterschied zwischen Grund- und Lehensherrschaft lag darin, dass, von Ausnahmen abgesehen, nur diese mehrere Stufen – mit Untervasallen – aufweisen konnte.

In der fränkischen Zeit gab es, besonders im Bereich der ehemals römischen, von den Germanen unterworfenen Gebiete, zahlreiche ausgedehnte Grundherrschaften des Königs und des sonstigen Adels sowie der von diesen Kreisen gegründeten Abteien. Viele dieser Grundherrschaften dürften schon in der römischen Zeit entstanden sein und damals einem römischen Grundherrn gehört haben, dann aber durch die germanischen Eroberungen unter einen germanischen Grundherrn gekommen sein. Es entstanden aber auch neue Grundherrschaften, besonders in neu gerodetem Land.

47 Grundherrschaften in der fränkischen Zeit

Nicht selten erweiterten sich die bestehenden Grundherrschaften dadurch, dass manche Leute ihr Land freiwillig zu milden Bedingungen und gegen Zusicherung der Erblichkeit ihrer Rechte unter die Grundherrschaft eines mächtigen Grundherrn, zumal eines Gotteshauses, stellten, um dessen Schutz zu erlangen.

Viele fränkische Grundherrschaften, vor allem im Gebiet zwischen der Loire und dem Rhein, waren in »*Villikationen*« eingeteilt, die von einem »*villicus« (Meier)* geleitet wurden. Grundherrschaften und Villikationen bildeten bedeutende organisatorische Einheiten, für die in jenen verkehrsarmen Zeiten wirtschaftliche Autarkie angestrebt und weitgehend auch erreicht wurde. In ihnen spielte anscheinend die vom Grundherrn selbst (auf dem Fronhof) betriebene *Gutswirtschaft* eine überragende Rolle. Doch gab es auch viel Land, das an die Bauern gegen Zinsleistungen verliehen worden war.

Villikationen

Die meisten Grundherrschaften haben sich, wenn auch mit Änderungen ihrer inneren Struktur, bis ca. 1800 erhalten. Das erklärt sich einerseits daraus, dass während jenes Jahrtausends altüberlieferte Rechtsverhältnisse von allen Beteiligten vorbehaltlos als dauernd zu Recht bestehend anerkannt zu werden pflegten, andererseits aber auch aus einem in den Machtverhältnissen liegenden Grund. Dieser bestand darin, dass die Grundherren in der Lage waren, von ihren – nach der fränkischen Zeit errichteten – Burgen und Schlössern aus die Grundhörigen an erfolgreicher Rebellion zu hindern, aber auch, sie gegen äußere Feinde wirksam zu schützen.

48 Langer Fortbestand der meisten Grundherrschaften

V. Die Kirche

Die Christianisierung des Reiches, insbesondere der neu unterworfenen Stämme, bildete eines der Hauptziele sowohl der merowingischen als auch der karolingischen Herrscher. Dementsprechend spielten kirchliche Institutionen im fränkischen Reich eine sehr große Rolle. Besonders hervorragend war die Stellung der *Bischöfe*. Diese waren zwar noch nicht wie vom Hochmittelalter an als Vasallen des Königs Herren über große Territorien. Aber an ihren Bischofssitzen – überwiegend ehemaligen Römerstädten – waren sie sowohl wegen ihrer geistlichen Funktionen als auch als Träger der Bildung die schlecht-

49

Bischöfe

hin angesehensten und einflussreichsten Persönlichkeiten nicht nur in geistlichen, sondern auch in weltlichen Angelegenheiten. Auch pflegten die Könige manche Bischöfe, wie etwa den Chronisten *Gregor von Tours*, in den verschiedensten Belangen um ihren Rat zu fragen.

Benediktiner-Abteien

50 Hoch bedeutend waren aber auch die vielen in der fränkischen Zeit gegründeten *Benediktiner-Abteien*. Sie waren zwar unter sich organisatorisch nicht verbunden; ihre Angehörigen lebten aber durchweg nach der Regel des *hl. Benedikt*. Berühmte Benediktiner-Abteien aus jener Zeit sind unter anderem das vom *hl. Benedikt* 529 gegründete *Monte Cassino* (nördlich Neapel) sowie im deutschen Bereich *St. Gallen, Reichenau, Fulda, Prüm*.

Aus dem Raum Westfalen sind zu nennen: *Werden bei Essen* (gegr. 800) und *Corvey* (gegr. 822). Auch wurden von Corvey aus 838 das Kanonissstift *Herford* und von Werden aus 873 das Kanonissenstift *Essen* gegründet.

Nationalkonzilien

51 Die hohen kirchlichen Würdenträger des fränkischen Reiches wurden vom König öfters zu *Nationalkonzilien* (Nationalsynoden) einberufen, die meist unter seinem Vorsitz tagten. Es bestand gewissermaßen ein Staatskirchentum, da die Geistlichen viel stärker vom König als vom Papst in Rom abhängig waren. Doch scheint der Klerus, der sich in der fränkischen Zeit als neuer wichtiger Stand bildete, dies nicht als etwas der Kirche Abträgliches empfunden zu haben. Ihm selbst standen bedeutende Privilegien zu. So wurde die Tötung eines Geistlichen mit einer dreimal höheren compositio gesühnt als die Tötung eines gewöhnlichen freien Mannes.

VI. Städte

52 Bedeutsam waren nur die ehemaligen Römerstädte, von denen manche als Bischofssitz dienten. Aber auch in diesen Städten gab es keine besondere Stadtverfassung oder ein besonderes Stadtrecht, wie sie sich später in den mittelalterlichen Städten herausbildeten.

VII. Ländliche Besitzverhältnisse

Bodenzinse
Frondienste
Zehnte

53 Sie waren vor allem gekennzeichnet durch das Vorhandensein vieler großer Grundherrschaften. Manche grundhörige Bauern arbeiteten unmittelbar für den Gutsbetrieb des Grundherrn; die anderen aber hatten vom Grundherrn einen Bauernhof zu selbstständiger Bewirtschaftung erhalten und mussten ihm dafür *Bodenzinse* (meistens Naturalien!) sowie *Frondienste* leisten (→ Rn. 46). Zur Bodenzinslast trat der in dieser Zeit allgemein eingeführte Zehnte von allen Erzeugnissen als eine an die Pfarrkirche zu leistende Abgabe, die aus bestimmten Vorschriften des Alten Testaments hergeleitet wurde. Der Zehnte, dessen Ertrag zwar von Jahr zu Jahr schwankte, aber infolge allmählich verbesserter Bodenbewirtschaftung eher wuchs als zurückging, wurde schließlich gewichtiger als die Bodenzinse, die im Lauf des Mittelalters größtenteils als gleich bleibende Natural- oder Geldleis-

tungen fixiert wurden und alsdann vom Grundherrn auch den Erben des Grundhörigen gegenüber nicht mehr gesteigert werden konnten.

Bodenzinse und Zehnte haben sich, mit regional verschiedenen Abschwächungen, vielerorts bis zum Beginn des 19. Jahrhunderts erhalten. Sie bildeten die wichtigsten sog. Feudallasten (im weitesten Sinn), gegen die die Bauern in der Französischen Revolution Sturm liefen.

54

In der fränkischen Zeit gehörten außer dem Haus und seiner nächsten Umgebung regelmäßig auch die Ackerländereien, die in der germanischen Zeit noch der Gesamtheit der Nachbarn gehört hatten und damals anscheinend an die einzelnen Familien immer wieder neu zur Bewirtschaftung aufgeteilt wurden, den einzelnen Familien zu festem Besitzrecht. Doch war es infolge der schrittweise immer weiter greifenden gemeinsamen Waldrodungen, bei denen jeweils jeder Familie der betreffenden Nachbarschaft eine streifenförmige Parzelle des neu gerodeten Landes zugewiesen wurde, vielerorts zu äußerst verwickelten Flurformen mit Streubesitz aller Beteiligten gekommen. Die zahlreichen jeder Familie gehörenden Parzellen, zu denen es keine Wege gab und die daher nur mittels Betreten der Nachbarparzellen zugänglich waren, konnten praktisch nur nach dem Wirtschaftssystem der *Dreifelderwirtschaft mit Flurzwang* rational bewirtschaftet werden. Dreifelderwirtschaft bedeutet nicht nur, dass bei der Bewirtschaftung von Äckern ein bestimmter Dreijahresturnus (Besäen mit Winterfrucht, dann mit Sommerfrucht und im dritten Jahr Brachliegenlassen des Landes) eingehalten wurde; sondern zu diesem Wirtschaftssystem (genauer: zum Flurzwang) gehörte es auch, dass die Nachbarn beim Pflügen und Abernten ihrer Äcker unter sich eine ganz bestimmte Reihenfolge zwecks Schonung der Nachbargrundstücke einhielten, sowie ganz besonders, dass die Äcker nach der Ernte und im Brachjahr dem *allgemeinen Weidgang* offengehalten wurden.

55

Ackerländereien in festem Familienbesitz

Dreifelderwirtschaft, Flurzwang

Dieses komplizierte System, das die Landwirte wechselseitig in der Freiheit der Bewirtschaftung ihrer Ackerländereien beschränkte, wurde von den einzelnen Nachbarschaften und Dorfgemeinden (über diese Näheres → Rn. 288, 291 f.) gehandhabt. Es hat sich bis weit in die Neuzeit, ja, zu einem erheblichen Teil bis ins 19. Jahrhundert, erhalten. Die durch starke Parzellierung gekennzeichneten Flurformen aber, welche seinerzeit die Dreifelderwirtschaft nötig machten, bestehen großenteils noch heute; doch werden sie mittels kostspieliger *Flurbereinigungen* allmählich beseitigt.

56

Auswirkungen auf die Gegenwart

Noch ungeteilt blieb in der fränkischen Zeit das Wald- und Weideland. Es gehörte wohl großenteils den Grundherren als Obereigentümern (über diesen Begriff Näheres → Rn. 94) und den Nachbarschaften als Nutzeigentümern (Nutzungsberechtigten) und wurde von allen Nachbarn nach deren Bedürfnissen genutzt.

57

Wald- und Weideland noch ungeteilt

VIII. Heeresversammlungen

Die Institution der Heeresversammlung, die bei Stammesgesellschaften sehr verbreitet ist (Kelten, Germanen, Slawen), hielt sich über die germanische Zeit hinaus: Wenn der König das Heer jeweils im Frühjahr versammelte und musterte, legte er ihm die wichtigsten Beschlüs-

58

se, die er vorher mit Zustimmung der Großen gefasst hatte, zur Akklamation vor. Ebenso wurde auf dem *Märzfeld* (später *Maifeld*) dem Heer ein von den Großen gewählter neuer König vorgestellt, damit das Heer diese Wahl durch Akklamation bestätige. Da es sehr selten vorkam, dass das Heer eine Akklamation zu einem solchen Staatsakt verweigerte, war das ganze Verfahren fast nur noch eine – allerdings massenpsychologisch wirkungsvolle – Formalität ohne erhebliches verfassungsrechtliches Gewicht. Ein wirklich demokratisches Element hätten jene Heeresversammlungen ohnehin nicht bilden können, da an ihnen, anders als an den altgermanischen Thingen, nur ein Bruchteil der freien Männer – vorzugsweise die Jungmannschaft – teilnahm.

In regionalen Belangen
Umstand
»echte Dinge«
Schöffenverfassung
»gebotene Dinge«

59 In *regionalen Angelegenheiten* blieben noch gewisse demokratische Verfassungselemente erhalten, indem in den *Gerichten der Grafen und Zentenare* die Gesamtheit der freien – manchenorts auch der unfreien – Männer regelmäßig zusammentrat und als sog. *Umstand* an der Rechtsprechung sowie an Beschlüssen über politische und Verwaltungs-Sachen mitwirkte. Auch diese Versammlungen sind für Stammesgesellschaften typisch. Doch fand schließlich auch an diesen Gerichten, wohl auf Wunsch der Bevölkerung selbst, gleichsam eine Aristokratisierung statt. Um nämlich das Volk von seiner ihm lästig erscheinenden Pflicht zur Teilnahme an den vielen Gerichtsversammlungen zu entlasten, beschränkte *Karl der Große* die Zahl der »*echten Dinge*«, dh *der althergebrachten Gerichtstagungen, die an festen Daten des Jahres stattfanden* und an denen auch weiterhin jeder freie Mann des Gerichtssprengels teilzunehmen hatte, auf *drei im Jahr*. Für die übrigen Gerichtstagungen aber führte er die *Schöffenverfassung* ein, dh er bestimmte, dass an ihnen ein auserlesenes Schöffenkollegium unter dem Vorsitz eines Zentenars Recht zu sprechen habe. Auch ordnete er an, dass außer den *Schöffen (scabini)* nur die prozessführenden Parteien zu diesen Tagungen erscheinen müssten und dass zu deren Abhaltung besondere Aufgebote ergehen würden. Daher bezeichnet man diese Tagungen im Gegensatz zu den »echten Dingen« als »*gebotene Dinge*«. An ihnen konnte aber nur über minder wichtige Angelegenheiten verhandelt werden, während die Rechtsprechung über schwerwiegende Sachen, zB über Totschlag sowie über Freiheit und Grundeigentum, den echten Dingen vorbehalten blieb. Doch hatte auch in diesen das Schöffenkollegium einen maßgebenden Einfluss dadurch, dass aus seiner Mitte die Urteilsvorschläge ergingen, die vom Umstand regelmäßig genehmigt wurden.

Grundherrliche Hofgerichte

60 Gewichtige Mitwirkungsrechte wurden eigenartigerweise in fast allen Grundherrschaften entwickelt, obwohl die Grundhörigen großenteils persönlich unfrei waren. Fast alle Grundherren hatten nämlich ihre eigenen grundherrlichen Gerichte, die unter ihrem persönlichen Vorsitz oder – meistens – unter dem Vorsitz eines Stellvertreters (villicus, Meier) tagten, während die Grundhörigen, auch unfreie, die Urteile sprachen. Diese *grundherrlichen Hofgerichte* entschieden in Streitigkeiten zwischen den Grundhörigen und dem Grundherrn über die Rechte und Pflichten beider Teile, aber auch in Angelegenheiten der

Grundhörigen unter sich (zB über Grenzstreitigkeiten, Wegestreitigkeiten, Erbteilungen). Sie waren aber nicht zuständig für schwere Missetaten sowie für Streitigkeiten der Grundhörigen mit Personen, die nicht zur betreffenden Grundherrschaft gehörten. Die Beurteilung solcher Streitigkeiten blieb den Gerichten der Grafen und der Zentenare vorbehalten.

D. Recht im engeren Sinn

I. Gerichtswesen

1. Dinggenossenschaft

Die lokalen Gerichte tagten abwechselnd an einer der verschiedenen *Gerichtsstätten*, deren meiste sich an einer Straßengabel unter einer Eiche oder Linde befanden. Ihre Funktion lag nicht nur in der Streitschlichtung, sondern auch in der Rechtsfeststellung und Rechtsbildung. Insoweit waren Recht und Gericht synonym. Diese Rechtsfindung fand unter maßgeblicher Beteiligung der Genossen der streitenden Parteien statt. (Über die *echten* und die *gebotenen Dinge* → Rn. 59). In jedem Ding, dh an jeder Tagung, wurde vorweg ein *Ring*, dh eine Schranke, gebildet, innerhalb deren der *Graf* oder *Zentenar* als auf die Verhandlungsleitung beschränkter Richter sowie vier bis acht rechtserfahrene Gerichtsgenossen (in der Lex Salica *Rachymburgen* genannt) saßen. Außerhalb des Rings standen, wenigstens in den »echten Dingen«, die übrigen Gerichtsgenossen als *Umstand*. Zur Eröffnung der Tagung stellte der Richter den Rachymburgen *drei Fragen*, nämlich, ob es der rechte Ort für die Tagung sei, ob es die rechte Zeit für sie sei und ob das Gericht richtig besetzt sei. Nachdem die Rachymburgen diese Fragen bejaht hatten, gebot der Richter den *Gerichtsfrieden* (= *Hegung* des Dings). Dann fragte er, ob jemand Klage erheben wolle. Daraufhin trat, wer klagen wollte, waffenlos in den Ring und brachte seine Klage, zB wegen Tötung eines Verwandten, mündlich vor. Alsdann rief der Richter den Angeklagten auf, sich zu verantworten. Erschien dieser nicht, so musste der Kläger seine Klage an einer zweiten und bei erneutem Nichterscheinen des Angeklagten an einer dritten Gerichtstagung wiederholen. Erschien der Angeklagte auch an dieser nicht, so wurde er von den Rachymburgen *friedlos*, dh *vogelfrei* (in die *Acht*), erklärt, worauf jedermann ihn töten durfte. War er aber anwesend und willens, sich zu verantworten, so trat auch er waffenlos in den Ring und nahm zum Klagevorwurf Stellung. Er konnte die ihm vorgeworfene Tat schlechtweg zugeben oder bestreiten oder sie zwar zugeben, aber gleichzeitig etwas zu seiner Entlastung vorbringen, zB er habe in Notwehr gehandelt. Alsdann stellte der Richter den Rachymburgen die Frage, was für ein Urteil zu sprechen sei. Nun machte ein Rachymburge einen *Urteilsvorschlag*; diesem konnte jeder andere Rachymburge einen anderen Urteilsvorschlag entgegensetzen. Schließlich stimmte

61 Gerichtsstätten

Verfahrensgang

der »Umstand« dem Urteilsvorschlag zu, den er für den richtigen, dh dem anwendbaren Volksrecht entsprechenden, hielt.

Urteilsinhalt 62 Das Urteil lautete regelmäßig auf Verurteilung des Angeklagten zu der im Gesetz vorgesehenen Geldzahlung als Sühneleistung an den Kläger oder eventuell seine Verwandten sowie an den Richter, dem gewöhnlich 1/3 als *Friedensgeld (fredus)* zufiel. Aber es lautete, wenn der Angeklagte die ihm vorgeworfene Tat nicht schlechtweg zugegeben hatte, nur bedingt: nämlich nur für den Fall, dass der Angeklagte den ihm vom Gericht auferlegten *Unschuldsbeweis* nicht werde leisten und sich dadurch vom Klagevorwurf werde reinigen können.

Bedingtes (zweizüngiges) Urteil Beweisverfahren Nun erst, also erst nachdem jenes *bedingte (»zweizüngige«)* Urteil ausgesprochen worden war, wurde das *Beweisverfahren* durchgeführt. Dieses beruhte weitgehend auf magischen Vorstellungen, war also, nach modernen Begriffen unrational, weil nicht wie im heutigen Prozess der Kläger die Schuld des Angeklagten, sondern dieser seine Unschuld zu beweisen hatte. Allerdings war dieser Beweis in den meisten Fällen verhältnismäßig leicht zu erbringen. Denn regelmäßig genügte dazu die bloße *eidliche Erklärung des Angeklagten*, er sei unschuldig. Für schwerere Fälle aber sahen die Volksrechte vor, dass

Eideshelfer 3–72 »*Freunde*« (dh *Verwandte*) des Angeklagten als *Eideshelfer* dessen Unschuld mitzubeschwören hätten. Es galt als moralisch bindende Pflicht der »Freunde«, diese Eideshilfe auch ohne Kenntnis des Sachverhalts zu leisten, ausgenommen wenn die Freunde die Aussagen des Angeklagten für schlechthin unwahr oder diesen aus einem anderen Grund für nicht unterstützungswürdig hielten.

Magische Beweismittel (Gottesurteile, Ordale) 63 In besonders schwerwiegenden Fällen wurde verlangt, dass sich der Angeklagte zum Beweis seiner Unschuld einem *Gottesurteil (Ordal)* unterziehe. Gebräuchlich waren folgende Ordale:

Kesselfang (Herausnahme eines Kiesels aus einem mit siedendem Wasser gefüllten Kessel. Wenn die Hand nach einigen Tagen Blasen zeigte, galt der Angeklagte als schuldig)

Eisenprobe (Anfassen eines glühenden Eisenstabs; alsdann wie beim Kesselfang).

Wasserprobe (Eintauchen einer angeklagten Frau in ein Gewässer. Wenn sie nicht unterging, galt sie als schuldig, weil das »reine« Wasser sie von sich gewiesen hatte).

Bahrprobe (Der des Mordes Angeklagte wurde vor den Leichnam des Getöteten geführt. Fingen dessen Wunden an zu bluten und schäumte sein Mund, so war der Angeklagte schuldig – zB Hagen vor dem Leichnam Siegfrieds!).

Kreuzprobe (Der Angeklagte und der Kläger mussten ihre Arme waagrecht halten. Wer sie zuerst sinken ließ, hatte den Prozess verloren).

Zweikampf (zwischen Kläger und Angeklagtem, in zahlreichen Formen; jede Partei konnte den Kampf durch einen Vertreter = *campio*, *Champion* führen lassen).

Solche Gottesurteile waren in sehr vielen alten Rechtsordnungen vorgesehen und kommen bei einigen primitiven Völkern heute noch vor. In der karolingischen Zeit wurden sie von einzelnen Bischöfen als Gottesversuchungen angeprangert, erhielten sich aber trotzdem noch jahrhundertelang. Der gerichtliche Zweikampf erlangte mit dem Aufkommen des Rittertums im Hochmittelalter sogar eine überragende Bedeutung.
Erst als *Innocenz III.* und das von ihm geleitete *4. Laterankonzil* (1215) die Ordale wegen ihrer Irrationalität verwarfen, wurden sie überall zurückgedrängt und durch rationale Beweismittel ersetzt (→ Rn. 222).

64 Spätere Entwicklung

Die aus heutiger Sicht fehlende Rationalität relativiert sich, wenn man bedenkt, dass es damals nicht in erster Linie um die Ermittlung der Wahrheit ging, sondern um die Wiederherstellung des Friedens. Und diese Funktion dürften die Verfahren zumindest zeitweilig erfüllt haben. Solche waren allerdings schon in fränkischer Zeit nicht selten angewandt worden. Es waren dies der Beweis durch *Urkunden*, der Beweis durch *Zeugen*, die einen Sachverhalt vom Sehen her kannten oder wenigstens von ihm gehört hatten, sowie der Beweis durch *Geständnis*, das nach bedenklichem römisch-rechtlichem Vorbild mitunter schon in fränkischer Zeit – immerhin damals nur Unfreien gegenüber – durch Anwendung der *Folter* herbeigeführt wurde. Diese rationalen (zum Teil zynisch rationalen) Beweismittel dienten, im Gegensatz zu den irrationalen, nicht dem Angeklagten zum Beweis seiner Unschuld, sondern dem Kläger zum Beweis der Schuld des Angeklagten.

65 Rationale Beweismittel

Sechs Hauptmerkmale kennzeichneten den fränkischen Prozess:

66 Hauptmerkmale des fränkischen Prozesses kein Unterschied zwischen Straf- und Zivilprozess

(1) Anders als vom Spätmittelalter an, ist *nicht zwischen Straf- und Zivilprozessen zu unterscheiden*. Jedes Klagebegehren bedeutete den Vorwurf einer Missetat, eines Rechtsbruchs, also eines Verbrechens im wesentlichen Sinne; doch bestand ein für den Kläger erfolgreicher Prozessausgang nicht in der Verurteilung des Angeklagten zu einer Strafe im eigentlichen Sinn (zB einer Lebens-, Körper- oder Freiheitsstrafe), sondern zu einer Geldzahlung an den Kläger und an den Richter, was einer Verurteilung zu einer modernen privatrechtlichen Schadensersatzleistung an den Geschädigten wegen unerlaubter Handlung (BGB § 823) und zur Bezahlung der Gerichtskosten entsprach. (Insofern sowie auch dadurch, dass die Einleitung und Vorantreibung eines Prozesses ins Belieben des Geschädigten gestellt war – → Rn. 69 –, glich der fränkische Prozess mehr einem Zivil- als einem modernen Strafprozess.)

(2) und **(3)** Der Prozess wurde *öffentlich* und *mündlich* geführt. Beides charakterisiert eine volkstümliche Rechtsprechung und steht im Gegensatz zur weitgehend geheimen und schriftlichen Prozessführung, die im Spätmittelalter aufkam und erst im Zeitalter des Liberalismus (19. Jahrhundert) heftig und erfolgreich kritisiert wurde.

67 Öffentlichkeit und Mündlichkeit

(4) Der Prozess war in allen Stadien *streng förmlich*. Daraus erwuchs den Parteien die Gefahr, einen Prozess wegen Wahl einer falschen Klage- oder Verteidigungsformel oder wegen Sichversprechens zu verlieren. Gemildert wurde sie dadurch, dass die Parteien ihre Klage (bzw. Verteidigung) mit gerichtlicher Erlaubnis durch ein Gerichtsmitglied vortragen lassen konnten. Solche »*Fürsprecher*« (Vorsprecher)

68 Förmlichkeit

Fürsprecher

waren als bloße »Vertreter im Wort« nur beschränkt den Rechtsanwälten vergleichbar, die seit der Rezeption des gelehrten Rechts (→ Rn. 125 ff.) von den Parteien beauftragt werden konnten, in einem Prozess als frei gewählte Vertreter mit umfassender Vollmacht für sie aufzutreten.

Beweisverfahren

Besonders bedeutungsvoll war die Förmlichkeit des Prozesses im *Beweisverfahren*. Ein Beweis galt als erbracht, wenn der für ihn erforderliche äußere Tatbestand (zB Eidesleistung; Überwindung des Gegners im Zweikampf) erfüllt war; eine freie Beweiswürdigung gab es nicht. Die strenge Förmlichkeit des Prozesses ist erst vom Hochmittelalter an aufgelockert worden, und die freie Beweiswürdigung hat sich erst im 19. Jahrhundert durchgesetzt.

Dispositions- und Verhandlungsmaxime, Parteibetrieb

69 (5) Der fränkische Prozess war von den Grundsätzen der *Dispositionsmaxime*, der *Verhandlungsmaxime* und des *Parteibetriebs* beherrscht. Diese drei erst im 19. Jahrhundert geprägten prozessrechtlichen Begriffe bezeichnen einander verwandte Verfahrensgrundsätze, nach denen die Prozessparteien, nicht das Gericht oder ein Vertreter der Öffentlichkeit, einen Prozess einzuleiten und voranzutreiben haben. (Näheres in prozessrechtlichen Lehrbüchern.) In der fränkischen Zeit war es entsprechend diesen Grundsätzen ausschließlich den Parteien anheimgestellt, ob sie eine Sache vor Gericht anhängig machen sowie ob und wie sie zu dem Vorbringen des Prozessgegners Stellung nehmen wollten. Das Gericht selbst durfte weder von sich aus einen Prozess einleiten noch irgendwelche eigene Initiative zur Klärung des Sachverhalts entfalten, sondern hatte auf das bloße Vorbringen der Parteien hin das vom Gesetz vorgesehene Urteil auszusprechen. (Im Gegensatz zu diesem Verfahren steht ein solches, das von den Grundsätzen der *Offizialmaxime*, der *Inquisitions- oder Untersuchungsmaxime* und des *Amtsbetriebs* beherrscht wird. In einem solchen Verfahren, das im Spätmittelalter in Strafsachen – nicht auch in Zivilsachen – aufgekommen ist, leitet ein Repräsentant des Gemeinwesens das Verfahren ein, und in diesem suchen richterliche Behörden, den Sachverhalt von Amts wegen aufzuklären.)

Bindung der Gerichte an Gesetzeswortlaut

70 (6) Die fränkischen Gerichte – wenigstens die Gaugerichte – waren äußerst streng *an den engen Wortlaut des Gesetzes gebunden*. Das Gericht musste und durfte einen Angeklagten dann, aber nur dann, verurteilen, wenn das anzuwendende Volksrecht die Tat ausdrücklich mit Strafe im wesentlichen Sinn bedrohte, und es durfte ihn nur zu der im Gesetz ausdrücklich vorgesehenen »Strafe« verurteilen. Auch waren die auszusprechenden »Strafen« in den Gesetzen so genau fixiert, dass die Gerichte keinen Ermessensspielraum in der Festsetzung der Strafhöhe hatten. Die Praxis hat sich freilich nicht immer an diese Grundsätze gehalten.

Hauptgrund für diese Merkmale

71 Der Hauptgrund für die strenge Förmlichkeit des fränkischen Prozesses, den ihn beherrschenden Parteibetrieb und die strikte Bindung der Gerichte an den engen Gesetzeswortlaut lag wohl im Misstrauen,

das man in jener Zeit den Gerichten entgegenbrachte. Man misstraute wahrscheinlich nicht nur der Fähigkeit der Richter und Urteiler, den wahren Sachverhalt zu ermitteln, sondern auch ihrer Unparteilichkeit. Solche Bedenken waren leider laut überlieferter Berichte (besonders des *Gregor von Tours*) nicht selten nur allzu berechtigt. Es geschah nämlich mitunter, dass Gerichtsverfahren trotz formrichtig erfolgter Vorladungen überhaupt nicht oder willkürlich durchgeführt wurden. Einige Herrscher, besonders *Karl der Große,* haben allerdings jene Missstände unter Berufung auf Stellen des Alten Testaments durch harte Strafandrohungen gegen bestechliche oder vom Gesetz abweichende Richter und Urteiler schärfstens bekämpft; doch ist ungewiss, ob sie damit Erfolg hatten.

2. Königsgericht

Dieses tagte unter dem Vorsitz des Königs oder des Pfalzgrafen (→ Rn. 40). Große des Reiches wirkten als Urteiler mit. *Karl der Große* entschied aber manche Fälle selbst (nach *Einhard* morgens beim Ankleiden!). Das Königsgericht konnte über jeden Fall entscheiden, der ihm vorgebracht wurde. Ausgenommen waren von einem Gaugericht schon entschiedene Fälle. Doch konnte jede Partei, auch jeder Rachymburge und jeder aus dem »Umstand«, einen in einem Gaugericht vorgebrachten Urteilsvorschlag sogleich förmlich *schelten* und dadurch bewirken, dass die Sache noch vor dem Entscheid an das Königsgericht überwiesen wurde. Die *Urteilsschelte* bedeutete den Vorwurf eines schweren Verbrechens und führte regelmäßig zum Entscheid durch gerichtlichen Zweikampf zwischen dem Scheltenden und dem Gescholtenen. Im Übrigen war das Königsgericht in der Gestaltung des Verfahrens und besonders in der Erhebung von Beweisen freier als die Gaugerichte, da es nicht wie diese strikt an bestimmte volksrechtliche Gesetzestexte gebunden war. In ihm setzten sich weitgehend die rationalen Beweismittel des *Urkundenbeweises* und des *Zeugenbeweises* durch, ferner die vom Gericht angeordnete Klärung eines Sachverhalts (zB Feststellung von Grundstücksgrenzen) mittels *Befragung einer Vielzahl von Personen*.

72

Urteilsschelte

Urkunden- und Zeugenbeweis

3. Grundherrliche Gerichte

Von diesen weiß man aus der fränkischen Zeit nur wenig. Es ist aber anzunehmen, dass es viele solche Gerichte gab, zumal besonders die Abteien weitgehende *Immunität,* dh Freiheit von Eingriffen der Grafen und Zentenare in ihre Angelegenheiten, genossen, dafür aber für Frieden, Ordnung und Recht in ihrem Bereich zu sorgen hatten. (Über die Zusammensetzung und die Zuständigkeit dieser Gerichte → Rn. 60). Das an ihnen übliche Verfahren war wohl ähnlich dem der Gaugerichte, aber einfacher und weniger förmlich.

73

Immunität

II. Strafrecht

74 Ebensowenig wie Straf- und Zivilprozess waren materielles Strafrecht und materielles Privatrecht streng geschieden.

Die Mehrzahl der Rechtssätze der Volksrechte sah für konkret umschriebene Missetaten bestimmte Rechtsfolgen vor, zu denen das Gericht auf Klage des Verletzten oder, falls dieser nicht mehr lebte, seiner Verwandten den Täter zu verurteilen hatte. Diese Rechtsfolgen bestanden aber größtenteils nur in einer genau bestimmten *Sühnegeldleistung (compositio)*, von der 2/3 an den Verletzten bzw. seine Verwandten und 1/3 als *Friedensgeld (fredus)* an den Richter fielen (→ Rn. 62). Die Volksrechte stellen somit vor allem *Sühnegeldkataloge* dar. Die in ihnen vorgesehenen Versöhnungsleistungen waren abgestuft nach der Art des verletzten Rechtsguts, nach den Umständen der Verletzungshandlung (heimliche Taten wurden schwerer geahndet als offen begangene), nach dem Stand des Verletzten, zT auch nach dem des Verletzers. Am wichtigsten von allen Sühnegeldleistungen war das Geld für die Tötung eines Menschen, das sog. *Wergeld* (= *Manngeld*, abgeleitet von vir = Mann); dieses betrug nach der Lex Salica für einen freien Franken *200 Schillinge* (→ Rn. 35 wiedergegebene Textstelle), für Leute hohen Standes (»Tischgenossen des Königs«) sowie Geistliche das Dreifache, für freie Römer dagegen nur die Hälfte und für Halbfreie noch weniger. (200 Schillinge entsprachen dem Wert einer großen Viehherde, mit der Zeit aber wegen der schon damals – allerdings langsam und unregelmäßig – sinkenden Kaufkraft des Geldes nur noch einem Bruchteil davon.) Sehr detaillierte Sühnegeldtarife gab es für Körperverletzungen (je nach dem verstümmelten Körperteil), Freiheitsberaubungen, Diebstähle (je nach der Art der entwendeten Sache), Sachbeschädigungen und Ehrverletzungen (je nach den konkret ausgesprochenen Schimpfworten).

Für bestimmte, gegen öffentliche Interessen gerichtete Handlungen finden sich auch schwere Strafdrohungen bis hin zur Todesstrafe, wie bei Angriffen gegen den König, bei Sittlichkeitsdelikten oder Gotteslästerung. Diese wurden einerseits durch den König, zB in den Kapitularien normiert, andererseits auch durch die kirchliche Rechtsetzung.

Taten innerhalb der Sippe ahndete der Sippenvorsteher unmittelbar. Er fungierte insoweit als Richter der ihm Unterworfenen und konnte sogar die Todesstrafe verhängen.

75 Umstände, die nach dem allgemeinen Teil des geltenden modernen Strafgesetzbuchs für die Strafbarkeit oder Nichtstrafbarkeit eines Täters sowie für das Strafmaß von Bedeutung sein können, wurden *nicht allgemein berücksichtigt:* so die *Zurechnungsfähigkeit* oder Unzurechnungsfähigkeit des Täters und besonders sein *Verschulden* oder Nichtverschulden sowie in Fällen seines Verschuldens die Art desselben, dh *Vorsatz oder bloße Fahrlässigkeit*. Grundsätzlich haftete jeder Täter auch ohne Verschulden für den äußeren Erfolg seiner Handlungen.

Sühnegeld (compositio)
Friedensgeld (fredus)

Wergeld

Privatstrafrecht

Man bezeichnet dies als *Erfolgshaftung* im Gegensatz zur später aufgekommenen und heute herrschenden *Verschuldenshaftung*. Ungesühnt blieben im Allgemeinen *Anstiftung* und *Beihilfe* zu einer Missetat sowie der Versuch einer solchen.

Erfolgshaftung

Doch gab es viele Bestimmungen, nach denen Teilnahme- oder Versuchshandlungen in gewissen genau umschriebenen Fällen als selbstständige Missetaten zu sühnen waren. So sieht die Lex Salica für das Dingen eines Mörders, Beihilfe zum Mord sowie für versuchten Totschlag besondere Sühnegeldleistungen vor. Auch verwendet dieses Gesetz schon einen der heutigen »Fahrlässigkeit« entsprechenden Begriff, indem es bestimmt, dass Minderjährige, dh noch nicht Zwölfjährige, die eine Missetat aus bloßer »neglegentia« begehen würden, wegen eines solchen sog. *Ungefährwerks* nur zu einer Kompositionsleistung an den Verletzten, nicht aber auch zur Leistung eines Friedensgeldes an den Richter zu verurteilen seien.

76

Ungefährwerk

Trotz der verhältnismäßigen Milde des in der fränkischen Zeit voll entwickelten Kompositionen-Systems bewirkte dieses, soweit es tatsächlich angewandt wurde, einen wirksamen mittelbaren Schutz der Menschen vor Verletzungen der heute sog. absoluten (dh gegenüber jedermann geschützten) Rechte und Rechtsgüter: Leben, körperliche Unversehrtheit, Freiheit, Ehre und Eigentum. In einer verkehrsarmen Zeit, in der grundherrschaftliche Wirtschaftsautarkie vorherrschte, genügte das zur rechtlichen Sicherung der wichtigsten privaten Interessen.

77 Wirksamkeit des Kompositionen-Systems

Doch führten die fränkischen Herrscher, besonders *Karl der Große*, zur Verstärkung jenes Schutzes sowie zum Zurückdrängen des in der Praxis fortdauernden Fehdewesens, aber auch zur Sicherung einer gerechten Rechtspflege und anderer öffentlicher Interessen, etwa zur Sicherung der Landstraßen, für manche Tatbestände, zB Mord und Richterbestechung, härtere Strafen ein, so die *Todesstrafe* und *Verstümmelungsstrafen*. Diese Blutstrafen waren vor allem vom Königsgericht anzuwenden. Wie weit und mit welchem praktischen Erfolg dies tatsächlich geschah, ist nicht bekannt.

78 Härtere Strafen

Für die Beantwortung der Frage, welches von mehreren in Betracht kommenden Volksrechten auf einen bestimmten Fall anzuwenden war, galt das »*Personalitätsprinzip*«: dh für jedermann galt das Volksrecht seines Stammes. Bei Missetaten war maßgebend das Volksrecht des Verletzten. Wenn bspw. im sächsischen Stammesgebiet ein freier Salfranke von einem Thüringer erschlagen wurde, war maßgebend die Lex Salica, sodass das in dieser vorgesehene Wergeld von 200 Schillingen zu leisten war.

79 Personalitätsprinzip

Erst im Spätmittelalter setzte sich anstelle des Personalitätsprinzips meistenorts das rationalere und leichter anzuwendende *Territorialitätsprinzip* durch. Nach diesem ist für alle rechtlich bedeutsamen Handlungen die am Handlungsort geltende Rechtsordnung maßgebend. Personalitätsprinzip und Territorialitätsprinzip sind Grundsätze des interlokalen und besonders des *internationalen Privat- und Strafrechts*, die die Frage regeln, welche von mehreren in Betracht kommenden lokalen,

80

regionalen oder nationalen Rechtsordnungen auf einen nicht rein innerlokalen, innerregionalen und innernationalen privat- oder strafrechtlichen Fall anzuwenden ist.

III. Privatrecht

81 Die fränkischen Volksrechte enthalten recht genaue Regeln über die *Erbfolge* sowie das *eheliche Güterrecht* (so die Lex Saxonum, die auch gewisse Unterschiede zwischen dem ehelichen Güterrecht der Westfalen und der Ostfalen nennt). Das Erbrecht ist ein reines Verwandtenerbrecht, ein Ehegattenerbrecht gibt es noch nicht.

Erbfolge
Eheliches Güterrecht

Eine erbrechtliche Bestimmung der Lex Salica, laut welcher Frauen von der Erbfolge in salisches Land ausgeschlossen waren, erlangte dauernde politische Bedeutung. Unter anderem galt sie für das *Thronfolgerecht* Frankreichs und gab in andern Staaten Anlass zu Erbfolgekriegen, wenn ihre Anwendbarkeit umstritten war (so in Spanien noch im »Karlistenkrieg« von 1834–1839).

Salisches Thronfolgerecht

Ferner finden sich in den Volksrechten manche Bestimmungen über die höchst *formelle* Art, in der bestimmte *Rechtsgeschäfte standes-, familien-, erb-, sachen- und schuldrechtlicher Art* unter Anwendung symbolischer Handlungen und Beiziehung von Zeugen, großenteils wohl unmittelbar vor Gericht zu schließen waren (zB freiwilliges Ausscheiden aus einer Sippe: der Ausscheidende hatte zu diesem Zweck vier Erlenstäbe über seinem Haupt zu zerbrechen und nach allen vier Richtungen zu werfen. Anderes Beispiel: Abgabe eines Schuldversprechens durch Überreichen eines Holzstabes). Wie häufig in einfachen Rechtskulturen wird Rechtswirkung durch einen Ritus erzielt, der eine gewisse Publizität erfordert. Nicht formell eingegangene Rechtsgeschäfte waren in der Regel nur dann vorbehaltlos gültig, wenn sie sogleich von beiden Teilen erfüllt wurden (so bei Tausch und Kauf). *Grundstücke* blieben, wie in der germanischen Zeit, *noch an die Familie gebunden*, konnten also grundsätzlich nicht veräußert werden. Doch setzten kirchliche Kreise es allmählich gegen den hartnäckigen Widerstand der Altgesinnten durch, dass jedermann wenigstens über einen Teil seiner Grundstücke (meist 1/3) als *Seelteil* schon zu seinen Lebzeiten oder auf sein Ableben hin, um seines und seiner Angehörigen Seelenheils willen, zugunsten einer kirchlichen Institution (zB einer Abtei oder Pfarrei) verfügen konnte. Ebenfalls auf kirchlichen Einfluss, der sich in Synoden und Konzilien des 6. Jahrhundert bemerkbar macht, gehen die Grundsätze eines Eherechts zurück, so der Vertragscharakter der Ehe, die Einehe, die Ausgestaltung des Ehehindernisrechts (Inzestverbot) und das Zurückdrängen eheähnlicher Lebensformen.

Rechtsgeschäfte

Bindung der Grundstücke an Familie

E. Würdigung des fränkischen Rechts

Das fränkische Recht hat *germanische, römische und christliche Komponenten*, die gemeinsam die europäische Rechtskultur bis zur Gegenwart bestimmen. Der *germanischen Zeit* entstammten das Kompositionen-System, die starken Familienbande, sehr wahrscheinlich die Gerichtsverfassung und die magischen Beweismittel, zT wohl auch die Rechtsverhältnisse am Land. *Von den Römern* hatte man übernommen einerseits die starke Verbreitung der persönlichen Unfreiheit, andererseits die Fähigkeit zu schriftlicher Fixierung des Rechts sowie zur Abfassung schriftlicher Vertragsurkunden, ebenso die Institution des Kaisertums. Auf der Annahme des *Christentums* beruhten das Entstehen eines Klerikerstandes, die Schaffung einer festen Kirchenorganisation mit Bistümern, Pfarreien und Abteien, der Zehnte, die Zulassung von Verfügungen der Erblasser über den Seelteil, ferner die sich nun als Rechtsprinzip durchsetzende Monogamie, das Inzestverbot und die Unscheidbarkeit der Ehe, sowie schließlich die allmähliche Erlangung der Rechtsfähigkeit durch die Unfreien.

82 Germanische Elemente

Römische Elemente

Christliche Elemente

Prozess- und Strafrecht waren *noch wenig rational*, aber weniger hart und rücksichtslos als im Spätmittelalter, in dem sie grundlegend geändert wurden, und in der frühen Neuzeit. Noch unbedeutend blieben die Städte. Dementsprechend gab es noch kein besonderes Stadtrecht. Handwerkszünfte, Kaufmannsgilden sowie ein besonderes Handelsrecht für die Kaufleute waren noch nicht entstanden. Auch eine Rechtswissenschaft war noch nicht aufgekommen.

83 Noch nicht entwickelte Institutionen

Trotzdem hatte das Recht der fränkischen Zeit eine *zukunftweisende Bedeutung für das Recht ganz Westeuropas*. Grundherrschaft, ländliche Besitzverhältnisse und die in Form der Dreifelderwirtschaft geregelte bäuerliche Wirtschaftsweise, Zehntrecht, Lehenwesen, kirchliche Organisation sowie manche Einzelheiten des Privatrechts (besonders des ehelichen Güterrechts und des Erbrechts) haben sich in ihren grundlegenden Zügen bis zum Ende des alten Reiches, zT auch darüber hinaus, ja, in Einzelheiten bis zur Gegenwart, erhalten.

84 Zukunftsweisende Bedeutung des fränkischen Rechts

(nicht belegt)

85

4. Kapitel. Hochmittelalter (888 – ca. 1200)

A. Vorbemerkungen

In dieser Epoche galt das aus der fränkischen Zeit überlieferte Recht weiter. Aber, wohl im Zusammenhang mit der langsamen Bevölkerungsvermehrung, kam, ausgehend von der um 1000 einsetzenden *cluniazensischen Kirchenreform*, allmählich ein starkes *Rationalisierungsstreben* auf und bewirkte vom 12. Jahrhundert an, endgültig allerdings erst im Spätmittelalter, eine Umgestaltung mancher Institutionen. Parallelen zeigen sich in der Architektur, in der im 11. Jahrhundert, ebenfalls unter dem Einfluss des Klosters Cluny (südl. Dijon), der auf mathematischen Proportionen beruhende romanische Stil aufkam, der vom 12. Jahrhundert an vom lebhafteren, aber ebenfalls streng mathematischen gotischen Stil abgelöst wurde. Alle diese Entwicklungen dürften damit zusammenhängen, dass nach den politisch verhältnismäßig ruhigen Zeiten des 10. sowie des 11. Jahrhunderts gegen dessen Ende hin der *Investiturstreit* zwischen Papst und Kaiser ausbrach und dass während dieses Konflikts die ersten Kreuzzüge stattfanden, die Westeuropa in fruchtbare Berührung mit der hochentwickelten byzantinischen und islamischen Kultur brachten.

86 Cluniazensische Kirchenreform

B. Territoriale Neugestaltungen

Infolge der Absetzung *Karls des Dicken* (888) zerfiel das fränkische Reich in folgende Königreiche:

87

I. Deutschland (erstmals in einer Urkunde von 919 als *regnum Teutonicorum* bezeichnet, umfasste auch Elsass, Lothringen und die Niederlande);

II. Frankreich (ohne Elsass, Lothringen, Freigrafschaft Burgund, Savoyen und Provence; Grenze im Osten: Saône-Rhône);

III. Hochburgund (umfassend die Freigrafschaft Burgund mit der Hauptstadt Besançon, Hochsavoyen und die Westschweiz; Krönungsstadt: Payerne, zwischen Bern und dem Neuenburgersee);

IV. Niederburgund = arelatensisches Königreich (umfassend Lyon, den südlichen Teil von Savoyen und die Provence; 933 mit dem Königreich Hochburg und zum *Königreich* Burgund vereinigt);

V. Italien (das ehemalige Langobardenreich; Krönungsstadt und Sitz einer berühmten Rechtsschule für die Pflege des langobardischen Rechts: *Pavia*).

4. Kapitel. Hochmittelalter (888 – ca. 1200)

Kaiserkrönung Ottos I. (962)

Angliederung von Burgund (1033)

88 *Otto I.* (der Große) ließ sich, nachdem er das Königreich Italien erobert hatte, 962 in Rom zum *Kaiser des Heiligen Römischen Reiches* (*Sacrum Imperium Romanum*, oft als »Heiliges Römisches Reich Deutscher Nation« bezeichnet) krönen. 1033 erwarb *Konrad II.* kraft Erbfolge und Krönung in Payerne auch das *Königreich Burgund*.

Die Königreiche Italien und Burgund behielten zwar nach ihrer Vereinigung mit dem regnum Teutonicorum unter der Herrschaft der deutschen Kaiser ihre besonderen Verfassungen (so unter anderem ihre besonderen Krönungsstätten und reichstagsähnlichen Versammlungen). Doch waren sie nicht nur in »Personalunion«, sondern in »Realunion« miteinander verbunden, dh dauernd und notwendigerweise unter einem gemeinsamen Oberhaupt (Burgund allerdings erst seit 1127).

In späteren Jahrhunderten wurde Burgund einschließlich des Herzogtums Savoyen allmählich mit dem Heiligen Römischen Reich Deutscher Nation verschmolzen; doch schieden einige seiner Gebiete im 17. und 18. Jahrhundert infolge fremder Eroberungen aus dem Reichsverband aus, während das Königreich Italien seine Sonderstellung in ihm behielt.

Im Osten wurde das Reichsgebiet später bis an die Grenze des Königreichs Polen ausgedehnt.

C. Rechtsquellen

»finsteres Mittelalter«

Libri feudorum

Wormser Konkordat (1122)

Reichsgesetze über Strafsachen und Regalien

89 Im 10. und 11. Jahrhundert konnten nur noch sehr wenige Menschen – es waren wohl durchweg Geistliche – lesen und schreiben. Daher schwand einerseits die genaue Kenntnis der Volksrechte, sodass diese von den Gerichten nur noch in ihren Grundzügen angewandt wurden; andererseits entstanden fast keine neuen unmittelbaren und nur recht wenige mittelbare Rechtsquellen. Es ist die Zeit des »finsteren Mittelalters« in dem Sinn, dass man von ihm so gut wie nichts Bestimmtes weiß. Immerhin gilt das nicht restlos. So entstammen jener Zeit einige Kaisergesetze, zB ein Lehensgesetz *Konrads II.* von 1032 und die in Italien entstandenen berühmten langobardischen *libri feudorum* aus dem 11. Jahrhundert, die später als gemeines Lehenrecht im ganzen Reich angewandt wurden, soweit nicht die örtliche Geltung einer anderen Lehenordnung nachgewiesen war.

Im 12. Jahrhundert beginnen die unmittelbaren und mittelbaren Rechtsquellen wieder reicher zu fließen. Hochbedeutsam war das zwischen *Heinrich V.* und Papst *Calixtus II.* 1122 geschlossene *Wormser Konkordat* (Näheres → Rn. 116). Von großer Tragweite waren sodann mehrere unter dem Hohenstaufenkaiser *Friedrich I.* (Barbarossa, 1152–1190) erlassene Reichsgesetze, besonders solche über Strafsachen sowie über die *Regalien*, dh grundsätzlich dem König – heute dem abstrakten Staat – zustehende nutzbare Monopolrechte, zB das Münzregal als ausschließliches Recht zur Münzprägung und *das* Bergregal als ausschließliches Recht auf Errichtung und Ausbeutung von Bergwerken.

In erheblicher Zahl überliefert sind schon aus dem 10. und 11., vor allem aber aus dem 12. Jahrhundert, *Papst- und Kaiserurkunden*, dh Urkunden, die von der päpstlichen oder kaiserlichen Kanzlei ausgestellt worden sind. Diese – großenteils in gediegenem Latein abgefassten – Urkunden betreffen unter anderem die Gewährung von Privilegien an einzelne Vasallen, besonders aber an einzelne Abteien oder ganze kirchliche Ordensverbände (Verleihung der *Immunität*, dh der Freiheit von Eingriffen weltlicher Machthaber, durch die Kaiser; Verleihung der *Exemtion*, dh der Freiheit von der Jurisdiktion des Bischofs, durch die Päpste). Auch gibt es aus dem 10.–12. Jahrhundert einzelne bedeutende Chroniken; doch erreicht keine den Rang der Chronik des *Gregor von Tours* aus dem 6. Jahrhundert.

_{Papst- und Kaiserurkunden}

_{Immunität}

_{Exemtion}

D. Weiterentwicklung fränkischer Institutionen

In dieser Epoche hatten die *Kaiser*, die als Nachfolger der fränkischen Kaiser und letztlich der altrömischen Kaiser angesehen wurden, eine hohe Machtstellung. Gewählt wurden sie wie die fränkischen Kaiser von einem nicht genau bestimmten Kreis von Magnaten in einem nach wie vor ungeregelten Wahlverfahren. Das in der fränkischen Zeit geltende *Geblütsrecht*, gemäß dem jeweils ein Sohn eines verstorbenen Herrschers als dessen Nachfolger zu wählen war, wirkte noch nach. Doch schritt man in mehreren Fällen beim Aussterben der regierenden Linie eines Herrschergeschlechts zur Wahl eines Kaisers aus einem anderen Geschlecht. So wechselte man 1025 vom sächsischen zum salfränkischen Herrscherhaus, 1125 wieder zum sächsischen und 1138 zum schwäbischen Haus der Hohenstaufen.

90 Machtstellung des Kaisers

Sehr bedeutsam waren im Hochmittelalter und später *fünf Herzogtümer*, die sich infolge Wiederauflebens alter, von den Franken vorübergehend beseitigter Traditionen gebildet hatten. Es waren dies die Herzogtümer der *Lothringer, Schwaben, Bayern, Franken* und *Sachsen* (heutiges Land Niedersachsen).

Herzogtümer

Im Übrigen dauerten die Institutionen, die sich in der fränkischen Zeit gebildet hatten, fort (unter anderem bezüglich Gerichtswesen, Kirche, Stände, Familie). So waren die *Grafschaften* immer noch bedeutsame Gerichts- und Verwaltungsbezirke. Aber unter anderem infolge des inzwischen voll aufgekommenen Lehenwesens änderte sich vieles, vor allem weil die Grafschaften als Lehen gelegentlich auf mehrere Erben aufgeteilt oder ganz oder teilweise an Untervasallen weiterverliehen wurden. Die hierdurch bewirkte starke *Zersplitterung der Gerichtsbezirke* wurde noch gesteigert durch die vielen den Abteien verliehenen Immunitäts-Privilegien. Insgesamt wurden aus diesen Gründen die nur ausnahmsweise schriftlich fixierten Gerichtsverhältnisse so unübersichtlich, dass während langer Zeit *Rechtsunsicherheit* bezüglich der Kompetenzen der verschiedenen Gerichte sowie der Zugehörigkeit mancher Orte zum einen oder anderen Gerichtssprengel und der Person des Gerichtsherrn herrschte, was Anlass zu vielen Fehden gab.

91 Grafschaften

Zersplitterung der Gerichtsbezirke

Im 12. Jahrhundert entstanden allmählich *neue Städte*, in denen sich eine besondere Verfassung und ein besonderes Stadtrecht zu bilden begannen. Dies bewirkte eine weitere Komplizierung der Gerichtsverhältnisse im Reich, aber auch eine Verfeinerung und Bereicherung des Verfassungs- und besonders des Privatrechts, das sich in den Städten vor allem wegen des in ihnen aufkommenden Handelsverkehrs stark entfaltete.

Rationalisierung des Straf- und Prozessrechts

Mit dem 12. Jahrhundert beginnt ferner in Ansätzen die *Rationalisierung des Strafrechts und des Prozessrechts*. Zur vollen Entfaltung aber gelangten das fortschrittliche Stadtrecht, Strafrecht und Prozessrecht erst vom 13. Jahrhundert an.

E. Lehensverhältnisse

Das Reich als »Feudalstaat«

92 Im Hochmittelalter war das Lehenwesen in Deutschland, ja in fast ganz Westeuropa, voll entwickelt. Unter *Friedrich I. (Barbarossa)* erreichte es seine Hochblüte. Das Reich war damals – als »*Feudalstaat*« – vor allem auf Lehensverhältnissen aufgebaut: Der Kaiser wirkte fast nur noch als Lehensherr, also nur noch mittelbar durch seine Vasallen, auf die Masse des Volkes ein. Damit hatte er aber dank der allgemeinen Vasallentreue in jener Zeit nahezu vollen Erfolg. Widerspenstige Vasallen wusste er zu bändigen, so den mächtigen, um die Ostkolonisation verdienten Sachsenherzog *Heinrich den Löwen*, dem er 1180 durch Urteil eines Lehensgerichts seine Lehen entziehen ließ, nachdem dieser der Aufforderung zur Heerfolge nicht nachgekommen war.

I. Terminologisches

93 **1. Lehensverhältnis** = Rechtsverhältnis, kraft dessen der eine Beteiligte, nämlich der Vasall, berechtigt war, Grundstücke, grundstücksähnliche (territorial begrenzte) Rechte oder andere nutzbare Rechte (zB das Münzregal) des anderen Beteiligten, nämlich des Lehensherrn, dauernd auszuüben und zu nutzen, wofür er ihm Dienste »höherer« Art (meistens vor allem Kriegsdienste) zu leisten hatte.

Lehen

2. Lehen = *beneficium* (dieser im katholischen Kirchenrecht bedeutsam gebliebene Begriff war im weltlichen Bereich nur bis ca. 1200 gebräuchlich) = *feudum* = Recht des Vasallen am Lehengut. Dieses Recht war ein sog. *Untereigentum (Nutzeigentum = »dominium utile«*, eine Bezeichnung, die von den *Glossatoren*, den ersten Professoren des römischen Rechts in Bologna, im 12. Jahrhundert geprägt wurde). – »Lehen« bedeutet auch »*Lehengut*«.

3. Allod: Dem Lehen in diesem letztgenannten Sinne gegenüber bedeutet Allod ein Grundstück oder grundstücksähnliches Recht, hinsichtlich dessen sein Besitzer keinen Lehensherrn über sich hat.

4. Vasall = *Lehenmann* = »*Mann*« (so werden zB die Vasallen Gunthers im Nibelungenlied bezeichnet) = der von seinem Lehensherrn mit einem Lehengut Belehnte, der dafür dem Herrn dauernd »höhere« Dienste zu leisten hat.

5. Lehensherr = der lehenrechtliche Herr des Vasallen. Er hatte am Lehengut das sog. Obereigentum (»*dominium directum*«, ein ebenfalls von den Glossatoren geprägter Begriff).

6. Lehensherrschaft (Lehensherrlichkeit: → Rn. 42).

7. Geteiltes Eigentum = Aufteilung der Berechtigung an einem Lehengut auf den Lehensherrn als Obereigentümer und den Lehenmann als Untereigentümer des Gutes.

94

Eine entsprechende Aufteilung der Berechtigungen, also geteiltes Eigentum, gab es auch bei Grundstücken und grundstücksähnlichen Rechten, die ein Grundherr einem Grundhörigen gegen dessen dauernde Verpflichtung zu wirtschaftlichen Leistungen überlassen hatte. Auch in diesem Verhältnis wird häufig vom Obereigentum (dominium directum) des Herrn und vom Untereigentum (Nutzeigentum, dominium utile) des Beliehenen gesprochen. (Über die grundlegenden Unterschiede zwischen Lehensherrschaft und Grundherrschaft → Rn. 46).

II. Entstehung

Über die allmähliche Entstehung des Lehenwesens → Rn. 41 f. betreffend das Erblichwerden des Grafenamtes sowie die Schenkungen von Land, zunächst nur auf Lebenszeit, dann für dauernd, an Adlige zur Belohnung für geleistete Dienste. Andere Lehensverhältnisse waren dadurch entstanden, dass der König oder ein Adliger Güter an eine Kirche verschenkt, sich aber die *Vogtei* – ein lehensherrschaftsähnliches Recht – am geschenkten Gut vorbehalten hatte. Es konnte dann weiterhin geschehen, dass der Kirchenvogt namens der Kirche deren Güter weiter »verschenkte«, um einzelne seiner Getreuen zu belohnen und dauernd an sich zu binden. Solche Schenkungen von Kirchengut hat insbesondere der Karolinger Hausmeier *Karl Martell* vor der Schlacht bei Tours und Poitiers (732), zu der er ein Reiterheer gegen die Araber ausrüsten musste, in großem Umfang vorgenommen. Sie waren nur beschränkt zulässig, da *Kirchengut* nach dem von den fränkischen Herrschern anerkannten Kirchenrecht *unveräußerlich* war. Aber trotz mannigfacher Proteste der betroffenen Kirchen blieben sie gültig als Belehnungen, durch welche die Beschenkten zu Vasallen der betreffenden Kirche wurden, während diese ihrerseits ihrem Vogt gegenüber gleichsam lehenspflichtig blieb.

95

Schenkungen an eine Kirche unter Vorbehalt der Vogtei

Weiterverschenkungen von Kirchengut durch den Kirchenvogt

Lehensverhältnisse entstanden dadurch, dass *der Inhaber eines Allods freiwillig einem Lehensherrn huldigte,* um sich dessen Gunst und Unterstützung zu erwerben oder um von ihm weitere Güter als Lehen zu empfangen.

Freie Lehenshuldigungen

III. Das Lehenrecht

96 Im Hochmittelalter festigte sich die lange tatsächlich gehandhabte Erblichkeit der Lehen zu verbindlichem Gewohnheitsrecht. Auch über viele lehenrechtliche Einzelheiten bildeten sich gewohnheitsrechtliche Rechtssätze. Im 11. Jahrhundert wurden diese in den langobardischen *libri feudorum* aufgezeichnet, die vom 13. Jahrhundert an in Deutschland zusammen mit dem römischen Recht als gemeines Recht rezipiert wurden. Die »libri feudorum« galten aber in Deutschland *nur subsidiär*, dh nur soweit für einen bestimmten Fall nicht nachweisbar eine bestimmte partikuläre (regional geltende) Lehensordnung maßgebend war (→ Rn. 89). Es gab zahlreiche partikuläre Lehensordnungen, und manche von ihnen wurden im 13. Jahrhundert in *Rechtsbüchern* (halbwissenschaftlichen Darstellungen des geltenden Rechts durch Privatleute) aufgezeichnet (*Sachsenspiegel-Lehnrecht*, um 1220; *Schwabenspiegel-Lehnrecht*, um 1270). Doch wichen die verschiedenen Lehensordnungen nur in Einzelheiten voneinander ab. Sie waren alle so fein durchgestaltet, dass das Lehenrecht den juristisch höchst entwickelten Zweig der mittelalterlichen Rechtsordnung bildete. Das Lehenrecht beruhte überdies auf einer tiefen sittlichen Grundlage, nämlich der Pflicht zu unverbrüchlicher wechselseitiger Treue des Lehensherrn und des Vasallen. In beiden Beziehungen, namentlich aber in der ersten, der rechtstechnisch-juristischen, war das europäische Lehenrecht allen vergleichbaren Lehensordnungen, die es jemals gegeben hat, zB der japanischen, weit überlegen.

Libri feudorum als gemeines deutsches Lehenrecht

Partikuläre Lehensordnungen

Welches waren die wichtigsten Lehenrechtsgrundsätze?

1. Lehensfähigkeit und Heerschildordnung

Lehensfähigkeit

97 Lehensfähig, dh fähig, von einem Lehensherrn ein Lehengut zu empfangen und es an Untervasallen weiter zu verleihen, waren alle *Leute, die nach Ritterart lebten,* einschließlich der ursprünglich unfreien *Ministerialen (= Dienstmannen),* die vom Spätmittelalter an die Hauptmasse des niederen Adels bildeten; ferner die *Städte* (und ihre *einzelnen Bürger*), sofern der Kaiser ihnen die Lehensfähigkeit verliehen hatte.

Heerschildordnung

98 Da die Vasallen ihre Lehen an Untervasallen weiter verleihen konnten, kam es zur Ausbildung einer Lehenshierarchie, die als *Heerschildordnung* bezeichnet wird, da ihre verschiedenen Stufen symbolisch durch »Heerschilde« dargestellt wurden. Nach dem Sachsenspiegel (Landrecht I 3 § 2) stand der erste und höchste Heerschild dem *Kaiser* zu, der zweite den Bischöfen, Äbten und Äbtissinnen, also den *geistlichen Fürsten*, der dritte den *Laienfürsten*, der vierte den *Freiherren*, der fünfte den *Schöffenbarfreien* (zu diesen gehörte auch *Eike von Repgow*, der Verfasser des Sachsenspiegels); den sechsten Heerschild hatten die *Vasallen der Schöffenbarfreien*; vom siebenten erklärt *Eike*, man wisse nicht, ob er des Lehenrechts teilhaftig sei.

Es war zwar möglich, dass jemand als Vasall ein Lehen von einem in der Heerschildordnung neben oder gar unter ihm Stehenden empfing. Doch »erniedrigte« er dadurch seinen Heerschild, was seinem Ansehen abträglich sein konnte, aber anscheinend keine weiteren rechtlichen Folgen hatte.

2. Errichtung eines Lehensverhältnisses

Hierzu bedurfte es der *Huldigung*. Diese erfolgte dadurch, dass der Vasall waffenlos, ohne Mantel und baren Hauptes, knieend, seine gefalteten Hände in die Hände des sitzenden, bewaffneten, mit Mantel und Hut bekleideten Lehensherrn legte und ihm schwor, ihm »treu, hold und gewärtig« zu sein. Dann gaben sich beide häufig einen »Lehenskuß«. Es folgte die *Investitur*: Der Lehensherr wies den Vasall in die Gewere (entspricht dem heutigen Besitz) der Lehengüter ein (= vestitura = Investitur).

99 Huldigung

Investitur

Investitur bedeutet allgemein die Einräumung der »Gewere«, also der tatsächlichen Herrschaft über eine Sache. Besonders bedeutsam war der Begriff der Investitur in Bezug auf die Einweisung der Bischöfe in ihre Rechte durch den Kaiser (Näheres → Rn. 115 f.). Die lehenrechtliche Investitur wurde häufig unter Verwendung von Symbolen vorgenommen: Seit dem Wormser Konkordat von 1122 überreichte der Kaiser den geistlichen Fürsten ein Zepter, weltlichen Fürsten dagegen eine Fahne (daher spricht man von *Zepterlehen* und *Fahnenlehen*).

3. Persönliche Wirkungen der Belehnung

Der Vasall wurde dem Lehensherrn zu bestimmten »höheren« *Dienstleistungen* verpflichtet (bei den meisten Lehensverhältnissen zu *Heeresdiensten*, bei einigen nur zu Bewachungsdiensten, zB zur Bewachung einer Stadt oder Burg, die er dem Lehensherrn jederzeit offenhalten musste). Diese Dienste hatte er persönlich, meist zu Pferd, zu leisten, ein höherer Vasall mit seinem Gefolge. Doch wurden diese Dienste im Laufe der Zeiten eingeschränkt, sodass sie nur noch für bestimmte Feldzüge zu leisten waren (besonders für die *Romfahrt*, dh für den Zug eines neugewählten Königs zur Kaiserkrönung nach Rom). Auch konnten diese Pflichten von Fall zu Fall durch Geldzahlungen abgelöst werden.

100 Pflicht zu »höheren« Dienstleistungen

Für die Vasallen bestand außerdem die *Hoffahrtspflicht*, dh jeder einzelne Vasall hatte sich auf Verlangen des Lehensherrn zu diesem zu begeben, um ihn zu beraten, sowie um gemeinsam mit den anderen Vasallen als Urteiler an den Tagungen des *Lehensgerichts (= Lehenshofes)* mitzuwirken. Jeder einigermaßen bedeutende Lehensherr, so zB der Bischof von Mainz, hatte seinen eigenen Lehenshof, an dem die Vasallen unter seinem Vorsitz die Urteile sprachen.

Hoffahrtspflicht

Mitwirkung im Lehensgericht

Zuständig waren die Lehenshöfe für lehenrechtliche Streitigkeiten zwischen dem Lehensherrn und seinen Vasallen sowie zwischen den Vasallen unter sich. An den verschiedenen Lehenshöfen entwickelte sich eine in manchem unterschiedliche Praxis und damit schließlich ein unterschiedliches Gewohnheitsrecht. Hieraus erklärt sich, dass das langobardische, sächsische, schwäbische, burgundische Lehenrecht und noch weitere Lehenrechte mannigfache Verschiedenheiten aufwiesen.

Treuepflicht

Schließlich war der Vasall dem Lehensherrn schlechthin zur *Treue* verpflichtet. Doch verblasste diese zunächst sehr weit gedachte, aber wenig bestimmte Pflicht im Laufe der Zeiten zur bloßen Pflicht, keine unmittelbaren Fehdehandlungen gegen den Lehensherrn zu unternehmen und keine Bündnisse gegen ihn zu schließen. Zu einer entsprechenden Treue war auch der Lehensherr dem Vasallen gegenüber verpflichtet.

4. Dingliche Wirkungen der Belehnung

Recht auf Nutzung des Lehengutes

101 Aufgrund der Investitur war der Vasall berechtigt, das Lehengut dauernd zu nutzen. Ein ihm verliehenes Amt, zB das Grafenamt, durfte er dauernd ausüben und die daraus fließenden Einkünfte behalten. Das Recht des Vasallen war vererblich; aber für die Erbfolge galten nicht die gewöhnlichen landrechtlichen, sondern besondere lehenrechtliche Regeln. Nach dem sächsischen Lehenrecht konnte nur ein einziger Sohn Lehenserbe sein; dadurch sollte eine Zersplitterung der Lehengüter verhindert und klargestellt werden, wer die Lehenspflichten zu tragen und persönlich zu erfüllen hatte. In anderen Lehensgebieten aber gab es neben diesen sog. *Mannlehen* auch sog. *Kunkellehen*. Diese konnten durch Erbfolge an Frauen gelangen, welche zur Erfüllung der Lehenspflichten einen Mann als *Lehensträger* bestellen mussten. Im Einzelnen war die lehenrechtliche Erbfolge in den verschiedenen Lehensordnungen sehr unterschiedlich geregelt.

Ehrschatz

Die Erbfolge trat auch nicht etwa automatisch ein. Vielmehr musste der Lehenserbe bei einem *Mannfall*, dh, wenn der bisherige Vasall gestorben war, dem Lehensherrn huldigen und ihm zudem eine mäßige Abgabe, den sog. *Ehrschatz (laudemium)*, entrichten, worauf der Herr die Investitur vornahm. Entsprechendes galt nach manchen Lehensordnungen auch beim *Herrenfall*, dh beim Tode des Lehensherrn.

Weiterverleihung an Untervasallen

102 Der Vasall konnte sein Lehenrecht an einen *Untervasallen* weiterverleihen und wurde dadurch selbst zum Lehensherrn unterer Stufe, während er seinem eigenen Lehensherrn gegenüber lehenspflichtig blieb. Doch waren *Weiterverleihungen* von Lehen *höchstens bis zur siebenten Stufe* als unterster Stufe der Heerschildordnung zulässig.

Veräußerung von Lehengut

Der Vasall konnte aber auch, jedoch nur mit Zustimmung des Lehensherrn, ein Lehengut *unmittelbar veräußern* mit der Wirkung, dass seine Vasallenrechte und -pflichten erloschen und an seine Stelle als neuer unmittelbarer Vasall des Lehensherrn der Erwerber trat. Dieser musste dem Lehensherrn huldigen und ihm einen »Ehrschatz« entrichten. Solche Weiterveräußerungen führten, besonders wenn sie nur einzelne Stücke eines Lehengutes betrafen, zu äußerst verwickelten, unübersichtlichen Verhältnissen.

Ein *Heimfall* des Lehens an den Lehensherrn trat nur dann ein, wenn der Vasall seine Lehenspflichten schwer verletzt hatte: erstens, wenn er seinen Treueid gebrochen (*Felonie* begangen) oder die *geschuldeten Dienste nicht geleistet* hatte; zweitens, wenn er sich als Erbe eines verstorbenen Vasallen *weigerte, dem Lehensherrn zu huldigen* (dies geschah häufig, weil manche Erben keine bestimmte Kenntnis davon hatten, dass der Erblasser Vasall des Lehensherrn gewesen war); schließlich, wenn ein Vasall *trotz dreimaliger Vorladung nicht vor dem Lehensgericht erschien* (*Heinrich der Löwe* vor dem Lehensgericht *Friedrich Barbarossas*, 1180).

103 Heimfall eines Lehens

In keinem Fall aber konnte einem Lehenmann ein Lehen vom Lehensherrn *ohne Urteil des zuständigen Lehensgerichts entzogen* werden.

Ferner kam von 1180 an der Grundsatz auf, dass der Kaiser ein Lehen, das ihm durch Urteil des Lehensgerichts heimgefallen war, binnen Jahr und Tag (= 1 Jahr, 6 Wochen und 3 Tage) wieder ausgeben musste. Dieser sog. *Leihezwang* war dem Reich politisch sehr nachteilig, weil er, obwohl nicht strikt befolgt, den Kaiser hinderte, die sich allmählich lockernde Reichsgewalt durch Nichtwiederausgabe heimgefallener Lehen zu kräftigen. In Frankreich und England bestand kein Leihezwang. Dies ist ein gewichtiger Grund dafür, dass es den Königen dieser Reiche gelang, die auch in diesen zeitweise schwach gewordene Zentralgewalt allmählich wieder zu stärken und hierdurch aus ihnen mächtige Einheitsstaaten werden zu lassen.

104 Leihezwang

IV. Ausblick: Niedergang des Lehenwesens

Im *Spätmittelalter* wurde die staatsaufbauende Kraft der Lehensverhältnisse zusehends schwächer. *Im Reich* blieben vom Lehenwesen *hochbedeutsam nur noch die Rechte*, dagegen *kaum mehr die Pflichten der Lehenleute*. (Der Grund hierfür wird von der herrschenden Lehre vor allem darin gesehen, dass die Übermacht der aus Vasallen gebildeten Reiterheere durch das Aufkommen der Feuerwaffen und der mit ihnen ausgerüsteten Infanterie-Söldnerheere gebrochen gewesen sei). Der Kaiser vermochte nicht mehr mithilfe der einzelnen Vasallen, ja kaum noch mithilfe der großenteils im Reichstag versammelten Gesamtheit der Vasallen, stark auf das Volk einzuwirken. Die Vasallen huldigten ihm auch meist nicht mehr persönlich, sondern nur noch durch Stellvertreter, die sie an ihn abgesandt hatten.

105 Entwicklung im Reich

Entsprechendes gilt zT auch für das Verhältnis der *Lehensherren der mittleren Stufen* (etwa des Bischofs von Mainz) zu ihren Vasallen. Doch gelang es diesen Lehensherren (den *Landesherren*), einerseits auf außerlehenrechtlicher Grundlage, durch Schaffung neuer, nicht lehensgebundener Ämter und deren Besetzung mit absetzbaren Beamten, machtvoll und unmittelbar auf das Volk ihres Gebietes zu wirken und andererseits den lehensgebundenen Ämtern (nicht auch den lehensgebundenen Grundstücken) ihrer Vasallen allmählich die alte

106 Entwicklung in den Territorien

praktische Bedeutung zu entziehen, während dem Kaiser in seinem Verhältnis zu den Landesherren Entsprechendes nicht gelang. Auf diese Weise ist der *moderne Staatsgedanke*, der auf Ausbildung einer umfassenden und straffen obrigkeitlichen Gewalt und eines strikt weisungsgebundenen Beamtentums gerichtet ist, *in den einzelnen Territorien*, nicht aber im Reich durchgedrungen (im Unterschied zu Frankreich, England und Spanien).

Fortdauer des Lehenwesens bis 1806   107   *Dennoch blieb das Lehenwesen* auf allen seinen Stufen in mancher Hinsicht bis zur Niederlegung der Kaiserkrone durch den letzten Kaiser des Heiligen Römischen Reiches Deutscher Nation, Franz II., im Jahr 1806, eine *grundlegende Institution des ganzen Reiches*. In den einzelnen Ländern galt es noch länger. Die große Bedeutung, die ihm, allerdings mehr wegen seiner privatrechtlichen Seite als wegen seiner staatsrechtlichen und politischen Wirkungen, noch im 16.–18., ja, noch im 19. Jahrhundert zukam, kann aus dem großen Umfang der aus jenen Zeiten überlieferten wissenschaftlichen Literatur über das *»ius feudale«* ermessen werden.

Gründe für die lange Aufrechterhaltung des Lehenwesens   108   Dass man trotz veränderter politischer Verhältnisse und des Schwindens der praktischen Bedeutung der Lehenspflichten jahrhundertelang so stark an den Lehensverhältnissen festhielt, erklärt sich vornehmlich aus der fast unbegrenzten Achtung, die man bis zum Zeitalter der Französischen Revolution der überlieferten Rechtsordnung und den aus ihr folgenden Rechten und Pflichten entgegenbrachte, allerdings auch daraus, dass die damaligen Hauptträger der politischen Macht, nämlich die Landesherren, kein starkes Interesse an einer Beseitigung des Lehenrechts hatten. Nachdem sich aber jene Gesinnung unter dem Einfluss der Aufklärung allmählich gewandelt hatte, wurden *von etwa 1848 an die Lehensverhältnisse in den meisten Territorien beseitigt*. Dies geschah bezüglich der wenigen noch zu Lehen ausgegebenen Ämter durch deren Umwandlung in neue Ämter mit obrigkeitlich eingesetzten Beamten (so auch bezüglich der sog. *Patrimonialgerichte*, dh der ländlichen Hofgerichte, die seit der fränkischen Zeit mit der Grundherrschaft verbunden waren – → Rn. 60 – und deren Auflösung zT überlebten). Bezüglich der zu Lehen ausgegebenen Grundstücke aber geschah es, indem diese zu Allod erklärt wurden und fortan den für gewöhnliche Grundstücke geltenden Rechtssätzen unterstanden.

109   In extrem konservativen Ländern wie Mecklenburg blieben die Lehensverhältnisse allerdings bis ins 20. Jahrhundert bestehen. *Endgültig aufgehoben* wurden sie erst durch die *Weimarer Reichsverfassung von 1919*.

In *England* gilt Lehenrecht – wenn auch ohne erhebliche praktische Bedeutung – noch heute – besonders ausgeprägt etwa auf der Kanalinsel Sark, die als früherer Teil des Herzogtums der Normandie unmittelbar der britischen Krone untersteht.

F. Die Kirche im Feudalstaat

I. Vorbemerkungen: Geistige Grundlagen – Römisches Kirchenrecht

Im Mittelalter waren die meisten Menschen tief religiös; in jener Zeit, in der jedermann, gleichgültig ob hoch oder niedrig, jederzeit von einer Krankheit befallen und dahingerafft werden konnte, gestalteten und betrachteten fast alle ihr Leben stets auch im Hinblick auf die Ewigkeit. Bei den geistigen Eliten verband sich diese Religiosität von der Jahrtausendwende hinweg mit streng rationalem Denken, was zur *cluniazensischen Kirchenreform*, zur Entstehung des romanischen und später des gotischen Baustils, zur Entwicklung der scholastischen Philosophie und, im Bereich des Rechts, zur Hinwendung zu den alten römischen Rechtsquellen und ihrer wissenschaftlichen Durchdringung führte. Aber auch viel Vitalmenschliches, zT Allzumenschliches, bewegte die Christenheit. Kampfeslust erfüllte den Adel, der überdies nach Herrschaft, Reichtum, Pracht und Ehre drängte. Hierin aber wurde er von der Geistlichkeit, die zu einem erheblichen Teil selbst dem Adel entstammte, mitunter noch übertroffen. Zwar lebten viele ihrer Besten persönlich bescheiden, ja, die Ordensgeistlichen waren ihrem Gelübde gemäß nicht nur keusch und ihren Vorgesetzten gehorsam, sondern auch vermögenslos. Aber um des Ruhmes Gottes willen strebten fast alle Geistlichen nach Herrschaft, Reichtum, Pracht und Ehre für die Kirche als Ganze und ihre einzelnen Institutionen. Von diesem Willen zeugen nicht nur die großartigen Kirchen- und Klosterbauten des 11.–18. Jahrhunderts, also der Zeiten des romanischen, gotischen, des Renaissance- und des Barockstils, sondern auch der rechtliche Aufbau der mittelalterlichen und frühneuzeitlichen Kirche.

110 Religiosität der Menschen im Mittelalter

Weltliche Züge des Klerus

Dieser Aufbau entstammt in seinen Grundzügen dem urchristlichen und altrömischen Kirchenrecht: An der Spitze der Kirche stand der *Papst* als Nachfolger Petri, des ersten Bischofs von Rom. Gewählt wurde er ursprünglich vom römischen Kirchenvolk, seit dem unter *Nikolaus II.* erlassenen *Papstwahl-Dekret von 1059* aber vom *Kardinals-Kollegium*. Unter dem Papst standen die *Bischöfe*, die von den *Domkapiteln* gewählt wurden. Sie waren die Vorsteher ihrer Diözesen und übten in diesen volle Jurisdiktion (Gerichtsbarkeit) in Kirchenangelegenheiten aus, ließen aber diese Aufgaben seit dem 11. Jahrhundert vielerorts durch *Offiziale* erfüllen. Den Bischöfen untergeben waren die von ihnen eingesetzten *Pfarrer*, die zwar keine Jurisdiktion *in foro externo*, aber als Verwalter des Bußsakraments eine hochbedeutsame Jurisdiktion *in foro interno* (im Beichtstuhl) ausübten.

111 Aufbau der Kirche

Papst

Bischöfe

Pfarrer

Die Kirchenämter des Papstes, der Bischöfe und der Pfarrer waren, von Ausnahmen abgesehen, mit Angehörigen des *Weltklerus* besetzt, dh mit solchen Geistlichen, die »der Welt nicht entsagt«, also kein Ordensgelübde abgelegt hatten.

4. Kapitel. Hochmittelalter (888 – ca. 1200)

Ordensgeistliche

112 Neben den Weltgeistlichen standen die *Ordensgeistlichen*, also die Mönche, die gemeinsam unter einem *Abt* in einem Kloster oder als Einzelne in einer Einsiedelei lebten.

Die sehr verschiedenartigen Organisationsformen der Ordensverbände wie auch ihrer Niederlassungen – zB der *Priorate* bei den Cluniazensern, *Propsteien* bei den Augustinern und *Komtureien* bei den Ritterorden – können hier ebenso wenig skizziert werden wie die Kirchenämter des *Erzbischofs, Archidiakons, Dekans, Kaplans* und andere Institutionen des Weltklerus, zB die *Kollegiatstifte* und deren *Stiftskapitel*.

Verquickung mit feudal-staatlichen Einrichtungen

113 Dieser Gesamtaufbau der katholischen Kirche hat indessen nicht nur im Mittelalter bestanden; er geht nämlich einerseits auf viel ältere Zeiten zurück und ist andererseits bis zur Gegenwart erhalten geblieben. Die Eigentümlichkeit des mittelalterlichen Kirchenaufbaus besteht vielmehr darin, dass alle genannten Institutionen fest in feudalstaatliche Einrichtungen eingefügt waren, indem Kirche und Staat, Geistliches und Weltliches, nicht nur nicht voneinander getrennt, sondern aufs engste miteinander verbunden waren.

II. Papsttum

Abhängigkeit des Papstes vom Kaiser

114 Das Papsttum mit dem *Kirchenstaat*, der durch großzügige Schenkungen entstanden war und durch eine um 750 errichtete gefälschte Urkunde über eine besonders umfassende Schenkung *Konstantins des Großen* (4. Jahrhundert) eine gefestigte Stellung erlangt hatte, geriet durch die Kaiserkrönung *Ottos I.* für fast hundert Jahre in eine lehensähnliche Abhängigkeit vom Kaiser als dem Schutzherrn (gewissermaßen dem Vogt) der Kirche. Otto I., der die »konstantinische Schenkung« für eine Fälschung erklärte (mehrere Jahrhunderte, bevor sie endgültig als solche entlarvt wurde), gewann entscheidenden Einfluss auf die Papstwahlen. Eine noch stärkere Macht dem Papsttum

Umkehrung dieses Verhältnisses

gegenüber übte *Heinrich III.* (1039–1056) aus, indem er um des Wohles der Kirche willen wiederholt Päpste absetzen ließ. Seit dem *Papstwahldekret von 1059* (→ Rn. 111) aber schwand der Einfluss des Kaisers auf die Papstwahlen; weniger als 20 Jahre später erlangte der Papst für lange Zeit sogar ein Übergewicht über den Kaiser. Aber gerade in diesen Zeiten wurden die Beziehungen zwischen den beiden Häuptern der katholischen Christenheit lehenrechtsartig aufgefasst. Ausgehend von den schwer zu deutenden Bibelworten »Herr, siehe, hier sind zwei Schwerter«, welche die Jünger laut Lukas 22,38 vor dem Gang Christi nach Gethsemane zu ihm gesprochen haben, wurde

Zweischwerterlehre

die sog. *Zweischwerterlehre* gebildet und zwar in *zwei verschiedenen Ausgestaltungen*. Nach der einen hatte Gott dem Papst ein Schwert, nämlich das geistliche Schwert als Symbol der Herrschaft über die Kirche, dem Kaiser aber das andere Schwert, nämlich das weltliche Schwert als Symbol der Herrschaft über die Welt, verliehen. Diese Auffassung wird in den Eingangsworten zum Sachsenspiegel, dem berühmtesten Rechtsbuch des Mittelalters (Näheres → Rn. 195 ff.), vertreten:

»Twei swert let Gott in ertrike to bescermene de kristenheit. Deme pavese is gesat dat geistleke, deme keisere dat werltleke«.

Zwei Schwerter überließ Gott auf Erden, zu beschirmen die Christenheit. Dem Papst ist bestimmt das geistliche, dem Kaiser das weltliche.

Als unmittelbare Vasallen Gottes sollten beide, Papst und Kaiser, sich mit dem geistlichen und weltlichen Schwert wechselseitig helfen und in einträchtigem Zusammenwirken für das Wohl der Christenheit sorgen (Sachsenspiegel Landrecht I 1 und III 63 § 1, in mehreren mittelalterlichen Bilderhandschriften eindrucksvoll dargestellt). Demgegenüber vertraten kurial gesinnte Kreise, zB der Verfasser des Schwabenspiegels, die Lehre, Gott habe beide Schwerter, das geistliche und das weltliche, dem Papst verliehen, dieser aber habe das weltliche Schwert dem Kaiser weiterverliehen. Danach wäre nur der Papst unmittelbarer Vasall Gottes gewesen. Der Kaiser aber hätte als Vasall des Papstes unter diesem gestanden.

In der Folge rang der Kaiser jahrhundertelang mit dem Papst, um dessen Anspruch auf Vorherrschaft abzuwehren, was ihm praktisch endgültig im Jahr 1356 mit dem Erlass der *Goldenen Bulle* gelang (→ Rn. 147). Von da an wirkten Papst und Kaiser meistens mehr oder weniger einträchtig zusammen, verloren aber gegen Ende des alten Reiches beide viel an Macht und auch an Ansehen.

Zusammenwirken von Papst und Kaiser

III. Bischöfe

Die Bischöfe hatten, zT schon in fränkischer Zeit, vom Kaiser Herrschaftsrechte über Land und Leute ihrer Diözesen zugewiesen erhalten (so möglicherweise auch schon der heilige *Ludgerius*, der um 800 das Bistum Münster gegründet hatte). Diese Rechte wurden von den Ottonen (936–1002) noch verstärkt, weil diese Kaiser die Bischöfe begünstigen wollten, um ein Gegengewicht gegen die wachsende Macht der Inhaber der erblich gewordenen Herzogs- und Grafenämter zu schaffen. Die Bischöfe hatten daher schließlich außer ihren geistlichen Funktionen staatsgewaltsähnliche weltliche Rechte mit Gerichtsbarkeit, eigenen Vasallen und Grundherrschaften. Sie waren aber viel stärker als die weltlichen Reichsvasallen vom Kaiser abhängig; denn dieser hatte einen maßgebenden Einfluss auf die Bischofswahlen. Auch setzte er die neugewählten Bischöfe durch Überreichung von *Ring und Stab* in ihre – noch nicht geschiedenen – geistlichen und weltlichen Rechte ein. Gegen diese *Laieninvestitur* (= Einsetzen eines Geistlichen in sein geistliches Amt durch einen Nichtgeistlichen) wandte sich 1075 mit äußerster Schärfe Papst *Gregor VII.*, der das cluniazensische Rationalisierungsstreben gegen die Kaiser richtete, welche die cluniazensischen Reformen bis dahin gefördert hatten. Der junge Kaiser *Heinrich IV.* widersetzte sich. Als er aber daraufhin von Gregor VII. mit dem Bann belegt wurde und die deutschen Fürsten von ihm verlangten, dass er sich binnen eines Jahres vom Bann löse, fand er sich 1077 zum *Bußgang nach Canossa* bereit. Obwohl er sich kurz darauf für diese tiefe Demütigung rächte, indem er Gregor VII.

115

Weltliche Rechte der Bischöfe

Investiturstreit (1075–1122)

Bußgang nach Canossa

4. Kapitel. Hochmittelalter (888 – ca. 1200)

gefangennehmen, absetzen und durch einen neugewählten Papst ersetzen ließ, dauerte der *Investiturstreit* im ganzen Reich heftig fort. Nach dem Tode Heinrichs IV. (1106) suchte dessen Sohn, *Heinrich V.*, den Investiturstreit durch den Kompromiss zu beenden, dass der Kaiser auf jeden Einfluss auf die Wahl der Bischöfe verzichten, diese aber ihre weltlichen Rechte an das Reich zurückgeben sollten (*Vertrag von Sutri* mit Papst *Paschalis II.* – 1111). Dieser allzu idealistische Vergleich scheiterte am einhelligen Widerstand aller Bischöfe, die ihrer weltlichen Macht nicht entsagen wollten.

Vertrag von Sutri (1111)

Wormser Konkordat (1122)

116 Beigelegt wurde der Konflikt im *Wormser Konkordat* (geschlossen zwischen *Heinrich V.* und Papst *Calixtus II.*): Der Kaiser oder ein von ihm bestimmter Vertreter durfte bei jeder – vom Domkapitel durchzuführenden – Bischofswahl persönlich zugegen sein und, wenn die Wahl nicht einstimmig erfolgte, nach Einholung der Ratschläge des Erzbischofs und der anderen Bischöfe aus der Kirchenprovinz des zu Wählenden, den endgültigen Entscheid zugunsten der *sanior pars* als des »besseren Teils« (ein bedeutsamer Begriff des kanonischen Wahlrechts) treffen. Es stand ihm aber nicht mehr zu, den Bischof anschließend mit »Ring und Stab« in die ihm gebührenden geistlichen und weltlichen Rechte einzuweisen. Doch hatte er dem Bischof durch Überreichung des Zepters die Temporalien zu verleihen. Die Bischöfe blieben somit weiterhin Vasallen des Kaisers, jedoch nur noch hinsichtlich ihrer weltlichen, nicht mehr auch ihrer geistlichen Rechte.

Sanior pars

Unterscheidung von Spiritualien und Temporalien

Die im Wormser Konkordat praktisch getroffene Unterscheidung von *Spiritualien* und *Temporalien* beruht auf dem Einfluss der Scholastik, welche philosophische und theologische Erkenntnisse aufgrund von kritiklos übernommenen Lehren des *Aristoteles* und der Bibel mittels Errichtung eines imponierenden Gedankengebäudes von scharfen Begriffen und Begriffsdistinktionen zu gewinnen suchte. Sie ist ein bedeutendes Beispiel für das verfeinerte Denken, zu dem die Scholastik auch in der Kanonistik geführt hat.

Erst anschließend an diese Investitur mit dem Zepter sollte der Bischof kirchlich konsekriert und damit auch in sein geistliches Amt eingesetzt werden.

Abweichende Regelung für Italien und Burgund

Etwas abweichend war die Regelung für *Burgund* und *Italien*. In diesen Reichsteilen sollte weder der Kaiser noch ein von ihm benannter Vertreter bei künftigen Bischofswahlen zugegen sein dürfen; auch sollte einer Bischofswahl zunächst die kirchliche Konsekration und dann erst die Investitur mit dem Zepter folgen. Diese Regelung trug dazu bei, dass die kaiserliche Macht in Italien und Burgund in der Folgezeit noch rascher und stärker sank als in Deutschland.

Wiener Konkordat (1448)

Formell wurde der Investiturstreit durch das Wormser Konkordat beigelegt. Dieses behielt seine Gültigkeit, bis es 1448 durch ein neues, ausführlicheres Konkordat ersetzt wurde: das *Wiener Konkordat,* das bis zum Ende des alten Reiches galt und zu dessen Verfassungsgesetzen gehörte. Auf die Bischofswahlen übten die Kaiser bis 1806 großen Einfluss aus, häufig nicht nur durch ihren Ratschlag und ihr Recht, sich bei zwiespältigen Wahlen für die »sanior pars« zu entscheiden, sondern auch dadurch, dass sie manche Domherren mittels Zuwendung oder Inaussichtstellen erheblicher Geschenke zur Wahl ihres Kandidaten bewogen.

Zwischen Papst und Kaiser aber blieben auch nach der formellen Beilegung des Investiturstreits jahrhundertelang Spannungen bestehen, einmal wegen der Handhabung des Konkordats, sodann wegen mancher Kreuzzüge, deren Durchführung die Päpste von den Kaisern verlangten, schließlich aber und ganz besonders wegen des von den Päpsten erhobenen Anspruchs darauf, dass ein zum Kaiser Gewählter um seine Bestätigung durch den Papst nachsuchen und sich durch ihn zum Kaiser krönen lassen müsse, bevor er die kaiserlichen Rechte ausüben dürfe (hierüber → Rn. 146 ff.; auch → Rn. 114).

Fortdauernde Spannungen zwischen Papst und Kaiser

IV. Abteien

Die Abteien waren fast ausnahmslos vom Kaiser oder von Angehörigen des hohen oder niederen Adels gegründet und mit reichem Grundbesitz sowie mit grundherrschaftlichen Gerichtsbarkeitsrechten ausgestattet worden. Den *Reichsabteien*, dh den unmittelbar vom Kaiser gegründeten Abteien, war zumeist sogar volle *Immunität*, dh Freiheit von Eingriffen der Grafen, Zentenare und deren Gerichte, gewährt worden. Aber fast durchweg hatten die Gründer und Stifter einer Abtei sich und ihren Rechtsnachfolgern ein lehensherrschaftsähnliches Recht über die gestifteten Güter, nämlich die *Vogtei*, vorbehalten (→ Rn. 95). Sie blieben daher Vögte und damit gleichsam Obereigentümer und Gerichtsherren der Abteien, während viele derselben ihrerseits Vasallen, fast alle aber bedeutende Grundherrschaften hatten.

117 *Immunität*

Klostervogtei

Bei unserer Skizze der Stellung des Papstes, der Bischöfe und der Abteien im Feudalstaat haben wir nur deren lehenrechtliche und lehensähnliche Beziehungen zu weltlichen Hoheitsträgern ins Auge gefasst. Erst später (→ Rn. 148 f.) soll behandelt werden die Rolle, die der Geistlichkeit, besonders dem Papst sowie den Erzbischöfen von Mainz und Köln, bei *Krönungen* zukam. Desgleichen sollen die bedeutende Stellung, welche die Bischöfe, Reichsäbte und Ritterordens-Hochmeister als *Reichsstände* im *Reichshoftag* und später im *Reichstag* einnahmen, sowie die entsprechende Stellung, welche die Domkapitel und manche Abteien vom Spätmittelalter an als *Landstände* in den Landtagen ihrer Territorien innehatten, erst später dargestellt werden (→ Rn. 240 ff., 264; ferner → Rn. 257 über die 1803 beginnende Auflösung der feudalstaatlichen Institutionen der Kirche).

118 *Rolle von Papst und Erzbischöfen bei Krönungen; kirchliche Würdenträger als Reichs- und Landstände*

V. Pfarreien

Die meisten in der fränkischen Zeit und später errichteten Pfarrkirchen mitsamt dem Pfarrhaus und etwas Pfarrland, das der jeweilige Pfarrer nutzen durfte, waren von einem adligen Grundherrn gestiftet worden. Dieser behielt das Eigentum an der von ihm gestifteten *Eigenkirche* und dem *Pfrundgut*, obwohl er sie ihrem Zweck nicht entfremden durfte. Von den Päpsten wurde das Eigenkirchenrecht, gleich der Laieninvestitur der Bischöfe, heftig bekämpft; doch gestand *Alexander III.* (1159–1181) zu, dass der Stifter einer Kirche und seine

119 *Eigenkirchen*

Kirchenpatronat

Rechtsnachfolger als *Patrone* der Kirche gewisse Rechte behalten dürften. Seitdem spricht man vom *Kirchenpatronat, Kirchensatz* oder *Kollaturrecht*, was jahrhundertelang praktisch das Obereigentum des Stifters und seiner Rechtsnachfolger am Kirchengebäude, am Pfarrhaus und am ganzen dazu gehörenden Vermögen bedeutete, während dem jeweiligen Pfarrer für die Dauer seiner Amtszeit das Nutzeigentum an diesen Gütern zustand. Das Kirchenpatronatsrecht schloss das *Präsentationsrecht* ein, dh das Recht des Patrons, bei Vakanz der Pfarrstelle dem Bischof die Einsetzung eines »geeigneten«, dh nach kanonischem Recht formell dazu befähigten, Pfarrers verbindlich vorzuschlagen;

Kirchenstuhlrechte

weiterhin das Recht auf einen besonderen *Kirchenstuhl* sowie das Recht darauf, in das vom Pfarrer zu sprechende *Kirchengebet* eingeschlossen zu werden. Solche Kirchenpatronatsrechte bestehen in großer Zahl noch heute (zB Patronatsrechte des Fürsten zu Bentheim an zwei Kirchen in Burgsteinfurt); sie stehen zT Personen zu, die nicht der Konfession der betreffenden Kirchen angehören!

Kirchenbaulast

120 Das Gegenstück zu den Rechten des Kirchenpatrons bildete und bildet noch heute außer dessen Pflicht, die von ihm gestifteten Güter dem Pfarrer und der Kirchengemeinde zur Verfügung zu stellen, seine Pflicht zum Mitunterhalt der Kirche und des Pfarrhauses. Doch war und ist diese Pflicht, die sog. *Kirchenbaulast*, sehr verschieden ausgestaltet, insofern als zum Unterhalt des Pfarrhauses manchenorts auch der Pfarrer, zum Unterhalt des Kirchengebäudes aber auch die Kirchengemeinde sowie uU ein besonders zu diesem Zweck gebildetes Kirchengut herangezogen wird.

Inkorporation

121 Auch zahlreichen Abteien gehörten im Mittelalter Eigenkirchen bzw. Patronatsrechte. Viele dieser Rechte sind aber später durch päpstlichen Befehl den betreffenden Abteien »inkorporiert« worden. Eine *Inkorporation* bedeutete, dass das dem jeweiligen Pfarrer zur Nutzung zustehende Nutzeigentum an Kirche, Pfarrhaus und Pfrundgütern dauernd mit dem der Abtei gehörenden Obereigentum an diesen Gütern vereinigt wurde. Die Abtei galt dann selbst als Pfarrer und durfte die Pfrundgüter für sich nutzen, aber immerhin nur unter der Bedingung, dass sie einen Vikar – meist einen ihrer Mönche – mit der Erfüllung der ihr obliegenden Pfarrerspflichten betraute. Solche Inkorporationen waren den Abteien sehr erwünscht, aber beim Kirchenvolk wenig beliebt, da die von den Äbten abhängigen und wirtschaftlich schlecht gestellten Vikare sich ihren Seel- und Fürsorgepflichten meistens nicht so gut widmen konnten wie die Pfarrer aus dem Weltklerus.

Nachwirkungen von Inkorporationen

122 Im Übrigen haben viele vor Jahrhunderten vollzogene Inkorporationen erhebliche *praktische Bedeutung bis* zur *Gegenwart* behalten, zumal sie sogar dann nachwirken, wenn eine Abtei im Laufe der Jahrhunderte *säkularisiert* worden ist. Bei einer Inkorporation ging nämlich auch die Kirchenbaulast, soweit sie bis dahin dem jeweiligen Pfarrer obgelegen hatte, auf die Abtei zu deren Gunsten die Inkorporation erfolgte; alsdann aber ging sie bei einer Säkularisation der Abtei zusammen mit der Kirchenbaulast, die jene meist schon als Patronin beschränkt zu tragen hatte, auf den säkularisierenden Staat über. Daher muss in vielen Fällen letztlich noch heute auf mittelalterliche Inkorporationsurkunden – sowie auf die späteren Säkularisierungsdokumente – zurückgegriffen werden, wenn geklärt werden soll, wer eine Kirche instandzustellen hat. Besonders bedeutsam wurde dies bei manchen im Zweiten Weltkrieg zerstörten Kirchen.

VI. Schlussbemerkung

Einige **Schlussbemerkungen** sollen die Ausführungen über die Stellung der Kirche im Feudalstaat abschließen:

123

Wie das mittelalterliche Lehenrecht letztlich zu einer Stärkung der Stellung der unmittelbaren Reichsvasallen als Landesherren führte, so brachte die *feudalstaatliche Verquickung weltlicher und kirchlicher Belange* den *Bischöfen* größte *weltliche Vorteile*: Auch sie wurden bedeutende Reichsfürsten; aber da sie jeweils nicht kraft Erbrechts, sondern durch Wahl zur Herrschaft gelangten und der Kaiser auf die Wahl Einfluss nehmen konnte, während die Wahl selbst durch die Domkapitel erfolgte, blieben sie dauernd von beiden – Domkapitel und Kaiser – abhängig und erlangten daher keine so starke Stellung wie die weltlichen Fürsten. Ähnliches gilt von den Reichsäbten.

Wirkungen der feudalstaatlichen Verquickung weltlicher und kirchlicher Belange: vorteilhaft besonders für Bischöfe

Die Verbindung von weltlicher und geistlicher Macht bei den hohen kirchlichen Würdenträgern und, als Gegenstück dazu, deren weitgehende Abhängigkeit vom Kaiser hatten bedenkliche *Schattenseiten*, zumal manche Bischöfe und Äbte auf Kosten eines wahren christlichen Lebens, der Seelsorge und der Fürsorge für die Armen nicht nur äußeren Prunk entfalteten, sondern überdies ein ausschweifendes Leben führten. Aber diese Verbindung hatte auch manch Gutes, weil sie bewirkte, dass das Weltliche mit geistigem Gehalt erfüllt, das Geistige aber lebensnah erfasst wurde. Dank ihrer milderten sich in der primitiven fränkischen Zeit die Lebenssitten. Vom Hochmittelalter an aber trug sie viel dazu bei, dass sich die Kultur zu Höherem entwickelte. Zum Ausdruck kommt das besonders in der Architektur, und zwar nicht nur in herrlichen Kirchen- und Klosterbauten, sondern auch im Bau der prachtvollen Schlösser vieler Bischöfe, zB der Erzbischöfe von Salzburg, Mainz und Köln sowie der Bischöfe von Bamberg, Würzburg, Osnabrück, Paderborn und Münster.

Schattenseiten

Allerdings könnte es scheinen, als ob die feudalstaatliche Verbindung von Geistlichem und Weltlichem während eines Jahrtausends die Richtigkeit der verbreiteten Meinung bestätigt, dass die Kirche sich mit den Mächtigen der Welt immer gut zu verstehen wusste. Allein, die Geschichte des Ringens zwischen Papst und Kaiser zeigt, dass diese Ansicht zum mindesten für das Mittelalter keineswegs zutrifft.

124 Scheinbarer weiterer Nachteil

G. Anfänge der Rezeption des römischen und kanonischen Rechts

I. Die Rechtswissenschaft in Italien

1. Vorbemerkungen: Aufschwung des Handelsrechts

125 Früher als nördlich der Alpen kam es in Italien, wohl unter dem unmittelbaren Einfluss der Kreuzzüge und der durch diese herbeigeführten engen Berührung der westlichen Welt mit Byzanz und der arabischen Kultur, zu einem starken Aufschwung des städtischen Lebens, des Handels und Gewerbes, der Kunst und der Wissenschaft. Im 12. Jahrhundert ergriff diese Bewegung auch das Rechtsleben. In manchen Städten entstand damals unter maßgebender Mitwirkung der Stadtbürger ein eigenes Stadtrecht, das als »Statutarrecht« dem gemeinen Recht vorging. Auch wurden im Handelsverkehr, den die Kaufleute von einer Stadt zur anderen betrieben, zahlreiche *neue Vertragstypen* entwickelt, so besonders *Frachtverträge*, *Kommissionsverträge* und *Versicherungsverträge*, vor allem aber verschiedenartige Gesellschaftsverträge, aus denen später die *Kommanditgesellschaft* und die *Offene Handelsgesellschaft* hervorgegangen sind.

Neue Handelsvertragstypen

Kommanditgesellschaft, Offene Handelsgesellschaft

Wechsel

Zudem schufen jene Kaufleute im Wechsel ein bis ins 20. Jahrhundert hochbedeutsames Wertpapier. Insgesamt haben sie durch ihre Geschäftspraxis ein *modernes Handelsrecht* entwickelt, das von den zeitgenössischen Gerichten als gültig anerkannt wurde, obwohl es noch nicht in Gesetzen geregelt war.

2. Römisches Recht: Die Glossatoren

Gründung der Rechtsschule von Bologna durch Irnerius (Anfang 12. Jhdt.)

126 Im Rechtsunterricht blieb bis zum 12. Jahrhundert die *Rechtsschule von Pavia*, die das *langobardische Recht* pflegte, führend. Aber zu Beginn desselben Jahrhunderts wurden in *Bologna* (im Kirchenstaat) aufgrund privater Verträge von Gelehrten mit ihren Schülern Studien des römischen Rechts eingerichtet, denen *Irnerius* als erster bekannter Lehrer weit ausstrahlenden Glanz verlieh. In Bologna studierten schon im 12. Jahrhundert zeitweise tausend Studenten (auch viele Deutsche), zumeist Kleriker, die allerdings größtenteils nur die niederen Weihen empfangen hatten. Diese berühmteste Juristenuniversität des Mittelalters war ganz auf das Jurastudium ausgerichtet, in »nationes« gegliedert und genoss eine weite Autonomie mit starker Mitbestimmung der Studenten, von deren finanziellen Beiträgen der Universitätsbetrieb abhing.

Corpus iuris civilis

127 *Irnerius* und seine Nachfolger behandelten in ihrem Unterricht ausschließlich das *Corpus iuris civilis*, dem der französische Humanist *Dionysius Gothofredus* in seiner 1583 erschienenen Gesamtausgabe des Werks jenen im 12. Jahrhundert geprägten Titel endgültig gab.

Gegliedert ist das *Corpus iuris* in folgende vier Teile:

(1) die *Institutionen*, ein kurzes Elementarlehrbuch von vier »Büchern«, das ein heute ebenfalls als »Institutionen« bezeichnetes, berühmtes Werk des Rechtslehrers Gaius aus dem 2. Jahrhundert zur Vorlage hatte;
(2) die *Digesten* oder *Pandekten*, eine 50 »Bücher« umfassende Sammlung von Stellen aus älteren Juristenschriften, besonders aus Gutachten zu einzelnen Rechtsfällen;
(3) den *Codex*, eine zwölf »Bücher« umfassende Sammlung kaiserlicher »Konstitutionen«
(diese drei Teile waren 533/534 auf Befehl des oströmischen Kaisers Justinian zusammengestellt worden);
(4) die *Novellen*, dh eine Sammlung von 134 nach 534 erlassenen byzantinischen Kaisergesetzen.

Die berühmtesten Nachfolger des *Irnerius*, die ebenfalls in Bologna wirkten, waren die »Quattuor doctores« *Bulgarus, Hugo, Jacobus* und *Martinus* (12. Jahrhundert) sowie besonders *Azo* (um 1200) und einige Jahrzehnte später *Accursius*. Sie alle und die zeitgenössischen Professoren, die an den anderen italienischen sowie an französischen Universitäten lehrten, werden Glossatoren genannt, weil sie das Corpus iuris civilis mit fortlaufenden Glossen (Kommentierungen) versahen, und zwar in der Weise, dass die jüngeren Glossatoren die älteren Glossen übernahmen und ihnen neue hinzufügten, bis Accursius das Werk der Glossatoren um 1230 abschloss. Dieses wird in seiner letzten, auf uns gekommenen Fassung als *Accursische Glosse* bezeichnet.

128 Spätere Glossatoren: »quattuor doctores« Azo (um 1200) Accursius (um 1230)

Accursische Glosse

Vom 15. Jahrhundert an wurde es immer wieder mehrbändig gedruckt und mit je einem besonderen Titel für jeden einzelnen Band (unter anderem »Infortiatum«, »Digestum vetus«, »Digestum novum«) herausgegeben. Benützt hat man es an vielen Gerichten bis zur Ersetzung des römischen Rechts durch moderne Gesamtkodifikationen des bürgerlichen Rechts (zB das Preußische Allgemeine Landrecht von 1794), in einzelnen Fällen bis zum Inkrafttreten des BGB (1900).

Die von den Glossatoren befolgte *Methode,* die der in Philosophie und Theologie entwickelten Methode der Scholastik entsprach, kann man aus der Accursischen Glosse erkennen:

129 Methode der Glossatoren

Der überlieferte Quellentext des Corpus juris civilis wurde – analog der Bibel in der Theologie und den Lehren des *Aristoteles* in der Philosophie – kritiklos als Verkünder einer *ratio scripta,* einer unverbrüchlichen Wahrheit, betrachtet. Dass jener Text schon bei der Abfassung des Corpus iuris auf einer keineswegs völlig harmonisch gelungenen Kompilation älterer Texte vornehmlich aus dem 2. und 3. Jahrhundert beruhte und daher von Anfang an weder widerspruchsfrei noch völlig zeitgemäß war, wurde nicht gesehen, und ebenso beachtete man nicht, dass er im 12. Jahrhundert in manchen Belangen überhaupt nicht mehr unmittelbar angewandt werden konnte, weil ganz neuartige, von den Römern nicht vorausbedachte Verhältnisse entstanden waren (zB die vielen Lehensverhältnisse). Die Methode der Glossatoren war daher hinsichtlich ihrer Grundlage, der kritiklos anerkannten Autorität des Corpus iuris, *unhistorisch* und *unrational.* Von dieser Grundlage aus aber gingen die Glossatoren streng rational *und* wissenschaftlich vor. Mit größter Gründlichkeit und Gedankenschärfe suchten sie sämtliche Gedanken des Corpus iuris zu erfassen, dessen einzelne Stellen auszulegen und zwischen ihnen bestehende Widersprüche als bloße *Scheinwidersprüche* aufzulösen. Zudem bemühten sie sich, aus dem Corpus iuris Lehren für die Lösung auch solcher Fragen des zeitgenössischen Rechtslebens abzuleiten, für die jenes keine unmittelbar anwendbaren Begriffe und Rechtssätze enthielt (s. zB → Rn. 94 betr. die Lehre vom »dominium directum« und »dominium utile«). Mit nachhaltiger Wirkung haben dies allerdings erst die sog. *Postglossatoren (Konsiliatoren)* getan, die nach dem Tode des Accursius die Zivilrechtswissenschaft an den italienischen und französischen Universitäten weiterpflegten und ihr eine stärker praktische Richtung gaben (besonders *Bartolus*, der berühmteste Rechtslehrer des Mittelalters, 1314–1357, und sein Schüler *Baldus*, 1328–1400).

Postglossatoren (Konsiliatoren)

Bartolus, Baldus

3. Kanonisches Recht

130 Gleichzeitig mit dem Wiederaufleben der wissenschaftlichen Pflege des römischen Rechts kam es, *ebenfalls in Bologna,* zur wissenschaftlichen Erfassung des kanonischen Rechts (Kanon Stab = Richtmaß; kanonisches Recht = katholisches Kirchenrecht). Das um 1140 in Bologna vom Mönch Gratian verfasste umfangreiche *Decretum Gratiani* fasste die alten, kritisch gesichteten Quellen des Kirchenrechts (Bibel, Aussprüche der Kirchenväter, Konzilsbeschlüsse, Dekretalen = päpstliche Entscheide über Rechtsfragen) zusammen, ordnete ihren Stoff nach institutionellen Gesichtspunkten, stellte fest, was noch gültig war, und suchte, entsprechend der Methode der Glossatoren, bestehende Textwidersprüche als Scheinwidersprüche aufzulösen (daher verstand sich das Werk als *»Concordia discordantium canonum«*). Auch entwickelte Gratian zu den ungeklärten Rechtsfragen seine eigene Lehre.

Decretum Gratiani (um 1150)

131 Mit *Gratian* setzte eine ausgeprägte Verrechtlichung der Kirche und ihrer Lehren ein (zB der Lehre von den Sakramenten). Sie wurde in den folgenden 200 Jahren gesteigert *durch hervorragende Kanonisten, die den päpstlichen Stuhl bestiegen,* so durch Alexander III. (1159–1181) und besonders *Innocenz III.* (1198–1216), sowie *Gregor IX.* (1227–1241), *Innocenz IV.* (1243–1254), *Bonifaz VIII.* (1294–1303) unda. Diese haben das kanonische Recht durch viele Dekretalen so fein weiterentwickelt und rationalisiert, dass es, besonders im Bereich des Prozessrechts, während langer Zeit – mit Nachwirkungen bis zur Gegenwart – dem weltlichen Recht als Vorbild diente.

Kanonisten als Päpste

132 Das Decretum Gratiani erhielt zwar niemals eine amtliche Approbation, wurde aber der erste und umfassendste Teil des *Corpus iuris canonici,* dh der großen kirchlichen Gesetzessammlung, die ein Gegenstück zum viel älteren Corpus iuris civilis bildete und als zweiten Teil den *»Liber extra«* (eine 1234 veröffentlichte Sammlung päpstlicher Dekretalen) sowie als dritten bis fünften (später bis sechsten) Teil Dekretalensammlungen aus der Zeit seit 1298 enthielt.

Corpus iuris canonici

133 Das Corpus iuris canonici wurde 1917 durch den nach modernen systematischen Gesichtspunkten abgefassten knapperen *Codex iuris canonici* ersetzt, der seinerseits 1983 durch ein neues Gesetzbuch mit demselben Namen abgelöst worden ist.

Codex iuris canonici (1917 bzw. 1983)

Während Jahrhunderten konnte man als Jurist entweder kanonisches Recht studieren und das Studium mit der Erlangung der Würde eines »*doctor decretorum*« abschließen oder sich »ganz dem Zivilrecht« zuwenden und schließlich den Grad eines »*doctor iuris civilis*« erwerben. Promovierte man in beidem, so erlangte man den Titel eines »doctor iuris utriusque«, den noch heute wenige ältere Juristen führen.

II. Einfluss auf die Praxis

Durch das wissenschaftliche Wirken der Glossatoren und Kanonisten, das nicht auf Bologna beschränkt blieb, wurde eine bis zur Gegenwart reichende Entwicklung des Rechtsdenkens eingeleitet. Ihr Einfluss auf die *Gerichts- und Notariatspraxis* war in Italien schon vom 12. Jahrhundert an erheblich. Auch traten einzelne Glossatoren in Verbindung mit dem Kaiser, so besonders mit *Friedrich Barbarossa*, dem sie bei der Abfassung der »Constitutio de regalibus« vom Jahr 1158 behilflich waren. 134 Italienische Gerichts- und Notariatspraxis

In *Deutschland* aber war der Einfluss der neu gegründeten Wissenschaft im 12. Jahrhundert noch bescheiden, obwohl die aus Bologna zurückgekehrten ehemaligen Studenten großes Ansehen genossen und das dort Erlernte in der Praxis anwandten, soweit das einheimische Statutarrecht keine vom wissenschaftlichen Recht abweichende Regelung enthielt. Angewandt wurden die kirchenrechtlichen und römischrechtlichen Sätze zunächst vor allem in der *Praxis der kirchlichen Gerichte*, die im Mittelalter eine weite Zuständigkeit hatten (unter anderem für Religionsdelikte, Ehe- und Testamentssachen sowie für alle Streitigkeiten unter Klerikern). Das römische Recht ist denn auch vor allem durch die Kirche in die Praxis eingedrungen (zumal wegen des schon in der Lex Ribuaria formulierten Satzes »*ecclesia romana lege vivit*«). Ferner drang römisches Recht durch die Notare, die ihre Beurkundungen nach bestimmten, von Rechtsgelehrten verfassten *Formularbüchern* vorzunehmen pflegten, in die Praxis ein. Wichtige Rezeptionsvermittler waren weiterhin die *Schiedsgerichte*, die in jenem Zeitalter verwickelter und oft wenig zuverlässiger Gerichtsbarkeit von vielen streitenden Parteien angerufen wurden. Zu einer stärkeren Rezeption kam es aber in Deutschland erst, nachdem auch hier *Universitäten* mit Rechtsfakultäten gegründet worden waren (*Prag* 1347, *Wien* 1365, *Heidelberg* 1386) und man an ihnen neben dem zunächst allein gründlich gepflegten kanonischen Recht auch Zivilrecht intensiv zu dozieren begonnen hatte (ca. ab Mitte 15. Jahrhundert). Den entscheidenden Markstein für die grundsätzliche Gesamtrezeption des römischen Rechts als gemeines deutsches Recht aber bildete die *Reichskammergerichtsordnung von 1495*. (Hierüber → Rn. 234 ff., 296 ff.)

135 Einfluss in Deutschland

Kirchliche Gerichte

Schiedsgerichte als Rezeptionsvermittler

Älteste deutsche Universitäten (seit 1347)

Reichskammergerichtsordnung (1495)

5. Kapitel. Spätmittelalter (ca. 1200 – ca. 1500)

A. Vorbemerkungen

In dieser Zeit nahm das Wirtschafts-, Geistes- und Rechtsleben in ganz Westeuropa einen glänzenden Aufschwung. Vor allem die aufblühenden *Städte* mit ihren handwerklichen Gewerben, ihrem Nah- und Fernhandel, ihren vielen Kirchen, ihrer gut organisierten Verwaltung und ihrem nun allenthalben entstehenden Stadtrecht waren Träger dieser Entwicklung. Aber auch auf dem Lande hoben sich die Verhältnisse: Da manche Grundherren wegen des in den Städten geltenden Grundsatzes »Stadtluft macht frei« (→ Rn. 161) befürchteten, dass ihre Grundhörigen in eine Stadt abwandern würden, sicherten sie ihnen förmlich und endgültig zu, dass sie ihre Rechte an den ihnen geliehenen Gütern als dauerndes und vererbliches Nutzeigentum bei gleichbleibenden Zins- und Frondienstleistungen achten würden. Darüber hinaus gaben viele Grundherren noch weiteres Land als erbliches Zinslehen an Grundhörige aus.

136 Allgemeiner Aufschwung

Allgemein wurde das Recht *rationalisiert*, besonders das Strafrecht sowie, unter Einfluss der Kirche, das Prozessrecht. Auch wurde es durch seine genaue Formulierung und schriftliche Aufzeichnung in Gesetzen und Rechtsbüchern *präzisiert* (so das Königswahlrecht – → Rn. 146 f. –, das Landrecht der einzelnen Territorien, das Stadtrecht der einzelnen Städte, das Hofrecht der Grundherrschaften). Daher entfaltete sich zu Stadt und Land ein großer *Reichtum an formulierten Rechtssätzen und durchgestalteten Rechtsinstituten* sowohl des Privatrechts als auch des Prozessrechts sowie des Verfassungs- und Verwaltungsrechts.

137 Rationalisierung des Rechts

Als Schattenseiten jenes Aufschwungs zeigten sich allerdings, zumal vom 14. Jahrhundert an, starke Vermaterialisierungs-, ja *Korruptionserscheinungen*, besonders im Bereich der Kirche, wo »Pfründenjägerei« üblich wurde, sodass sich, entgegen den Vorschriften des kanonischen Rechts, Reichtümer in einzelnen Händen häuften. Im 15. Jahrhundert gärte es denn auch überall. *Reformkonzilien* wurden einberufen, konnten aber den bestehenden Missständen nicht abhelfen.

138 Schattenseiten

B. Verfassung

I. Allgemeines

Es galt noch die aus dem Hochmittelalter überlieferte Reichsverfassung. Doch wurden ihre Grundsätze (betr. Königswahl und Reichsstandschaft) präzisiert und zT schriftlich festgelegt. Das verhinderte

139

5. Kapitel. Spätmittelalter (ca. 1200 – ca. 1500)

Machtverlagerung auf die Reichsvasallen

aber nicht, dass sich das Schwergewicht der politischen Macht vom Reich auf dessen Vasallen verlagerte. Diese konnten ihre Rechte zu staatsgewaltsähnlicher Herrschaft, zur sog. *Landesherrschaft*, steigern. Trotzdem blieb die starke Zersplitterung der Hoheitsrechte, die vielerorts, zumal in Süddeutschland, infolge des Feudalisierungsprozesses schon im Hochmittelalter eingetreten war (→ Rn. 92), bestehen. Zudem verkomplizierten sich im ganzen Reich die Gerichtsbarkeitsverhältnisse dadurch, dass nicht nur fast überall zwischen *hoher* und *niederer* und zum Teil auch *mittlerer Gerichtsbarkeit* unterschieden wurde, sondern überdies allenthalben besondere Gerichte für bestimmte Personengruppen und Angelegenheiten entstanden: Es gab

Rechtskreise

dementsprechend sog. »Rechtskreise« des *Landrechts, Lehenrechts, Stadtrechts, Hofrechts, Dienstrechts* sowie des *Kirchenrechts*. (Rechtskreis ist ein von bestimmten Gerichten betreuter Geltungsbereich formulierter und nicht formulierter Rechtssätze für bestimmte Arten von Personen und Angelegenheiten).

Städte- und Ritterbünde

140 Weitere Komplikationen entstanden dadurch, dass sich zeitweise verschiedene Städte zu *Städtebünden*, Ritter zu *Ritterbünden* und Landesherren oder deren Länder zu anderen dauernden Bünden zusammenschlossen und dann wenigstens eine Zeitlang eine erhebliche vereinigte politische Macht ausübten. Einen sehr langen Bestand hatten

Hanse

aber von all diesen Bündnissen nur die zur Wahrnehmung auswärtiger Handelsinteressen errichtete deutsche *Hanse*, die in ihrer Glanzzeit über 200 Mitglieder vor allem im Nord- und Ostseeraum zählte (darunter neben den berühmten norddeutschen Städten Hamburg, Bremen, Lübeck auch Köln, Dortmund und Münster), selbstständig Kriege führte, aber vom Ende des 15. Jahrhunderts an allmählich an

Schweizerische Eidgenossenschaft

Bedeutung verlor, und die von den habsburgischen Ländern *Uri, Schwyz* und *Nidwalden* 1291 gegründete *Schweizerische Eidgenossenschaft*, die durch Bündnisse mit weiteren Ländern sowie mit den Städten Luzern, Zürich, Bern und anderen erweitert wurde und schließlich durch den Westfälischen Frieden von 1648 aus dem Reich ausschied.

II. Königtum und Kaisertum

1. Geistige Grundlagen

Gründe für langes Vorherrschen der monarchischen Staatsform

141 Die Staatsform der *Monarchie* bestand während mehr als einem Jahrtausend, bis ins 19. Jahrhundert, in ganz Europa, aber auch in den anderen Kontinenten, fast überall. Das hat mehrere Gründe: Vor allem war ein monarchisches Staatswesen wegen seiner einfachen Grundstruktur viel leichter zu organisieren als eine Republik. Auch schien in ihm die Einheitlichkeit des die gemeinschaftlichen Angelegenheiten lenkenden Willens und daher die Kraft des Staates zur Erfüllung seiner wichtigsten Aufgaben, Sicherung des Friedens im Innern und des Schutzes nach außen, am besten gewährleistet zu sein. Sodann war die Monarchie die für die Beherrschten sinnfälligste Staatsform, bei der es ihnen unschwer möglich war, sich mit dem Staatsoberhaupt zu

»identifizieren«, besonders wenn dieses viel Pomp, Pracht und äußere Macht entfaltete.

Dies alles gilt zwar, mit Einschränkungen, auch für *moderne Diktaturen*, die mitunter dann entstehen, wenn die Verhältnisse in einem republikanischen oder traditionell monarchischen Staatswesen zerrüttet sind. Doch herrschen Diktatoren vor allem mittels Gewalt, auch wenn sie sich auf ihre von ihnen behauptete höhere Einsicht, Fähigkeit und patriotische Gesinnung sowie auf das Ergebnis von mehr oder minder manipulierten Plebisziten berufen. Demgegenüber hatte das mittelalterliche und weitgehend auch das spätere König- und Kaisertum außer einer machtpolitischen und gefühlsmäßigen eine *religiöse Grundlage*. Von dieser handelte ein breites Schrifttum zB *Dantes*, des größten italienischen und mittelalterlichen Dichters, »De monarchia« (um 1310) sowie der »Defensor pacis« des *Marsilius von Padua* (1324).

142 Vergleich mit modernen Diktaturen

Religiöse Grundlage der mittelalterlichen Monarchie

Dem König- und dem Kaisertum kam nach mittelalterlicher Anschauung im göttlichen Heilsplan eine wichtige Stellung zu. Als höchster Träger obrigkeitlicher Gewalt hatte der Monarch die durch den Sündenfall verdorbene Welt vor ihrem Niedergang, mit dem sie dem Jüngsten Tag zueilte, notdürftig zu bewahren. Das Königtum wurde daher als ein solches *von Gottes Gnaden* aufgefasst, was in der immer wieder vorkommenden Urkundsformel »divina favente clementia« zum Ausdruck kommt. Von Gottes Gnaden war der König aber nicht nur in dem Sinn Herrscher, dass die Religion die Achtung seiner Königswürde gebot, sondern auch insofern, als er sich nach dem Vorbild der biblischen Idealkönige *David* und *Salomo* Gott gegenüber für die richtige Ausübung seiner Rechte und die strenge Erfüllung seiner Pflichten verantwortlich war. In noch stärkerem Maß betrachtete man das römisch-deutsche *Kaisertum* als eine *göttliche Institution*, weil es als identisch mit dem zu Christi Zeiten bestehenden römischen Kaisertum angesehen wurde, dessen Rolle im göttlichen Heilsplan von den neutestamentlichen Schriften besonders hervorgehoben wird.

143

Religiöse Grundlage des römisch-deutschen Kaisertums

2. Schranken der monarchischen Gewalt – Widerstandsrecht

Wie schon im altgermanischen Recht kam dem König *keine unbeschränkte Gewalt* zu. Vielmehr hatte er sich an das bestehende Recht, dessen Inhalt freilich nur in groben Zügen feststand, zu halten. Wenn er gegen dieses verstieß, jedoch nur dann, sollten sogar seine Untertanen (praktisch heißt das: seine Vasallen) ihm *Widerstand* entgegensetzen. Allerdings war es meistens, zumal angesichts der Spärlichkeit fester, formulierter Rechtsnormen, schwierig, zu entscheiden, ob der König einen Rechtsbruch begangen hatte, der die Ausübung des Widerstandsrechts rechtfertigte. Auch gab es kein eindeutig festgelegtes gerichtliches Verfahren, in dem dies hätte festgestellt werden können.

144 Bindung des Königs an das geltende Recht

Widerstandsrecht der Vasallen

Zudem war das Maß des zulässigen Widerstandes streng begrenzt. Der König durfte zwar zur Wiederherstellung verletzten Rechts gezwungen, aber keinesfalls abgesetzt oder gar getötet werden. Wenn dies gelegentlich dennoch geschah, so galt es als schweres Unrecht (Beispiel: Das Verhalten Heinrichs IV. von England gegen den von ihm entthronten Richard II. – literarisch verarbeitet in *Shakespeares* Drama »König Richard II.«).

Spätere Lehren

145 Über diese Grenzen des Widerstandsrechts hinaus gingen in der Theorie erst die »*Monarchomachen*« – überwiegend Jesuiten – des 16. Jahrhunderts und im 17. Jahrhundert der calvinistische Staatsdenker und -praktiker *Johannes Althusius* sowie

Locke

– sehr einflussreich – der englische Philosoph *John Locke*, der in seinem Werk »Two treatises of civil government« (1690) die Lehre aufstellte, dass bei wiederholten und weiterhin drohenden Rechtsbrüchen des Königs dessen Absetzung zulässig sei. (Mit dieser Lehre rechtfertigte *Locke* die Glorious Revolution von 1688, in der der letzte englische König aus dem Hause Stuart, *Jakob II.*, abgesetzt und durch *Wilhelm von Oranien* ersetzt worden war). Noch viel weiter vom alten Gottesgnaden-

Rousseau

tum entfernte sich im 18. Jahrhundert der Aufklärer *Rousseau*. Er lehrte in seinem »contrat social« von 1762 unter anderem, dass jedes Volk jederzeit, auch ohne besonderen Grund, seinen Monarchen absetzen und die Staatsform der Monarchie durch eine andere ersetzen könne, obwohl es immerhin aus politischen Gründen nicht ratsam sei, solche Änderungen leichthin vorzunehmen. Diese Lehre *Rousseaus* wurde von der Französischen Revolution an in vielen Staaten praktiziert, indem man teils einzelne Monarchen absetzte, teils die Monarchie überhaupt abschaffte, ohne in jedem einzelnen dieser Fälle zu behaupten, dass der Monarch das Recht gebrochen habe und dass weitere Rechtsverletzungen von ihm zu befürchten seien.

3. Königs- und Kaiserwahl

Formulierung von Grundsätzen über die Königswahl

146 Es war eine Folge der vornehmlich durch die Scholastik bewirkten Steigerung des Denk- und Formulierungsvermögens, dass man endlich dazu gelangte, Grundsätze sowohl über den Kreis der zur Teilnahme an einer Königswahl Berechtigten als auch über das Wahlverfahren zu formulieren und verbindlich zu beschließen. Ein entscheidender Impuls hierzu ging von der Kirche, nämlich von Papst *Innocenz III.*, aus, der nach dem Tod *Heinrichs VI.* (1197) und einer anschließenden »Doppelwahl« von *Philipp von Schwaben* durch einen Teil der Fürsten und *Otto von Braunschweig* durch einen anderen Teil der Fürsten als Schiedsrichter angerufen wurde und daraufhin (1200) bestimmte Grundsätze sowohl bezüglich des Kreises der Wahlberechtigten als auch des Wahlverfahrens proklamierte: Gewisse Würdenträger, nämlich die Erzbischöfe von Mainz, Köln und Trier sowie der Pfalzgraf bei Rhein, dürften bei Wahlhandlungen keinesfalls übergangen werden. Aus einer Erweiterung des Kreises dieser vier Würdenträger um drei weitere entstand das schon im Sachsenspiegel von ca. 1220 vorgesehene *Kurfürstenkollegium*. Ferner müsse für die Wertung

Majoritätsprinzip

der abgegebenen Stimmen das *Majoritätsprinzip* gelten. Dieses streng rationale Prinzip ist, wie das für Bischofswahlen proklamierte Prinzip, dass bei nicht eindeutiger Wahl eine höhere Instanz sich für die »sanior pars« zu entscheiden habe – → Rn. 116 –, von der Kirche eingeführt worden (Decretum Venerabilem 1202). *Innocenz III.* nahm darüber hinaus allgemein eine Schiedsrichterrolle bei strittigen Wahlen für den Papst in Anspruch, und *Bonifaz VIII.* ging noch weiter, indem er für die Päpste das Recht forderte, auch bei nichtstrittigen Wahlen den Gewählten zu bestätigen oder nicht zu bestätigen. Dieser Anspruch wurde aber nach hartem Ringen von König *Ludwig dem Bayern*, dem die Rechtsdenker *Marsilius von Padua* und *William von Ockham* (ein Mitbegründer des nominalistischen Zweiges der scholastischen Philosophie) zur Seite standen, von den Kurfürsten sowie vom deutschen Reichstag 1338 erfolgreich zurückgewiesen (*Kurverein von Rhens* und Gesetz *»Licet iuris«*): Der von den sieben Kurfürsten mit Mehrheit Gewählte sei ohne Weiteres, auch ohne Bestätigung und Krönung durch den Papst, König und Kaiser.

Gesetz »Licet iuris« (1338)

Eine endgültige, feste Wahlordnung wurde endlich unter *Karl IV.* (aus der in Prag residierenden Dynastie des Hauses Luxemburg) durch die *Goldene Bulle* aufgestellt, die 1356 auf den Reichstagen in Metz und Nürnberg beschlossen wurde. Danach waren, wie es seit 1273 feste Gewohnheit war, einzig die Kurfürsten zur Wahl berechtigt und verpflichtet, nämlich:

147 Goldene Bulle (1356)

- der *Erzbischof von Mainz* (Erzprimas und Erzkanzler des Reiches; er hatte das Kanzleiwesen des Reiches unter sich, leitete die Königswahl und nahm die Krönung vor);
- der *Erzbischof von Trier* (Erzkanzler für Burgund);
- der *Erzbischof von Köln* (Erzkanzler für Italien);
- der *Pfalzgraf bei Rhein* mit Residenz in Heidelberg (Erztruchseß des Reiches);
- der *Herzog von Sachsen* (Erzmarschall des Reiches; er erhob gelegentlich den Anspruch darauf, das Reichsheer zu führen);
- der *Markgraf von Brandenburg* (Erzkämmerer des Reiches);
- der *König von Böhmen* (Erzschenk des Reiches).

Die Zahl der Kurfürsten wurde 1648 auf acht, 1692 auf neun und am Ende des alten Reiches auf zehn erhöht (→ Rn. 240).

Die Erzämter der Kurfürsten wurden meistens nur noch bei dem sich der Krönung anschließenden Krönungsmahl – symbolisch – ausgeübt. Eine echte politische Bedeutung hatten allerdings noch die Würden, die der Erzbischof von Mainz als Erzkanzler sowie der Herzog von Sachsen als Erzmarschall innehatten.

Erzämter

Festgelegt wurde in der Goldenen Bulle auch das *Majoritätsprinzip*, ferner der Grundsatz der örtlichen und zeitlichen Einheit der Wahl: Die Kurfürsten sollten die Wahlverhandlungen ausschließlich im *Dom von Frankfurt* führen; diese aber durften höchstens 30 Tage dauern, ansonsten hatten die Kurfürsten bei Wasser und Brot weiter zu verhandeln, bis eine gültige Wahl zustande kam. Die Goldene Bulle bestimmte auch, dass die *Kurfürstentümer nicht geteilt* werden dürften, damit kein Streit darüber entstehen könne, wem das Kurrecht gehöre.

Weiterer Inhalt der Goldenen Bulle

Die lateinisch abgefasste Goldene Bulle, die bis zum Ende des alten Reiches als dessen wichtigstes Verfassungsgesetz galt, hat ein völlig klares und präzises Thronfolgerecht geschaffen, sodass zwiespältige Wahlen und durch solche verursachte Fehden zwischen den Thronprätendenten nicht mehr vorkamen. Aber sie ließ die Kurfürsten überaus mächtig werden, den ohnehin schon schwachen Kaiser dagegen noch schwächer, zumal die Kurfürsten ihm vor der Wahl Bedingungen stellen konnten. (Förmliche *Wahlkapitulationen* zwischen

Praktische Auswirkungen

Wahlkapitulationen

dem Kaiser und den Kurfürsten wurden allerdings erstmals 1519 bei der Wahl *Karls V.* geschlossen). Diese weitere Schwächung der kaiserlichen Stellung hatte, noch mehr als der Leihezwang (→ Rn. 104), nachteilige Folgen für die innere Einheit und die äußere Macht des Reiches, zumal auch die anderen höchsten Reichsorgane, besonders der Reichstag, nur beschränkte Wirkungsmöglichkeiten hatten.

4. Krönung

Ort und Förmlichkeiten der Krönung

148 Ursprünglich erfolgte die Krönung bis 1531 im *Dom von Aachen*, seit 1562 durchweg *im Dom von Frankfurt*. Bei der Krönung in Aachen überreichte der Erzbischof von Köln, bei der Krönung in Frankfurt der Erzbischof von Mainz dem Kaiser die *Reichsinsignien* (Reichsschwert, Reichsszepter, Reichsapfel, Heilige Lanze und Reichskreuz, die heute in der Wiener Hofkammer aufbewahrt werden). Der König musste den Krönungseid ablegen, »dass er das Recht stärke und das Unrecht schwäche und dem Reich vorstehe an seinen Rechten, als er könne und vermöge« (Sachsenspiegel Landrecht III 54 § 2). An die Krönung schloss sich das *Krönungsmahl* an, bei dem die Kurfürsten symbolisch die mit ihren Erzämtern verbundenen Pflichten erfüllten.

Krönungsmahl

Die Plätze der Kurfürsten sind heute noch bezeichnet im »Römer« in Frankfurt und entsprechend im Kaisersaal des Rathauses von Aachen.
Über die Königswahlen und das anschließende Krönungsmahl vgl. *Goethe*, Dichtung und Wahrheit, l. Teil 5. Buch: Beschreibung der 1764 erfolgten Wahl *Josefs* II. zum »römischen König« und damit zum Mitregenten seines Vaters, Franz I., der bis zu seinem 1765 eingetretenen Tod Kaiser blieb.

Kaiserkrönungen durch den Papst

149 Einige Könige, die in Aachen oder Frankfurt gekrönt wurden, ließen sich nachher in Rom vom Papst zum Kaiser krönen. Dies geschah auch noch nach dem Erlass des Gesetzes »Licet iuris« von 1338 (→ Rn. 146). Doch wurden die Kaiserkrönungen durch den Papst nun seltener, da sie in Deutschland eindeutig nicht mehr als zur Erlangung der Kaiserwürde notwendig galten.

Die letzte Krönung eines Kaisers des Heiligen Römischen Reiches durch den Papst fand 1530 in Bologna statt, wo *Karl V.* dem von ihm militärisch besiegten *Clemens VII.* vor der Krönung die im Sachsenspiegel vorgesehene Ehrenbezeugung des Steigbügelhaltens als Hilfe beim Besteigen eines Pferdes erwies.

III. Anfänge des Reichstags

150 Der Reichstag hat sich als feste Institution allmählich gebildet aus dem Kreis der Reichsmagnaten, mit deren Rat und Beistand der König schon in der fränkischen Zeit seine wichtigsten Beschlüsse zu fassen pflegte. Vom 12. Jahrhundert an kristallisierten sich hierfür, ähnlich wie für die Königswahlen, bestimmte Grundsätze heraus. Auf Grundlage alter Gewohnheiten hatten nun alle einigermaßen bedeutenden geistlichen und weltlichen *Reichsvasallen* ein eigentliches Recht auf Mitwirkung bei der Fassung wichtiger Beschlüsse durch den König.

Reichsstandschaft

Es war dies die *Reichsstandschaft, dh das Recht auf Sitz und Stimme am Reichshoftag*, der vom 15. Jahrhundert an als *Reichstag* bezeichnet wurde. Doch erlangten nicht alle unmittelbaren Reichsvasallen die Reichsstandschaft; denn viele von ihnen, besonders manche Ritter in Süd- und Westdeutschland, hatten so kleine Territorien, dass sie mangels hinlänglicher politischer Macht jenes Rechts nicht teilhaftig wurden (so zB *Götz von Berlichingen* als Herr von Jagsthausen, das ein eigenes, in einem Gesetzbuch zusammengefasstes »Landrecht« hatte).

Diese Vasallen blieben aber reichsunmittelbar und verbanden sich kraft eines ihnen 1422 erteilten Privilegs als *Reichsritter* zur *Reichsritterschaft*. Diese war ihrerseits gegliedert in drei Ritterkreise (Schwaben, Franken und am Rhein) mit je einem Direktorium an der Spitze, während die Ritterkreise ihrerseits in *Kant*one und diese in Quartiere unterteilt waren. — Reichsritterschaft

Vom Interregnum (1256–1273) an wurden auch die *51 Reichsstädte* als Reichsstände anerkannt. Nach der Goldenen Bulle sollte der erste Reichstag nach einer Königswahl in Nürnberg stattfinden. Im Übrigen war der König frei, wann und wo er einen Reichstag einberufen wollte. In der Praxis wurden aber die weitaus meisten *Reichstage in Reichsstädten* abgehalten (besonders häufig in Regensburg, Nürnberg, Augsburg, Frankfurt, Worms und Speyer). — 151 Reichsstädte als Reichsstände / Reichstage in Reichsstädten

Italien und Burgund hatten besondere Reichstage, die jeweils auf den Ronkalischen Feldern (Ebene nördlich des Po) bzw. in Besançon abgehalten wurden. (Näheres über Organisation, Verfahren und Wirksamkeit des Reichstags → Rn. 240 ff.). — 152 Reichstage in Italien und Burgund

IV. Die Landesherrschaft

Dieser Ausdruck wird erst für die Zeit ab dem 12. Jahrhundert hinweg verwendet. Er bedeutet die *staatsgewaltsähnliche Herrschaft der Reichsstände und Reichsritter über die einzelnen von ihnen beherrschten Teilgebiete des Hl. Römischen Reiches Deutscher Nation*. Man spricht auch von *Landeshoheit*, besonders für die Zeit vom 14. Jahrhundert an, in der die Landesherrschaft schon stark angestrafft war. — 153 Begriff

Wie ist die Landesherrschaft entstanden? Bedeutende regionale adlige Machthaber hatte es schon in germanischer Zeit gegeben: die principes; ebenso in der fränkischen Zeit und im Hochmittelalter (besonders die Grafen, Markgrafen und Herzöge). Sie herrschten aber damals mehr über Personenverbände als über bestimmte Gebiete. Im 12./13. Jahrhundert verwandelte sich diese Herrschaft im Zuge der damaligen Rationalisierung von Recht und Verwaltung sowie unter dem Einfluss des aufkommenden römischen Rechts in eine *Herrschaft über Gebiete (Territorien)* und deren jeweilige Bewohner. — 154 Entstehung

Im westfälischen Bereich fand nach der herrschenden Lehre eine solche Umwandlung 1180 statt, als *Friedrich Barbarossa* laut der »Gelnhäuser Urkunde« gestützt auf ein Urteil des Reichslehnhofs das dem Reich verfallene *Herzogtum Westfalen* dessen bisherigem Inhaber, *Heinrich dem Löwen*, entzog und an den Erzbischof von Köln verlieh.

Gleichzeitig wurde das wenig rationale, schwer zu handhabende Personalitätsprinzip der fränkischen Volksrechte, gemäß dem jeder nach — 155 Aufkommen des Territorialitätsprinzips

Problematisches Verhältnis der Landesherren zum Kaiser

dem ihm angeborenen Recht lebte (→ Rn. 79), durch das rationalere *Territorialitätsprinzip* ersetzt.

156 Problematisch blieb während längerer Zeit das Verhältnis der Landesherren zu Kaiser und Reich. Nach dem römischen Recht hätte nämlich dem Kaiser als Imperator und nicht den Landesherren eine grundsätzlich unbeschränkte Staatsgewalt zukommen müssen. Aufgrund der tatsächlichen Machtverhältnisse aber setzte sich allmählich der Grundsatz durch, dass die Landesherren gleichsam als Kaiser in ihren Territorien zu gelten hätten. So formulierte man etwa den Satz

»Dux Cliviae imperator est in ducatu suo«.

Der Herzog von Kleve ist Kaiser in seinem Herzogtum.

Im Übrigen wurde die Stellung der Landesherren den Kaisern gegenüber durch zwei unter *Friedrich II.* von Hohenstaufen erlassene (als Fürstenprivilegien bezeichnete) Reichsgesetze gefestigt, nämlich durch die »*Confoederatio cum principibus ecclesiasticis*« (1220) und das »*Statutum in favorem principum*« (1232). In ihnen verzichtete der König auf die Ausübung von bestimmten Regalien, auf die Einrichtung neuer Zölle und sagte den Fürsten zu, keine Hörigen in die Reichsstädte aufzunehmen.

Interne Beschränkungen der landesherrlichen Macht

157 Indessen waren die Landesherren in der Ausübung ihrer Herrschaft lange in ähnlicher Weise beschränkt, wie es der Kaiser in seiner Herrschaft durch die Rechte der Landesherren war: einmal durch die Rechte ihrer Vasallen, sodann durch solche Hoheitsrechte, die, zumal in den meisten feudal stark zersplitterten Gebieten Süddeutschlands, in großer Zahl benachbarten Landesherren über Gebiete außerhalb ihrer Territorien zustanden, weiterhin durch die Landstädte, die in den Territorien eine ähnliche Stellung wie im Reich die Reichsstädte innehatten, und schließlich – allerdings nur in den bischöflichen Territorien wie Mainz – durch die Domkapitel, die die Bischöfe wählten und auch sonst auf die Landesgeschäfte Einfluss nahmen. Vom 15. Jahrhundert an organisierten sich diese drei Gruppen, nämlich *Domkapitel*, Vasallen des Landesherrn (oder wenigstens die bedeutenden unter ihnen), meist als *Ritterschaft* bezeichnet, und *Landstädte*, allenthalben als *Landstände*, die auf *Landtagen* das von ihnen beanspruchte Mitwirkungsrecht in Landesangelegenheiten in ähnlicher Weise wahrnahmen, wie es die Reichsstände an den Reichstagen taten.

Steigerung der landesherrlichen Macht

158 Indessen gingen die Landesherren schon im Spätmittelalter dazu über, durch Errichtung neuer, von ihnen abhängiger, *nicht feudalisierter Ämter* (→ Rn. 106), die sie zT mit Juristen besetzten, sowie durch Erhebung allgemeiner, von den Landständen bewilligter *Steuern* und Aufstellung von *Söldnerheeren* ihre Macht gegenüber den Vasallen, den Domkapiteln und den Landstädten zu stärken. Auch ließen manche von ihnen, mit Zustimmung der Landstände, das Recht ihres Territoriums als *Landrecht* aufzeichnen, das meistenorts an die Stelle des bis dahin theoretisch noch geltenden alten Volksrechts aus der fränkischen Zeit trat.

Aufzeichnung des Landrechts

72

Im Kurfürstentum Mainz ist dies erst spät, nämlich 1755, geschehen (Mainzer Landrecht).

So wurde in den Territorien allmählich eine straff organisierte Staatsgewalt ausgebildet. In den meisten Territorien gelang dies allerdings erst im 16. und besonders im 17. und 18. Jahrhundert, so zB im Fürstbistum Münster, das 1400 um das im Norden gelegene »Niederstift« (Meppen-Cloppenburg-Vechta) erweitert worden war. Auch im Kurfürstentum Mainz wurde erst im 16. Jahrhundert unter Albrecht von Brandenburg damit begonnen, die Verwaltungsorganisation zu modernisieren (→ Rn. 270).

159, 160

V. Städte

1. Begriffsmerkmale

»Stadt« ist, wenigstens primär, *kein juristischer Begriff*, sondern ein solcher der Architektur und des sozialen Lebens. Er wird verschieden definiert. Doch ist allen Definitionen gemeinsam das Merkmal des Vorhandenseins einer Vielzahl von nahe beieinander liegenden Wohnstätten. Für Städte typisch, aber nicht begriffsnotwendig sind geschlossene Bauweise und, im Mittelalter, *Ummauerung*. Bei den mittelalterlichen Städten traten vom 13. Jahrhundert an zu den genannten architektonischen gewisse wirtschaftliche und rechtliche Eigenschaften, die einer Stadt regelmäßig zukamen: Sie bildete einen besonderen *Friedensbezirk*, hatte periodische, organisierte *Märkte*, eine weite *Autonomie* und ein eigenes vom Stadtgericht angewandtes *Stadtrecht*. Auch galt in ihr der – allerdings erst im 19. Jahrhundert formulierte – Grundsatz – »Stadtluft macht frei«, gemäß dem jeder in eine Stadt gezogene Unfreie frei wurde, wenn sein Herr ihn nicht binnen »Jahr und Tag«, dh innerhalb der dem altfränkischen Gerichtsverfahren entstammenden Frist von einem Jahr, sechs Wochen und drei Tagen, gerichtlich herausverlangte.

161

2. Entstehung

Nach *Tacitus* war das Wohnen in Städten den Germanen unbekannt (→ Rn. 25). Zwar gab es schon im 1.–5. Jahrhundert im heutigen Deutschland Städte; doch waren sie von den Römern angelegt worden und standen durchweg in Gebieten, die von diesen beherrscht wurden (also westlich und südlich der Linie Rhein-Main-Neckar-Donau). Sie waren römische Verwaltungs- und Militärzentren, zT auch Bischofssitze. In der fränkischen Zeit ging ihre Bedeutung sehr zurück, abgesehen davon, dass einige dieser Städte (zB Trier, Köln und Mainz) Bischofssitze blieben oder (Aachen) hauptstadtähnliche Funktionen erlangten. In dieser Zeit wurden auch einzelne neue Städte errichtet, indem sich in unmittelbarer Nähe einer schon bestehenden Wallburg Menschen ansiedelten, die bei Gefahr Zuflucht in der Burg suchten (noch wenig erforscht).

162 Städte in der germanischen und fränkischen Zeit

Als sich vom 12. Jahrhundert an, unter anderem infolge der Kreuzzüge, der Handelsverkehr (unter anderem mit Italien) belebte, blühten die alten Römerstädte wieder auf. Auch entstanden neue Städte. Viel häufiger und großzügiger als in der fränkischen Zeit errichteten Kauf-

163 Entwicklung seit dem 12. Jhdt.

leute und Handwerker in unmittelbarer Nähe fester Burgen Häuser, Werkstätten und Stapelplätze und erweiterten dann die so entstandenen Städte allmählich, aber ohne bestimmten Plan. Solche Städte nennt man »*gewachsene Städte*«. Zu ihnen gehören zB Lübeck, Soest und Münster, das, anlehnend an den Dom und verschiedene Adelshöfe, schrittweise erbaut und erweitert worden ist.

»gewachsene Städte«

Gründungsstädte

164 Überdies entstanden im 12.–14. Jahrhundert zahlreiche Städte »*aus wilder Wurzel*«, dh sie wurden, dem Aufkommen rationalistischen Denkens und Handelns entsprechend, von einem Grundherrn planmäßig gegründet, indem er geradlinige Straßen und große Plätze mit öffentlichen Gebäuden erstellen ließ, den übrigen Boden aber in Bauparzellen von gleichmäßiger Größe aufteilte und privaten Bewerbern gegen die Verpflichtung zur Bezahlung eines mäßigen Erbleihezinses zur Bebauung überließ. Solche Städte, zu denen viele Zähringerstädte in Süddeutschland, in der Westschweiz und in Savoyen sowie zahlreiche Städte des als Kolonisationsgebiet planmäßig erschlossenen deutschen Ostens und (als eine der ersten im Mittelalter) Speyer gehören, nennt man *Gründungsstädte*.

165 Nach ihrer Gründung oder Erweiterung wurden fast alle Städte mit einer *ersten* und viele von ihnen später, nach nochmaligen Erweiterungen, mit einer *zweiten und dritten Stadtmauer* und einem *Festungsgraben* umgeben. Diese Anlagen dienten vor allem militärischen Zwecken, nämlich der Verteidigung der Stadt, und zwar ursprünglich vor allem im Interesse des Stadtherrn, dann aber mehr und mehr in dem der Stadtbewohner selbst. Vom 14. Jahrhundert an haben die Städte größtenteils ihren Umfang und ebenso ihren mittelalterlichen Grundriss behalten bis 1806 (abgesehen davon, dass der Stadtherr vielerorts, zB in Münster, im 17. Jahrhundert vieleckige *Redouten* um die Stadtmauern herum anlegen und im 18. Jahrhundert in deren Nähe ein *Schloss* bauen ließ). Einer weiteren Ausdehnung der Städte stand entgegen, dass sich die städtischen Bürgerschaften fest abschlossen und nicht bereit waren, Neuzuzügler als gleichberechtigte Mitglieder anzuerkennen, sowie auch, dass die städtischen Handwerker in Zünften organisiert waren, die ein Gewerbemonopol innehatten und auswärtige Zuzügler nur mit äußerster Zurückhaltung in ihre Reihen aufnahmen.

Stagnation der Weiterentwicklung im 14.–18. Jhdt.

Enormes Wachstum der Städte seit 1806

166 Als aber im 19. Jahrhundert die *Niederlassungsfreiheit* und die *Handels- und Gewerbefreiheit* allenthalben eingeführt wurden, setzte bald *eine neue enorme Zuwanderung* zu den Städten mit ihrer aufblühenden Industrie ein.
Viele Außenviertel wurden errichtet und immer wieder neue hinzugefügt, sodass sich die Einwohnerzahl mancher Städte von 1806 bis heute verzwanzigfacht, ja, zT verhundertfacht hat. Spätestens in dieser Zeit wurden meistenorts die alten Stadtmauern, die infolge gesteigerter Geschützwirkung längst ihren alten militärischen Zweck weitgehend verloren hatten, abgerissen. (In manchen Städten, zB in Münster, war dies schon im 18. Jahrhundert geschehen.)
Trotzdem haben die alten Stadtkerne mancherorts, zB in Münster, ihren mittelalterlichen Charakter bewahrt. (In Freiburg wurde dieser nach 1945 sogar noch gesteigert, indem die im Zweiten Weltkrieg zerstörte Stadt auf der Grundlage des zähringischen Gründungsplans mit den alten Parzelleneinteilungen wiederaufgebaut wurde.)

3. Verfassung

Im Laufe des Spätmittelalters entwickelte sich fast in jeder Stadt eine besondere Verfassung sowie ein eigenes Stadtrecht. Dass die Verfassungs-(und Rechts-)entwicklung in den Städten viel kräftiger als auf dem Lande war, wo die überlieferten Verhältnisse, besonders die Grundherrschaften und deren überliefertes Hofrecht, jahrhundertlang weitgehend unverändert erhalten blieben, hat folgende Gründe: Die Menschenanhäufungen in den Städten, die in ihnen betriebenen zünftischen Gewerbe und die in ihnen bestehenden Märkte machten eine besonders intensive Ausgestaltung des Rechts, zB der nachbarschaftlichen Verhältnisse, und eine rationale Organisation des Gemeinlebens erforderlich. Die hier vom Land her zusammenströmenden Menschen hatten auch die für eine solche Organisation nötige Beweglichkeit des Geistes. Die Stadtummauerungen aber ermöglichten es ihnen, ihre Stadt gegen jedermann, notfalls auch gegen ihren eigenen Stadtherrn, zu verteidigen und daher die einmal erlangten Verfassungen und Freiheiten zu behaupten.

167 Gründe für die kräftige Verfassungs- und Rechtsentwicklung in den Städten

4. Stadtherren

Noch zu Beginn des 12. Jahrhunderts standen die meisten Städte unter der festen Herrschaft eines oder mehrerer Stadtherren (als Grundherren des Stadtbodens). Je nach der Person des Stadtherrn unterscheidet man Reichsstädte und landesherrliche Städte.

168

Die meisten *Reichsstädte* waren auf Reichsboden angelegt und hatten seit jeher den König als Stadtherrn (zB Aachen, Dortmund, Goslar, Frankfurt, Ulm, Nürnberg). Diese alten Reichsstädte lagen durchweg in Mittel-, Süd- und Westdeutschland. Andere Reichsstädte waren noch im 12. Jahrhundert und zT auch später Residenzstädte eines Bischofs gewesen, hatten sich dann aber von dessen Herrschaft befreit und waren dadurch sog. »*freie Reichsstädte*« geworden (→ Rn. 169).

Reichsstädte

Stadtherr der *landesherrlichen Städte* war ein geistlicher oder weltlicher Landesherr. Einzelne dieser Städte waren Residenzstädte ihres Landesherrn, zB Wien, Prag, München, Dresden, Berlin. Unter den landesherrlichen Residenzstädten bildeten eine besondere Gruppe die *Bischofsstädte*, zB Trient, Salzburg, Bamberg, Würzburg, Mainz, Trier, ursprünglich auch Köln, später Bonn; ebenso Münster, Osnabrück, Paderborn, Hildesheim, Magdeburg. Landesherrliche Städte, in denen der Landesherr nicht residierte, zB Freiburg, Leipzig, Aschaffenburg (in Kurmainz) und Koblenz (in Kurtrier), Warendorf, Coesfeld, Rheine usw (im Fürstbistum Münster), bezeichnet man als »*Landstädte*«.

Landesherrliche Städte

5. Konflikte zwischen Städten und Stadtherren

Solche Konflikte entstanden, als die Städte allmählich eine kräftige innere Organisation geschaffen hatten und zu erheblichem Wohlstand

169

Rebellion von Bischofsstädten; Entstehung »freier Reichsstädte«

sowie zu entsprechendem Selbstbewusstsein gelangt waren. So versuchten viele Bischofsstädte, sich vom Bischof als verhältnismäßig schwachem Landesherrn gänzlich zu lösen und dadurch zu einer sog. *»freien Reichsstadt«* zu werden. Dies gelang Augsburg, Regensburg, Basel, Straßburg, Worms, Speyer, Köln (dessen völlige Befreiung vom Erzbischof von Köln allerdings umstritten blieb), Bremen, Hamburg und Lübeck. Anderen Bischofsstädten wie Würzburg, Mainz, Paderborn, Osnabrück und Münster gelang Entsprechendes trotz mancher Fehden mit dem Bischof nicht. Desgleichen hatten landesherrliche Städte, die nicht Bischofsstädte waren, bei solchen Versuchen meist keinen Erfolg. Doch gelang es Soest immerhin, sich während der »Soester Fehde« (1444–1449), die es mit seinem Stadtherrn, dem Erzbischof von Köln, führte, von diesem zu lösen und sich unter die Herrschaft der Grafen von Mark zu stellen, die ihm bis ins 18. Jahrhundert eine reichsstadtähnliche Stellung beließen (→ Rn. 182).

Rebellion anderer landesherrlicher Städte

6. Innerstädtische Verfassungskämpfe

Konflikte zwischen altvornehmen Familien und Familien aus dem Handwerkerstand

170 Nachdem die meisten Städte im 13. und 14. Jahrhundert eine ausgedehnte Autonomie erlangt hatten, kam es in ihnen allenthalben zu Konflikten zwischen den verschiedenen Schichten der Stadtbevölkerung, besonders zwischen altvornehmen Familien aus dem Adel und dem Kaufmannsstand einerseits und – zT später zugewanderten – Familien aus dem Handwerkerstand andererseits. Ähnliches geschah, auch schon früher, in Italien, wo aber die innerstädtischen politischen Feindschaften viel heftiger waren und in generationenlange Familienfehden ausarteten. Meistenorts gewannen spätestens im 15. Jahrhundert die *Handwerkerzünfte* – auch *Gilden, Innungen*, genannt – die Oberhand und führten dann *Zunftverfassungen* ein, aufgrund deren sie einen maßgebenden Einfluss auf die Besetzung der Ratsstellen und der städtischen Ämter ausübten (so in Mainz im Anschluss an die Erzstiftsfehde im Jahr 1332 mit der Bildung eines zweiten Rates). In Speyer verdrängten die Zünfte 1349 die Patrizierherrschaft vollständig, in Köln und Wien erlangten sie 1396 eine Beteiligung an der Macht. Unter solchen Verfassungen gelangten die meisten Städte zu wachsendem Wohlstand, waren aber überwiegend nicht in der Lage, erfolgreiche Außenpolitik zu betreiben. Dagegen bewahrten einzelne bedeutende Reichsstädte und manche ausländischen Städte, die wegen ihres Fernhandels oder ihrer eigenen Territorien eine über die Stadtmauern hinaus wirkende Politik betrieben, von kurzen Unterbrechungen abgesehen, ihre aristokratischen Verfassungen: so zB *Nürnberg* und *Lübeck*, in Italien *Genua* und vor allem *Venedig*, in der Schweiz *Bern*, *Luzern* und anderen. Im Übrigen blieb auch in den Städten mit Zunftverfassungen ein starkes und traditionsbewusstes Patriziat bestehen, das wegen seiner Bildung und Erfahrung fähig, wegen seines Wohlstands wirtschaftlich in der Lage war, städtische Ämter unentgeltlich ehrenhalber zu übernehmen, sodass ein erheblicher patrizischer Einfluss auf die Städte gewahrt blieb.

Zunftverfassungen

Aufrechterhaltung aristokratischer Verfassungen in bedeutenden Städten

In Münster bildeten eine solche patrizische Schicht besonders die sog. *Erbmänner*, die im 17. und 18. Jahrhundert viele Jahrzehnte lang vor dem Reichskammergericht einen schließlich für sie erfolgreichen Prozess um Anerkennung ihrer Ebenbürtigkeit mit den Angehörigen des Adels führten. Da der Bischof die Zunftverfassung der Stadt Münster nach dem Täuferkrieg von 1534/1535 aufhob und die Ratsstellen selbst besetzte, gelangten hier die aristokratischen Elemente, insbesondere die Erbmänner, bald wieder zu fast ausschließlicher Herrschaft.

<small>Erbmänner in Münster</small>

In den süddeutschen Reichsstädten hob *Karl V.* (1551/1552) die Zunftverfassungen auf, da sie Rebellionen dieser Städte gegen Kaiser und Reich ermöglicht hätten, und ersetzte sie durch aristokratische Verfassungen mit wechselseitigem *Selbstergänzungsrecht* der städtischen Kollegial- und Einzelorgane. Hierdurch kam es in diesen Städten zu einer scharfen Schichtung der Bürger in *Patrizier* und *gemeine Bürger*, die, wie die kein Bürgerrecht genießenden *Hintersassen*, Untertanen der Patrizier waren. Diese Verfassungen konnten sich bis 1803, zT noch länger, halten, weil überall ein streng ständisches Denken aufgekommen war, aber auch, weil sie verhältnismäßig gute Ergebnisse zeitigten: Da die Regierenden meist gleiche wirtschaftliche und politische Interessen hatten, rieben sie sich nicht (wie später zT die vom Volk gewählten Mitglieder der Parlamente) in Streitigkeiten und Intrigen gegeneinander auf; durch die Kontrolle, die sie wechselseitig übereinander ausübten, aber waren sie zu streng rechtlichem Verhalten gezwungen. Daneben können freilich die Nachteile solcher Verfassungen, bei denen die Regierenden einseitig bestimmten Schichten entstammten und daher bewusst oder unbewusst alles aus deren Blickwinkel betrachteten, nicht übersehen werden. Diese Nachteile wuchsen, als sich das Patriziat gleich der Gesamtbürgerschaft mehr und mehr gegen Neuaufnahmen abschloss, um seine Vorzugsstellung mit niemand teilen zu müssen.

<small>171 Aufhebung süddeutscher Zunftverfassungen durch Karl V. (1551/1552)</small>

<small>Fortdauer der aristokratischen Verfassungen bis ins 19. Jhdt.</small>

7. Ausübung der städtischen Autonomie – Wirtschaftsrecht, besonders Zunftwesen

Die Städte besetzten nicht nur ihre meisten Kollegialorgane und Ämter nach freiem Ermessen, sondern errichteten auch neue (zB Ausschüsse für Bausachen und Finanzwesen, Ämter des Stadtarztes und des Stadtschulmeisters). Durch ihre Organe aber übten sie eine reiche Verwaltungstätigkeit aus, die zB folgende Belange betraf: Bau und Unterhalt der Stadtmauer, Straßenanlagen, Feuerlöschwesen, Gesundheitspflege, Schulwesen, Wehrpflicht, Steuern (es wurden vor allem *Umsatzsteuern von Wein* erhoben), Markt- und Gewerbepolizei, Anlage von *Stadtbüchern* über die Ratsverhandlungen und die vom Stadtgericht gefällten Gerichtsentscheide, Anlage von *Registern* über Grundstücksgeschäfte. Auch erließen die Städte viele Gesetze *prozess-, straf- und privatrechtlichen Inhalts* die sehr fortschrittlich, verkehrsfreundlich, aber dem eindringenden römischen Recht gegenüber zurückhaltend waren.

<small>172 Städtische Verwaltungstätigkeit</small>

173 Besonders bedeutsam waren die *wirtschaftsrechtlichen Regelungen*, die teils von den Städten selbst, teils von ihren einzelnen Handwerkerzünften getroffen wurden. Obwohl die Städte – verglichen mit der Situation auf dem Land – Mittelpunkte persönlicher Freiheit und dementsprechend eines relativ freien Handels und Gewerbes waren, so bestand in ihnen doch eine *korporativ gebundene Wirtschaft*. Nur wer von einer städtischen *Handwerkerzunft* aufgenommen worden war, durfte deren Handwerk (zB Bäckerei oder Schreinerei) betreiben. Eng begrenzt war auch die Zahl der Gesellen und Lehrlinge, die er annehmen durfte und dann meist bei sich beherbergte und an seinem Tisch essen ließ. Deren Ausbildung war streng geregelt. Ein *Lehrling* konnte erst dann Geselle werden, wenn er ein Gesellenstück zur Zufriedenheit der Meister erstellt hatte. Ein Geselle aber sollte sich auf die Wanderschaft begeben und dann nach Jahren in irgendeiner Stadt ein Meisterstück anfertigen, worauf er als *Meister* in eine Zunft aufgenommen wurde. Dieser Ausbildungsgang bot Gewähr dafür, dass jeder selbstständige Gewerbetreibende nicht nur dem Titel, sondern auch dem Können nach ein Meister seines Handwerks war und dass er auch seine Handwerkerehre, die gleichzeitig die Ehre seiner Zunft war, hochhielt. Deshalb erachteten die Zünfte einen *Konkurrenzkampf unter den Meistern weder als wirtschaftlich notwendig noch auch nur als statthaft*. Jeder Meister sollte sein Auskommen finden; daher durften ihm keine Kunden abgeworben werden. Auch hatten alle sich an die von den Zünften festgesetzten Preise und Gesellenlöhne zu halten. Die städtischen Behörden ihrerseits sorgten dafür, dass die Zünfte die Preise der Handwerkserzeugnisse nicht zu hoch ansetzten. Weitgehend bestimmten sie auch die Preise, welche die *Kaufleute* für die von ihnen auf dem städtischen Markt angebotenen Waren verlangen durften. Überdies schrieben sie vielerorts vor, dass die Kaufleute Waren, mit denen sie auf einer Reise die Stadt berührten, auf deren Markt zum Kauf anbieten mussten, bevor sie sie weiter führen durften *(Stapelrecht)*. Auch verboten die Städte regelmäßig den sog. *Fürkauf*, dh den Ankauf von Waren zu Spekulationszwecken anstatt zum eigenen Gebrauch. All dies entsprach Grundsätzen, die unter anderem von *Thomas von Aquino* und anderen Vertretern der scholastischen Philosophie und Morallehre gelehrt wurden. Ebenso entsprach es solchen Grundsätzen wie überhaupt den damals in allen Ständen selbstverständlichen christlichen Vorstellungen über die Notwendigkeit sozialen Verhaltens gegenüber Hilfsbedürftigen, dass die Zunftgenossen zu wechselseitiger Unterstützung ihrer Familien in Notfällen verpflichtet waren.

174 Die Zunftwirtschaft wurde gefährdet durch die mit der Entdeckung Amerikas neu eröffneten Handelswege einerseits und mit dem Aufkommen der ersten frühkapitalistischen Großbetriebe im 16. Jahrhundert andererseits. Dann erstarrte sie allmählich, weil die Zunftgenossen aus Sorge um ihr Auskommen die Zahl der Neuaufnahmen mehr und mehr beschränkten, während gleichzeitig – im Zug des vom 17. Jahrhundert an aufkommenden *Merkantilismus*, dh der planmäßigen

Ordnung der Zunftwirtschaft

Reglementierung des Handels

Zurückdrängung der Zunftwirtschaft durch Merkantilismus

staatlichen Förderung des Exports und Beschränkung des Imports von Fertigerzeugnissen zwecks Erzielung einer aktiven Handelsbilanz – die Zahl der staatlich bewilligten Großbetriebe, besonders des Textilgewerbes, anstieg. Aber noch das Preußische Allgemeine Landrecht von 1794 enthielt eine eingehende Ordnung des Zunftwesens.

Erst dadurch, dass man in Frankreich in der Französischen Revolution und in Deutschland im Lauf des 19. Jahrhunderts die *Handels- und Gewerbefreiheit* einführte, wurden in diesen Gebieten der Zunftzwang sowie die Beschränkungen des Handelsverkehrs beseitigt. Die Zünfte, Gilden und Innungen blieben zwar in Deutschland als solche weiter bestehen, standen aber der freien Konkurrenz von Zunftgenossen und Nichtzunftgenossen nicht mehr im Wege. 175

8. Stadtrecht

Schon im 12. und 13. Jahrhundert bildete sich in jeder Stadt ein besonderes Stadtrecht (vielerorts »Weichbildrecht« genannt). Es betraf sowohl verfassungs- und verwaltungsrechtliche wie auch privat-, prozess- und strafrechtliche Fragen und war, meist schriftlich festgelegt, verglichen mit dem zeitgenössischen Landrecht, rational-fortschrittlich und verkehrsfreundlich. Zum Teil entstand es dadurch, dass ein Stadtherr es seiner Stadt durch ein besonderes *Privileg* ausdrücklich verlieh, entweder weil er recht viele Leute in die Stadt anlocken wollte, oder weil die Stadtbürger es ihm in politischen Kämpfen abgetrotzt hatten. 176 — Entstehungsarten Privilegverleihung durch den Stadtherrn

So gibt das berühmte *Soester Stadtrecht*, das in zwei im Stadtarchiv von Soest aufbewahrten Originaldokumenten, der »Alten Kuhhaut« und der »Neuen Kuhhaut«, aufgezeichnet ist, wahrscheinlich großenteils den Wortlaut eines nicht erhalten gebliebenen Privilegs eines Kölner Erzbischofs aus dem 12. Jahrhundert wieder.

Solche Privilegien sahen zB vor: Beschränkung der Wehrpflicht der Bürger, aber mit der Auflage, die Stadt zu bewachen; die Bedingungen, zu denen die Bürger vom Stadtherrn eine städtische Bauparzelle erwerben konnten; den Grundsatz »Stadtluft macht frei« (→ Rn. 161); die Befugnis der Bürger, die Mitglieder des Rates zu wählen und Stadtsatzungen zu erlassen.

Ein besonderes Stadtrecht entfaltete sich in vielen Städten aber gerade auch dadurch, dass ihre Bürger, gestützt auf eine solche ihnen vom Stadtherrn gewährte Autonomie, *Satzungen (Einungen, Willküren)* errichteten, indem sie für sich und ihre Nachfahren schworen, gewisse Verabredungen dauernd zu halten. Auf diese Weise regelten die Bürger Angelegenheiten, die sie selbst, nicht aber auch den Stadtherrn interessierten, zB Erbrecht und eheliches Güterrecht, Bau- und Marktpolizei, Einrichtung städtischer Bäder, Vorladung vor das Stadtgericht. 177 Städtische Satzungen

Schließlich entwickelte sich manches Stadtrecht gewohnheitsrechtlich durch die *Praxis* entweder des *städtischen Rats* (zB das Stadtrecht von Lübeck, dessen Rat auch rechtsprechende Funktionen hatte) oder des Stadtgerichts (zB die Stadtrechte von Magdeburg und Leipzig). — Praxis des städtischen Rats und des Stadtgerichts

9. Stadtrechtsfamilien

Stadtrechtsfamilien

178 Obwohl jede Stadt ihr besonderes Stadtrecht hatte, stimmten viele Stadtrechte weitgehend, zT fast wörtlich, miteinander überein. Das erklärt sich vor allem daraus, dass viele Städte vom Stadtherrn mit dem ihm vorbildlich erscheinenden Recht einer anderen Stadt »*bewidmet*« worden waren, sodass ganze *Stadtrechtsfamilien* mit sog. *Mutterstädten* und *Tochterstädten* entstanden. Berühmte Mutterstädte mit vielen Tochterstädten waren unter anderem Freiburg i.Br., Aachen, Dortmund, Münster, Lübeck, Magdeburg und Leipzig. *Lübeck* hatte Soester Recht übernommen und wurde selbst Mutterstadt vieler Städte an der Ostsee; auf diese Weise wurde das »lübische Recht« im ganzen Ostseeraum bis über das Baltikum hinaus sehr einflussreich. Die Städte des deutschen Kolonisationsgebietes im Osten (auch in Mähren, Böhmen, Polen, ja, in Russland bis Nowgorod) aber hatten großenteils das Recht von *Magdeburg* angenommen. Sehr oft geschah es nach einer solchen Übernahme, dass das Gericht einer Tochterstadt vor dem Entscheid eines konkreten Prozesses das Gericht der Mutterstadt als sog. *Oberhof* um Rechtsbelehrung bat und seinen endgültigen Prozessentscheid nach der vom Oberhof erhaltenen Auskunft richtete. Auf diese Weise entstand im Bereich der einzelnen Stadtrechtsfamilien neben einer einheitlichen Gesetzgebung auch eine einheitliche Rechtsprechung.

Gericht der Mutterstadt als Oberhof

179 Heute wird eine ähnliche, praxisvereinheitlichende Wirkung dadurch erzielt, dass es jeder Prozesspartei bei hinlänglichem Streitwert gestattet, ein von einem Gericht unterer Instanz gefälltes Urteil durch ein Gericht höherer Instanz und schließlich durch den Bundesgerichtshof überprüfen zu lassen.

Ablösung der Anrufung von Oberhöfen durch Aktenversendung an juristische Fakultäten

180 Solche Anrufungen von Oberhöfen blieben gebräuchlich bis ins 16. und 17. Jahrhundert, wurden aber nach dem Erlass der Reichskammergerichtsordnung von 1495 und der mit dieser einsetzenden grundsätzlichen Gesamtrezeption des gelehrten römischen Rechts mehr und mehr durch die sog. *Spruchtätigkeit der juristischen Fakultäten* verdrängt, dh dadurch, dass viele Gerichte, auch solche von Tochterstädten, eine Rechtsauskunft bei einer juristischen Fakultät einholten.

10. Ausblick: Niedergang der Städte in der frühen Neuzeit

Ursachen des Niedergangs

181 Nachdem die meisten Städte unter patrizische Herrschaft zurückgekehrt waren (→ Rn. 170 f.) und sich die Patrizier sowie auch die Gesamtbürgerschaft mehr und mehr gegen Neuaufnahmen abgeschlossen hatten, setzte gegen Ende des 16. Jahrhunderts, teils infolge des erwähnten Erstarrungsprozesses, noch mehr aber infolge veränderter Machtverhältnisse, ein langsamer politischer und später auch wirtschaftlicher Niedergang der Städte ein: Infolge Straffung der Landeshoheit durch die Landesherren (sowie – angeblich – Steigerung der Geschützwirkung, gegen welche die Stadtmauern keinen hinlänglichen Schutz mehr boten) kamen die Städte trotz ihres Reichtums politisch ins Hintertreffen. Zwar versuchten Einzelne von ihnen noch in dieser Zeit, sich von ihrem Landesherrn zu befreien, jedoch ohne Erfolg.

Dies gilt zB von *Münster*. Als es 1534–1535 von fanatischen *Wiedertäufern* beherrscht wurde, welche eine totalitäre Herrschaft sowie die Vielweiberei einführten und mittels eines Schreckensregiments aufrechterhielten, wurde es vom Bischof belagert und schließlich erobert. – 1653 sowie 1657–1661 rebellierte es vergeblich gegen den »Kanonenbischof« *Christoph Bernhard von Galen*, das erste Mal, indem es keine bischöflichen Truppen aufnehmen wollte, das zweite Mal, indem es sich weigerte, die von den Landständen ohne seine Zustimmung bewilligten Steuern an den Bischof zu entrichten, und sich von dessen Herrschaft lossagte.

Wiedertäuferherrschaft in Münster (1534/35)

Als im Jahre 1612 in der Frankfurter Bürgerschaft Unmut über die städtische Misswirtschaft aufkam und der Rat sich weigerte, der Bevölkerung ihre städtischen Privilegien zu verlesen, kam es trotz eines Schlichtungsversuchs des Mainzer Kurfürsten und des hessischen Landgrafen zu heftigen Auseinandersetzungen, in deren Verlauf der Römer gestürmt und die Ratsmitglieder zur Abdankung gezwungen wurden. Auf Intervention des Kaisers, der die Acht über die Rädelsführer verhängte, lenkten die gemäßigten Teile der Bürgerschaft ein, die Radikalen unter den Aufrührern unter ihrem Anführer Vinzenz Fettmilch plünderten 1614 die Judengasse, wurden dann zwei Monate später verhaftet und 1616 öffentlich hingerichtet.

Fettmilch-Aufstand in Frankfurt (1612–1614)

182 Nach dem Dreißigjährigen Krieg sank auch der wirtschaftliche Wohlstand vieler Städte: Die merkantilistische (auf Förderung des Exports und Beschränkung des Imports gerichtete) Politik der Landesherren schädigte den Handel und das Gewerbe der Reichsstädte. Diese wurden überdies vom Kaiser und Reich übermäßig besteuert, sodass in der zweiten Hälfte des 18. Jahrhunderts mehrere Reichsstädte (sogar Nürnberg) zahlungsunfähig wurden und das Einschreiten kaiserlicher Kommissare zur Wiederherstellung geordneter Verhältnisse erdulden mussten. Besser erhielt sich die Wirtschaft mancher von ihren Landesherren begünstigten landesherrlichen Städte. Aber auch sie wurden stark besteuert und, zumal vom König von Preußen, in ihrer Autonomie beschränkt.

Wirkungen der merkantilistischen Wirtschaftspolitik der Landesherren

Einschränkung der Stadtautonomie

So musste *Soest*, das schon infolge der von ihm in der Soester Fehde erstrittenen Befreiung von der Herrschaft der Kölner Erzbischöfe allmählich an wirtschaftlicher Bedeutung verloren hatte (→ Rn. 169) und später mitsamt der Grafschaft Mark unter die Herrschaft der Könige von Preußen gelangt war, es 1751 erdulden, dass *Friedrich der Große* seine Autonomie wegen angeblicher Misswirtschaft durch Einsetzung eines königlichen Kommissars vorübergehend aufhob und kurz nachher nur beschränkt wiederherstellte.

Beispiel: Soest (1751)

Trotzdem behielten wenigstens die einzelnen Bürger mancher Reichs- und Landstädte einen erheblichen Wohlstand (vgl. *Goethe*, Dichtung und Wahrheit, über seine Jugend in Frankfurt, sowie Faust I. Teil, Osterspaziergang, die Gespräche der Bürger untereinander). Auch spielten die Reichsstädte, ungeachtet ihres bedenklichen Zustandes, in der Reichsverfassung bis 1803 eine bedeutende Rolle, ebenso, zT noch länger, die einem Landesherrn unterstehenden Städte in den Landesverfassungen.

Andauernder Wohlstand von Bürgern in den Städten

183 1803 aber wurden durch den *Reichsdeputationshauptschluss in Regensburg 41 Reichsstädte* »mediatisiert«, dh unter einen Landesherrn gestellt. Reichsunmittelbar blieben nur Augsburg, Nürnberg, Frankfurt, Bremen, Hamburg und Lübeck. Mainz war im Rahmen der sog. Revolutionskriege im Jahr 1798 von den Franzosen besetzt und anschließend wie die übrigen linksrheinischen Gebiete von Frankreich annektiert und zur Hauptstadt des Departements Donnersberg gemacht worden.

Reichsdeputationshauptschluss zu Regensburg (1803): Mediatisierung der Reichsstädte

1815 erlitten auch *Augsburg und Nürnberg* das Schicksal der Mediatisierung. *Frankfurt* folgte 1866, *Lübeck* 1937. *Nie mediatisiert wurden nur Bremen und Hamburg*, die dank ihres Welthandels dauernd ein bedeutendes politisches Eigenleben bewahren konnten und heute selbstständige Bundesländer sind.

Steinsche Städteordnung (1808)

184 Die Autonomie der Landstädte aber wurde nach 1800 von einzelnen Landesherren wieder gestärkt, so vom König von Preußen durch die *Steinsche Städteordnung von 1808*, welche der Kräftigung des städtischen Bürgersinnes und dadurch mittelbar dem Staatsganzen dienen sollte.

11. Anhang: Bürger, citoyen und »Bourgeois«

Unterschied zwischen städtischen Bürgern vor der Revolution und modernen »citoyens«

185 Inwiefern unterscheidet sich das städtische Bürgertum in der Zeit vor der Französischen Revolution vom Bürgertum während und nach derselben? Die *ehemaligen städtischen Bürger* waren zusammengeschlossen zu *Genossenschaften* von verhältnismäßig wenigen, aber eng miteinander verbundenen Mitgliedern, die, auch wenn sie in Patriziat und gemeine Bürgerschaft gegliedert waren, gleichsam Familien bildeten. Die *Bürger (citoyens) der Französischen Revolution* und der nachrevolutionären Zeit aber waren zwar unvergleichlich zahlreicher, da sie fast die Gesamtheit der im Staat ansässigen Bevölkerung ausmachten; sie bildeten jedoch unter sich keine Genossenschaft, geschweige denn eine Familie, sondern waren als Individuen unmittelbar nur mit dem von den Zeitgenossen idealisierten Staat, mit den anderen Bürgern aber nur mittelbar durch diesen verbunden. Vom *»Bourgeois«* im heutigen Sinn schließlich unterschied sich der ehemalige städtische Bürger dadurch, dass er nicht wie jener notwendigerweise begütert war.

Unterschied zum »Bourgeois«

C. Rechtsquellen

I. Quellen universalen Rechts,

186 dh solchen Rechts, das in der ganzen christlichen Welt galt. Ein solches Recht war das *kanonische Recht*, also das von der Kirche geschaffene und von ihr angewandte Recht. Von ihm sind viele im Spätmittelalter entstandene Quellen überliefert:

1. Das Corpus iuris canonici (→ Rn. 132);
2. Literatur: Viele Schriften von Professoren der Kanonistik;
3. Ordensstatuten (zB die Regula Benedicti der Benediktiner) und Einzelurkunden, beides in großer Zahl.

II. Quellen des gemeinen Reichsrechts, dh des grundsätzlich im ganzen Reich geltenden Rechts:

1. Reichsgesetze

187 Sie betrafen sehr verschiedene Materien, waren aber nicht zahlreich. Die bekanntesten sind der unter *Friedrich II.* beschlossene *Mainzer Reichslandfriede von 1235*, der unter anderem für die Rationalisierung des Strafrechts bedeutsam war (→ Rn. 214), die *Goldene Bulle von*

1356 (→ Rn. 147) sowie, aus dem Ende des Spätmittelalters, die *Reichskammergerichtsordnung von 1495* (→ Rn. 234 ff., 296 f.).

2. Corpus iuris civilis

Das Corpus iuris civilis, das so angewandt wurde, wie es durch die in der Accursischen Glosse zusammengefassten Lehren der Glossatoren sowie die stärker praxisbezogenen Lehren der Postglossatoren (Konsiliatoren), besonders des *Bartolus* und *Baldus*, interpretiert worden war (→ Rn. 129). In der Gerichtspraxis erlangte das so verstandene Corpus iuris civilis seit der Gründung der Rechtsschule von Bologna immer mehr Bedeutung; aber erst nach dem Erlass der Reichskammergerichtsordnung setzte sich seine Geltung als gemeines Recht überall im Reich durch.

3. Libri feudorum

Die langobardischen Libri feudorum aus dem 11. Jahrhundert (→ Rn. 89, 96).

4. Literatur

In Deutschland entstand eine beachtliche Literatur über staatsrechtliche Fragen des Reiches (zB, seit dem 15. Jahrhundert auch über das Recht des Corpus iuris civilis, in dessen Erfassung aber die Italiener und Franzosen führend blieben).

5. Einzelurkunden

Einzelurkunden über Reichsrecht, besonders über Reichsverfassungsrecht (etwa über die Stellung einzelner Fürsten und Reichsstädte), sind in erheblicher Zahl überliefert.

III. Quellen partikulären Rechts

Unter partikulärem Recht versteht man *Recht, das nur in einem Teil eines Gemeinwesens gilt*. Den Gegensatz dazu bildet das *gemeine Recht*, das im ganzen Gemeinwesen gültig ist. Besonders häufig unterscheidet man diese Begriffe, wenn man vom Recht des Heiligen Römischen Reiches Deutscher Nation spricht. In diesem gab es neben gemeinem Recht sehr viel partikuläres Recht, das oft als *statutarisches Recht* bezeichnet wurde. Es hatte verschiedene Stufen: So war das sächsische Landrecht partikuläres Recht erster Stufe im Verhältnis zum gemeinen Recht des Heiligen Römischen Reiches; die Stadtrechte etwa von Leipzig, Magdeburg und Freiburg waren dagegen partikuläre Rechte zweiter Stufe im Verhältnis zum Reichsrecht, jedoch erster Stufe im Verhältnis zum sächsischen (badischen) Landrecht.

188 Begriff des partikulären Rechts

Aus dem Spätmittelalter sind mehr Quellen partikulären deutschen Rechts als solche des gemeinen Rechts überliefert. Sie entstammen den verschiedensten Rechtskreisen (über diese → Rn. 139).

1. Unmittelbare Rechtsquellen

189 Im Bereich des partikulären (und auch des gemeinen) Rechts gab es im Mittelalter wie heute viele autoritativ fixierte Rechtssätze, die als Anordnungen für eine Vielzahl möglicher künftiger Rechtsfälle modernen Gesetzesvorschriften ähnlich waren. Aber sie waren größtenteils nicht wie moderne Gesetzesbestimmungen durch einseitigen Befehl eines höchsten Organs des Gemeinwesens, zB des städtischen Rates, und auch nicht durch einseitigen Befehl eines Einzelnen, etwa eines Landesherrn, zustandegekommen. Denn die moderne, heute fast selbstverständliche Ansicht, dass Gesetze mit jedermann verpflichtender Kraft durch einseitige Anordnung geschaffen werden können, war dem mittelalterlichen Denken fremd. Zwar hat es Ansätze zu einer Rechtssetzung durch hoheitlichen Befehl schon damals, wie auch schon in der fränkischen Zeit, gegeben. Aber als Prinzip wurde diese Möglichkeit der Schöpfung von Recht erst im Zeitalter des aufgeklärten Absolutismus, etwa von 1740 an, allmählich verwirklicht, und erst mit der Französischen Revolution, in Deutschland noch später, wurde sie die allgemein übliche Art der Rechtserzeugung. Im Mittelalter dagegen und auch noch in der frühen Neuzeit pflegten Rechtssätze auf drei andere Arten autoritativ formuliert zu werden, nämlich durch Gewährung eines Privilegs, durch Vereinbarung einer Satzung und durch Aufstellung eines Weistums.

Nur schwache Ansätze zur Rechtssetzung durch Befehl

a) Privileg

190 Es wurde einseitig von einem Herrn errichtet, erlegte aber den Adressaten nur mittelbar Pflichten auf, indem es ihnen Rechte gewährte, deren Ausübung bestimmte Pflichten nach sich zog (Beispiele → Rn. 176).

Begriff des Privilegs

b) Satzung (Einung, Willkür)

191 Durch eine Satzung wurden im Mittelalter Rechtssätze gleichsam vertraglich *vereinbart* mit der Wirkung, dass die die Vereinbarung Treffenden und ihre Rechtsnachfolger, nicht aber Dritte, dauernd an diese Rechtssätze gebunden waren. Vor allem von den Bürgern vieler Städte wurden Satzungen vereinbart (→ Rn. 177), ebenso von den Zunftgenossen der meisten Zünfte (= Zunftsatzungen als partikuläres Recht unterster Stufe). – Auch im Reichsrecht spielten Satzungen eine bedeutende Rolle (→ Rn. 214, 221 über die Landfriedensgesetze und Landfriedensbündnisse).

Begriff der Satzung

c) Weistum

192 Weistum ist ein Urteil, durch das ein zuständiges Gericht oder anderes Organ (im Mittelalter zB das Kurfürstenkollegium oder der Reichstag) *abstrakt, ohne ausdrücklichen Bezug auf einen konkreten Fall,* feststellt, dass ein bestimmter Rechtssatz gilt. Nach einer solchen nicht auf konkrete Fälle bezogenen Rechtsprechung besteht in der heutigen Zeit mit ihrer ausgedehnten formellen Gesetzgebungstätigkeit, die es ermöglicht, ungewisse oder unklare Rechtssätze jederzeit durch neues, genau formuliertes Gesetzesrecht zu ersetzen, nur ein

Begriff des Weistums

geringes Bedürfnis; sie ist denn auch nur in wenigen Fällen zugelassen (Beispiel: Normenkontrolle durch das Bundesverfassungsgericht). Im Mittelalter dagegen, in dem umgekehrt die Schaffung neuen Rechts als grundsätzlich unmöglich galt, war es in unzähligen Fällen erwünscht, die Geltung und den Inhalt ungewisser Rechtssätze autoritativ durch Aufstellung eines Weistums, feststellen lassen zu können. Dementsprechend konnten Gerichte und andere Hoheitsträger damals allgemein Weistümer aufstellen, was auch häufig geschah.

So stellt im Bereich des Reichsrechts die Erklärung des *Kurvereins von Rhens von 1338*, dass der von den Kurfürsten mit Mehrheit Gewählte ohne Weiteres, auch ohne päpstliche Bestätigung, König und Kaiser sei (→ Rn. 146), ein Weistum dar.

<small>Beispiel aus dem Reichsrecht</small>

Im Bereich des partikulären Rechts waren besonders bedeutsam die großenteils zahlreiche Rechtssätze umfassenden sog. *Bauernweistümer*, die vom 15. Jahrhundert an in vielen Grundherrschaften, sei es auf Begehren der Bauern, sei es auf das des Grundherrn, aufgezeichnet wurden. Solche Bauernweistümer sind im Zeitalter der Romantik von *Jacob Grimm* in einer berühmten siebenbändigen Sammlung unter dem Titel »Weistümer« herausgegeben worden.

<small>Bauernweistümer</small>

Dass die Rechtssätze im Mittelalter im Prinzip nur auf jene drei Arten oder mittels Kombinationen derselben verbindlich formuliert werden konnten, nicht aber als Befehle, die ein Monarch oder die bloße Mehrheit eines Kollegiums erteilte, entspricht dem *konservativen Grundzug des mittelalterlichen Rechts*. Dieser bekundet sich auch etwa im Sprichwort »Was Recht ist, soll Recht bleiben«. Vorteilhaft war er zwar vor allem für die Begüterten; denn er förderte die Stabilisierung des damaligen Gesellschaftssystems, dh der feudalen und korporativen Gesellschaftsordnung, ja, die Aufrechterhaltung aller einzelnen vorhandenen Rechtspositionen, zB der in vielen Territorien zersplitterten Herrschaftsrechte. Aber er war keineswegs schlechthin unsozial, zumal es damals – im Zeitalter des geteilten Eigentums (→ Rn. 94) und des Zunftwesens – viele »Besitzende« gab und diese nach jener konservativen Rechtsauffassung zu wechselseitiger Rücksichtnahme und in manchem zur Zusammenarbeit verpflichtet waren. Wenig günstig war er allerdings für die Besitzlosen, denen ein sozialer und wirtschaftlicher Aufstieg nur schwer möglich war. Als hemmend aber wurde der statische Charakter des Rechts häufig empfunden von den Lenkern des Gemeinwesens, da er sie hinderte, dieses nach ihrem Belieben zu gestalten und ihre Steueransprüche ständig zu steigern.

193

<small>Konservativer Grundzug des mittelalterlichen Rechts</small>

2. Mittelbare Rechtsquellen

a) Schöffensprüche

Das sind – zumeist deutsch redigierte – Urteile von Gerichten, die mit *ständigen Schöffen von hohem sozialem Ansehen und großer praktischer Rechtserfahrung, aber ohne gelehrte juristische Bildung* besetzt waren. Manche dieser Gerichte ließen schon im Mittelalter ihre Urteile in Bücher eintragen. Hunderte von Urteilen besonders berühmter *Schöffenstühle* (= Schöffengerichte), zumal solcher, die als Oberhöfe

194 <small>Begriff</small>

<small>Berühmte Schöffenstühle</small>

(→ Rn. 178) eine weit ausstrahlende Wirkung auf die Rechtsprechung anderer Gerichte hatten, wurden im 20. Jahrhundert gesammelt und herausgegeben, so besonders die Schöffensprüche von Magdeburg, Leipzig und Ingelheim sowie die Urteile des Lübecker Rates. Doch enthalten die in diese Sammlungen aufgenommenen Entscheide fast durchweg nur den Sachverhalt und den Urteilstenor, nicht aber die Entscheidungsgründe. Solche wurden nämlich nicht ausdrücklich formuliert, erstens, weil man Rechtsstreite nach Erfahrung und Instinkt, aber nicht mittels streng logischer Subsumtion des Sachverhalts unter abstrakte Rechtsregeln zu entscheiden pflegte, und zweitens, weil man es damals auch noch nach der Rezeption des römischen Rechts, als eines Gerichts unwürdig und seiner Autorität abträglich betrachtet hätte, wenn es den Parteien Rechenschaft über seine Entscheidungsgründe abgelegt hätte. Die ausdrückliche Begründung von Gerichtsentscheiden wurde erst im Zeitalter des Liberalismus, also von der ersten Hälfte des 19. Jahrhunderts an, verlangt.

Nichtangabe der Entscheidungsgründe in den Schöffensprüchen

b) Rechtsbücher

Begriff

195 Hierunter versteht man ausführliche, aber nicht streng wissenschaftliche Darstellungen des zu ihrer Zeit geltenden Rechts.

Da ihre Verfasser das zeitgenössische Recht in der Form von Rechtssätzen wiedergegeben haben, die nach ihrer Meinung galten, und damit, von Ausnahmen abgesehen, keinen Widerspruch fanden, nehmen die Rechtsbücher eine Mittelstellung zwischen mittelbaren und unmittelbaren Rechtsquellen ein.

Sachsenspiegel

196 Im Spätmittelalter wurden mehrere, zT sehr berühmt gewordene Rechtsbücher verfasst. Das hervorragendste ist der *Sachsenspiegel*, der um 1220 von *Eike von Repgow*, einem anhaltischen Schöffenbarfreien (→ Rn. 98), zunächst in lateinischer Sprache geschrieben und dann auf Bitte seines Lehensherrn, des Grafen *Hoyer von Falkenstein*, Stiftsvogt von Quedlinburg, von ihm selbst ins Mittel-Niederdeutsche übersetzt wurde. Nur die deutsche Fassung, auch sprachgeschichtlich hochbedeutend als erstes großes Prosawerk in deutscher Sprache, ist überliefert. Von Eike und anderen Autoren wurde es noch im 13. Jahrhundert durch Zusätze erweitert.

Handschriften und gedruckte Ausgaben

Der Sachsenspiegel war im Mittelalter in Tausenden von Handschriften verbreitet. Mehrere hundert sind auf uns gekommen. Darunter befinden sich vier prachtvoll illustrierte aus dem 14. Jahrhundert (*Heidelberger, Dresdener, Wolfenbüttler* und *Oldenburger Bilderhandschrift*).

Inhalt

197 Der Sachsenspiegel ist überaus gehaltvoll. Mit annähernd gleichmäßiger Gründlichkeit behandelt er Verfassungsrecht, Strafrecht, Privatrecht und Prozessrecht, indem er Dutzende von Rechtssätzen aus all diesen Rechtsgebieten formuliert. Gelegentlich beigefügte kurze Begründungen zeugen von tiefer Religiosität und sittlichem Denken seines Verfassers sowie von seinem allerdings noch naiven Sinn für die geschichtlichen Grundlagen des sächsischen Rechts, ganz besonders aber von seiner überragenden Kenntnis der Anwendung dieses Rechts in der Gerichtspraxis. Viele Rechtssätze des Sachsenspiegels wurden von Eike offensichtlich aus Reichsgesetzen sowie einzelnen Quellen des kanonischen Rechts, besonders dem Decretum Gratiani (→ Rn. 130), einige auch aus der Bibel übernommen. Dagegen finden sich eindeutige Übernahmen von Rechtssätzen aus dem Corpus iuris civilis erst in den späteren Zusätzen zum ursprünglichen Text. Das Werk ist in einer Sprache abgefasst, die, juristisch-nüchtern und präzise, mitunter aber bildhaft, im Ganzen ungemein ansprechend wirkt (Beispiel → Rn. 114). Äußerlich ist es zwar gegliedert in mehrere Vorreden, einen umfangreichen Landrechts- und einen etwas kürzeren Lehnrechtsteil. Im Einzelnen aber entbehrt es einer systematischen Stoffeinteilung, was das Verständnis vieler – zT widerspruchsvoll erscheinender – Stellen erschwert.

Sprache und Aufbau

Der Sachsenspiegel machte auf die Zeitgenossen allergrößten Eindruck, sodass er, obwohl er als eine Privatarbeit niemals offizielle Geltung erlangt hat, schon nach einigen Jahrzehnten von den Gerichten im Geltungsbereich des sächsischen Rechts wie ein Gesetz angewandt wurde (so von vielen Gerichten im niedersächsischen und westfälischen Raum). Es wurde kommentiert, etwa durch die berühmte Glosse des Johann von Buch. Insbesondere durch die Rechtsprechung des Leipziger und des Magdeburger Schöffenstuhls als berühmter Oberhöfe (→ Rn. 178) drang Sachsenspiegelrecht auch in das deutsche Ostkolonisationsgebiet, ja sogar in die Rechtsprechung polnischer und tschechischer Gerichte, ein.

198 *Wirkung auf Zeitgenossen und Nachwelt*

In den meisten dieser Gebiete konnte es sich als partikuläres Recht – allerdings mit Einschränkungen – erhalten, auch nachdem infolge der Verabschiedung der Reichskammergerichtsordnung von 1495 das römische und kanonische Recht sowie das Recht der langobardischen Libri feudorum als gemeines (immerhin nur subsidiär geltendes) Recht des Hl. Römischen Reiches übermächtig geworden waren. In Westfalen wurde es allerdings im 16. und 17. Jahrhundert vom gemeinen Recht fast völlig verdrängt (→ Rn. 269 über die Justizreform des münsterischen Fürstbischofs *Johann von Hoya* von 1571). Im Gebiet des heutigen Sachsen hat es sich dagegen, vermischt mit römisch-rechtlichen Rechtssätzen, bis zum Erlass des sächsischen Bürgerlichen Gesetzbuches von 1863 gehalten, und in einzelnen thüringischen Fürstentümern sowie einigen Gebieten Schleswig-Holsteins verlor es seine Geltung erst am 1. Januar 1900 mit dem Inkrafttreten des deutschen Bürgerlichen Gesetzbuches.

199 *Schicksal seit der Rezeption des römischen Rechts*

Der Sachsenspiegel wirkte im 13. und 14. Jahrhundert auch als Vorbild für andere Rechtsbücher, die damals in erheblicher Zahl verfasst wurden. Von diesen ist besonders bedeutungsvoll der ca. 1270 entstandene *Schwabenspiegel*, der wie der Sachsenspiegel in Land- und Lehnrecht gegliedert ist und dem älteren Rechtsbuch bis in viele Einzelheiten folgt, aber in manchem von ihm abweicht. Das in alemannischem Dialekt abgefasste Werk wurde im schwäbischen Gebiet und in großen Teilen Österreichs und der Schweiz jahrhundertelang bei der Rechtsprechung herangezogen. Auch in anderen europäischen Ländern wurde in dieser Zeit das Gewohnheitsrecht aufgezeichnet, etwa in den französischen Coutumes (zB von *Beaumanoir* 1283), den spanischen Fueros (z. Fuero von Aragon 1247) und in England durch *de Glanvill*.

200 *Andere Rechtsbücher*

Schwabenspiegel

c) Register

Kölner Schreinsbücher

201 Solche wurden im Spätmittelalter besonders in den Städten in großer Zahl angelegt (→ Rn. 172). Am berühmtesten unter ihnen sind die *Kölner Schreinsbücher*, in denen bis zum Beginn des 19. Jahrhunderts die meisten in Köln getätigten Grundstücksgeschäfte eingeschrieben wurden. Sehr bedeutsame Register waren die in vielen Grundherrschaften angelegten *Urbare* (→ Rn. 37). Als weitere Register kamen im Mittelalter, allgemein seit dem 15. Jahrhundert, *Tauf-, Eheschließungs- und Sterberegister* auf, die gemäß höchstem kirchlichem Befehl in allen Parochien (Pfarrsprengeln) regelmäßig vom Pfarrer persönlich geführt wurden. Sie bilden die Vorläufer der heutigen Personenstandsregister, deren Führung erst seit dem im Kulturkampf erlassenen Reichspersonenstandsgesetz von 1875 in ganz Deutschland weltlichen Standesbeamten obliegt (zuvor war das Standesamtswesen in den linksrheinischen Gebieten Anfang des 19. Jahrhundert durch *Napoleon* verstaatlicht worden).

Urbare Tauf-, Eheschließungs- und Sterberegister

d) Einzelurkunden

Aus dem Spätmittelalter sind solche in größter Zahl überliefert.

D. Privatrecht, Strafrecht und Prozessrecht

I. Privatrecht

Allgemeine Eigenschaften des spätmittelalterlichen Privatrechts

202 Das Privatrecht des Spätmittelalters unterschied sich von dem älteren dadurch, dass seine Regelungen präziser und von höherem ethischem Gehalt erfüllt waren, dass es ferner dem Einzelnen mehr Spielraum zu freier Gestaltung seiner Rechtsverhältnisse einräumte und dass es dementsprechend einen größeren Reichtum an Rechtssätzen und Rechtsinstitutionen aufwies, obwohl es in seinen Grundzügen konservativ blieb.

203 Früher als das deutsche – nichtrömische – weltliche Recht brachte das kanonische Recht präzise Regelungen zustande (→ Rn. 116 betr. das Wormser Konkordat von 1122, sowie → Rn. 146 betr. die Königswahl). Solche traf es unter anderem über die *Ehe*, die im Mittelalter der kirchlichen Gerichtsbarkeit unterstand: Das Decretum Gratiani und der Liber extra (→ Rn. 132) stellten einerseits einen *Katalog von Ehehindernissen* auf (zB schon bestehende Ehe, Verwandtschaft), erklärten aber andererseits, eine gültige Eheschließung bedürfe weder einer bestimmten Förmlichkeit noch der Zustimmung der Eltern, sondern lediglich einer übereinstimmenden Willenserklärung der Eheschließenden – gemäß dem spät-römischrechtlichen Satz »*consensus facit nuptias*«. Auch der Grundsatz der Monogamie war von der Kirche durchgesetzt worden.

Kanonisches Eherecht

Diese Regelung wurde wegen der Missstände, die sie durch Ermöglichung heimlicher Eheschließungen hervorrief, vom *Konzil von Trient 1563* in dem Sinn geändert, dass nur eine vor dem zuständigen *Pfarrer und zwei Zeugen* abgegebene beidseitige Willenserklärung der Eheschließenden gültig sei. – Abgesehen von der Erfüllung dieses kanonischen Erfordernisses, das von den Bischöfen in den meisten katholischen Gebieten eingeführt und in den protestantischen durch ähnliche Formvorschriften ersetzt wurde, verlangte die weltliche Gesetzgebung in den meisten Territorien, unter Androhung von Nichtigkeits- oder wenigstens Bußfolgen im Widerhandlungsfall, dass Heiratswillige, altem Gewohnheitsrecht entsprechend, die väterliche (evtl. mütterliche) Einwilligung zur Eheschließung einholten.

204 Ferner bestimmten *Gratian* und der Liber extra, anlehnend an einzelne Bibelstellen (besonders Matthäus 5,31–32), dass eine einmal gültig geschlossene Ehe nur faktisch, durch *Trennung der Ehegatten von Tisch und Bett*, aber nicht dem Bande nach geschieden werden könne.

Eine Scheidung der Ehe war in der frühen Neuzeit allerdings in den Territorien möglich, deren Landesherren sich der Reformation anschlossen. Berühmtes Beispiel ist Heinrich VIII. von England.

205 Auch führte das kanonische Recht, zT mittels der Morallehren, welche die Priester in der Beichtpraxis anzuwenden hatten, den Grundsatz in das Rechtsleben ein, dass entgeltliche Verträge zu einem *gerechten Preis (iustum pretium)* abzuschließen seien. Infolgedessen wurde der spät-römischrechtliche Grundsatz in die Gerichtspraxis eingeführt, dass ein Kauf, bei dem der Käufer dem Verkäufer über 50% mehr oder weniger als den »gerechten Preis« versprochen oder bezahlt hatte, wegen »laesio enormis« für den Benachteiligten unverbindlich sei. [»laesio enormis«] Außerdem veranlasste die Lehre vom gerechten Preis viele Behörden und die meisten Zünfte, für bestimmte Waren und Arbeiten *feste Tarife* aufzustellen (→ Rn. 173 betr. das städtische Wirtschaftsrecht). Die Kirche stellte ferner in Anlehnung an Lehren des *Aristoteles* und der Bibel ein *Wucherverbot* auf, dh sie verbot, von Darlehen Zinsen zu nehmen, während sie den Bezug von grundherrlichen Bodenzinsen nicht beanstandete. In der Praxis führte das Wucherverbot dazu, dass die *Juden*, die als Nichtchristen nicht an das Verbot gebunden waren, sowie solche Christen, die sich über dasselbe hinwegsetzten (so allgemein die Lombarden), mangels hinlänglicher Konkurrenz von Darlehensgebern um so höhere Zinsen bei Darlehensgewährungen auszubedingen pflegten. Im Mittelalter war ein Wochenzins von 2 Pfennigen von 1 Pfund Kapital üblich, was einem Jahreszins von etwa 43% entsprach! Daher wurde das Wucherverbot 1415 durch das Konzil von Konstanz stark gemildert, sodass in der frühen Neuzeit – bis zum Ende des alten Reiches – Jahreszinsen von 5%, partikulär auch 6%, als erlaubt galten und allgemein üblich wurden.

[Wucherverbot]

206 Durch die genannten Regeln des kanonischen Rechts wurde die *Vertragsfreiheit stark beschränkt*. Eine *gegenteilige Tendenz* verfolgte das kanonische Recht in Bezug auf die *Form der Verträge*. Die Kirche ahndete nämlich in der Beichtpraxis (= in foro interno, → Rn. 111) das Nichteinhalten von Versprechen, auch wenn sie nicht förmlich abgegeben worden waren, als Sünde. Von dieser Praxis aus drang allmählich der Grundsatz der *Formfreiheit von Vertragsschlüssen* in das Rechtsleben ein. Dies begünstigte eine sehr freie Entfaltung verschiedener Vertragstypen, zunächst in Italien und dann auch westlich und

[Formfreiheit des Vertragsabschlusses]

nördlich der Alpen. Auf diese Weise kam es im 13. Jahrhundert in Deutschland zu einer *Blüte des mittelalterlichen Privatrechts*.

Entwicklung eines wissenschaftlichen Systems des deutschen Privatrechts im 19. Jhdt.

207 Vornehmlich auf dessen Grundlage wurde später, im 19. Jahrhundert, von Rechtsprofessoren, die sich selbst als *Germanisten* bezeichneten, ein ganzes System von Lehren des »*Deutschen Privatrechts*« aufgestellt, das mit seinen Grundbegriffen der *Munt* (= Schutzherrschaft über freie Personen), *Gewere* (= Herrschaft über Sachen, → Rn. 99 betr. Errichtung von Lehensverhältnissen) und *Genossenschaft* neben das von den zeitgenössischen Romanisten entwickelte System der Pandektenwissenschaft (Pandektistik) trat.

Einzelheiten (Beispiel) **208** Zu den aus dem deutschen mittelalterlichen Privatrecht hergeleiteten Lehren gehört zB die Notwendigkeit einer vor Gericht (oder einer Verwaltungsbehörde) erfolgenden Einigung des Veräußerers und Erwerbers als Gültigkeitserfordernis einer Grundstücks-Veräußerung (sog. *Auflassung*, vgl. § 925 BGB; der Ausdruck »Auflassung« selbst lehnt sich an die Ausdrucksweise des Sachsenspiegels »uph lâten « = auflassen an). Ein anderer bekannter deutsch-mittelalterlicher Privatrechtssatz ist die rechtssprichwortartig formulierte Regel »*Hand wahre Hand*« oder »*Wo du deinen Glauben gelassen hast, musst du ihn suchen*«. Danach konnte der Eigentümer einer beweglichen Sache, der den Besitz an ihr freiwillig auf einen anderen übertragen hatte, nur diesen anderen, nicht auch den Dritten verklagen, in dessen Besitz die Sache infolge Weiterveräußerung oder Abhandenkommens (unfreiwilligen Besitzverlustes) gelangt war; ähnlich heute § 932 BGB, der aber nur einen Gutgläubigen, der eine bewegliche Sache von einem Nichteigentümer erworben hat, als neuen Eigentümer anerkennt.

Konservativ gebliebene Grundzüge des Privatrechts

Genossenschaftliche und feudale Bindungen

Bindung des ländlichen Bodens an Familiengenossen, Grundherrn und Nachbarn

Retraktrechte (dingliche Vorkaufsrechte)

209 Trotzdem behielt das mittelalterliche Privatrecht konservative, die Vertragsfreiheit einschränkende Grundzüge. Solche zeigen sich nicht nur in den schon genannten Bestimmungen des kanonischen Rechts über die Ehe und über den gerechten Preis sowie in seinem Wucherverbot. Vielmehr treten sie auch in *genossenschaftlichen* und *feudalen Bindungen* hervor, denen fast alle Menschen unterlagen. Jedermann war mit seinen Familiengenossen rechtlich in mannigfacher Weise engstens verbunden. In den Städten bestanden viele rechtliche Bindungen unter den Stadtbürgern, besonders aber unter den Zunftgenossen.

Noch stärker waren die Bindungen auf dem Lande, wo die Bauern zwar großenteils feste Erblehensrechte an dem von ihnen bewirtschafteten Boden und damit Untereigentum an diesem hatten, aber in der Verfügung über ihn und in seiner Bewirtschaftung durch ihre *Bindungen an drei Personengruppen* beschränkt waren, nämlich durch die Bindungen (1.) an ihre *Familiengenossen*, (2.) an den *Grundherrn* als Obereigentümer des Bodens und (3.), wenigstens dort, wo Dreifelderwirtschaft mit Flurzwang bestand (→ Rn. 55), an ihre *Nachbarn*. Veräußerungen von Land bedurften nach dem Sachsenspiegel des *Beispruchs (Erbenlaubs)* der künftigen Erben. In manchen Gebieten außerhalb des Geltungsbereichs des Sachsenspiegels waren Landveräußerungen zwar auch ohne »Erbenlaub« möglich; aber bei jeder Veräußerung hatten als erste die nächsten Familiengenossen, als zweiter der Grundherr und als dritte vielerorts die Nachbarn *Vorkaufsrechte*, die als *Retraktrechte, Näherrechte, Abtriebsrechte, Losungsrechte* oder *Zugrechte* bezeichnet wurden. Ja, in vielen Territorien stand, wenn Land an einen Außerterritorialen verkauft wurde, letztlich sämtlichen Landsleuten ein Vorkaufsrecht zu. – Solche Vorkaufsrechte bewirkten nicht etwa, dass der einen Kaufinteressenten suchende Eigentümer eines Grundstücks dieses zunächst dem Vorkaufsberechtigten anbieten musste, sondern dass der Vorkaufsberechtigte das Grundstück, falls es vom Eigentümer einem Dritten verkauft wurde, binnen einer bestimmten Frist gegen Erstattung des Kaufpreises an sich ziehen konnte. – Sie bestanden, anders als die in den §§ 1094–1104 BGB vorgesehenen dinglichen Vorkaufsrechte, die bezüglich einzelner Grundstücke rechtsgeschäftlich errichtet werden können, an allen Grundstücken kraft objektiven Rechts. Zwar verhinderten sie deren Veräußerung nicht, erschwerten sie aber, da sich nicht leicht ein Kaufinteressent für ein Grundstück fand, wenn er bei dessen Kauf mit der Ausübung eines jener vielen Vorkaufsrechte rechnen musste. Sie sind typisch für eine Privatrechtsordnung, in der das Grundeigentum genossenschaftlich und feudal gebunden ist.

Gerade deshalb erschienen sie den liberalen Gesetzgebern des Zeitalters der Französischen Revolution unerträglich und wurden daher von ihnen entschädigungslos beseitigt. Indessen haben einige europäische Staaten, zB Frankreich, in den letzten Jahrzehnten aus gesellschaftspolitischen Gründen einzelne jener Vorkaufsrechte, nämlich diejenigen der Familiengenossen – allerdings nur in Bezug auf landwirtschaftliche Grundstücke – wieder eingeführt. Aus anderen gesellschaftspolitischen Gründen hat die Bundesrepublik im Baugesetz von 1960 den Gemeinden ein von verschiedenen Voraussetzungen abhängiges Vorkaufsrecht am Boden ihres Gemeindegebietes eingeräumt.

210 Aufhebung der Retraktrechte seit Ende des 18. Jhdts.; spätere Wiedereinführung solcher Rechte

Auch die freie Ausübung von Gewerben war auf dem Lande noch mehr als in den Städten beschränkt, besonders dadurch, dass manche Grundherren zwecks rationaler Organisation ihrer Grundherrschaften, zT schon seit der fränkischen Zeit, einzelnen Grundhörigen dauernd gestattet hatten, auf den ihnen zu Nutzeigentum geliehenen Grundstücken bestimmte Gewerbe zu betreiben, während sie ihren anderen Grundhörigen die Ausübung des gleichen Gewerbes durch einen *Bann* (Befehl, Verbot), ebenfalls dauernd, untersagt hatten. Auf diese Weise waren Gewerberechte entstanden, die dem Berechtigten nicht nur ein Oligopol, wie die Zunftgenossen es innehatten, sondern ein Monopol gewährten. Solche sog. *Zwangsrechte* (*Bannrechte, Gewerbebannrechte*, Realgewerbeberechtigungen, Gewerbegerechtigkeiten oder »*ehehaften*«, dh alten echten Gewerberechte) umfassten unter anderem »ehehafte Wasserrechte«, die dem Betrieb von Mühlen, Sägewerken oder Schmieden dienten, ferner Bäckereirechte, »Tavernenrechte« (= Gaststättenrechte), Fährengerechtigkeiten, auch Braugerechtigkeiten. Sie gehörten größtenteils dauernd zu bestimmten Grundstücken, mit denen zusammen sie vererbt und veräußert werden konnten.

211 Gewerbebannrechte (ehehafte Gewerberechte)

Auch diese Monopolrechte erschienen im Zeitalter der Französischen Revolution anstößig und wurden daher manchenorts sogleich, anderwärts aber im Laufe des 19. und 20. Jahrhunderts aufgehoben. Doch geschah dies wegen ihres eigentumsähnlichen Charakters und der gerade in der Revolution proklamierten Unverletzlichkeit des Eigentums vielerorts nur gegen Entschädigung; auch hat man in manchen Fällen jene Rechte in moderne öffentlich-rechtliche Konzessionen umgewandelt. In einzelnen Fällen bestehen ehehafte Gewerberechte noch heute. Für sie ist

212 Aufhebung auch dieser Rechte seit Ende des 18. Jhdts.

laut Art. 74 EGBGB das Landesrecht maßgebend geblieben. (»Unberührt bleiben die landesgesetzlichen Vorschriften über Zwangsrechte, Bannrechte und Realgewerbeberechtigungen«.)

Geringer Einfluss der Rezeption des römischen Rechts auf die oben beschriebenen Grundzüge des mittelalterlichen Privatrechts

213 Alle diese Grundzüge des mittelalterlichen Privatrechts blieben erhalten, auch nachdem das römische Recht in die Praxis eingedrungen war. Zwar haben im 19. und 20. Jahrhundert viele Gelehrte behauptet, dass die Rezeption des römischen Rechts zu einer starken Lockerung der früheren genossenschaftlichen Bindungen unter den Rechtsgenossen geführt habe, da das römische Recht im Gegensatz zum mittelalterlichen deutschen Privatrecht individualistisch gewesen sei. Diese Behauptung ist aber kaum haltbar. Im Ganzen dürfte die Aufnahme des römischen Rechts zwar bewirkt haben, dass die Rechtsprechung wissenschaftlich-gelehrt und dadurch dem Volk unverständlich wurde, nicht aber, dass grundlegende Änderungen der Wirtschafts- und Sozialordnung eintraten.

II. Strafrecht

Landfriedensgesetze

214 Im Spätmittelalter, in Ansätzen sogar schon früher, wurde ein neues Strafrecht entwickelt. Das neue Strafrecht kam auf in den *Landfriedensgesetzen* und *Landfriedensbündnissen*, die im 12. und 13. Jahrhundert zur Wahrung des öffentlichen Friedens errichtet wurden und die Friedensidee von den älteren kirchlichen Gottesfrieden übernahmen. Die berühmteste dieser Satzungen (Einungen, → Rn. 191), die überwiegend vom Kaiser und den Reichsfürsten vereinbart wurden, ist der *Mainzer Reichslandfriede von 1235*.

Durch ihn und die anderen Landfrieden wurden die ritterlichen *Fehden*, die im ganzen Reich überhand genommen hatten, zwar nicht schlechthin verboten, aber an bestimmte Formen gebunden. So musste fortan eine Fehde dem Fehdegegner förmlich durch Zustellung eines »Absagebriefes« angekündigt werden. Auch wurden Fehdehandlungen auf einzelne Wochentage beschränkt. Überdies wurden bestimmte Sachen, besonders Kirchen, Mühlen und Pflüge, dauernd, also auch in Fehdezeiten, *unter Frieden gestellt*.

Schuldstrafrecht

Dieses neue Strafrecht war ein reines *Schuldstrafrecht*, und zwar vornehmlich ein solches für vorsätzlich begangene Taten, während in der fränkischen Zeit weitgehend Erfolgshaftung (Haftung für den äußeren und sei es auch unverschuldeten Erfolg einer Handlung) gegolten hatte (→ Rn. 75). Noch stärker aber unterschied es sich vom fränkischen »Strafrecht« dadurch, dass es ein *Blutstrafrecht* und daher viel härter als das Sühnegeldleistungssystem (Kompositionen-System) war, das überhaupt keinen streng strafrechtlichen, sondern einen überwiegend privatrechtlichen Charakter hatte (→ Rn. 66, 74).

Blutstrafrecht

Peinliche Strafen

215 Noch wichtiger war, dass jene Gesetze für schwere Verbrechen *peinliche Strafen* (= Strafen an Leib und Leben) verschiedener Grade androhten. Der Mörder sollte *gerädert*, der (vergleichsweise »ehrliche«) Totschläger *enthauptet*, die Kindsmörderin *ertränkt*, der Verräter *geviertteilt*, der Ketzer und Zauberer *verbrannt* und der Dieb, außer in leichten Fällen, *gehängt* werden. Schwere Körperverletzungen waren

mit *Abhauen der rechten Hand*, Meineid mit *Abhauen der Schwurfinger*, Gotteslästerung mit *Herausreißen der Zunge* zu bestrafen. Diese drei letztgenannten Strafen sollten als *spiegelnde Strafen* das begangene Verbrechen widerspiegeln. – Es gab auch leichtere Körperstrafen, zB den *Staupenschlag* (= öffentliche Auspeitschung mit Ruten), sowie Ehrenstrafen, besonders das *Ausstellen am Pranger*. Als Nebenstrafe bedeutsam war die *Brandmarkung*, die man besonders bei Dieben anwandte, um das Publikum vor ihnen zu warnen. Häufig angewandt wurde auch die *Verbannung* (Ausweisung) aus dem Gerichtsbezirk auf beschränkte oder unbeschränkte Zeit. In geringfügigen Fällen wurde eine *Vermögensstrafe (»Brüche«)* zu Händen des Richters verhängt. Noch wenig bedeutsam waren *Freiheitsstrafen*. Wohl aber war allgemein die (strafprozessuale) Untersuchungshaft gebräuchlich, die der Angeschuldigte meist in einem finstern Kerker verbrachte.

Leichtere Strafen

Zwar konnten ein Verletzter, oder, wenn er nicht mehr lebte, seine Angehörigen, immer noch die Verurteilung des Täters zu gesetzlicher *Sühnegeldleistung* verlangen. Aber diese hatte nur noch eine nebensächliche, private Schadensersatzfunktion. Die Hauptsanktion einer Straftat war nunmehr die Verhängung einer der genannten Kriminalstrafen. Damit trennte sich die strafrechtliche (kriminalrechtliche) Sanktion eines Verbrechens von seiner zivilrechtlichen Ahndung, und *es trennten sich überhaupt Strafrecht und privates Deliktsrecht* (wie weitgehend auch *Strafprozess* und *Zivilprozess*), die in der fränkischen Zeit noch fast unlöslich miteinander verbunden gewesen waren. Einige Autoren erklären sogar, erst durch jene Entwicklung sei ein eigentliches Strafrecht entstanden, und sprechen in diesem Sinne von der im Hoch- und Spätmittelalter erfolgten »Geburt der Strafe«!

216

Trennung von strafrechtlicher und zivilrechtlicher Verbrechenssanktion

Die Gründe, die hierzu und besonders zur furchtbaren Härte dieses Strafrechts geführt haben, sind vielfältig. Nach einer verbreiteten Lehre liegen sie unter anderem darin, dass die Sitten während des Investiturstreits (1075–1122, → Rn. 115) gänzlich verwildert waren und die Zahl der *»landschädlichen Leute«* derart zugenommen hatte, dass niemand mehr seines Lebens sicher gewesen sei. Auch mögen die ununterbrochene Bevölkerungsvermehrung und das Entstehen und Anwachsen von Städten mit vielen nahe beieinander wohnenden Menschen von zT wenig stabiler Gesinnung dazu beigetragen haben, dass mehr Leute als ehemals Verbrechen begingen. Eine gewichtigere Ursache jener Entwicklung dürfte darin liegen, dass die alten fränkischen Sühnegeldkataloge zwar grundsätzlich immer noch galten, aber wegen der inzwischen eingetretenen Geldentwertung den Geschädigten keinen angemessenen Ausgleich für das erlittene Unrecht mehr gewährten und daher als unzureichend empfunden wurden. Der tiefste Grund für jene Verhärtung des Strafrechts aber bestand wohl darin, dass sich die Gesinnung des Menschen von der cluniazensischen Kirchenreform an wesentlich geändert und einem verstärkten Rationalismus (im Sinne von Zweckdenken) zugewandt hatte (→ Rn. 86). Im Strafrecht wirkte sich dies darin aus, dass man sich nicht mehr damit begnügen wollte, begangene Verbrechen durch Verurteilung des Täters

217 Gründe für die Härte spätmittelalterlichen Strafrechts

zu einer Sühnegeldleistung zu ahnden, durch die die privaten Interessen des Opfers und seiner Angehörigen befriedigt wurden, sondern es nunmehr als eine im Allgemeininteresse liegende Aufgabe ansah, Straftaten zu bekämpfen, und zur Erreichung dieses an sich billigenswerten Zieles die vermeintlich zweckdienlichsten Mittel, nämlich grausame Strafen, rücksichtslos einsetzte. Auch die Versöhnung mit Gott mag als Motiv eine Rolle gespielt haben.

218 Aber auch bei Berücksichtigung all dieser Gründe ist es nicht leicht zu verstehen, warum man zu so maßlos harten, unmenschlichen Strafen gegen Verbrecher schritt, anstatt sich mit einer Anpassung der Sühnegeldleistungs-Tarife an die gesunkene Kaufkraft des Geldes zu begnügen. Das Letztgenannte kam wohl deshalb nicht in Betracht, weil eine solche Tarifanpassung eine offensichtliche Änderung des geltenden Rechts bedeutet hätte, die man für unzulässig hielt, während die Vereinbarung (Satzung) von zusätzlichen Strafsanktionen, die zu den alten Sühnegeldleistungen hinzutraten, möglich erschien. Zu so großer Härte aber verstieg man sich wohl um mehrerer Ziele willen: erstens um die Volksmassen durch physische Vernichtung der Übeltäter vor diesen zu *sichern*, zweitens um sie davor *abzuschrecken*, selbst solche Übeltaten zu begehen, sowie drittens und wichtigstens, um an den Tätern *gerechte Vergeltung* für das Unrecht zu üben, das sie nicht nur ihren Opfern, sondern mittelbar dem ganzen Volk zugefügt hatten; man glaubte, eine solche Vergeltung werde von der christlichen Religion geboten, und zwar besonders vom Alten Testament, das unter anderem durch Verkündigung des *Talionsprinzips* »Auge um Auge, Zahn um Zahn« (3. Mose 24, 20) zu fordern schien, dass der Zorn Gottes über einen Missetäter durch dessen harte Bestrafung besänftigt werde. – Letztlich dürfte bei der Androhung so harter Strafen auch der Gedanke mitgespielt haben, dass sie geeignet seien, das Opfer eines Verbrechens und seine Angehörigen *von eigenmächtigen Rachehandlungen abzuhalten*.

219 Erträglich konnte den spätmittelalterlichen Menschen ein so grausames Strafrechtssystem wohl nur deshalb erscheinen, weil das Leben damals überhaupt härter war als heute, vor allem aber, weil das in mittelalterlicher Sicht höchste Gut des Verurteilten, seine Seele, von allen jenen Strafen nicht berührt wurde. Immerhin fanden sich die Menschen schon im Mittelalter nicht ganz mit jenem unmenschlichen Strafrecht ab; denn die auf öffentlichen *Richtstätten* (Hinrichtungsplätzen) durchgeführte Vollstreckung von Urteilen, die aufgrund jener Strafandrohungen ergingen, befriedigte zwar die Sensationslust weitester Volkskreise, weshalb sie auch als »Theater des Schreckens« bezeichnet worden ist. Aber die *Henker* waren, obwohl damals unentbehrlich, mitsamt ihrer Familie verachtet und als »unehrliche« Personen anderen gegenüber rechtlich zurückgesetzt.

Richtstätten

Henker

Wirkungen des spätmittelalterlichen Strafrechts und spätere Entwicklungen

220 Trotz seiner großen Härte vermochte das mittelalterliche Strafrecht nicht zu verhindern, dass weiterhin viele Verbrechen begangen wurden. In der frühen Neuzeit wurde es durch die Constitutio criminalis Carolina von 1532 (→ Rn. 327 ff.) vereinheitlicht und präzisiert, aber nicht grundlegend gemildert. In dieser Form galt es

mit einigen Abschwächungen, die im 18. Jahrhundert unter dem Einfluss der Aufklärung zustande kamen, mancherorts bis zum Ende des alten Reiches.

III. Strafprozessrecht

Die *Landfriedensgesetze* brachten nicht nur grundlegende Änderungen des materiellen Strafrechts, sondern mit ihnen begannen auch solche des Strafprozessrechts, das allmählich ebenfalls umgebildet wurde und schließlich folgende Eigenarten hatte: 221

In Kriminalsachen wurde ein gerichtliches Verfahren nicht mehr wie in der fränkischen Zeit (→ Rn. 69) nur dann eingeleitet, wenn der Verletzte oder einer seiner Angehörigen Anklage erhob, und ein angehobener Prozess wurde nicht mehr lediglich gemäß den Anträgen der Parteien abgewickelt. Vielmehr musste, falls keine »private Akkusation« erfolgte, *von Amts wegen eine Strafverfolgung* eröffnet, der *Sachverhalt* geklärt und ein entsprechendes *Endurteil* gefällt werden. Anstelle der bis dahin maßgebenden Grundsätze der »Dispositionsmaxime«, »Verhandlungsmaxime« und des »Parteibetriebs« (→ Rn. 69) galten also nun die *Offizialmaxime*, die *Inquisitions- oder Untersuchungsmaxime* und der *Amtsbetrieb*.

Strafverfolgung von Amts wegen

Offizialmaxime, Inquisitions- oder Untersuchungsmaxime Amtsbetrieb

Auch wurde den Gerichten vorgeschrieben, den Sachverhalt *nicht mehr mittels der magischen Beweismittel* des fränkischen Prozessrechts lediglich formell festzustellen, sondern ihn aufgrund rationaler Beweismittel zuverlässig zu klären: Als erster untersagte *Innocenz III.* im 4. Laterankonzil (1215) den kirchlichen Gerichten die Durchführung von Gottesurteilen (Ordalen). Er schränkte aber auch die Beweisführung durch Eid und Eideshelfer ein. Dafür wurde, gestützt auf mehrere Bibelstellen, der *Beweis mit zwei Zeugen*, die das von ihnen Bezeugte gesehen oder gehört hatten, neben dem in kirchlichen Gerichten längst üblichen Urkundenbeweis zu einem der wichtigsten Beweismittel (vgl. 2. Korintherbrief 13,1: »Auf Aussage von zwei oder drei Zeugen soll jede Sache festgestellt werden«; ähnlich 1. Timotheusbrief 5,19 sowie schon 5. Buch Mose 19,15). 222

Verdrängung der magischen Beweismittel durch rationale

Zweizeugenbeweis

Das neue Beweisverfahren wurde auch von weltlichen Gerichten übernommen. In diesen wurde aber infolge rücksichtsloser Anwendung der unter römischrechtlichem Einfluss verstärkt aufgekommen *Folter* das *Geständnis*, das in den kirchlichen Gerichten nur eine nebensächliche Rolle spielte, das wichtigste Beweismittel. Die Aussagen, die der Angeschuldigte unter dem Druck der Folter oder ohne diesen getan hatte, wurden genauestens *protokolliert*. Er selbst hatte nur schwache Verteidigungsmöglichkeiten. Denn die Strafuntersuchung wurde *heimlich* durchgeführt. Auf ihr lag das Schwergewicht des Verfahrens, das daher von der herrschenden Lehre als »Inquisitionsprozess« bezeichnet wird. – Nach dem Abschluss der Vernehmungen wurden die Akten einem obrigkeitlichen Rat zugesandt, der das zu fällende Urteil schriftlich festlegte. Schließlich wurde öffentlich, vor dem ganzen herbeigeströmten Volk, ein *endlicher Rechtstag* abgehal- 223

Folter, Geständnis

Protokollführung

Heimlichkeit des Verfahrens

ten, und zwar in der äußeren Form des Landtagsverfahrens, das weitgehend dem fränkischen Gerichtsverfahren entsprach (→ Rn. 61 ff.), seinem praktischen Gehalt nach aber nur noch ein Schauspiel war, durch das die Obrigkeit erzieherisch und abschreckend auf das Volk wirkte. Diese Wirkung war umso größer, als die am »endlichen Rechtstag« verkündeten Urteile unverzüglich öffentlich vollstreckt wurden, ohne dass dem Schuldigerklärten die Möglichkeit einer Appellation (= Berufung) an eine höhere Instanz offenstand. Dieses Schauspiel war auch eine Machtdemonstration, mit der die Obrigkeit ihre Herrschaft sinnfällig zum Ausdruck bringen wollte.

Endlicher Rechtstag

Missstände

224 Wegen der Anwendung der Folter führte das an sich rationale neue Gerichtsverfahren zu schweren Missständen. Diese waren umso schlimmer, als die Folter während mehrerer Jahrhunderte weder hinsichtlich ihrer Voraussetzungen noch ihrer Durchführung irgendwie gesetzlich beschränkt war und die unter ihrem Einfluss abgelegten Geständnisse meist vorbehaltlos als gültig angesehen wurden.

(Über die teilweise Behebung dieser schweren Mängel des mittelalterlichen Inquisitionsprozesses durch die Constitutio criminalis Carolina von 1532 → Rn. 328 f.).

Femegerichte

225 Anderer Art waren die Missstände in den *Freigerichten* (= *Femegerichten*; Feme bedeutet Strafe), die über ganz Westfalen verstreut und mit je einem *Freigrafen* sowie mit *Freischöffen* besetzt waren. Diese Gerichte stammten aus der spätkarolingischen Zeit und waren damals dem Kaiser, später aber den Herzögen von Sachsen unterstellt. Durch den Sturz Heinrichs des Löwen (1180; → Rn. 92, 154) wurden sie wieder reichsunmittelbar. Daher nahmen sie fortan eine das ganze Reichsgebiet umfassende Zuständigkeit für sich in Anspruch und ließen überdies die von ihnen gefällten Urteile durch ihre Vertrauensleute im ganzen Reichsgebiet vollstrecken. Wer als Angeklagter einer Vorladung vor ein Vemegericht nicht Folge leistete, wurde *verfemt* (geächtet), was einer Verurteilung zum Strang gleichkam. Durch ihre große Macht sowie die allmählich aufgekommene Heimlichkeit ihres Verfahrens und ihre gelegentliche Besetzung mit unfähigen Schöffen kamen die Freigerichte in übelsten Verruf, weshalb der Reichstag sie 1442 in ihre Schranken wies, worauf sie viel an praktischer Bedeutung verloren, aber mit schließlich auf Forst- und Flursachen beschränkten Kompetenzen doch noch bis ins 19. Jahrhundert fortbestanden.

Mit den Dramen »Götz von Berlichingen« und »Käthchen von Heilbronn« haben Goethe bzw. Kleist die Erinnerung an die alten Femegerichte überliefert.

Verfahren bei handhafter Tat

225a Ein erheblicher Missstand war es auch, dass uraltes Gewohnheitsrecht, das mit schwer ausrottbaren Selbsthilfebedürfnissen zusammenhing, manchenorts noch lange angewandt wurde. Der auf *handhafter* (frischer) *Tat* ertappte Mörder, Räuber oder Ehebrecher konnte vom Geschädigten (oder seinen Angehörigen) sogleich umgebracht werden. Doch musste eine solche Handlung alsdann »*verklart*«, dh offenkundig gemacht werden, indem der Leichnam des Missetäters vor den Richter gebracht und eine »*Klage gegen den toten Mann*« erhoben wurde. Entsprechendes galt, wenn bei nur versuchtem Mord, Raub oder

Ehebruch der Schuldige in Notwehr erschlagen wurde. Wenn der Missetäter aber entwischt war, konnte er unter Beiziehung von »*Schreimannen*« mittels »*Gerüfte*« verfolgt und, wenn er schließlich gefasst wurde, aufgrund eines von den Verfolgern abgegebenen *Siebnereides* (Beeidigung des Leumunds durch 7 Zeugen) hingerichtet werden. Solche lynchjustizartigen Verfahren verschwanden erst nach dem Mittelalter.

Bei Diebstählen gab es ein ähnliches *Spurfolgeverfahren*, das schon in der Lex Salica vorgesehen war und sich auch im alttestamentlichen und im römischen Recht findet.

Spurfolge

Ein weiterer Missstand war die Häufigkeit der Verhängung von *Bannstrafen*, durch die man Missetäter aus einem Gerichtsbezirk auswies; denn die Verbannten versuchten dann oft vergeblich, ihr Auskommen in einem benachbarten Bezirk zu finden, sodass viele von ihnen ihr Leben nur noch als *Banditen* (= Verbannte) fristeten.

225b

Bannstrafen

Banditen

Nicht schlechthin von Übel war dagegen die in vielen Gerichten bestehende allgemeine *Rügepflicht* der Gerichtsgenossen, dh deren Pflicht, ihnen zur Kenntnis gekommene Straftaten anzuzeigen. Sogar die vielerorts übliche Überlassung eines Teils gerichtlich verhängter Geldstrafen als »*Verleideranteil*« an den »*Verleider*« (= Anzeiger) war nicht völlig verwerflich. Denn solche Gepflogenheiten begünstigten zwar ein übereifriges Denunziantentum; aber sie konnten nicht leicht vermieden werden, da es – sogar noch im späteren Zeitalter des »Polizeistaates« – schon infolge Knappheit der finanziellen Mittel nicht möglich war, zur Aufdeckung von Straftaten beamtete Polizisten anzustellen.

225c

Rügepflicht

Verleideranteil an Geldstrafen

IV. Zivilprozessrecht

Seit dem Ende des Hochmittelalters waren Zivil- und Strafprozess zunächst im kirchlichen und dann auch im weltlichen Bereich deutlich voneinander getrennt. Zwar drangen auch in den Zivilprozess die modernen Beweismittel ein: besonders (aufgrund der in → Rn. 222 zitierten Bibelstellen) der *Zeugenbeweis*, desgleichen die weitgehende *Schriftlichkeit* der Prozessführung. Aber im Gegensatz zum Strafprozess blieb der Zivilprozess beherrscht von den Grundsätzen der *Dispositionsmaxime*, der *Verhandlungsmaxime* und des *Parteibetriebs* (→ Rn. 69). Auf deren Grundlage wurde zunächst der kanonische Zivilprozess durch päpstliche Dekretalen und wissenschaftliche Abhandlungen aufs feinste durchgestaltet. Später wurde, nach dem Vorbild des kanonischen Zivilprozesses, der weltliche Zivilprozess meistenorts zum sog. *römisch-kanonischen Zivilprozess* umgebildet. Dieser wurde als *gemeiner Zivilprozess* in manchen Gebieten bis zum Inkrafttreten der noch heute geltenden Reichszivilprozessordnung von 1877 angewandt.

226 Zeugenbeweis
Schriftlichkeit

Dispositionsmaxime, Verhandlungsmaxime, Parteibetrieb

Römisch-kanonischer Zivilprozess

Nur beiläufig sei darauf hingewiesen, dass im Spätmittelalter viele *Schiedsverfahren* stattfanden und dass es sogar institutionelle – dh

227 Schiedsverfahren

Königliches Hofgericht

Evokation

Appellation

»privilegia de non evocando et non appellando«

ständige – Schiedsgerichte gab (unter anderem sog. »*Austraegalgerichte*« für den Entscheid von Streitigkeiten, die unter verbündeten Fürsten entstehen konnten); beim 1495 gegründeten Reichshofrat gab es sogar ein echtes Güteverfahren, das von einer eigens gebildeten Kommission durchgeführt wurde. Ferner ist erwähnenswert, dass das *königliche Hofgericht* grundsätzlich berechtigt war, eine Zivilrechtssache, solange sie vor einem landesherrlichen oder reichsstädtischen Gericht anhängig war, durch *Evokation* zum Entscheid an sich zu ziehen; dass eine Zivilrechtssache aber dann, wenn sie von einem höchsten landesherrlichen oder reichsstädtischen Gericht entschieden worden war, von der unterlegenen Partei durch *Appellation* an das königliche Hofgericht weiter gezogen werden konnte; schließlich, dass diese Möglichkeiten nur beschränkt oder gar nicht bestanden, wenn dem betreffenden Landesherrn ein »*privilegium de non evocando*«, ein »*privilegium de non appellando*« oder gar – wie sämtlichen Kurfürsten kraft der Goldenen Bulle von 1356 ein »*privilegium de non evocando et non appellando*« zustand.

6. Kapitel. Frühe Neuzeit (ca. 1500–1806)

A. Vorbemerkungen

Unter früher Neuzeit wird die 300 Jahre umfassende Epoche verstanden, die zwischen dem Spätmittelalter und dem durch die Französische Revolution bewirkten Umbruch der sozialen, politischen und rechtlichen Verhältnisse liegt. Ein erheblicher Teil der Literatur bezeichnet mit jenem Ausdruck allerdings nur die Zeit von der Entdeckung Amerikas durch *Columbus* (1492) bis etwa zur Mitte des 16. Jahrhunderts. Damals prägten zeitgenössische Humanisten den Begriff der »Neuzeit«, weil ihres Erachtens eine das »finstere Mittelalter« ablösende Epoche der Menschheit angebrochen war. Diese Sicht der Humanisten trifft indessen nicht einmal für das Geistesleben jener hochelitären, kleinen Gelehrtenschicht vorbehaltlos zu, noch weniger aber für die allgemeinen politischen, wirtschaftlichen und rechtlichen Verhältnisse, in denen damals zwar erhebliche, aber keine umwälzenden Änderungen stattfanden.

228 Begriff der frühen Neuzeit

Im 15. Jahrhundert war es im geistigen und sozialen Leben zu allgemeiner Unruhe, ja, zT zu einer Gärung gekommen. Die Hinwendung zur reinen griechischen Antike – zunächst in Italien, später auch in Deutschland – wird als *Renaissance* in den bildenden Künsten und im allgemeinen Lebensstil sowie zum *Humanismus* in den Geisteswissenschaften bezeichnet.

229 Renaissance

Humanismus

Im kirchlichen Bereich hatten die im 14. Jahrhundert starken Verweltlichungs- und Korruptionserscheinungen (→ Rn. 138), die auch nach der Überwindung des von 1378–1415 dauernden Schismas durch das Konzil von Konstanz fortdauerten, zur Einberufung mehrerer *Reformkonzilien* (unter anderem Basel 1431–1449) geführt, in denen aber grundlegende Verbesserungen nicht erreicht wurden. Im sozialen Leben klaffte ein Widerspruch zwischen dem zeitweise äußerst üppigen Lebensstil fast aller Stände (besonders des Adels, der Söldner und – etwa bei Hochzeiten – der Bauern) und schwerer Not, in die viele gerade durch ihre Genusssucht, zT aber auch ohne eigene Schuld, gerieten, sowie einem pessimistischen Jenseitsglauben, der den einzelnen und den politischen Gemeinschaften strafende Vergeltung ihrer Sünden verhieß.

Reformkonzilien

Widerspruch im sozialen Leben

Die Unzufriedenheit mit den staatlichen Verhältnissen wurde im Reich immer größer. Der Habsburger Kaiser *Friedrich III.* hatte während seiner langen Regierungszeit (1440–1493) zwar seine Hausmacht in Österreich gestärkt. Aber er und der Reichstag konnten es nicht verhindern, dass im Reich Unordnung, ja, viele Fehden herrschten, sodass das Reich nicht nur im Innern gegenüber den einzelnen Reichs-

Unzufriedenheit mit den staatlichen Verhältnissen

6. Kapitel. Frühe Neuzeit (ca. 1500–1806)

ständen, sondern auch nach außen schwach blieb, während Frankreich, England und Spanien mächtig wurden.

Reformen unter Maximillian I. und Karl V.

230 Unter dem Sohn Friedrichs III., *Maximilian I.* (1493–1519), und dessen Enkel und Nachfolger, *Karl V.* (1519–1556), kam es zu großangelegten, zT turbulenten Versuchen, neue, nicht durchweg klare Reformgedanken zu formulieren. Teilweise waren diese erfolgreich. So wurde ein ständiges *Reichskammergericht* mit festem Sitz errichtet (1495) und dadurch die grundsätzliche *Rezeption des römischen und kanonischen Rechts sowie des langobardischen Lehenrechts* entscheidend gefördert (Näheres → Rn. 234 ff., 296 ff.). Auch wurden *10 Reichskreise* zur Sicherung des 1495 errichteten *Ewigen Landfriedens* sowie zur Vollstreckung der Reichskammergerichtsurteile gebildet. Im Bereich des materiellen Rechts war außer der Rezeption des gelehrten römischen Rechts bedeutsam der Erlass der *Peinlichen Gerichtsordnung Kaiser Karls V. (Constitutio criminalis Carolina) von 1532*, des ersten und bis 1877 einzigen Gesetzes, das das Strafprozessrecht und das materielle Strafrecht für ganz Deutschland einheitlich, wenn auch nur mit subsidiärer Geltung, regelte (Näheres → Rn. 327 ff.). Bedeutsam war sodann der Erlass von *Reichs- und Landes-Polizeiordnungen*, durch die unter anderem der Wucher, das Spiel und die lockeren Lebenssitten bekämpft, sowie auch in anderen Bereichen, zB im Vormundschafts- und Notariatswesen, Verbesserungen herbeigeführt wurden (Näheres → Rn. 305). Schließlich war nicht nur für das religiöse Leben, sondern wegen der Verquickung von weltlichen und kirchlichen Belangen auch für die Reichsverfassung und die Landesverfassungen von großer Tragweite die *kirchliche Reformation*, die 1517 durch *Luthers* legendären Thesenanschlag in Wittenberg eingeleitet wurde und während der Regierungszeit Karls V. das Hauptthema allen Ringens um eine Neugestaltung der Verhältnisse im Reich bildete.

Kirchliche Reformation

Geringe Wandlung des Charakters der überlieferten Ordnung

Gescheiterte Reformversuche

231 Aber alle diese Entwicklungen haben den mittelalterlichen Charakter der überlieferten Ordnung kaum verändert. So blieb der Dualismus der Gewalt des Kaisers einerseits und des aus den Reichsständen gebildeten Reichstags andererseits bestehen. Auch blieb die Reichsexekutivgewalt schwach; denn Versuche zur Errichtung eines ständigen, von Kaiser und Reichstag besetzten *Reichsregiments* wurden nach kurzen Ansätzen (1500–1502 und 1521–1530) aufgegeben; die 1495 als *Gemeiner Pfennig* eingeführte Reichssteuer ergab unzureichende Erträge (Näheres → Rn. 237), und das aus Kontingenten der einzelnen Reichsstände gebildete *Reichsheer* war klein und pflegte überdies nur mit erheblicher Verspätung zusammenzutreten.

Fortdauer der meisten Institutionen

Ebenso dauerten fort: die starke territoriale Zersplitterung des Reiches; das Lehenwesen; die Landesverfassungen mit einem Landesherrn an der Spitze seines Landes und den seine Macht beschränkenden Landständen; die bedeutsame Stellung der kirchlichen Institutionen innerhalb der Reichsverfassung und der Landesverfassungen; desgleichen die Sonderstellung der mehr oder minder aristokratisch organisierten Reichsstädte im Reich und der landesherrlichen Städte in den Territorien; in allen Städten die Zünfte; auf dem Lande die Grundherrschaft, die nach dem Scheitern des 1525 in Mittel- und Süddeutschland ausgebrochenen Bauernaufstandes *(Bauernkrieges)* nur wenig gelockert wurde, sowie die bäuerlichen Genossenschaften (→ Rn. 55 über die Dreifelderwirtschaft und → Rn. 285 ff. über die Markgenossenschaften).

Auch die überlieferten starken *Familienbindungen* blieben bestehen und dazu ein strenges, familiengebundenes Erbrecht, das die verschiedenen Generationen einer Familie bis weit in die Zukunft hinaus miteinander verband. Ebensowenig beseitigt, zT sogar noch verstärkt, wurde die *Abstufung der Bevölkerung nach Ständen*: hohem und niederem Adel; patrizischen und nichtpatrizischen Bürgern in den Städten; Bauern und Hintersassen verschiedenster Art in den ländlichen Gebieten.

Ständische Gliederung

Entsprechendes gilt von der *Benachteiligung der Ausländer, der Juden* sowie *der Ehrlosen* (»Rechtlosen«), zu denen die wegen Diebstahls Vorbestraften, die Henker, Spielleute und Gaukler, vielerorts auch die unehelich Geborenen, gehörten. Die Angehörigen dieser Personengruppen hatten etwa kaum die Möglichkeit, ein Grundstück zu erwerben oder einer Zunft beizutreten. Darüber hinaus waren die Ehrlosen ehrlichen Personen gegenüber dadurch zurückgesetzt, dass ihre Tötung keine Pflicht zur Leistung eines Wergeldes an die Verwandten des Getöteten auslöste, wenn sie auch mit den in den Landfriedensgesetzen vorgesehenen Blutstrafen geahndet wurde.

Zurücksetzung bestimmter Volksschichten

Alles in allem blieb eine Ordnung weiter bestehen, in der die meisten Menschen fest in bestimmte Verbände (im weitesten Sinn) eingefügt waren und innerhalb derselben eine befriedigende Rechtsstellung genossen, aber einer solchen weitgehend entbehrten, wenn sie – etwa als Ausländer – keinem einheimischen Verband angehörten.

Zusammenfassung

Besonderes galt für die jüdische Bevölkerung: Nachdem das 4. Laterankonzil (1215) eine weitgehende Trennung der jüdischen und christlichen Bevölkerung angeordnet hatte, verschlechterte sich die Rechtsstellung der Juden. In dieser Zeit entwickelte die Kanonistik die Lehre von der Kammerknechtschaft der Juden, die auf dem Vorwurf basierte, das jüdische Volk sei am Tode Christi schuld. Die Juden hatten nunmehr eine besondere Steuer zu entrichten und genossen dafür den kaiserlichen Schutz, der allerdings nicht verhindern konnte, dass es im Zuge der Pestzeit (1346–1349) zu massiven Verfolgungen kam. In den folgenden Jahrhunderten wurden die Juden zum Spielball territorialer Machtverhältnisse und lediglich zeitlich und regional begrenzt durch Schutzbriefe halbwegs gesichert. Erst im Zeitalter der Aufklärung kam es zu einer allmählichen Besserstellung, die dann in der Emanzipation Ende des 18. Jahrhundert mündete (→ Rn. 361).

B. Reichsverfassung

I. Reichsreformbestrebungen um 1500

232 Solche gingen zunächst von den Reichsständen aus, besonders von deren geistigem Haupt, *Berthold von Henneberg*, Kurfürst von Mainz und Erzkanzler des Reiches (*1442, gest. 1504). Dieser legte 1495, also zwei Jahre nach dem Regierungsantritt Maximilians I., auf dem *Reichstag zu Worms* weitreichende Pläne vor, welche eine Stärkung der Reichsexekutivgewalt mittels Stärkung der reichsständischen Verfassungselemente vorsahen, so unter anderem den Plan, einen ständigen, von den Reichsständen zu besetzenden Reichsrat als Reichsexekutive einzusetzen. Diesen Vorschlägen trat *Maximilian I.* mit eigenen Plänen entgegen, die eine Reichsreform mittels Stärkung der kaiserlichen Macht bezweckten. Schließlich kam es zu Kompromissen. Auf jenem Reichstag (1495) wurden beschlossen:

Reichstag zu Worms (1495)

1. Ewiger Landfriede (1495)

233 Ein **Ewiger Landfriede**, aufgrund dessen alle Fehden im Reich für immer und schlechthin untersagt waren;

2. Reichskammergericht (1495)

234 Die Errichtung eines ständigen **Reichskammergerichts** (RKG), das – anders als das frühere königliche Hofgericht – nur noch beschränkt vom Kaiser abhängig war. Zwar durfte dieser vorbehaltlos den »*Richter*« des RKG, dh dessen Vorsitzenden, ernennen; die Stellen der »*Assessoren*« (= Beisitzer, Urteiler) aber konnte er nur im Zusammenwirken mit den Reichsständen besetzen. Die Assessoren sollten zur Hälfte Adlige, zur anderen Hälfte Rechtsgelehrte sein. Doch wurde in der Praxis sehr bald auch von den adligen Assessoren vorausgesetzt, dass sie an einer Universität Jus studiert hatten.

Reichskammergericht

Zusammensetzung

Anfänglich wechselte der Sitz des RKG zwischen mehreren Reichsstädten. Vorübergehend war es wegen Nichterfüllung der Finanzierungspflicht durch einzelne Reichsstände untätig. Von *1526–1689* hatte es seinen festen *Sitz in Speyer*, von wo es im pfälzischen Krieg durch die Franzosen vertrieben wurde. *1693–1806* war es in einem kleinen (heute noch stehenden) Gebäude in Wetzlar untergebracht.

Sitz

235 Das RKG war, konkurrierend mit dem kurz nach ihm errichteten *Reichshofrat* in Wien, der allein vom Kaiser besetzt wurde, erste und einzige Instanz für die Beurteilung von Klagen gegen Reichsunmittelbare, sowie vor allem *höchste Appellationsinstanz in Zivilsachen* gegen andere Beklagte. Eine Appellation an das RKG setzte voraus, dass die Sache vorinstanzlich von einem höchsten landesherrlichen oder reichsstädtischen Gericht entschieden worden war, ferner, dass die Sache den erforderlichen Mindeststreitwert hatte, und schließlich, dass dem Landesherrn des Gerichts, gegen dessen Urteil eine Partei

Zuständigkeit

appellieren wollte, kein »*privilegium de non appellando*« (→ Rn. 227) zustand. Doch konnte eine Sache, auch wenn eine dieser Voraussetzungen nicht erfüllt war, an das RKG gezogen werden, falls eine Rechtsverweigerung vorlag, dh wenn ein höchstes landesherrliches oder reichsstädtisches Gericht sich grundlos geweigert hatte, die Sache zu entscheiden, oder wenn es den Entscheid ungebührlich hinauszögerte.

Nicht zuständig war das RKG, von Ausnahmefällen abgesehen, für die Aburteilung von Strafsachen.

Das Verfahren des RKG war weitgehend dem kanonischen Prozess nachgebildet. Zwar war es insofern äußerst solide gestaltet, da es den Parteien ein Höchstmaß an wohl abgewogenen Möglichkeiten zum Vorbringen von Tatsachen und zur Führung von Beweisen gewährte; aber es war sehr kompliziert, schleppend und kostspielig, sodass die Prozesse oft jahrzehntelang dauerten, in manchen Fällen – auch wegen zu schwacher Ausstattung des Gerichts mit Assessorenstellen – überhaupt nie förmlich beendet wurden.

236 Verfahren

Vgl. zur Tätigkeit des RKG die eindrucksvolle Schilderung von *Goethe* in »Dichtung und Wahrheit«, 3. Teil, 12. Buch.
Betr. die Anwendung des gemeinen Rechts durch das RKG → Rn. 296 ff.

3. Gemeiner Pfennig

Er war eine sehr mäßige ständige Reichssteuer, die fortan erhoben werden sollte. Es fehlte aber an einer Erhebungsbehörde im Reich. Die Folge war, dass die Steuer nur von den Reichsstädten einigermaßen zuverlässig ans Reich abgeführt wurde, im Übrigen aber äußerst unregelmäßig einging, sodass das Reich nach wie vor keine sicheren finanziellen Einkünfte zur Erfüllung seiner Aufgaben hatte.

237

Weitere Reformen wurden 1500 eingeleitet. Dabei wurden errichtet:

4. Reichsregiment (1500–1502, 1521–1530)

Eine Reichsregierung, die die Gesetze ausführen sollte.

238

→ Rn. 231.

5. Reichskreise

→ Rn. 230.

239

Die zehn Reichskreise, die jeweils unterschiedlich strukturiert und organisiert waren, übernahmen im Laufe der Zeit neben der Landfriedenswahrung und der Vollstreckung reichsgerichtlicher Urteile weitere Aufgaben, bspw. im Straßenbau, in der Gewerbe- und Handelspolitik, im Münzwesen und bei der Bekämpfung der sog. Vaganten.

II. Der Reichstag

Der Reichstag hatte sich schon im Lauf des 15. Jahrhunderts zu einer Institution verfestigt, die nach bestimmten Regeln gebildet war und

240

bestimmte – allerdings nicht genau bezeichnete – Kompetenzen in einem bestimmten Verfahren wahrnahm (→ Rn. 150 f.). Besonders in der ersten Hälfte des 16. Jahrhunderts wurden sehr viele Reichstage abgehalten, in denen die überlieferten Grundsätze angewandt und zT weiterentwickelt wurden.

1. Zusammensetzung des Reichstags im 16.–18. Jahrhundert

Endgültig seit 1498 bestand der Reichstag aus drei Kollegien, die wie folgt zusammengesetzt waren:

Kurfürstenkollegium

a) Das *Kurfürstenkollegium* (Sieben Kurfürsten)

Es bestand bis zum Dreißigjährigen Krieg nur aus den sieben Kurfürsten, die in der Goldenen Bulle von 1356 einzeln aufgeführt waren (→ Rn. 147).

1623 traten hinzu der *Herzog von Bayern*, dessen Kurwürde 1777 mit der der Pfalz verschmolz, im 18. Jahrhundert der *Herzog von Braunschweig-Lüneburg* vom Haus Hannover, ferner 1803, also kurz vor dem Ende des alten Reiches, der *Großherzog von Hessen-Kassel*, der *Markgraf von Baden*, der *Herzog von Württemberg* und der einer habsburgischen Nebenlinie entstammende Herrscher über das säkularisierte und in ein Herzogtum umgewandelte *Erzbistum Salzburg*, wogegen die *Kurwürden der Erzbischöfe von Trier und Köln* gleichzeitig aufgehoben wurden.

Herrschaft von Kurfürsten über nichtkurfürstliche Gebiete

241 Einzelne Mitglieder des Kurfürstenkollegiums waren als Herren über andere deutsche Gebiete auch *Mitglieder des Fürstenkollegiums*; überdies herrschten einige von ihnen auch über *außerhalb der Reichsgrenzen* gelegene Gebiete, so der Markgraf von Brandenburg über *Ostpreußen* und seit der ersten Teilung Polens (1772) auch über *Westpreußen*, der König von Böhmen seit dem Übergang des Königreichs auf die Habsburger (1526) auch über Ungarn und der Herzog von Sachsen im 17. und 18. Jahrhundert jahrzehntelang auch über *Polen*, als dessen König er vom dortigen Reichstag gewählt worden war.

Fürstenkollegium

242 **b)** Das *Fürstenkollegium* (204 Reichsstände, dh)

Es war gegliedert in

aa) eine *geistliche Bank*. Zu ihr gehörten 76 geistliche Reichsstände, nämlich:

25	Bischöfe (zB von Münster, Osnabrück, Paderborn)	= 25	Virilstimmen
8	Äbte (zB von Corvey)	= 8	Virilstimmen
2	Vertreter der Ritterorden	= 2	Virilstimmen
	Deutschritter, Johanniter	= 2	Virilstimmen
41	Prälaten, verteilt auf 1 rheinische Prälatenbank		
	zB Äbtissin von Herford, Äbtissin von Essen, Abt von Werden	= 1	Kuriatstimme
1	schwäbische Prälatenbank	= 1	Kuriatstimme

bb) eine *weltliche Bank*. Zu ihr gehörten

128	weltliche Reichsstände, nämlich:	= 1 Kuriatstimme
29	weltliche Fürsten	
	im 18. Jahrhundert zB der König in Preußen wegen des Fürstentums Minden und der Grafschaft Ravensberg	= 29 Virilstimmen
99	Grafen und Herren, verteilt auf 1 westfälische Grafenbank	
	im 18. Jahrhundert zB der König in Preußen wegen der Grafschaften Mark und Tecklenburg, ferner die jeweiligen Herrscher des Fürstentums Lippe, der Grafschaften Bentheim, Steinfurt, Rietberg und Pyrmont sowie der Herrschaften Rheda, Gemen und Anholt	= 1 Kuriatstimme
1	Wetterauer Grafenbank	= 1 Kuriatstimme
1	fränkische Grafenbank	= 1 Kuriatstimme
1	schwäbische Grafenbank	= 1 Kuriatstimme

Auch verschiedene ausländische Herrscher gehörten aufgrund ihrer Rechte über deutsche Gebiete dem Fürstenkollegium an, so der König (genauer: die Krone) von *Schweden* als Herrscher über Rügen und Vorpommern, der König von *Dänemark* als Herzog von Holstein, der Prinz von *Oranien* als Fürst von Nassau, der König von *Frankreich* als Herr über verschiedene elsässische und lothringische Gebiete und, seit 1688, der König von *England* als Herzog von Hannover.

243 Ausländische Herrscher über deutsche Gebiete

c) Das *Städtekollegium* (51 Reichsstädte).

244 Städtekollegium

Es war gegliedert in:

aa) die *rheinische Städtebank*

mit 14 Reichsstädten

zB Lübeck, Dortmund, Köln, Straßburg

bb) die *schwäbische Städtebank*

mit 37 Reichsstädten

zB Augsburg, Nürnberg, Regensburg

Insgesamt gab es also 7 + 204 + 51

= *262 Reichsstände.*

2. Verfahren

Der Reichstag wurde jeweils durch den Kaiser einberufen, und zwar immer in eine Reichsstadt. Zum Zustandekommen eines »Reichsschlusses« (= Reichsbeschlusses) bedurfte es einer Einigung des Kaisers mit den drei Kollegien des Reichstags, die ihrerseits unter sich einig sein mussten. Insoweit galt Einstimmigkeitsprinzip. Innerhalb

245 Grundsätze

der einzelnen Kollegien aber galt Mehrheitsprinzip mit der Maßgabe, dass eine *Kuriatstimme* soviel wie eine *Virilstimme* zählte.

Verfahrensstufen

Zunächst unterbreitete der Kaiser dem Reichstag seine *Propositionen* (Vorschläge), beteiligte sich dann aber nicht an dessen Verhandlungen, die vielmehr vom Erzbischof von Mainz als Erzkanzler und Erzprimas des Reiches geleitet wurden. Als erstes beriet das Kurfürstenkollegium die einzelnen kaiserlichen Propositionen, sodann das Fürstenkollegium. Stimmten diese beiden Kollegien einer Proposition grundsätzlich zu, so leiteten sie sie – meist mit Abänderungsvorschlägen in Bezug auf Teilfragen – an das Städtekollegium weiter. Falls auch dieses zustimmte, so ging die Sache mit einem gemeinsamen Reichsgutachten (consultum imperii) der drei Kollegien an den Kaiser zurück, der das Gutachten durch seine Genehmigung zu einem »*Reichsschluss*« *(conclusum imperii)* erheben oder die Sache mit einer neuen Proposition an den Reichstag zurückverweisen konnte. Noch komplizierter wurde dieses schon an sich langatmige Verfahren dadurch, dass die protestantischen Reichsstände, die eine zahlenmäßig überwiegende Bevölkerung vertraten, aber in den einzelnen Reichstagskollegien jeweils nur eine Minderheit bildeten, in Religionsangelegenheiten Mehrheitsbeschlüsse der einzelnen Kollegien nicht als verbindlich anerkannten und – allerdings erst im Westfälischen Frieden von 1648 – erwirkten, dass bei Beratungen über Religionssachen eine »*itio in partes*«, dh die Aufteilung des Reichstags in eine katholische und eine protestantische Versammlung, stattzufinden habe und ein gültiger Reichsschluss nur bei Einigung dieser beiden Versammlungen zustande komme.

Itio in partes

246 Am Ende eines Reichstags wurden die auf diesem gefassten Reichsschlüsse zu einem *Reichsabschied (recessus imperii)* zusammengefasst. Doch geschah dies nur bis zum Jahr 1654, in dem der letzte nicht ständige Reichstag den sog. *Jüngsten Reichsabschied* (jüngster = letzter) erließ und dann in Regensburg auseinandertrat. Zwar wurde *1663 in Regensburg ein neuer Reichstag eröffnet*. Er sollte die bei der Errichtung des Westfälischen Friedens ungelöst gelassenen Verfassungsfragen endgültig klären, trat aber, da er dies vergeblich versuchte, überhaupt nicht mehr auseinander, sondern waltete bis zum Ende des alten Reiches als ständiger Kongress von Gesandten der Reichsstände, dem keine grundlegenden gesetzgeberischen Taten mehr gelangen, aber die Aufrechterhaltung guter Beziehungen zwischen den meisten Reichsständen zu verdanken war.

Jüngster Reichsabschied (1654)

Ständiger Reichstag in Regensburg (1663)

3. Kompetenzen und tatsächliche Wirksamkeit

Theoretisch unbegrenzte Kompetenzen

247 Der Reichstag hatte unbegrenzte Gesetzgebungskompetenzen. Diese wurden aber nur sehr beschränkt wirksam, weil ihre Ausübung durch drei Faktoren stark gehemmt wurde:

Geringe Wirksamkeit aus drei Gründen

Erstens blieb die mittelalterliche Idee aufrechterhalten, es könne – auch vom Reichstag – kein neues Recht geschaffen, sondern nur schon bestehendes Recht (gleichsam durch ein Weistum) festgestellt und neu formuliert werden.

Zweitens war es wegen des Erfordernisses, eine Einigung zwischen dem Kaiser und den drei Kollegien zu erzielen, sowie der Kompliziertheit des Verfahrens nicht leicht, Reichsschlüsse überhaupt zustande zu bringen.

Drittens war es in manchen Fällen fast unmöglich, den Reichsschlüssen gegen den Widerstand einzelner mächtiger Reichsstände allgemeine Beachtung zu verschaffen; dies vor allem wegen des im Reiche geltenden *feudalstaatlichen Prinzips*, nach dem die Reichsschlüsse unmittelbar nur für die Reichsstände selbst, also für die einzelnen Landesherren und Reichsstädte, verbindlich waren, für deren Untertanen und Bürger aber nur mittelbar, nämlich nur dadurch, dass die einzelnen Landesherren und Reichsstädte sie in ihren Gebieten umsetzten. Denn von der Ausführung der Reichsschlüsse sahen manche Reichsstände in nicht wenigen Fällen mutwillig ab. Wenn sie sich nämlich durch einen Reichsschluss in ihren Rechten oder auch nur in ihnen wichtig erscheinenden Interessen verletzt fühlten, so pflegten sie ihn einfach nicht anzuwenden, und es war für das Reich dann fast unmöglich, sie dazu zu zwingen, da das hierfür einzuschlagende Verfahren sehr langwierig war und der Einsatz militärischer Machtmittel, der letztlich nötig gewesen wäre, angesichts der Schwäche des Reichsheeres – wenigstens den mächtigeren Reichsständen gegenüber – nicht erfolgreich erschien.

III. Der Kaiser

(Über die Wahl und Krönung des Kaisers → Rn. 146 ff.). **248**

Ursprünglich hatte der Kaiser sehr weite Kompetenzen. Zu ihnen gehörten auch nutzbare sog. *Regalien* (→ Rn. 89), zB das *Bergregal*, *Judenregal*, dh das Recht, die Juden zu schützen und dafür besondere Abgaben von ihnen zu verlangen, das *Münzregal* und das *Straßenregal*. Die meisten Regalrechte waren aber inzwischen längst an die Landesherren verliehen worden (etwa in den Gesetzen Friedrich II. von 1220 und 1232 – → Rn. 156), und die kaiserlichen Kompetenzen waren auf folgende Überreste zusammengeschrumpft:

Begriff und Schicksal der Regalrechte

1. Wohl am wichtigsten waren die oben unter Ziff. 2 (→ Rn. 245) erwähnten kaiserlichen **Kompetenzen bezüglich des Reichstags:** Es war Sache des Kaisers, einen *Reichstag einzuberufen* (bis 1663) und ihm Propositionen (Vorschläge) zu unterbreiten. Auch konnte der Kaiser das *Zustandekommen von Reichsschlüssen verhindern*, indem er einem von den drei Reichstagskollegien erstatteten Reichsgutachten seine Zustimmung verweigerte.
2. Der Kaiser blieb **oberster Lehensherr.**
3. Er führte ferner – grundsätzlich – den **Oberbefehl über das Reichsheer**, wurde allerdings in dieser Funktion oft durch den Herzog von Sachsen als Erzmarschall des Reiches vertreten (→ Rn. 147).
4. Der Kaiser führte für sich und das Reich **diplomatische Verhandlungen** mit auswärtigen Mächten.

5. Der Kaiser sandte **Deputationen zu den Reichsstädten**, besonders wenn diese in Zahlungsschwierigkeiten geraten waren.
6. Ferner leitete er gelegentlich **Reichsexekutionen** gegen widerspenstige Reichsstände. (Doch gehörten solche – nicht sehr häufigen – Exekutionen zu den Aufgaben der Reichskreise.)
7. Weiterhin hatte der Kaiser bedeutende **Kompetenzen in Gerichtssachen**. Er ernannte den »Richter« (Vorsitzenden) des *Reichskammergerichts* und besetzte zusammen mit den Reichsständen die Assessorenstellen dieses Gerichts (→ Rn. 234).
Er besetzte den *Reichshofrat*, dessen Kompetenzen mit denen des Reichskammergerichts konkurrierten (→ Rn. 235).
Wenn der Kaiser an irgendeinen Ort im Reich, besonders in eine Reichsstadt, zog, waren ihm daselbst »*die Gerichte ledig*«, dh **er übernahm ihren Vorsitz.**

249 8. Der Kaiser hatte folgende »**Reservatrechte**«:

Verleihung des Adels
Verleihung akademischer Würden
Ernennung von Notaren »legitimatio per rescriptum principis«
Hofpfalzgrafen

Er hatte das Recht, *in den Adelsstand zu erheben* sowie *Wappenbriefe zu erteilen*; ebenso das Recht, *akademische Würden zu verleihen*, das er jedoch an die *Universitäten zu delegieren pflegte*; weiterhin das Recht, *Notare zu ernennen*, sowie das Recht, *außerehelich geborene Kinder zu legitimieren* (= *legitimatio per rescriptum principis*). Diese beiden letztgenannten Rechte pflegte er an sog. *Hofpfalzgrafen* zu delegieren.

IV. Weiterentwicklung der Reichsverfassung

Keine grundlegenden Änderungen

250 Zwar wurde im 16. und 17. Jahrhundert um Änderungen der kirchlich-religiösen Belange der Reichsverfassung sowie um die Neugestaltung des Verhältnisses zwischen Kaiser und Reichsständen gerungen; aber insgesamt blieben die alten Strukturen erhalten. Wesentliche Neuerungen brachten immerhin der Augsburger Religionsfrieden und der Westfälische Frieden.

1. Augsburger Religionsfrieden (1555)

Durch den Augsburger Religionsfrieden (1555) wurde die »Augsburger Konfession« dh die lutherische Konfession, nicht dagegen auch die reformierte, als der katholischen in Reichsangelegenheiten gleichberechtigt anerkannt. Gleichzeitig wurde dem Sinn, wenn auch nicht der Formulierung nach, der Grundsatz »*cuius regio eius religio*« eingeführt, dh der Landesherr konnte bestimmen, welchem Bekenntnis seine Untertanen angehören sollten (doch mit Vorbehalten zugunsten Andersgläubiger, denen der Landesherr zum mindesten das Recht gewähren musste, auszuwandern).

»cuius regio eius religio«

2. Der Westfälische Frieden (1648)

Verhandlungen in Münster und Osnabrück

251 Dieser Friede kam zustande, nachdem der Kaiser, die katholischen Reichsstände sowie die Gesandten von Frankreich, Spanien und anderen katholischen Mächten in Münster, die protestantischen Reichs-

stände sowie die Gesandten von Schweden und anderen protestantischen Mächten aber in *Osnabrück* getagt hatten. Es sollte den seit 1618 tobenden, grausamen 30-jährigen Krieg beenden. Diese beiden gleichzeitigen Kongresse, zwischen denen jeweils in der Kirche von Lengerich eine Verbindung hergestellt wurde, wirkten auch als Reichstag (mit »itio in partes«, → Rn. 245). In die Friedensverträge von Osnabrück (mit Schweden) und Münster (mit Spanien und Frankreich) wurden denn auch Bestimmungen aufgenommen, durch welche die Reichsverfassung weitergebildet wurde. Außer verschiedenen territorialen Änderungen innerhalb des Reiches sowie dem Ausscheiden der Schweiz und der Niederlande aus diesem waren verfassungsrechtlich bedeutsam: die Institutionalisierung der *itio in partes in Religionssachen*; die Anerkennung des reformierten Bekenntnisses als der Augsburger-Konfession gleichberechtigt; vor allem aber die *Anerkennung des Bündnisrechts der einzelnen Reichsstände*. Diese durften künftig mit ausländischen Mächten Bündnisse schließen, soweit sie sich nicht gegen Kaiser und Reich richteten, waren insoweit also souverän.

Verfassungsrechtliche Bestimmungen

Itio in partes
reformiertes Bekenntnis
Bündnisrecht der Reichsstände

Einzelne Reichsstände missbrauchten dieses Recht im 18. Jahrhundert gelegentlich dazu, ausländischen Mächten, zB England im amerikanischen Unabhängigkeitskrieg, einheimische Truppen – nicht nur Söldner – gegen Subsidienzahlungen zur Verfügung zu stellen, was als *Soldatenhandel* Skandal machte; vgl. *Schiller*, Kabale und Liebe, 2. Akt, 2. Szene.

252 Missbräuche: Soldatenhandel

Für die Reichsverfassung wie auch völkerrechtlich sehr bedeutsam war sodann, dass der Westfälische Frieden mitsamt seinen Verfassungsbestimmungen *durch die vertragschließenden ausländischen Mächte* garantiert wurde. Die Zersplitterung und die Schwäche der Reichsgewalten wurden hierdurch, weitgehend dem Willen und den Interessen ausländischer Mächte und der Landesfürsten entsprechend, verfestigt.

253 Ausländische Garantie des Westfälischen Friedens

V. Beurteilung der Reichsverfassung

Die Reichsverfassung war wegen der mangelnden Macht der Reichsorgane, die durch die Rechte der Reichsstände in ihren Wirkungsmöglichkeiten gehemmt waren, unbefriedigend. Zwar garantierte sie wenigstens ein friedliches Zusammenleben der verschiedenen Reichsstände, das erst 1740 durch den Ausbruch des österreichischen Erbfolgekrieges schwer gestört wurde.

254

Auch hatten die starken reichsständischen Rechte neben bedenklichen auch günstige Folgen: einmal deshalb, weil sie ermöglichten, dass Landesherren und Reichsstädte allenthalben eigene, bis zur Gegenwart fortwirkende Zentren politischer Macht und geistiger Kultur – mit prachtvollen Schlössern im Renaissancestil (16. Jahrhundert) und noch mehr im Barockstil (17. und 18. Jahrhundert) sowie mit Parkanlagen, Gemäldegalerien, Theatern und Universitäten – schufen (zB Mannheim, Karlsruhe).

255 Lichtseiten der starken ständischen Rechte

Von etwas fragwürdigem Wert war es allerdings, dass mancher Fürst seine Universität dadurch besonders anziehend zu machen suchte, dass er den dort Studierenden *Adelsprivilegien*, zumal das Recht zum *Waffentragen*, gewährte. In dessen

Studentische Adelsprivilegien

Verleihung dürfte der Ursprung der außerhalb des deutschen Sprachgebietes unbekannten Fechtmensuren und gelegentlichen Duelle der Mitglieder »schlagender« Studentenverbindungen liegen.

Überwiegen der Schattenseiten

Positiv aber war es zu bewerten, dass die deutschen Fürsten und Reichsstände gemeinsam mit dem Kaiser manche wertvolle Institution wie das Reichskammergericht mitgeschaffen haben. Indessen überwogen, vor allem im Hinblick darauf, dass das Reich infolge seiner Schwäche schrittweise Reichsgebiete an das mächtigere Frankreich abzutreten genötigt war, doch die Mängel der Reichsverfassung. Das wurde denn auch von manchen Zeitgenossen beklagt. So erklärte der berühmte Heidelberger Naturrechtslehrer *Samuel Pufendorf*, der 1667 unter dem Pseudonym *Severinus de Monzambano* einen fingierten Reisebericht eines Venezianers an dessen in Venedig zurückgebliebenen Bruder verfasste und mit dem Titel »*De statu imperii Germanici*« versah, die Rechtsnatur des Heiligen Römischen Reiches sei mit den überlieferten staats- und völkerrechtlichen Begriffen – Monarchie, Aristokratie, Bündnissystem – nicht zu erfassen: vielmehr sei das Reich »irregulare aliquod corpus et monstro simile«, also ein unregelmäßiger Körper und einem Ungeheuer ähnlich!

Beurteilung durch Pufendorf (1667)

Beurteilung durch Johann Jakob Moser (18. Jhdt.)

Nur wenig anders skizzierte der württembergische Staatsrechtsschriftsteller *Johann Jakob Moser* im 18. Jahrhundert die Reichsverfassung: Teutschland wird auf teusch regiert und zwar so, dass sich kein Schulwort ... oder die Regierungsart anderer Staaten darzu schicken, unsere Regierungsart dadurch begreiflich zu machen«.

Sätze aus Goethes »Faust«

Vgl. auch die Verspottung der Verhältnisse im Reich durch die Studenten Frosch und Brand in »*Auerbachs Keller*«, Faust I. Teil. Frosch singt: »Das liebe heilge römsche Reich, was hält's nur noch zusammen?« Brand entgegnet: »Ein garstig Lied, pfui, ein politisch Lied, ein leidig Lied. Dankt Gott mit jedem Morgen, dass Ihr nicht braucht fürs römsche Reich zu sorgen. Ich halt' es wenigstens für reichlichen Gewinn, dass ich nicht Kanzler oder Kaiser bin.«

VI. Ende der Reichsverfassung

256 → Rn. 347 ff.

Der Untergang des Reiches war eine Folge der Französischen Revolution und der bald zu Eroberungskriegen entarteten Revolutions- und Koalitionskriege, welche die Franzosen von 1792 an, unter anderem gegen Deutschland, führten. Die Auflösung der Reichsverfassung erfolgte in drei Etappen:

Säkularisation der geistlichen Fürstentümer, Mediatisierung von Reichsstädten und reichsunmittelbaren Herrschaften

257 1. Durch den **Reichsdeputationshauptschluss zu Regensburg (1803)** wurden die deutschen Fürsten, die in den an Frankreich abgetretenen linksrheinischen Gebieten (im Frieden von Campo Formio 1797) Verluste erlitten hatten, mittels *Säkularisation* der geistlichen Fürstentümer und *Mediatisierung* der meisten Reichsstädte (→ Rn. 183) sowie mancher kleiner reichsunmittelbarer Herrschaften, zumal fast aller reichsritterschaftlichen Gebiete, entschädigt (und zwar zT weit über das Maß der erlittenen Verluste hinaus). Damit wurden gerade diejenigen Glieder des Hl. Römischen Reiches, die dessen Fortbestand zum Schutz gegen mächtigere Reichsstände gewollt und hierfür

große Opfer (besonders in Form von Steuern) gebracht hatten, von weniger reichstreuen Reichsgliedern aufgesaugt.

2. Anfang 1806 wurde von 16 süddeutschen Fürsten, die »aus dem Reiche austraten«, unter dem Protektorat *Napoleons* der sog. **Rheinbund** errichtet. Jener »Austritt« aus dem Reich war zwar rechtswidrig und rechtlich an sich gar nicht möglich, aber faktisch wirksam, da Kaiser und Reich nicht in der Lage waren, die Rheinbund-Staaten wieder in das Reich zu zwingen.

258 Widerrechtlichkeit der Errichtung des Rheinbundes Rechtsnatur

Die Rechtsnatur des Rheinbundes wurde bis heute nur wenig untersucht. Nach einigen Autoren war er ein Staatenbund, nach *anderen* ein Bundesstaat.

Fürstprimas war der bisherige Erzkanzler des Reiches, *Dalberg*, leitender Minister aber *Montgelas*, der Begründer des durch den Reichsdeputationshauptschluss vergrößerten modernen Bayerischen Staates.

Bis 1811 traten 20 weitere bisherige Stände dem Rheinbund bei; Preußen und Österreich, auch Kurhessen und Braunschweig, aber blieben ihm fern.

Spätere Erweiterungen

3. Am 6. August 1806 **legte Franz II. die deutsche Kaiserkrone nieder** und behielt lediglich den von ihm schon 1804 angenommenen Titel eines *Kaisers von Österreich*. Auch dieser Akt war widerrechtlich, aber faktisch wirksam. Er führte das tatsächliche Ende des Heiligen Römischen Reiches Deutscher Nation und seiner Organisationen herbei: des Reichstags, des Reichskammergerichts, des Reichshofrats, der Reichskreise, vor allem aber der kaiserlichen Kompetenzen, insbesondere der kaiserlichen Lehensherrschaft. Die einzelnen Reichsstände wurden voll souverän (soweit sie nicht durch den Abschluss des Rheinbundes ihre Souveränität zu dessen Gunsten eingeschränkt hatten).

259 Ende des Heiligen Römischen Reiches und seiner Institutionen

C. Territorialverfassungen

I. Kräftigung der Landesherrschaft

→ Rn. 153 ff.

260

Die *Reformation* brachte den Landesherren der protestantischen Gebiete einen starken Machtzuwachs. Dies einmal schon dadurch, dass diese Landesherren viele bisherige Kompetenzen der römischen Kirche übernahmen, so besonders deren Zuständigkeit für *Ehe- und Wuchersachen*, ferner dadurch, dass sie fortan die gesamte äußere *Organisation der Kirche* ordneten, ja darüber hinaus die in ihren Gebieten bestehenden *Klöster auflösten* und die umfassenden Klostergüter mitsamt den zu diesen gehörenden grundherrschaftlichen Rechten neuen Zwecken, die allerdings den früheren verwandt waren,

Machtzuwachs der Landesherren protestantischer Gebiete

dienstbar machten (insbesondere dem Unterhalt der Kirchengebäude, der Entlohnung der Pfarrer, der Schulpflege und der Wohlfahrtspflege). Auch wurde die ideelle Macht der evangelischen Landesherren dadurch gesteigert, dass die Reformatoren bei ihrer Abwendung von der mittelalterlichen kirchlichen Tradition und Hinwendung zum reinen Bibeltext den Lehren des Apostels *Paulus* ein besonders großes Gewicht beimaßen. Aus dessen Römerbrief entwickelte nämlich *Luther* außer seiner Rechtfertigungslehre, nach der die Menschen nicht durch äußere gute Werke, zB durch Gaben an die Kirche, sondern nur durch den Glauben (»sola fide«) zum Heil gelangen können, auch eine politisch hochbedeutsame Lehre über das Verhältnis der Menschen zur weltlichen Obrigkeit, und zwar mit besonderem Nachdruck, seitdem ihm der Bauernaufstand von 1525 gezeigt hatte, dass die reformatorischen Lehren von Unzähligen als Signal für eine von ihm missbilligte Revolution der weltlichen Belange aufgefasst wurden. Die entscheidende Stelle des Römerbriefs (13.1) lautet:

»*Jedermann sei untertan der Obrigkeit*, die Gewalt über ihn hat. Denn es ist keine Obrigkeit ohne von Gott; wo aber Obrigkeit ist, die ist von Gott verordnet«.

Diese Sätze wurden in den folgenden Jahrhunderten auf obrigkeitlichen Befehl von mancher Kanzel allsonntäglich dem Kirchenvolk verkündigt und brachten den Landesherren einen großen, langanhaltenden Ansehensgewinn, den sie durch eine christlich-fürsorgliche Tätigkeit für ihre Untertanen sittlich zu rechtfertigen suchte.

261 Dies alles und dazu noch der Augsburger Religionsfrieden von 1555, der den Grundsatz »*cuius regio eius religio*« einführte (→ Rn. 250), förderte in den protestantischen Gebieten das allmähliche Erstarken der Landesherrschaft zu absoluter Staatsgewalt.

Machtzuwachs der Landesherren katholisch gebliebener Gebiete

Eine entsprechende Entwicklung fand, in etwas schwächerer Weise, auch in den katholisch gebliebenen Territorien statt, in denen der Augsburger Religionsfrieden ebenfalls galt. In diesen Gebieten übernahmen zwar die Landesherren nicht, wie in den evangelischen, schlechthin die äußere Herrschaft über die kirchlichen Institutionen; aber auch hier steigerten sie ihren Einfluss auf die Kirche, und zwar so sehr, dass sie in manchen Konflikt mit dem Papst in Rom gerieten. Von großem Gewicht waren in diesen – wie auch in nichtkatholischen – Ländern die *Lehren über die Souveränität*, die der französische, gemäßigt absolutistische Staatsdenker *Bodinus* in seinem 1577 erschienenen epochemachenden Werk »De la republique« aufgestellt hatte, um die Beendigung der in Frankreich wütenden Bürgerkriege zwischen Katholiken und Hugenotten zu ermöglichen. Noch gewichtiger aber war für viele katholische Fürsten das Vorbild der tatsächlichen Verfassungsentwicklung in den katholischen Königreichen Frankreich und Spanien, die mehr und mehr dem Absolutismus zuneigten.

Wie wirkte sich die Verstärkung der landesherrlichen Gewalt im Einzelnen aus? Allenthalben ließen die Landesherren beim Herrschaftsantritt nicht nur die Landstände, sondern auch die Gesamtheit der Untertanen einen *Treueid* ablegen, worauf sie ihrerseits die altüberlieferten Rechte der Landstände schriftlich bestätigten. Unabhängig von diesen mehr religiös-moralisch als rechtlich bedeutsamen Ritualen verstärkten die Landesherren ihren Beamtenstab. Manche von ihnen warben überdies im Bedarfsfall *Söldnerheere* an, was sogar in geistlichen Territorien, zB im Fürstbistum Münster, öfter als nur gelegentlich geschah. Ferner erhoben die Landesherren *wachsende Steuern*, wozu sie freilich der meist nicht vorbehaltlos gewährten Zustimmung der Landstände bedurften. Auch ließen viele Landesherren das in ihrem Gebiet geltende Recht neu aufzeichnen, zwar – gemäß der überlieferten mittelalterlichen Auffassung von der Unveränderlichkeit des Rechts – meist nur im Sinne einer »*Reformation*« (Rechtsbesserung), durch die das gute alte Recht geklärt und den Zeiterfordernissen entsprechend neu formuliert wurde, häufig aber doch so, dass auch inhaltliche Änderungen herbeigeführt wurden (zB Wormser Reformation 1498, Württemberger Landrecht 1555). Die Landstände erhoben diesen Tendenzen gegenüber zwar Vorbehalte, bekämpften sie aber nicht schlechthin. Dafür erwirkten sie vom Landesherrn allenthalben die Zustimmung zu dem von ihnen geforderten *Indigenat*, gemäß dem der Landesherr die Landesbeamtenstellen nur mit Einheimischen besetzen durfte. Auch erlangte das ritterschaftliche Kollegium der meisten Landstände die vorzugsweise Berücksichtigung einheimischer Adliger bei der Vergabe von Offiziersstellen, ferner – sehr bedenklich – eine weitgehende Steuerbefreiung von Adligen. Schließlich setzten es die Landstände allenthalben durch, dass die *Territorien als unteilbar erklärt* wurden. Dies veranlasste die Landesherren der weltlichen Territorien, in denen das Wahlprinzip nicht aufgekommen war, in *Hausgesetzen* besondere *Erbfolgeordnungen* für ihre eigene Rechtsnachfolge aufzustellen, die zum Teil heute noch gültig sind.

262 Auswirkungen im Einzelnen

Treueid der Landstände und Untertanen

Verstärkung des Beamtenstabes
Söldnerheere

Neuaufzeichnung (= Reformation) des Landrechts

Indigenat

Unteilbarkeit der Territorien
Hausgesetze der Landesherren

II. Konflikte mit den Landständen

Konflikte der Krone mit den Ständen finden sich in jenen Jahrhunderten in nahezu allen europäischen Staaten. Die Stände verhinderten einerseits eine willkürliche Ausübung der monarchischen Herrschaft. Andererseits aber traten sie als Wahrer von Interessen sozial bevorzugter Kreise häufig auch vernünftigen Reformabsichten des Herrschers entgegen. Die allmähliche Zurückdrängung ihres Einflusses und die ihr entsprechende Steigerung der monarchischen Gewalt zu absoluter Herrschaft waren daher Vorgänge, die keineswegs nur negativ zu werten sind. Im Übrigen waren Verlauf und Ausgang jener Konflikte von Staat zu Staat sehr verschieden, bspw. völlig anders in Frankreich, wo der königliche Absolutismus durchdrang, als in England, wo durch die Glorious Revolution von 1688 nach einem Bürgerkrieg

263 Verhältnisse in anderen Staaten

das aus dem House of Lords und dem House of Commons gebildete ständische Parlament bald das Übergewicht über den König erlangte. – Auch in den deutschen Territorien gab es allenthalben solche Auseinandersetzungen mit unterschiedlichem Verlauf und Erfolg.

Zusammensetzung der münsterischen Landstände

264 1. **Im Fürstbistum Münster als Beispiel eines geistlichen Territoriums** bestanden die Landstände, die vom Fürstbischof jeweils zu Landtagen – meist nach Münster – einberufen wurden, aus drei Kollegien: dem 41 Mitglieder umfassenden *Domkapitel*, dem nur Adlige angehörten; der *Ritterschaft*, die aus den Besitzern der über 60 landtagsfähigen Güter des Münsterlandes gebildet wurde, und den 17 *landtagsfähigen Städten*.

265 Die Konflikte zwischen diesen Landständen und dem Fürstbischof waren nur zeitweise sehr scharf. Im 18. Jahrhundert herrschte im Ganzen ein gutes Einvernehmen zwischen beiden Teilen. Die größere Macht hatte zwar der Fürstbischof, aber auch die Landstände hatten einen erheblichen Einfluss auf die Gesetzgebung, die Landesfinanzen und die Wirtschaft des Landes, die nun im Zeichen eines im Fürstbistum allerdings nur mäßig entwickelten *Merkantilismus* (→ Rn. 174) und der für diesen typischen Förderung der einheimischen Produktion und Abwehr der Einfuhr fremder Fertigerzeugnisse stand. Sogar auf die Außenpolitik der Fürstbischöfe nahmen die Landstände starken Einfluss.

Einfluss der Landstände

2. **Im Kurfürstentum Mainz** war die Macht des Kurfürsten nicht durch eine Mitwirkung der Landtage beschnitten, da es im Kurstaat keine Landstände gab. Lediglich das Domkapitel mit seinen 24 Mitgliedern, die aus einem der drei Reichsritterkreise stammten, übte zeitweise einen starken Einfluss auf die Regierungstätigkeit mittels Wahlkapitulationen aus. Das Mainzer Domkapitel besaß überdies große Ländereien als eigenes Herrschaftsgebiet, für das es dem Kurfürsten nicht Rechenschaft ablegen musste.

266 3. Anders verliefen die Konflikte mit den Landständen **in den meisten weltlichen Territorien, bspw. in den preußischen.**

Rechtlicher Charakter der preußischen Territorien

Vorweg ist zu bemerken, dass die übliche Ausdrucksweise »*Preußen*« als Bezeichnung der dem Markgrafen von Brandenburg gehörenden Territorien, zu denen seit 1618 das Gebiet des deutschen Ritterordens gehörte, in ihrer Gesamtheit für jene Zeit irreführend ist; denn sie erweckt den Eindruck, als ob diese Territorien zusammen ein einigermaßen einheitliches Staatswesen gebildet hätten, während sie in Wirklichkeit voneinander zu unterscheidende Gemeinwesen mit je einer besonderen Verfassung und besonderen Rechtsordnung waren und nur durch ihre einheitliche monarchische Spitze, also durch *Personalunion*, miteinander verbunden waren. Allerdings waltete in ihnen der Wille der Herrscher, die seit 1701 den Titel »*König in Preußen*« (seit *Friedrich dem Großen* meist »König *von* Preußen«) führten, aus der Vielfalt ihrer Territorien ein einheitliches Staatswesen zu schaffen. Mit diesem Willen setzten sie sich langsam durch (→ Rn. 271 ff.). Aber noch das Preußische Allgemeine Landrecht von 1794, das das Recht dieser Territorien vereinheitlichte, wurde als »Allgemeines Landrecht für die Preußischen Staaten«, also für eine Vielzahl als voneinander verschieden gedachter Staatswesen, erlassen.

Das so zusammengesetzte Gebilde wurde, wie die entsprechend aufgebaute Gesamtheit der deutschen Erbländer des Hauses Habsburg, die aufgrund der Freiheiten des Hauses Österreich – endgültig seit 1530 – von der unmittelbaren Geltung der Reichsgesetze entbunden waren, von dem 1970 verstorbenen österreichischen Rechtshistoriker *Lentze* passend als *monarchische Union von Ständestaaten* bezeichnet.

Monarchische Union von Ständestaaten

Bis weit ins 17. Jahrhundert hinein hatten die Landstände in allen preußischen Territorien eine sehr starke Stellung. Diese wurde aber in den meisten von ihnen durch den *Großen Kurfürst Friedrich Wilhelm* (1648–1688), in harten Auseinandersetzungen gebrochen, sodass fortan keine Landtage mehr einberufen wurden und die Landstände ihre Vorstellungen zu grundlegenden Staatsangelegenheiten dem Herrscher, von diesem befragt oder auch von sich aus, nur noch durch Deputationen vortrugen. Auf diese Weise kam es hier zu einem praktisch fast unbeschränkten Absolutismus, worunter in erster Linie die *Unabhängigkeit des Herrschers als Gesetzgeber und Regierungschef von den Landständen* zu verstehen ist (und nur in zweiter Linie die Geltung des im Corpus iuris civilis (Ulpian D 1.3, 31) enthaltenen Grundsatzes »*princeps legibus est solutus*«, laut dessen der Herrscher überhaupt nicht an das geltende Recht gebunden war, was in Deutschland nie uneingeschränkt anerkannt und praktiziert wurde).

267 Entwicklung zum Absolutismus

Begriff des Absolutismus

In ihren *westfälischen Territorien* sowie in dem 1744 erworbenen *Fürstentum Ostfriesland* haben die Könige in Preußen den Absolutismus nicht durchgesetzt. Dies gilt besonders für die *Grafschaft Mark*, deren Landstände – Ritterschaft und Landstädte – sich zusammen mit den Landständen des rheinischen Kleve immer wieder an Landtagen versammelten. Zwar machte dies den Adel dieser Gebiete den preußischen Herrschern lange verhasst, seit dem Ende des siebenjährigen Krieges (1763) aber besserten sich die Beziehungen zwischen dem König und den kleve-märkischen Ständen, freilich ohne dass sie so gut wie die entsprechenden Beziehungen zwischen dem Fürstbischof von Münster und seinen Landständen wurden. Auf den *Reichsfreiherrn vom Stein*, der um 1790 als preußischer Kommissar den Verhandlungen der kleve-märkischen Stände beizuwohnen pflegte, machten diese trotz ihres mäßigen tatsächlichen Einflusses auf die Landesgeschäfte einen so günstigen und starken Eindruck, dass er sich hierdurch zu manchen, später zT verwirklichten Staatsreformen anregen ließ, mittels deren er die Untertanen zu aktiver Anteilnahme an den Staatsangelegenheiten heranziehen wollte.

268 Nichtaufkommen des Absolutismus in Westfalen und Ostfriesland

Zu den Stein-Hardenbergischen Reformen → Rn. 283 f.

III. Aufbau moderner Staatswesen – Beispiele

1. Im **Kurfürstentum Mainz** errichtete Erzbischof Albrecht von Brandenburg bereits 1516 nach dem Vorbild des Reichskammergerichts ein Hofgericht als höchste Zivilinstanz und als Appellationsgericht. In erster Instanz war es zuständig für Angelegenheiten des Kurfürsten, des Adels und der auswärtigen Handelsleute. Ferner wurde das Verfahren des Hofgerichts und der gesamten Zivilgerichtsbarkeit durch eigene Ordnungen geregelt, etwa die 1535 erlassene Untergerichtsordnung. Entsprechend reichsrechtlicher Vorgaben wurde 1659 schließlich ein Revisionsgericht als dritte Instanz gebildet. Vergleichbare Reformen finden sich in anderen Territorien, etwa im

269 Justizreform Kurfürstentum Mainz

Fürstbistum Münster im Jahre 1571 durch Bischof Johann von Hoja, der Richter am Reichskammergericht gewesen war. Dort wurde angeordnet, dass nicht nur das Hofgericht mit Rechtsgelehrten zu besetzen sei, sondern auch die nachgeordneten Gerichte, sodass die Rechtsprechung im Münsterland nach dem gelehrten römischen und kanonischen Recht eingeführt wurde mit Ausnahme solcher Materien, in denen besondere Regelungen galten, was insbesondere für die eheliche Gütergemeinschaft und die gutsherrlichen Verhältnisse galt (→ Rn. 280).

Geheimer Rat (Regierung) Hofkammer

270 Ferner wurden ungefähr gleichzeitig ständige Kollegialorgane für das ganze Territorium geschaffen, die vom Bischof besetzt wurden: In **Mainz** wurde ein Hofrat (Regierung) errichtet als leitende Behörde für die Außenpolitik und allgemeine Verwaltung sowie als höchste Instanz für Kriminalsachen, der mit adligen und gelehrten Räten besetzt war, ferner eine *Hofkammer* als Zentralinstanz für die Finanz- und Wirtschaftsangelegenheiten des Bistums. Als Leiter fungierte ein Kanzler, der ab dem 16. Jahrhundert meist ein Jurist war.

Behörden für die Gesamtheit der preußischen Territorien

271 2. Ähnlich, aber komplizierter entwickelten sich die Verhältnisse in den **preußischen Territorien**. Ursprünglich waren sie nur durch die Person ihres gemeinsamen Herrschers zusammengehalten; im Übrigen hatte jedes seine besondere Organisation (→ Rn. 266). Friedrich Wilhelm I. (1713–1740) aber dehnte die Kompetenzen der kurfürstlich-brandenburgischen Ratskollegien auf die Gesamtheit seiner Territorien aus. Seit 1723 gab es für diese ein *Generaldirektorium* als höchste Finanz- und Wirtschaftsbehörde; wenige Jahre später wurde für die auswärtigen Angelegenheiten das *Kabinettsministerium* eingerichtet. Ferner bestand ein *Geheimer Rat* für die Justiz- und geistlichen Sachen. Jedem dieser Gremien gehörten mehrere Minister an, die in ihrer Gesamtheit den *Staatsrat* bildeten. Dieser hatte aber nur eine mäßige Bedeutung; denn die Regierung stand nach wie vor dem *König* zu, dem die verschiedenen Kollegien die von ihnen behandelten Angelegenheiten, meist schriftlich, zur Beschlussfassung, dh zum Erlass von Kabinettsorders oder zum Anbringen bloßer Randbemerkungen, vorlegten.

Behörden der einzelnen Territorien

272 In den einzelnen preußischen Territorien aber wurden ältere, von den Landständen besetzte Kollegialorgane (»*Regierungen*«) in ihren umfassenden Kompetenzen stark beschnitten und im Wesentlichen auf die Beurteilung von Kriminalsachen beschränkt. Für die Verwaltungsaufgaben wurden 1723 von den Landständen unabhängige *Kriegs- und Domänenkammern als dem Generaldirektorium unterstehende Behörden mittlerer Stufe geschaffen. Eine Stufe unterhalb derselben wirkten* Landräte als Vertrauensleute sowohl des Landesherrn wie auch der altüberlieferten, überwiegend von adligen Gutsbesitzern geleiteten *Kreisstände*.

Stellung des Adels

273 Der preußische *Adel* war zwar seit dem Ende des 17. Jahrhunderts politisch entmachtet (→ Rn. 267). Doch behielt er durch seine fortbestehenden grundherrschaftlichen Rechte eine hervorgehobene gesellschaftliche Stellung. Auch nahmen seine Angehörigen mit Hingabe

die ihnen vom König zugewiesene Aufgabe wahr, im Heer als *Offiziere* und in der staatlichen Verwaltung als *hohe Beamte* zu dienen, während bspw. in Frankreich der Adel zwar ebenfalls im Heer zu dienen pflegte, die hohen Beamten aber meist dem Bürgertum entstammten. Alle Beamten aber wurden im Geist des von Friedrich Wilhelm I. geschaffenen *Berufsbeamtentums* mit dem Ethos erfüllt, ihren karg besoldeten Dienst nicht, wie vordem und anderswo üblich, um der Entlohnung willen aufgrund auflösbarer Verträge, sondern aus unabdingbarer Treupflicht gegenüber dem König zu erfüllen. Mit ihrer Hilfe gelang diesem der Aufbau einer strengen und äußerst sparsamen Finanzverwaltung, der bewirkte, dass der Steuerdruck auch unter Friedrich Wilhelms Sohn und Nachfolger, *Friedrich II.* (dem Großen, 1740–1786), trotz der von diesem geführten langen Kriege erträglich blieb und die Wirtschaft nach Kriegsende aufblühte.

Berufsbeamtentum, geschaffen durch Friedrich Wilhelm I.

Der neue Herrscher gab die noch seinen Vater erfüllende patriarchalische Vorstellung, dass der von Gott erwählte König sein Volk und Land als getreuer Hausvater zu verwalten habe, auf, indem er sich, von aufklärerischen Gedanken geleitet, nur noch als *ersten Diener des Staates* betrachtete. Im Übrigen setzte er die von seinem Vater getroffenen Reformen fort, indem er unter anderem die *Autonomie mancher Landstädte*, zB *Soest*, wegen angeblicher oder wirklicher Korruption ihrer Leiter, *beschränkte* (→ Rn. 182).

274 Friedrich der Große: erster Diener des Staates

Auch nahm er großzügige Reformen der *Justiz* an die Hand. Dies wurde ihm dadurch erleichtert, dass das *privilegium de non appellando* (→ Rn. 227), das ihm kraft der Goldenen Bulle (1356) für das kurfürstliche Gebiet ohnehin zustand, vom Kaiser auf alle andern innerhalb der Reichsgrenzen gelegenen preußischen Territorien ausgedehnt wurde und das *Kammergericht* in Berlin fortan als höchste Gerichtsinstanz für alle preußischen Territorien (auch solche außerhalb des Reiches) wirkte. Durch seinen Justizminister *Samuel von Cocceji* ließ Friedrich um 1750 unfähige und korrupte Richter rücksichtslos durch bessere ersetzen. Für die Neueinstellung von Richtern, auch solchen der Patrimonialgerichte unterster Instanz, wurden *Fähigkeitsprüfungen* eingeführt (aus denen sich die heutigen Referendar- und Assessorprüfungen entwickelt haben). Dies war ein wesentlicher Schritt weg von der »Adelsherrschaft über die Gerichte« hin zu einem Leistungsprinzip, das vor allem den bürgerlichen Schichten zugutekam. Zudem wurden die bisher üblichen Gerichtsgebührenanteile (Sportuln) der Richter durch feste Besoldungen ersetzt. Auch wurde das Prozessverfahren beschleunigt und den Richtern die *Aktenversendung an Universitäten verboten* (→ Rn. 180). Cocceji unternahm ferner den ersten Versuch einer Gesamtkodifikation des preußischen Rechts; dieser führte allerdings nur zu einem »*Project eines Corporis iuris Fridericiani*«, von dem nur einzelne Abschnitte in Kraft traten.

275 Justizreformen

Samuel von Cocceji

»Project eines Corporis iuris Fridericiani«

D. Grundherrschaft

276 → Rn. 45–48.

I. Terminologisches

Grundherrschaft = Grundbesitz, mit dem Herrschaftsrechte über Personen verbunden sind.

Grundhörige = die dem Grundherrn gegenüber Berechtigten und Verpflichteten. Berechtigt waren sie zum Besitz und zur Nutzung des dem Grundherrn als Obereigentümer gehörenden Landes, verpflichtet zu wirtschaftlichen Leistungen, besonders zur Leistung von *Bodenzinsen* – vielerorts am Martinitag, 11. November – sowie von *Frondiensten* in der Form von Hand- und Spanndiensten.

II. Rückblick auf die Entwicklung im Hoch- und Spätmittelalter

Lockerung der Grundherrschaft

277 Nach der fränkischen Zeit schwächte sich die Grundherrschaft vielerorts ab, die Villikationen wurden ab dem 12. Jahrhundert aufgelöst. Allenthalben, obwohl nicht überall eindeutig, wurden die Rechte der Bauern unentziehbar und – entsprechend den Lehenrechten der Vasallen – sogar vererblich (→ Rn. 136). Vererblich wurden allerdings auch die von den Bauern zu erfüllenden Pflichten, die aber zT in Geld fixiert waren und schon aus diesem Grund im Laufe der Zeit aufgrund von Inflation langsam relativ geringer wurden. Auch verliehen viele Grundherren im Lauf des Mittelalters weiteres Land an die Bauern, während sie ihre ursprünglich großen Eigenbetriebe einschränkten. Überdies erwirkten im 15. Jahrhundert die Bauern vielerorts, dass die für sie verhältnismäßig günstig gewordenen Rechtsgewohnheiten der einzelnen Grundherrschaften in schriftlich aufgezeichneten *Bauernweistümern* festgehalten wurden (→ Rn. 192). Noch günstiger entwickelten sich die Verhältnisse für die Bauern zunächst in den *östlichen Kolonisationsgebieten*, wo der *Deutschritterorden* und andere Grundherren den kolonisationswilligen Bauern Land zu besonders vorteilhaften Bedingungen verliehen.

Bauernweistümer

III. Fortentwicklung in der frühen Neuzeit

Vermehrung der Abgaben

278 Vom 16. Jahrhundert an verschlechterte sich die Lage der Grundhörigen wieder, einmal mittelbar dadurch, dass die von den Landesherren erhobenen wachsenden *Steuern* ganz besonders auf die Bauern umgelegt wurden. Manchenorts aber wurde die Grundherrschaft auch unmittelbar härter. In krasser Weise geschah dies in *Mecklenburg*, wo die Bauern an die Scholle gebundene Leibeigene wurden, mit denen die Grundherren nach freiem Belieben schalteten und walteten.

Ähnlich entwickelten sich die Verhältnisse im ehemaligen *Ostkolonisationsgebiet des Deutschritterordens*. Nach ihren schweren militärischen und politischen Niederlagen gegen Polen (Tanneberg 1410, Thorner Friede von 1466) wandten sich die Ordensritter von ihren früheren militärisch-politischen Aufgaben ab und der Eigenbewirtschaftung ihrer Güter zu. Daher schritten sie in vielen Fällen, in denen die Bauern nicht mittels Vertragsurkunden oder aufgezeichneter Bauernweistümer ein festes erbliches Besitzrecht an den von ihnen bewirtschafteten Gütern nachweisen konnten, zum sog. »*Bauernlegen*«, dh sie zogen unter Berufung auf die römisch-rechtlichen Grundsätze über die zeitlich befristete, nicht erbliche Pacht spätestens beim Tod eines Bauern dessen Güter ein. Dies führte, zumal nach der Umwandlung des Ordensstaates in ein weltliches Herzogtum (1498), zur Bildung neuer großer gutsherrlicher Eigenbetriebe gerade im deutschen Osten, wo diese Form der Grundherrschaft bis dahin keineswegs vorgeherrscht hatte.

»Bauernlegen«

Ähnliche Tendenzen finden sich in jener Zeit auch im Übrigen Deutschland (wohl deshalb, weil viele adlige Rittergutsbesitzer infolge des Ausbaus der Landesherrschaft und des damit verbundenen Rückgangs der Bedeutung der Vasallenrechte und -pflichten ebenfalls die Neigung empfanden, sich unmittelbar der Landwirtschaft zuzuwenden).

IV. Bäuerlicher Widerstand

Im Gefolge des großen Bauernkrieges von 1525/1526 kam es im ganzen Reich, vor allem aber im oberdeutschen Raum immer wieder zu Auseinandersetzungen zwischen der ländlichen Bevölkerung und den jeweiligen Herrschaften. Dieser »Widerstand des gemeinen Mannes«, wie er in der Forschung genannt wird, vollzog sich in vielfältigen Formen und entlud sich zeitweilig auch in Revolten. Inhaltlich wandten sich die Revoltierenden vor allem gegen steigende oder neu auferlegte Steuern, gegen zunehmende Anforderungen der Gutsherrschaft, mitunter ging es um religiöse Unterdrückung im Zuge der Gegenreformation, häufig um eine Partizipation in Gemeinde oder Gericht. Die Bildung von Gemeinden als »Organisationsform alltäglicher wirtschaftlicher und sozialer Belange« (*Blickle*) war eine wesentliche Voraussetzung eines erfolgreichen Protestes, denn erst eine gute Organisationsstruktur ermöglichte den Bauern eine offensive Interessenvertretung. Aufgrund der neuen Technik des Buchdruckes wurden die gegensätzlichen Auffassungen vermehrt in der Öffentlichkeit (Flugblätter) ausgetragen. Die Erfolge waren sehr unterschiedlich, häufig kam es zu verfahrensrechtlichen Lösungen und Schlichtungen.

279, 280

V. Ausblick: Aufhebung der Grundherrschaft

Von manchen Anhängern der Aufklärung wurde die Grundherrschaft wegen ihres Ursprungs, über den man alles Mögliche spekulierte, als ungerecht betrachtet. Vor allem aber hielt man sie für wirtschaftlich

281 Kritik an der Grundherrschaft in der Aufklärungszeit

nachteilig, weil sie die Bauern in der Freiheit der Bewirtschaftung und Verbesserung ihrer Güter hemme. Besonders scharf kritisierte man die dem Grundherrn geschuldeten Frondienste, welche meist zur Zeit der Aussaat und der Ernte, in der die Bauern selbst dringende Arbeiten zu besorgen hatten, geleistet werden mussten und daher gewöhnlich nur unwillig und schlecht ausgeführt wurden. Infolge dieser Kritiken schritt man von den letzten Jahrzehnten des 18. Jahrhunderts an allenthalben zur Aufhebung der Grundherrschaft, jedoch keineswegs überall zu gleichen Bedingungen.

Verwirklichung der aufklärerischen Forderungen: Im Herzogtum Savoyen

282 Am frühesten wurde die Grundherrschaft im aufgeklärt absolutistisch regierten *Herzogtum Savoyen* (mit Entschädigung der Grundherren durch die befreiten Bauern) aufgehoben.

In Frankreich (1789–1793)

Stürmisch verlief die Aufhebung der Grundherrschaft in *Frankreich*. Nachdem der Adel am 4.8.1789 durch eine in der Nationalversammlung abgegebene pathetische Erklärung auf seine Feudalrechte verzichtet, dann aber hierfür eine Entschädigung von den Bauern verlangt hatte, erstürmten diese die Schlösser und verbrannten die in den Schlossarchiven verwahrten Urbare (terriers), in denen die Feudalrechte der Schlossherren verzeichnet waren (über Urbare → Rn. 37, 201). Schließlich, zur Zeit der heftigsten Revolutionsstürme (am 7.7.1793) wurden diese Rechte entschädigungslos beseitigt, ebenso in den von Frankreich früh annektierten linksrheinischen Gebieten. In den von Napoleon später eroberten Gebieten aber fanden keine radikalen Bauernbefreiungen mehr statt, doch wurden die Feudallasten aufgehoben.

In Westfalen (nach 1806)

Dementsprechend hoben die Franzosen in dem von ihnen gebildeten Königreich *Westfalen* nach 1806 nur die unmittelbar auf Leibeigenschaft beruhenden Feudallasten entschädigungslos auf (so das Züchtigungsrecht des Gutsherrn, dessen Recht auf Gesindedienste sowie auf einen Anteil am beweglichen Nachlass verstorbener Grundhöriger, ferner die Heirats- und Wegzugsbeschränkungen). Dagegen wurde hinsichtlich der wirtschaftlich viel bedeutenderen Erbzinslasten den Bauern lediglich das Recht gewährt, sich mittels Entrichtung einer bedeutenden Kapitalsumme von ihnen loszukaufen. Von diesem Recht machte nur ein Teil der Bauern Gebrauch. Nach jahrzehntelang schwankender Gesetzgebung aber wurden 1849 die bis dahin noch nicht losgekauften Erbzinslasten der westfälischen Bauern durch ein preußisches Gesetz endgültig in Kapitalschulden umgewandelt, zu deren Begleichung staatlich errichtete Rentenbanken den Bauern Darlehen zu günstigen Bedingungen gewährten.

In den preußischen Gebieten östlich der Elbe (nach 1806)

283 Besonders bedeutsam und eigenartig war die Bauernbefreiung, die in den Preußen 1806 verbliebenen Gebieten im Zug der sog. *Stein-Hardenbergschen Reform* durchgeführt wurde. Schon gegen Ende des 18. Jahrhunderts hatte der König von Preußen in allen seinen Territorien die Leibeigenschaft formell aufgehoben und in eine bloße *Erbuntertänigkeit* abgeschwächt, die im Preußischen Allgemeinen Landrecht von 1794 ausführlich geordnet wurde (II 7 §§ 87 ff.). Doch erhielten die bisher Leibeigenen damit nur eine theoretisch würdigere und rechtlich besser gesicherte Stellung, ohne dass ihre Freiheitsbeschränkungen beseitigt worden wären.

Stein-Hardenbergsche Reform

Der *Reichsfreiherr vom Stein*, selber ein bedeutender Grundherr, der nach Preußens Niederlage gegen *Napoleon* bei Jena (1806) leitender Minister des Königs wurde, hob im »*Edikt über die Aufhebung der Erbuntertänigkeit der Bauern*« v. 9.10.1807, weitgehend den jüngsten französischen Gesetzen entsprechend, die »*persönlichen Feudallasten*« (dh die auf ehemaliger Leibeigenschaft beruhenden Lasten) entschädigungslos auf und erklärte die »*dinglichen Feudallasten*« (dh die auf bloßer Grundherrschaft beruhenden wirtschaftlichen Lasten) als mittels Zahlung einer Loskaufsumme ablösbar

Sein Nachfolger, *von Hardenberg*, ging weiter. Er hob 1811 auch die Zinspflicht der Bauern grundsätzlich auf, bestimmte aber, dass diese ihre Herren durch *Abtretung von Land* zu entschädigen hätten: nämlich durch Abtretung von 1/3 des von Zinsen befreiten Landes, wenn dieses nachweisbar im erblichen Nutzeigentum der Bauern gestanden hatte, und von sogar 1/2, wenn die Vererblichkeit des bäuerlichen Besitzrechts nicht bewiesen werden konnte.

284 Zwiespältige wirtschaftliche und soziale Folgen

Diese Art der Bauernbefreiung hatte zwar die von Hardenberg gewollte Folge, dass das von allen Lasten und Beschränkungen befreite Land fortan bedeutend besser bewirtschaftet wurde und zusehends höhere Erträge ergab; sie hatte aber auch die bedenkliche weitere Wirkung, den in den ostelbischen Gebieten ohnehin gedrückten Bauernstand durch die Verkleinerung seiner Güter noch weiter zu schwächen, sodass die meisten Bauern ihre Güter schließlich ihren ehemaligen Grundherren veräußerten und zu eigentumslosen Landarbeitern herabsanken oder in die Stadt zogen. Dadurch, dass sie dort zum Teil Arbeit, zunächst beim Eisenbahnbau, und dann in neu erbauten Fabriken fanden, leisteten sie zwar einen wichtigen Beitrag zu der von *Hardenberg* gewünschten Industrialisierung Preußens, die auch durch Einführung der *Gewerbefreiheit* (1810/11) gefördert wurde; aber ihre sozialen Verhältnisse in den rasant wachsenden Städten waren lange sehr schlecht, und auch die auf dem Lande Zurückgebliebenen lebten in Verhältnissen, die, zumal angesichts der bis 1849 fortbestehenden Patrimonial-Gerichtsbarkeit der ehemaligen Grundherren sowie infolge der Zuwanderung vieler völlig anspruchsloser Landarbeiter aus dem benachbarten Russland, noch weniger befriedigend waren als bis 1811. In den aufgrund der Industrialisierung schnell wachsenden Ballungsgebieten kam es zu einer Verelendung vieler Familien, was zur »Sozialen Frage« des 19. Jahrhunderts führte.

E. Markgenossenschaften

I. Terminologisches

Gemeine Mark = *Allmend* = »*Gemeinheit*« (im 18. und 19. Jahrhundert offiziell angewandte Bezeichnung) ist das ungeteilte Wald- und Weideland, das von den Dorfgenossen oder den Nachbarn gemeinsam genutzt wird.

285

Markgenossenschaft ist die organisierte Gesamtheit der an der gemeinen Mark Nutzungsberechtigten.

II. Ursprung: Entwicklung bis ca. 1500

Im Spätmittelalter gab es fast überall in Deutschland und auch im übrigen Europa organisierte ländliche Gemeinschaften, die man seit dem 19. Jahrhundert in der wissenschaftlichen Literatur als »Markgenossenschaften« bezeichnet. Es ist ein viel umstrittenes Problem, wann und wie diese Gemeinschaften entstanden sind. Im neunzehnten Jahrhundert und noch in den ersten Jahrzehnten des zwanzigsten glaubten die

286

Lange herrschende Auffassung vom Ursprung der Markgenossenschaften

Heute herrschende Auffassung

Wirtschafts- und Rechtshistoriker an einen altgermanischen Ursprung der Markgenossenschaften, da sie eine ungebrochene Kontinuität der von *Tacitus* geschilderten ländlichen Verhältnisse (→ Rn. 25) bis zum Spätmittelalter annahmen. Durch den österreichischen Wirtschaftshistoriker *Dopsch* aber wurde jene Lehre stark erschüttert. Zwar wird auch heute kaum bestritten, dass die spätmittelalterlichen Markgenossenschaften Wald- und Weideland besaßen, das überwiegend schon seit langer Zeit von einer großen Zahl von Personen unaufgeteilt genutzt wurde. Für wahrscheinlich aber hält man es heute, dass sich die meisten dieser Gemeinschaften eine feste Organisation erst im Spätmittelalter gegeben haben, als infolge der fortschreitenden Waldrodungen das Allmendland knapper geworden war und es daher nötig erschien, die Nutzung der Allmenden einzuschränken und näher zu ordnen. Man nimmt auch an, dass regelmäßig Grundherren als Obereigentümer der gemeinen Mark bei der Organisierung von Markgenossenschaften – übrigens einem typischen Beispiel für das allmähliche Durchdringen rationaler Gedanken im spätmittelalterlichen Recht (→ Rn. 86, 137) – maßgebend mitgewirkt haben. Doch lässt sich Genaueres über die Entstehung organisierter Markgenossenschaften höchstens in Einzelfällen einigermaßen sicher ermitteln.

III. Fortentwicklung in der frühen Neuzeit

Ringen um Allmendnutzungen

287 Das ständige Wachstum der Bevölkerung hatte im 16. Jahrhundert manchenorts Raubnutzungen des Allmendlandes zur Folge, sodass – zB im paderbornischen Gebiet – viel Boden zu unfruchtbarem Heideland wurde. Ferner wurden wegen dieses Wachstums gelegentlich in bisherigem Allmendland kleine Höfe angelegt, die dem Grundherrn erbzinspflichtig wurden. Vor allem aber führte die Bevölkerungsvermehrung zu einem langen, zähen *Ringen um die Allmendnutzungen*. Die Besitzer der Bauernhöfe erklärten, das Recht auf Allmendnutzung gehöre von alters her zu den Bauernhöfen, für deren Bewirtschaftung es unentbehrlich sei und ungeschmälert erhalten bleiben müsse. Die übrige Landbevölkerung aber berief sich darauf, dass alle Ortsansässigen ein Recht auf die Allmendnutzung haben: Sie alle seien berechtigt, Vieh auf die Allmenden zu treiben und in diesen wenigstens für den Eigengebrauch Holz zu schlagen. Die Grundherren und die Obrigkeit pflegten dann zwar grundsätzlich das den überlieferten Gewohnheiten entsprechende Recht der Bauernhofbesitzer anzuerkennen, aber doch soweit als möglich auch die Interessen der übrigen, meist ärmeren Landbevölkerung zu berücksichtigen. Indessen war der Ausgang dieser Konflikte, zu denen noch solche der altansässigen Bevölkerung mit neu Zugezogenen hinzukamen, von Markgenossenschaft zu Markgenossenschaft sehr verschieden und selten endgültig.

Entstehung politischer Gemeinden

288 Spätestens im 16. Jahrhundert wurden in den Gegenden mit vorherrschender Dorfsiedlung aus den meisten Markgenossenschaften allmählich *politische Gemeinden* mit öffentlich-rechtlichen Funktionen. In diesen Gegenden befand sich die gemeine Mark regelmäßig in einiger

Entfernung vom Dorf, das mittelbar von jener, unmittelbar aber vom stark parzellierten, in Dreifelderwirtschaft bewirtschafteten Ackerland der Dorfgenossen umgeben war. Höchste Organe solcher Dorfgemeinden waren die *Gemeindeversammlung* und der von ihr gewählte *Gemeindevorsteher (Schulze)*. Diese nahmen außer internen Aufgaben wie der Handhabung des Flurzwangs und der Regelung der Allmendnutzung auch öffentlich-rechtliche, ihnen von der Obrigkeit zugewiesene Pflichten wahr (zB Armenunterstützung, Fahndung nach Verbrechen, militärische Einquartierung, Steuerumlage). Organisation und Aufgabe

Während die Entwicklung von Markgenossenschaften zu mehr oder minder demokratisch organisierten politischen Gemeinwesen in *Süddeutschland* meistenorts rasch fortschritt und in Teilen der *Schweiz*, besonders in der Innerschweiz, seit dem 13. Jahrhundert aus großen, mehrere Dörfer umfassenden Markgenossenschaften sogar *souveräne Gemeinwesen* entstanden, vollzog sich die Entwicklung politischer Gemeinden aus Markgenossenschaften *im Osten* nur langsam. Dort blieb die *obrigkeitliche Verwaltung* vorherrschend, sogar noch nachdem *1891 eine preußische Landgemeindeordnung für die östlichen Provinzen erlassen worden war*. 289 Rasche Entwicklung in Süddeutschland und besonders in der Schweiz langsame Entwicklung in den preußischen Ostgebieten

IV. Besonderheiten in Westfalen als Beispiel einer Gegend mit vorherrschender Einzelhofsiedlung

1. Hutegenossenschaften

Auch in Westfalen gab es viele Markgenossenschaften (Wald- und Weidegenossenschaften). Sie wurden hier großenteils als »*Hutegenossenschaften*« bezeichnet. Gebildet wurden sie von den Anliegern der gemeinen Mark. Diese aber befand sich, anders als in den Gegenden mit vorherrschender Dorfsiedlung, nicht rings um ein Dorf und um die zu diesem gehörende Feldflur; vielmehr war sie, gerade umgekehrt, von den Bauernhöfen der Nutzungsberechtigten umgeben. 290 Lage der gemeinen Mark

Die Nutzungsrechte (Anteilsberechtigungen) waren fast durchweg mit den einzelnen Bauernhöfen fest verbunden, gehörten also als sog. subjektiv-dingliche Rechte den jeweiligen Inhabern der betreffenden Bauernhöfe. Das einzelne Nutzungsrecht wurde als »*Schar*«, »*Ware*« oder »*Echtwort*« bezeichnet. Marknutzungsrechte

Die Nutzungsberechtigten versammelten sich jeweils im »*Hölting*« (Holzgericht) und wählten in diesem einen »*Holzgraf*«, der die Beschlüsse des *Höltings* auszuführen hatte. Organisation

Aus den Hutegenossenschaften sind keine politischen Gemeinden entstanden.

2. Nachbarschaften, Bauerschaften und Kirchspiele

Nachbarschaften gab es schon in der altsächsischen Zeit. Sie umfassten je ca. 6–8 Bauernhöfe. Ca. 4 Nachbarschaften bildeten (und bilden großenteils noch heute) eine *Bauerschaft*. Deren Mitglieder pflegten sich in einem »*Burding*« zu versammeln und in diesem über örtliche Angelegenheiten Beschlüsse zu fassen. Zu deren Ausführung wählten sie einen »*Burrichter*« (Schulzen). 291 Nachbarschaften Bauerschaften

Doch gab es auch Bauerschaften, in denen das Schulzenamt in einer bestimmten Reihenfolge reihum ging. Noch zahlreicher aber waren die Bauerschaften, in denen dieses Amt dauernd (subjektiv-dinglich) mit einem bestimmten Bauernhof, dem Schulzenhof, verbunden war, sodass dessen jeweiliger Besitzer ohne Weiteres Burrichter war. Die *Schulzenhöfe* wurden gelegentlich auch als »*Oberhöfe*« bezeichnet (zB im Roman von *Immermann,* Der Oberhof), was aber in der Rechtsgeschichte gewöhnlich etwas anderes bedeutet (→ Rn. 178).

Entstehung politischer Kirchspiele

292 Im 16. Jahrhundert wurden im Fürstbistum Münster auf obrigkeitlichen Befehl jeweils ca. 6–8 Bauerschaften (also ca. 200 Bauernhöfe) zu sog. »*Kirchspielen*« vereinigt, die aber als *politische Kirchspiele* weder bezüglich ihrer geographischen Ausdehnung noch ihrer Aufgaben mit den viel älteren kirchlichen Kirchspielen (Pfarrsprengeln, Parochien) übereinstimmten. Die Obrigkeit betraute sie mit der Aufgabe, die von den Landständen bewilligten Steuern auf die einzelnen Steuerpflichtigen umzulegen. Später wurden ihnen weitere Aufgaben zugewiesen, und einige nahmen sie von sich aus in Angriff (noch wenig untersucht). Höchstes Organ eines Kirchspiels war die genossenschaftlich tagende »*Kirchspiel-Konvention*«, an der aber nur die im Kirchspiel begüterten Grundherren, nicht auch deren eigenbehörige Bauern teilnahmen.

Organisation und Aufgaben

Entwicklung im 19. und 20. Jhdt.

Die verhältnismäßig weite Autonomie der münsterischen Kirchspiele wurde in der Franzosenzeit, dem französischen zentralistisch-autoritären Vorbild entsprechend, beseitigt. Die *Landgemeindeordnung für Westfalen* von 1841 aber führte die Gemeindeautonomie wieder ein, allerdings mit der Einschränkung, dass der jeweilige Gemeindevorsteher vom Landrat zu ernennen war. Eine neue *Landgemeindeordnung für Westfalen von 1856* erweiterte jene Autonomie. Diese Ordnung wurde die mittelbare Grundlage für die heute geltende *nordrhein-westfälische Gemeindeordnung von 1952*, die die Gemeindeautonomie nochmals verstärkt hat.

V. Auflösung der Markgenossenschaften

Erste Markaufteilungen

293 Spätestens seit dem 16. Jahrhundert gab es vielerorts Bestrebungen, die gemeine Mark unter die Berechtigten aufzuteilen. Es fanden denn auch von da an gelegentlich solche Aufteilungen – zu sehr unterschiedlichen Bedingungen – statt, obwohl viele Aufteilungsversuche daran scheiterten, dass unter den Beteiligten keine Einigung über Größe und Lage der den einzelnen zuzuweisenden Parzellen zustande kam.

Kritische Beurteilung der Markgenossenschaften durch die Physiokraten

Die Aufklärer, besonders die sog. *Physiokraten (Quesnay, Turgot und andere),* die den landwirtschaftlich genutzten Boden als Quelle allen Reichtums betrachteten, kritisierten neben der Grundherrschaft (→ Rn. 281) auch die gemeine Nutzung des Allmendlandes und forderten dessen Aufteilung. Sie wiesen darauf hin, dass gemeinsam genutztes Land minderwertig sei und dies bleiben werde, solange die gemeine Nutzung andauere; das Land würde um ein Vielfaches besser bewirtschaftet werden und entsprechend im Wert steigen, wenn es, aufgeteilt unter den Nutzungsberechtigten, von diesen als Individualeigentum nach Belieben genutzt werden könnte. Man schritt denn auch, diesen Empfehlungen entsprechend, von der zweiten Hälfte des 18. Jahrhunderts an radikaler als bis dahin zur Auflösung von Markgenossenschaften, allerdings gegen den Widerstand von sozial-konser-

Auflösung sehr vieler Markgenossenschaften (ab ca. 1750)

vativ Gesinnten, die eine bedenkliche Folge der Markaufteilungen voraussahen: nämlich dass viele ehemals Anteilsberechtigte ihre neuerlangten kleinen Landstücke an reichere Nachbarn veräußern und sich dadurch eines – und sei es auch bescheidenen – sozialen Rückhalts entblößen würden, den die Anteilsrechte ihnen geboten hatten. Nicht in allen Fällen nahmen die Bauern eine Beschneidung ihrer als wohlerworben empfundenen Rechte hin, was einige, mitunter erfolgreiche, Klagen von Genossenschaften vor dem Reichskammergericht belegen.

Nicht alle gemeinen Marken wurden aufgeteilt. Manchenorts blieben sie bis heute als Eigentum von privaten Nutzungsgenossenschaften (»Hutegenossenschaften«) erhalten, für deren gesetzliche Ordnung laut Einführungsgesetz zum BGB, Art. 83, das Landesrecht auch nach dem Inkrafttreten des BGB (1.1.1900) maßgebend geblieben ist. (»*Unberührt bleiben die landesgesetzlichen Vorschriften über Waldgenossenschaften*«). An anderen Orten, besonders in Süddeutschland, steht nach wie vor viel ungeteiltes Allmendland im Eigentum politischer Gemeinden. In den meisten Gegenden Westfalens aber ist die gemeine Mark im Lauf der Jahrhunderte unter die Berechtigten aufgeteilt worden.

294 Heute noch bestehende Markgenossenschaften

VI. Rechtsnatur der Anteilsrechte an der gemeinen Mark nach ehemaligem und geltendem Recht

Die Rechtsnatur ist ein umstrittenes, schwieriges Problem. Am ehesten sind diese Anteilsrechte (Nutzungsrechte) als besonders *qualifizierte Mitgliedschaftsrechte* anzusehen. Sie berechtigen den einzelnen Nutzungsberechtigten zur Mitwirkung bei der Willensbildung der Markgenossenschaft sowie zur unmittelbaren Nutzung der der Markgenossenschaft gehörenden gemeinen Mark, Letzteres jedoch nur im Rahmen der von den markgenossenschaftlichen Organen gefassten Beschlüsse, und ohne dass das Nutzungsrecht – im Gegensatz zu einem dinglichen Recht, zB einem Wegerecht oder einer anderen Dienstbarkeit – auch an solchem Land, das die Markgenossenschaft, etwa als Bauland, an einen Dritten veräußern sollte, bestehen bleiben würde.

295 Besonders geartete Mitgliedschaftsrechte

Keine dinglichen Rechte

Entsprechendes gilt für die Anteilsrechte an den sog. *Hauberggenossenschaften des Siegerlandes* sowie an den *Alpkorporationen* Bayerns, Österreichs und der Schweiz. Im Übrigen sind manchenorts nach der Auflösung ehemaliger Markgenossenschaften sowie der Dreifelderwirtschaft Holz- und Weidenutzungsrechte anderer Rechtsnatur erhalten geblieben.

Anteilsrechte an Hauberggenossenschaften und Alpkorporationen

F. Zivilrecht und Zivilprozessrecht

I. Reichskammergerichtsordnung (1495)

Über die Entstehung der RKGO sowie über Organisation, Zuständigkeit und Verfahren des RKG → Rn. 234 ff.

296

Rechtsprechung »nach des Reichs gemeinen Rechten«

Die RKGO bestimmte, die Assessoren des RKG sollten urteilen »*nach des Reichs gemeinen Rechten*«. Das gemeine Recht schloss erstens das in *Reichsgesetzen* enthaltene Recht ein; doch gab es nur wenige Reichsgesetze, und diese regelten nur zu einem kleinen Teil zivilrechtliche Fragen. Zweitens und vor allem umfasste es das *römische Recht* als kaiserliches Recht, wie es im Corpus iuris civilis kodifiziert war und von den Rechtsgelehrten des 12.–14. Jahrhunderts (besonders den Glossatoren *Azo* und *Accursius* sowie den Konsiliatoren *Bartolus* und *Baldus*, → Rn. 128 f., 187), aber auch von späteren italienischen, französischen und deutschen Juristen interpretiert worden war. Zum gemeinen Recht gehörte drittens das *kanonische Recht*, das als universales Recht sogar eine weit über das Heilige Römische Reich hinausgehende Geltung hatte (→ Rn. 186). Die vierte Quelle des gemeinen Rechts bildeten die langobardischen *Libri feudorum* (→ Rn. 89, 96), deren Text einem Manuskript des Corpus iuris angefügt worden war und mit diesem zusammen als kaiserliches Recht betrachtet wurde.

297 Das gemeine Recht wurde vom RKG *von Amts wegen* auf die von ihm zu entscheidenden Fälle angewandt gemäß dem (heute noch geltenden) Grundsatz »*curia novit iura*« (= das Gericht kennt das Recht).

Rechtsprechung nach partikulärem Recht

Allerdings verlangte die RKGO, die Assessoren sollten auch entscheiden »*nach redlichen, erbern und leidlichen Ordnungen, Statuten und Gewohnhaiten der Fürstenthumb, Herrschaften und Gericht, die für sy pracht werden*«. Gemeint ist damit, das RKG solle auch partikuläres (statutarisches) Recht anwenden. Dieses galt gemäß dem Rechtssprichwort »*Stadtrecht bricht Landrecht, Landrecht bricht gemeines Recht*« grundsätzlich sogar primär, also mit Vorrang vor dem größtenteils nur subsidiär anzuwendenden gemeinen Recht. Aber im Unterschied zu diesem musste das partikuläre Recht den Assessoren

Schranken seiner Anwendung

von den Parteien vorgetragen (»*für sy pracht*«) und seine Geltung nachgewiesen werden; denn es gehörte nicht zu den »*iura*«, für die der Grundsatz »curia novit iura« galt. Seinen praktischen Grund hatte dies darin, dass von den Assessoren, die aus den verschiedenen Territorien und Reichsstädten stammten, nicht erwartet werden konnte, dass sie, vom Recht ihres Herkunftsortes abgesehen, die partikulären Rechtsordnungen kannten. Auch sollte das partikuläre Recht vom RKG nur dann angewandt werden, wenn es den Assessoren »*redlich, erber und leidlich*«, dh (einigermaßen) vernünftig, erschien. Überdies setzte sich in den Gerichten der Grundsatz durch »*statuta sunt stricte interpretanda*« (partikuläre Rechtssätze sind eng auszulegen). Dies alles sowie die verhältnismäßige Spärlichkeit aufgezeichneter oder wenigstens mündlich überlieferter partikulärer Rechtssätze hatten zur Folge, dass das partikuläre Recht, trotz seiner grundsätzlich vorrangigen Geltung, in der Rechtsprechung des RKG doch nur eine nebensächliche Rolle spielte.

298 Die *territorialen und reichsstädtischen Gerichte* wandten zwar von Amts wegen außer dem gemeinen Recht auch das ihren Mitgliedern bekannte partikuläre Recht ihres Rechtskreises an. Im Übrigen aber

passten sie sich der Rechtsprechung des Reichskammergerichts an. Möglich wurde dies meistenorts, nachdem das partikuläre Gerichtswesen dadurch reformiert worden war, dass in neu erlassenen *Hof- und Landgerichtsordnungen* die Besetzung der Gerichte mit gelehrten Richtern vorgeschrieben wurde (→ Rn. 269 über die Justizreformen, die im 16. Jahrhundert im Kurfürstentum Mainz und im Fürstbistum Münster durchgeführt wurden).

Hof- und Landgerichtsordnungen

Die durch solche Ordnungen allenthalben bewirkte umfassende *Rezeption des römischen Rechts* führte zwar, von Ausnahmen abgesehen, zu keiner einschneidenden Änderung des praktischen Gehalts der geltenden Rechtssätze, wohl aber zu einer *Änderung der Rechtsprechungs-Methode* (→ Rn. 213). Bis dahin war die Rechtsprechung erfolgt aufgrund von nur *wenigen formalierten Rechtssätzen*, die den Urteilern aus schriftlich überlieferten Privilegien, Satzungen, Weistümern und Rechtsbüchern bekannt waren, ferner aufgrund von *Gewohnheiten*, die sich in den einzelnen Gerichten und Gerichtsbezirken gebildet hatten, im Übrigen aber aufgrund *bloßen Gutdünkens nach Billigkeits- und Gerechtigkeitsgefühl*. Diese Rechtsprechung war zumeist ausgeübt worden von lebens- und rechtserfahrenen, sozial hochstehenden Personen (Honoratioren), die aber großenteils keine juristischen Studien betrieben hatten. An die Stelle einer solchen Rechtsprechung trat nun eine solche *nach dem rezipierten römischen Recht*. Zwar bemühten sich bald nach 1495 treffliche Autoren, einem breiten Publikum die Grundzüge des römischen Rechts in deutsch geschriebenen *populär-wissenschaftlichen Werken* nahezubringen (so Ulrich Tengler in seinem 1509 erschienenen »*Laienspiegel*«). Trotzdem wurde die Besetzung der Gerichte mit studierten Richtern und Urteilern erforderlich. Auch pflegten die Gerichte fortan in schwierigen Fällen die *Akten an eine juristische Fakultät zu senden*, damit diese den Fall begutachte oder sogar endgültig entscheide (→ Rn. 180 sowie → Rn. 275 betr. das 1746 an die preußischen Gerichte ergangene Verbot der Aktenversendung).

299 Rezeption des römischen Rechts Änderung der Rechtsprechungs-Methode

Aktenversendung an juristische Fakultäten

Durch diese *Verwissenschaftlichung* der Rechtspflege wurde die Gefahr vermindert, dass Prozesse anstatt aufgrund von bestimmten Rechtssätzen nach bloßem Rechtsgefühl mehr oder weniger willkürlich in einer für die Parteien nicht vorausberechenbaren Weise entschieden wurden. Aber völlig beseitigt wurde sie nicht, da die römisch-rechtlichen Texte keineswegs für alle Rechtsfragen eindeutige Lösungen vorsahen. Es kamen infolge der Rezeption *neue Missstände* in der Rechtspflege auf, weil über manche Fragen schärfste Kontroversen geführt wurden und die fortan in vielen Prozessen beigezogenen *Advokaten* die verschiedenen in der Literatur geäußerten Meinungen in mitunter rabulistischer Weise gegeneinander ausspielten. Erst nach mehreren Jahrhunderten waren die römisch-rechtlichen Texte durch Wissenschaft und Praxis so gut verarbeitet, dass jene Missstände auf ein unvermeidliches Mindestmaß zurückgedrängt waren. Eine unerfreuliche Folge der Rezeption konnte überhaupt nie völlig überwunden werden: Das *Volk*, mit Einschluss seiner nicht

300 Verwissenschaftlichung der Rechtspflege

Neue Missstände

Schwindendes Verständnis des Volkes für die Zivilrechtspflege	juristisch geschulten gebildeten Schichten, *verlor das Verständnis für die Zivilrechtspflege*. Zur Zeit des Bauernkrieges (1525) protestierten denn auch Ritter und Bauern gegen die mit der Rezeption eingeleitete Entwicklung, ja, überhaupt gegen die Anwendung des gelehrten Rechts und die es anwendenden Doktoren. Dann aber verstummten solche Klagen, und die Rezeption nahm bis zum 18. Jahrhundert ungestört ihren Fortgang.
Abweichende Rechtsentwicklung in der Schweizerischen Eidgenossenschaft	301 In einem Gegensatz dazu steht die Rechtsentwicklung in der *Schweizerischen Eidgenossenschaft*. Diese hatte sich mit Erfolg gegen die Anwendung der RKGO auf ihr Gebiet zur Wehr gesetzt. Infolgedessen kam in den weitaus meisten ihrer Gerichte, die mit rechtserfahrenen, aber nicht rechtsgelehrten Honoratioren aus dem städtischen Patriziat und den gehobenen Schichten der Landbevölkerung (Großbauern, Müller, Wirte, Notare) besetzt blieben, keine gelehrte Rechtsprechung auf. Nachwirkungen finden sich noch im Schweizerischen Zivilgesetzbuch von 1907, das viel weniger genau, aber dafür dem Volk leichter verständlich gefasst ist als das unmittelbar der römisch-rechtlichen Tradition verhaftete deutsche BGB von 1896.
Ähnliche Entwicklung in manchen Gebieten Deutschlands	302 Die Tendenz, dass das Volk, mit Einschluss sogar der Honoratioren, das Verständnis für die Zivilrechtspflege verlor, setzte sich allerdings auch in Deutschland nicht überall durch. In den Gebieten, in denen das partikuläre Recht in Rechtsbüchern (zB im Sachsenspiegel) oder in Privilegien, Satzungen und Weistümern schriftlich fixiert war, oder wo angesehene Gerichtshöfe (zB der Magdeburger Schöffenstuhl oder der Rat von Lübeck) eine ständige, schriftlich protokollierte Rechtsprechung entwickelt hatten, dauerte die Honoratioren-Rechtsprechung nach partikulären Rechtsquellen weiter, wenn auch mit der Neigung, allmählich der gelehrten Rechtsprechung einigen Raum zu lassen.

II. Stadt- und Landrechtsreformationen des 15.–17. Jahrhunderts

Begriff	303 Die Reformationen waren Gesetze, die in vielen Städten und Territorien erlassen wurden, nachdem infolge der häufigen Kollisionen zwischen partikulärem und gemeinem Recht in manchen Fragen Rechtsunsicherheit aufgekommen war. Diese wurde mittels Neuformulierung des partikulären Rechts behoben und dadurch dessen Geltung gegenüber dem gemeinen Recht gesichert. Doch wurden in jene »*Reformationen*« nicht wenige römisch-rechtliche Sätze, allerdings regelmäßig in stark vereinfachter, populärer Fassung aufgenommen.
Beispiele Freiburger Stadtrecht, redigiert von Ulrich Zasius (1520)	304 Die bedeutendsten Reformationen sind die *Nürnberger Reformation von 1479, die Wormser Reformation von 1498*, die den Charakter eines populären, deutsch geschriebenen Kurzlehrbuchs des römischen Rechts mit den in Worms geltenden Abweichungen hat, das *Freiburger Stadtrecht von 1520*, das vom Freiburger Stadtschreiber *Ulrich Zasius*, dem hervorragendsten Humanisten unter den deutschen Juristen, abgefasst worden ist, das *Württembergische Landrecht von 1555*, das der Zasius-Schüler Sichard redigiert hat, sowie die *Frankfurter Reformation von 1578*, deren Verfasser *Johann Fichard* war.

III. Polizeiordnungen

Solche Ordnungen wurden im 16. Jahrhundert sowohl vom Reich (1530, 1548, 1577) als auch von manchen Landesherren und Reichsstädten erlassen. »*Polizei*« (von griechisch »politeia«) bedeutete damals die gute Ordnung des Gemeinwesens. »*Polizeiordnungen*« aber waren Gesetze, die um der guten Ordnung des Gemeinwesens willen aufgestellt wurden, ohne lediglich das gute alte Recht in neuer Fassung zu enthalten. Sie betrafen vor allem das sittliche Leben. So verboten sie übermäßigen Aufwand beim Bewirten von Gästen und bestimmten genau, welches Maß an Luxus die Angehörigen der verschiedenen Stände sich in der Kleidung leisten durften. Sie regelten ferner gesundheitliche Angelegenheiten (Seuchenbekämpfung, Krankenversorgung, Nahrungsmittelqualität), die Festkultur und Glücksspiel, befassten sich aber auch mit rein privatrechtlichen Belangen, zumal mit solchen, die bis dahin von der Kirche geordnet worden waren. ZB bestimmten sie, dass Zinsen zwar zulässig seien, aber *nur bis zur Höhe von 5%*. Ferner regelten sie einzelne erbrechtliche Fragen. Besonders aber verstärkten sie in Bestimmungen über *Notare* und *Vormünder* die behördliche Aufsicht über diese Verwalter privater Vermögensrechte. Der so zustande gekommene Ausbau älterer Ansätze der sog. *Freiwilligen Gerichtsbarkeit*, dh der gerichtlichen oder obrigkeitlichen Fürsorge für private Rechte und Interessen, ist eine typische Folge davon, dass in jenem Zeitalter ein polizeilich-fürsorgliches Denken aufgekommen war.

305 Die Begriffe »Polizei« und »Polizeiordnung«

Inhalt der Polizeiordnungen

Freiwillige Gerichtsbarkeit

Hauptgegenstand der Polizeiordnungen war jedoch die Sanktionierung abweichenden Verhaltens, vor allen Dingen die Verfolgung von Vaganten sowie die Bestrafung unerwünschten Sexualverhaltens. Neuere Untersuchungen zu einzelnen Territorien, zB zum Kurfürstentum Mainz zeigen, dass ein rasanter Anstieg der Verordnungsaktivität im letzten Drittel des 17. Jahrhundert zu verzeichnen ist. Die höchste Zahl an Sanktionen erfolgte um 1760, die Hauptgruppe waren Verstöße gegen die Sexualmoral (Ehebruch, Konkubinat, Homosexualität). Die Polizeiordnungen modifizierten das gemeine Recht, und ihre konkrete Umsetzung trug entscheidend zur Entstehung des öffentlichen Strafrechts bei. Motive der Verordnungsgeber waren einerseits ökonomisch-kameralistisch, nämlich die Förderung von Wohlfahrt und Wohlstand, andererseits die Herstellung von Sicherheit, die auch von der Bevölkerung eingefordert wurde. Die früher vertretene These von der Erfolglosigkeit aufgrund eines angeblichen Vollzugdefizits kann so nicht mehr aufrecht erhalten werden, da die einzelnen Territorien eben nicht nur symbolische Gesetzgebung betrieben, sondern experimentierend neue Instrumentarien der Normdurchsetzung bzw. der formellen Sozialkontrolle auf- und ausgebaut haben. Langfristig führte diese Art der Gesetzgebung zu einer allgemeinen Akzeptanz eines Verrechtlichungsprozesses bei der Bevölkerung.

305a Sanktionen gegenüber abweichendem Verhalten

In speziellen Judenordnungen wurden die Rechtsverhältnisse der Juden detailliert geregelt, etwa die Ausübung der Religion auf den

Judenordnungen

privaten Bereich beschränkt, die Begrenzung beruflicher Tätigkeiten eingeführt sowie das Verbot des Beischlafs mit Christen aufgestellt.

IV. Usus modernus Pandectarum

Begriff 306 Das ist der Titel eines vierbändigen Werks, das vom Hallenser Professor *Samuel Stryck* in den Jahren 1690–1712 veröffentlicht wurde. Er diente alsbald zur Bezeichnung der Rechtswissenschaft und Rechtspraxis, die in Deutschland vom 17. Jahrhundert an herrschten, bis sie in Preußen durch den Erlass des Preußischen Allgemeinen Landrechts von 1794 (→ Rn. 314 ff.) und in anderen Teilen Deutschlands durch

Grundlagen die Historische Rechtsschule (→ Rn. 8 und → Rn. 403 f.) verdrängt wurden. Zur Grundlage hatte der Usus modernus Pandectarum vor allem das römische Recht in der Auslegung, die die Glossatoren und Konsiliatoren ihm gegeben hatten (→ Rn. 126–129, 187). Kaum beein-

Nicht zu diesen Grundlagen gehörende Lehren der Humanisten Cuiacius und Donellus
flusst wurde er von den Lehren der berühmten französischen Humanisten *Cuiacius* und *Donellus* (beide 16. Jahrhundert), die als Angehörige eines Staates, in dem das römische Recht nicht unmittelbar galt, sondern nur hohes Ansehen genoss, wissenschaftlich hervorragende, quellengetreue, aber der Praxis wenig zugewandte Werke verfasst hatten. Dagegen war er mitgeprägt von der Rechtsprechung des Reichskammergerichts. Besonders bedeutsam aber war für ihn eine Er-

Thesen von Conring (1643)
kenntnis, zu der der Helmstedter Polyhistor *Hermann Conring* gelangt war. Dieser hatte in einem 1643 erschienenen Buch »*De origine iuris germanici*« die lange herrschende Annahme, Kaiser *Lothar III.* habe 1135, nach der Eroberung von Amalfi, auf Bitte des Glossators *Irnerius* (→ Rn. 126) die Anwendung des römischen Rechts im ganzen Reich gesetzlich befohlen, als eine Legende (»*lotharische Legende*«)

»lotharische Legende« bezeichnet. Ihr gegenüber wies er nach, dass das römische Recht in Deutschland nicht durch Gesetz eingeführt worden sei, sondern schrittweise gewohnheitsrechtliche Geltung erlangt habe, und zwar nur unvollständig und mit mannigfachen Umbildungen.

Praktische Auswirkungen
Conrings Einsichten veranlassten *Stryck*, in seinem Werk über den Usus modernus Pandectarum bei der Erörterung der einzelnen Rechtsfragen zwar jeweils zunächst auszuführen, wie diese nach dem Corpus iuris zu entscheiden wären, alsdann aber darzulegen, ob und inwieweit der in Deutschland herrschende, von ihm gebilligte Gerichtsgebrauch damit übereinstimme. Ähnlich stellten die anderen zeitgenössischen Autoren das geltende Zivilrecht dar. So entstand eine überaus praktische Rechtswissenschaft, die ihren literarischen Nieder-

Vorzüge und Mängel des Usus modernus Pandectarum
schlag in dickleibigen Büchern fand. Doch entbehrte sie der inneren Harmonie, weil sie auf sehr uneinheitlichen Elementen teils römisch-rechtlichen, teils germanisch-rechtlichen Ursprungs und Charakters beruhte. Ganz besonders fehlte ihr eine geschlossene Systematik. Zu einer solchen gelangten dagegen die Vertreter des wissenschaftlichen Naturrechts, die in derselben Epoche, zunächst vornehmlich an philosophischen Fakultäten, einem breiten Publikum zukunftsträchtige Lehren vortrugen.

V. Naturrecht

Das ist ein sehr alter Begriff von etwas schillernder Bedeutung. Als erste haben ihn die griechischen Sophisten verwendet, als dann *Plato* und *Aristoteles,* weiterhin viele von den Griechen beeinflusste römische Schriftsteller, etwa *Ulpian* oder *Cicero,* auch der Kirchenvater *Augustin.* Im Mittelalter spielte er eine große Rolle bei *Thomas von Aquino* und anderen Scholastikern, später bei *Luther* und *Calvin* sowie bei manchen Fortsetzern der katholischen scholastischen Tradition, besonders bei mehreren spanischen Philosophen und Moraltheologen des 16. Jahrhunderts, zB *Vásquez* und *Vitoria.* Der Begriff wurde nunmehr – im Gegensatz zum Mittelalter – ohne theologischen Bezug gebraucht. Deren Gedanken wurden weitergeführt vom Holländer *Hugo Grotius* (1583–1645), einem hochgebildeten Juristen, der 1621 als politischer Flüchtling seine Heimat für immer verlassen hatte. In seinem 1625 erschienenen Werk »De iure belli ac pacis libri tres« bildete *Grotius* das Gedankengebäude der spanischen Spätscholastiker zu einem von säkularer Vernunft geprägten um. Durch ihn wurde der Begriff »Naturrecht« der Grundbegriff eines philosophischen Rechtssystems von größter Ausstrahlungskraft und Zukunftswirkung. Das neue System hängt eng zusammen mit der rationalistischen Philosophie von *Descartes* († 1650), *Spinoza* († 1677), *Leibniz* († 1716) und *Christian Wolff* († 1754), die davon ausgingen, dass der Mensch befähigt ist, mittels seiner Vernunft (ratio) das Wesen und die Zusammenhänge sowohl der sinnlichen als auch der übersinnlichen Dinge zu ergründen. Im Rahmen dieses Systems kann Naturrecht definiert werden als ideales, der Vernunft (ratio) entsprechendes Recht, das zwar nicht – wie das positive Recht – in einem wirklichen Staat tatsächlich gilt, aber in einem idealen Staat zwischen den Menschen unabhängig von Herkunft und Geschichte gelten müsste und in den wirklichen Staaten wenigstens annähernd verwirklicht werden sollte.

307 Hauptvertreter von Naturrechtslehren bis ca. 1600

Hugo Grotius (1583–1645) Hauptwerk: »De iure belli ac pacis« (1625)

Begriff des Naturrechts

Naturrechtslehren waren besonders bedeutsam im Hinblick auf das *Völkerrecht,* dh das Recht, das für die Rechtsbeziehungen zwischen verschiedenen Staaten gilt. Denn Völkerrecht kann, anders als das innerstaatliche Recht, von keinem Gesetzgeber geschaffen werden. Es ist nur teilweise »positives Recht«, im Übrigen aber ein ideales Recht, das von den Staaten in den zwischenstaatlichen Beziehungen angewandt werden sollte. Die beste Aussicht auf Anwendung aber hat es, wenn sein – idealer – Inhalt von hervorragenden Autoren entfaltet wird, und zwar so, dass seine Vernünftigkeit den Staatslenkern einsichtig wird. Dass dies durch Laien und nicht, wie bis dahin, durch konfessionell gebundene und insoweit parteiisch erscheinende Moraltheologen geschehe, war nach der Glaubensspaltung und den durch sie hervorgerufenen Religionskriegen ein vordringliches Anliegen der praktischen Politik geworden. Ihm wandte sich *Grotius* vor allem zu. Sein Werk behandelt aber nicht nur Völkerrecht, sondern enthält auch tiefgründige, zT dogmengeschichtlich hochbedeutsame Naturrechtslehren über Staatsrecht, Strafrecht und besonders Privatrecht.

308 Bedeutung für das Völkerrecht

Über Völkerrecht hinausgreifender Inhalt des Werks

Eigenschaften und Erkenntnisquellen des Naturrechts	Das Naturrecht ist nach *Grotius* unveränderlich, sodass es nicht einmal von Gott geändert werden könnte.

»Est autem ius naturale adeo immutabile, ut ne a Deo quidem mutari queat«.

	Um aber zu erkennen, welche Rechtssätze dem Naturrecht entsprechen, stützt sich *Grotius* auf allgemeine Betrachtungen über das *Wesen des Menschen* (mit Unterscheidungen nach Alter, Geschlecht und anderem) und der Welt sowie der auf ihr befindlichen Sachen; sodann auf *Grundprinzipien der Gerechtigkeit*, als deren wichtigste Elemente
Grundprinzipien der Gerechtigkeit: Gleichheit und Treue	er *Gleichheit* (in verschiedenen Ausprägungen, zB als Gleichwertigkeit von Leistung und Gegenleistung) und *Treue* (im Sinn strenger Beachtung und Aufrechterhaltung gültig begründeter Rechte und Pflichten) ansieht. Auf die Bedeutung der so verstandenen Treue legt *Grotius* (III c. 25 I 2) besonderes Gewicht:

»Et iustitia quidem in caeteris suis partibus saepe habet aliquid obscuri: at fidei vinculum per se manifestum est«.

Zwar hat die Gerechtigkeit in ihren übrigen Teilen oft etwas Dunkles. Doch das Band der Treue ist durch sich selbst offenbar.

Samuel Pufendorf (1632–1694)	309	Zwei Generationen nach ihm wurde sein Gedankengut von *Samuel Pufendorf* (1632–1694) weiter entwickelt. Pufendorf hatte zunächst an der philosophischen Fakultät der Universität Heidelberg den ersten an einer deutschen Universität eingerichteten Lehrstuhl für Naturrecht inne. Später zog er nach Schweden und zuletzt nach Berlin an den Hof des Großen Kurfürsten, dessen Historiograph er wurde. (Über sein geistvolles und amüsantes Buch *»De statu imperii Germa-*
Hauptwerk: »De iure naturae et gentium« (1672)		*nici«* (1667) → Rn. 255). Sein naturrechtliches Hauptwerk trägt den Titel *»De iure naturae et gentium libri octo«* (1672). Es ist *strenger systematisch* durchgestaltet als das Werk von *Grotius* und stellt ein Vollständigkeit beanspruchendes Naturrechtssystem der ganzen Rechtsordnung auf. Zugrunde liegen ihm, wie auch dem Werk des *Grotius*, großenteils Begriffe des römischen Rechts. Doch verwendet
Verwendung von Allgemeinbegriffen; Grundlegung eines allgemeinen Teils des bürgerlichen Rechts		es viele derselben, zB *»Vertrag«* und *»Delikt«*, in einem Sinn, der weit über den quellenmäßigen hinausgeht, nämlich als allgemeinste Begriffe und damit als *Fundamente eines allgemeinen Teils* des bürgerlichen Rechts, als dessen geistiger Vater Pufendorf gilt. Auch übernimmt Pufendorf nicht die einzelnen von den Römern entwickelten Rechtssätze, sondern kritisiert sie vielmehr zT ausdrücklich. Gegliedert aber
Gliederung nach Rechtspflichten		ist sein Werk *nach Rechtspflichten* (nicht wie die nachkantischen Privatrechtssysteme nach subjektiven Rechten), und zwar behandelt es nacheinander die Rechtspflichten, die jeder Mensch gegen sich selbst hat, dann seine Rechtspflichten gegen andere, weiterhin die Rechtspflichten innerhalb von kleineren sowie schließlich von größeren Gemeinschaften.

Pufendorf entwickelt sein System *»more geometrico«*, dh in einer Weise, die dem gedanklichen Vorgehen in der Geometrie vergleichbar ist und denselben Gewissheitsgrad wie dieses beansprucht. So leitet er aus einem obersten naturrechtlichen Grundsatz *»neminem laedere«* (vgl. Inst. I 1, 3 und Dig. I, 1, 10, 1) umfassende Lehren über »unerlaubte Handlungen« und die durch sie ausgelöste Schadensersatzpflicht ab, und zwar in einer so gut durchdachten Weise, dass es möglich wäre, diese Lehren unmittelbar zum Entscheid von praktischen Rechtsfällen – auch schwierigen – zu verwenden.

Pufendorf, wie seinerzeit schon *Grotius*, stellte nur wenige Lehren auf, die schlechthin im Widerspruch zum positiven Recht der damaligen Gemeinwesen standen. Im Gegenteil enthielten manche seiner Lehren geradezu eine *naturrechtliche Rechtfertigung des damaligen positiven Rechts* (zB der monarchischen Staatsform, ja, sogar der absoluten Monarchie) oder zeigten doch, dass die geltenden Ordnungen, wenn auch naturrechtlich nicht schlechthin notwendig, so doch mit dem Naturrecht vereinbar waren.

Naturrechtliche Rechtfertigung des damaligen positiven Rechts

Pufendorfs viel bewundertes Werk wurde ebenso wie das des *Grotius* (um 1700) vom Franzosen *Barbeyrac* ins Französische übersetzt und hierdurch in weitesten Kreisen Frankreichs und auch Amerikas bekannt. In der Praxis wirkte es zunächst vor allem auf die Rechtsprechung ein, und zwar vornehmlich bezüglich solcher Rechtsfragen, die nicht positiv-rechtlich geregelt waren.

Übersetzungen von Barbeyrac

Über das Prestige *Pufendorfs* bei den Praktikern vgl. *Kleists »Zerbrochnen Krug«*, wo der Richter Adam zu dem ihn inspizierenden Gerichtsrat Walter erklärt: »Die Welt, sagt unser Sprichwort, wird stets klüger, und alles liest, ich weiß, den Pufendorf«.

Auf die Gesetzgebung aber erlangten Pufendorfs Gedanken erst allmählich Einfluss.

Einen solchen gewann dagegen rasch der eine Generation später in Halle wirkende Professor *Christian Thomasius* (1655–1728). Dieser übte einerseits als kampfesfreudiger Aufklärer scharfe *Kritik am geltenden Recht*. So nannte er das Corpus iuris civilis ein »einfältig Büchlein«, dessen Studium zum Teil durch das des überlieferten Privatrechts deutschen Ursprungs ersetzt werden sollte. Auch verlangte er ausdrücklich eine Änderung der Rechtsprechung und Gesetzgebung, besonders bezüglich der *Hexenprozesse*; → Rn. 335. Andererseits erkannte er, dass das Naturrecht vernünftigerweise nicht jederzeit und überall zu gleichen positiven Regelungen Anlass geben könne. Vielmehr verlange gerade das Naturrecht, dass der Gesetzgeber auf die jeweiligen Zeitbedürfnisse sowie ganz besonders auf die Eigenart des Gemeinwesens, für das er Gesetze erlasse, Rücksicht nehme. So habe er unter anderem bestehende Überlieferungen zu beachten, sich also nicht über das geschichtlich Gewordene einfach hinwegzusetzen.

310 Cristian Thomasius (1655–1728) aufklärerischer Kritiker des geltenden Rechts

Diese *Lehre vom Naturrecht mit wechselndem Inhalt* (= Lehre vom *relativen Naturrecht*) wurde später von Montesquieu in seinem »Esprit des Lois« (1748) vertieft und auf viele konkrete Einzelfragen angewandt. Sie erwies sich als zukunftsträchtig, obwohl *Christian Wolff* (1679–1754) als Professor für Philosophie in Halle, dann in Marburg und zuletzt nochmals in Halle, wieder ein an Pufendorf angelehntes *absolutes Naturrechtssystem* aufstellte und bis in die feinsten

Lehre vom relativen Naturrecht vertieft durch Montesquieu (1748) Christian Wolff (1679–1754)

absolutes Naturrecht

Verwirklichung des relativen Naturrechts in Kodifikationen

Verästelungen entfaltete. Denn von der zweiten Hälfte des 18. Jahrhunderts an fand die Lehre vom relativen Naturrecht einen reichen Niederschlag in umfassenden, unter sich verschiedenartigen Gesetzbüchern, sog. *Kodifikationen*, die von ausgezeichneten Juristen im Auftrag ihres Landesherrn redigiert und dann von diesem in Kraft gesetzt wurden.

VI. Kodifikationen

311 »*Kodifikation*« ist ein vom Engländer *Bentham* (1748–1832) geprägter Begriff, der in einem weitesten, engeren und engsten Sinn verwendet wird.

Kodifikation im weitesten Sinn

Kodifikation im weitesten Sinn = Gesetz von erheblichem Umfang, das mindestens einen *Teilbereich der Rechtsordnung* regelt (Beispiele: römisches Zwölf-Tafel-Gesetz, mittelalterliche Stadt- und Landrechte, Stadt- und Landrechts-Reformationen des 15. und 16. Jahrhunderts);

Kodifikation im engeren Sinn

Kodifikation im engeren Sinn = Gesetz von erheblichem Umfang, das mindestens einen Teilbereich der Rechtsordnung *annähernd vollständig* regelt (Beispiele: Corpus iuris civilis, Lex Salica);

Kodifikation im engsten Sinn

Kodifikation im engsten (und wichtigsten) Sinn = Gesetz von erheblichem Umfang, das mindestens einen Teilbereich der Rechtsordnung streng *systematisch* und annähernd vollständig regelt. Kodifikationen in diesem engsten, von Bentham gemeinten Sinn sind erst seit der Mitte des 18. Jahrhunderts geschaffen worden. Einige von ihnen ordnen das Strafrecht, andere das Strafprozessrecht, noch andere das Zivilprozessrecht, die bedeutendsten aber das Zivilrecht (einige das Handelsrecht).

Voraussetzungen der Erschaffung solcher Kodifikationen

312 Der Erlass derartiger Gesetzeswerke wurde möglich, als zwei Voraussetzungen – eine geistige und eine politische – erfüllt waren: Vor allem musste ein fein durchgestaltetes Gedankengebäude vorliegen, nach dessen Vorbild Gesetzbücher systematisch angelegt werden konnten. Ein solches Gedankengebäude hatte die Naturrechtslehre geschaffen. Sodann mussten die führenden Kräfte des Staatswesens die Macht und den Willen haben, solche Kodifikationen zu erlassen. Diese zweite Voraussetzung war in Staaten gegeben, in denen der Absolutismus durchgedrungen und der Herrscher unter dem Einfluss der Aufklärung – also als aufgeklärter absoluter Herrscher – gewillt war, die Rechtsordnung zum Wohl seiner Untertanen dem Naturrecht entsprechend zu gestalten (und zwar praktisch wohl vor allem zum Wohl der grundhörigen Bauern, denen gegenüber die gelegentlich geübte Willkür der Grundherren beseitigt wurde, aber auch zum Wohl des städtischen Bürgertums, das ein besonders großes Interesse an der durch die Kodifikation gesteigerten Rechtsklarheit und Rechtssicherheit hatte).

Beziehung zwischen den frühesten Kodifikationen und dem aufgeklärten Absolutismus

Die frühesten systematischen Kodifikationen (bis zum Beginn des 19. Jahrhunderts) sind dementsprechend typische *Erzeugnisse des aufgeklärten Absolutismus*, nämlich des diesen kennzeichnenden Willens zu machtvoller Ausübung der Herrschaft eines Einzelnen zum Zweck, das Wohl aller nach einem einheitlichen, rationalen Gesamtplan zu fördern.

Die ersten derartigen Kodifikationen des Zivilrechts sind:

1. Codex Maximilianeus bavaricus civilis (1756)

Der Codex Maximilianeus bavaricus civilis (1756), redigiert vom *Frhr.* 313
von Kreittmayr, der auch die schon vorher erlassenen bayerischen
Kodifikationen des Strafrechts (1751) und Prozessrechts (1753) redigiert hatte.

Dieses bayerische Zivilgesetzbuch war zwar in deutscher Sprache abgefasst, enthielt aber viele lateinische Einstreuungen und blieb in seinem Inhalt noch stark dem Usus modernus Pandectarum verhaftet; zwischen dem aufgeklärten Ideal und dieser eher traditionellen Umsetzung bestand eine deutliche Diskrepanz. Zudem ließ es das gemeine Recht subsidiär in Kraft. Gegolten hat es bis zum Inkrafttreten des BGB.

2. Das Preußische Allgemeine Landrecht (= ALR, 1794)

Dieses Gesetz ist eine der bedeutendsten Quellen der deutschen 314 Entstehungsgeschichte
Rechtsgeschichte. Es entstand gemäß einem Auftrag *Friedrichs des
Großen*. Nachdem ein von *Cocceji* verfertigtes »Project eines Corporis iuris Fridericiani« (1749/51, → Rn. 275), das einen ähnlichen Charakter wie der Codex Maximilianeus bavaricus civilis hatte, nur zu einem kleinen Teil und nur in einzelnen preußischen Territorien in Kraft gesetzt worden war, wurden die Kodifikationspläne 1780 unter dem Justizminister *von Carmer* wieder aufgenommen. Die Hauptarbeit leistete dessen jüngerer Freund und Schützling *Carl Suarez*
(ursprünglich »Schwarz«, 1746–1798). Nach jahrelangen, äußerst Suarez als
sorgfältigen Vorbereitungen und dem Tode *Friedrichs des Großen* Hauptredaktor
(1786) kam ein Entwurf zustande, der veröffentlicht wurde mit der an die gebildete Welt gerichteten Bitte, sich über ihn zu äußern. Der Widerhall inner- und außerhalb Preußens war groß und überwiegend
sehr anerkennend. Doch wurden zahlreiche Einzelkritiken angebracht, die von den Redaktoren bei einer letzten Überarbeitung ihres Veröffentlichung des
Entwurfs noch berücksichtigt wurden. Schließlich wurde dieser trotz Entwurfs und
der Bedenken der ständischen Deputationen, die ihn, zumal nach dem Widerhall in der
Ausbruch der Französischen Revolution, zu fortschrittlich und den Öffentlichkeit
überlieferten Rechten des Adels abträglich fanden, zunächst in den
1793 neuerworbenen polnischen Gebieten und dann 1794 in allen
preußischen Staaten in Kraft gesetzt.

Insgesamt war dies ein für den aufgeklärten Absolutismus charakteristi- 315 Vorzüge des ALR
sches Gesetzgebungsverfahren, das ein Werk von geschlossener Gesamtkonzeption, äußerster Sorgfalt und Gründlichkeit in der Regelung
der Einzelheiten sowie sehr ansprechender formaler Gestaltung und fast
restloser Klarheit der Ausdrucksweise entstehen ließ. Das ALR ordnete Inhalt
das Privatrecht, das Handelsrecht, das materielle Strafrecht und Teile des
Verwaltungsrechts. Seine Regelungen beruhen auf einer bewundernswürdigen Synthese von *wissenschaftlichem Naturrecht* (so vor allem
dem Freiheitsgedanken, der unter anderem zur Abschwächung der Leibeigenschaft in die Erbuntertänigkeit führte – → Rn. 283), *überliefertem*

6. Kapitel. Frühe Neuzeit (ca. 1500–1806)

Gliederung	*gemeinem Recht* sowie *korporativem* und *altständischem Recht*, das seinen Niederschlag in breiter Ordnung zB des Rechts der Gutsherrschaften und des Zunftrechts fand. Gegliedert ist das ALR entsprechend den Naturrechtssystemen von *Pufendorf und Wolff* (→ Rn. 309 f.), dh aufsteigend vom Individuum zu begrenzten und
Sprache	alsdann zu weiteren und weitesten Gemeinschaften. Seine Sprache ist edel und einfach, an den Richter wie an das Volk gerichtet. Alles in
Friderizianischer Geist	allem ist es ein *Werk* von *friderizianischem Geist*: geschaffen aus einer überlegenen Gesamtschau über die bestehende ständische Gesellschaftsordnung, geprägt vom Willen zur Reglementierung aller Lebensverhältnisse bis ins Einzelne zwecks Förderung des Wohls der auf diese Weise gleichsam bevormundeten Untertanen wie auch des Staatswohls, im Ton aber von freundlich-väterlicher Volkstümlichkeit und in der formalen Gestaltung durchdrungen vom Stilgefühl des
Großer Umfang	Rokoko. Das ALR ist sehr umfangreich geworden: Es umfasst über 20.000 Paragrafen von allerdings meist nur je einem Satz. Zwar hatte *Friedrich der Große*, sich an Gedanken *Montesquieus* anlehnend, einen Vorentwurf des Gesetzes mit den Worten kritisiert: »Es ist aber sehr dicke, und Gesetze müssen kurz und nicht weitläufig seyn.« Große Ausführlichkeit erschien jedoch den Redaktoren erforderlich, um, *Friedrichs* Willen entsprechend, den Richtern eindeutige Entscheidungsgrundlagen für alle denkbaren Rechtsfälle zu geben.
Verbot der Auslegung unklarer Gesetzesstellen durch die Gerichte	Schließlich glaubten sie, dieses Ideal nahezu erreicht zu haben, und bestimmten, dass die Richter zur selbstständigen Auslegung angeblich unklar gebliebener Gesetzesstellen nicht befugt sein sollten, sondern sich in Zweifelsfällen an eine zu schaffende *Gesetzeskommission* wenden müssten. Diese typisch polizeistaatliche »Bevormundung« der Richter entspricht ganz der Auffassung Montesquieus, wonach der Richter lediglich der »Mund des Gesetzes« ist. Zum Ausdruck kommt hier auch das Misstrauen, das der König den Juristen, vor allem aber den Richtern, entgegenbrachte. Ein Motiv des Gesetzgebers war jedoch auch fürsorglicher Art, nämlich das Werk vor richterlicher Willkür, aber auch vor ärgerlichem Advokatenstreit vor Gericht zu bewahren. Sie konnte indessen wegen Überlastung der Gesetzeskommission nicht lange aufrechterhalten werden.
Beliebtheit des ALR	**316** Das ALR war nach allen überlieferten Zeugnissen bei den Gerichten und in breiten Volkskreisen sehr beliebt, schon weil es leicht verständlich war. Wegen seiner Mischung konservativer und zukunftsweisender Elemente trug es allerdings gleichsam einen »Januskopf«. Doch wurden seine altständischen und polizeistaatlichen Bestimmungen in der *Stein-Hardenbergschen Reform* von 1807/11 (→ Rn. 283) weitgehend aufgehoben.
Abneigung der Professoren, besonders Savignys	Wenig Zuneigung brachten ihm die Professoren entgegen, vor allem weil das ALR den Gerichten verbot, in künftigen Fällen auf Gelehrtenmeinungen Rücksicht zu nehmen. Sie vergalten diese Missachtung der Rechtswissenschaft dadurch, dass sie sich während des ganzen 19. Jahrhunderts nur wenig mit dem ALR befassten. Auch wurde es 1814 von *Savigny* als eine wissenschaftlich nur beschränkt gelungene Arbeit kritisiert, an deren Stelle im akademischen Unterricht nach wie vor das römische sowie das überlieferte deutsche Recht zu behandeln seien, was dann in der Folge an den preußischen Universitäten auch geschah (→ Rn. 403 ff.).

Gegolten hat das ALR in allen preußischen Gebieten und zwar unter gänzlicher Verdrängung des gemeinen Rechts, während es partikuläre Besonderheiten mit Vorrang vor ihm selbst in Kraft ließ (zB die westfälische eheliche Gütergemeinschaft, die durch ein preußisches Gesetz von 1860 für ganz Westfalen, ausgenommen das ehemalige Herzogtum Westfalen, dh das Sauerland, vereinheitlicht wurde). Im östlichen Teil des Münsterlandes mit der Stadt Münster (→ Rn. 349) galt es von 1803 bis 1809, im ganzen Münsterland seit 1814. In den linksrheinischen Gebieten, die zeitweilig zu Frankreich gehörten und nach der Niederlage Napoleons zu Preußen kamen, wurde das ALR auch auf Wunsch der Bevölkerung nicht eingeführt. In den 1866 von Preußen neu erworbenen Gebieten wurde es ebenfalls nicht mehr eingeführt.

317 Geltungsbereich

Weitergeltung partikulären Rechts

Ausdehnung des Geltungsbereichs seit 1803

Sein strafrechtlicher Teil wurde nach knapp sechzig Jahren durch das Preußische Strafgesetzbuch von 1851 abgelöst (→ Rn. 392), während seine handelsrechtlichen Partien bis zum Inkrafttreten des Allgemeinen deutschen Handelsgesetzbuches von 1861 und seine bürgerlich-rechtlichen Teile bis 1900 galten.

Als hochbedeutsam für die Rechtsentwicklung bis zur Gegenwart erwiesen sich zwei Bestimmungen des ALR:

318 Zwei besonders bedeutsame Bestimmungen des ALR

1) II 17 § 10: »Die nöthigen Anstalten zur Erhaltung der öffentlichen Ruhe, Sicherheit und Ordnung, und zur Abwendung der dem Publiko, oder einzelnen Mitgliedern desselben bevorstehenden Gefahr zu treffen, ist das Amt der Polizey«.

Damit wurde, in Anlehnung an eine Lehre des großen, aus Iserlohn gebürtigen Göttinger Staats- und Verwaltungsrechts-Professors Johann Stephan Pütter (1715–1807), mittelbar der *liberale, heute maßgebende Polizeibegriff* geprägt; nach diesem umfasst die Polizei als staatliche Aufgabe nicht mehr, wie im Zeitalter des Polizeistaates, die Förderung des öffentlichen Wohls schlechthin, sondern nur noch die Abwehr von Gefahren für die öffentliche Sicherheit und Ordnung.

Moderner, liberaler Polizeibegriff

2) Einleitung § 75: »Dagegen ist der Staat denjenigen, welcher seine besondern Rechte und Vortheile dem Wohle des gemeinen Wesens aufzuopfern genöthigt wird, zu entschädigen gehalten«.

319

Aus dieser Vorschrift wurde der allgemeine Grundsatz für den sog. »*Aufopferungsanspruch*« (genauer wäre: Anspruch auf Entschädigung für Aufopferung) entwickelt, der bis heute in der Bundesrepublik Deutschland als Gewohnheitsrecht anerkannt wird.

Aufopferungsanspruch

3. Code civil (1804)

Dieses Gesetzbuch vereinheitlichte das zuvor stark zersplitterte französische Zivilrecht und bildete eine Mischung aus überlieferten gewohnheitsrechtlichen Regelungen und revolutionären Neuerungen. Zustande kam es als Ergebnis von nur wenige Monate dauernden Kommissionsberatungen, an denen *Napoleon* persönlich teilnahm und einen starken Einfluss auf die Regelung mancher Einzelheiten ausübte. Der Code civil ist mit seinen 2281 Artikeln nicht annähernd so umfangreich wie das ALR. Er ordnet nur das Privatrecht und zwar

320 Entstehung

Umfang, Inhalt

in einer Weise, die einerseits den *egalitären und freiheitlichen Proklamationen der Französischen Revolution*, andererseits aber dem *autoritären Geist Napoleons* entspricht. Alle ständischen Schranken sind beseitigt. Auch hat die Eheschließung nicht mehr vor einem Pfarrer, sondern vor dem weltlichen Standesbeamten zu erfolgen. Aber das Verhältnis zwischen Ehemann und Ehefrau sowie zwischen Eltern und Kindern ist wie bis dahin patriarchalisch gestaltet. Im Übrigen beruht auch der Code civil auf einer Synthese von wissenschaftlich-systematischem Naturrecht und überliefertem positivem Recht, das in der südlichen Hälfte Frankreichs von römisch-rechtlichen Traditionen, in Mittel- und Nordfrankreich dagegen von alten gewohnheitsrechtlichen Ordnungen germanisch-rechtlichen Charakters bestimmt war. Die Sprache des Code civil ist juristisch-nüchtern, aber von bestem klassizistischem Stil, obwohl nicht so präzis wie die Sprache des ALR oder gar des geltenden BGB. Der Code civil wird mitunter als Verfassung der französischen Gesellschaft des 19. Jahrhundert angesehen.

Sprache

321 Der Code civil gilt in Frankreich mit vielen Abänderungen noch heute. Zur Zeit der napoleonischen Herrschaft galt er auch in manchen rechtsrheinischen Gebieten, zB 1810 bis 1814 im Münsterland. In den linksrheinischen *Rheinlanden*, wo er bei den Richtern und Anwälten sehr beliebt war und auf deren Verlangen nach 1815 beibehalten wurde, *galt er bis 1900.* Zudem wurde er das größtenteils wörtlich (in Übersetzung) genommene Muster für das 1809 im Großherzogtum Baden erlassene *Badische Landrecht,* das sich ebenfalls großer Beliebtheit erfreute und bis 1900 galt. Der Code civil wurde aber auch das Vorbild für die Zivilrechts-Kodifikationen fast aller außerfranzösischen Staaten romanischer Kultur (*Italien, Spanien, Rumänien* und die meisten *südamerikanischen Staaten*, auch Louisiana in den USA), aber auch für Belgien und Polen. So wurde er zum ausstrahlungskräftigsten Gesetz des 19. Jahrhunderts.

Vorübergehende Geltung in Teilen Deutschlands

Badisches Landrecht (1809)

Weltbedeutung des Code civil

4. Das österreichische Allgemeine Bürgerliche Gesetzbuch (= ABGB, 1811)

Entstehung

322 Seine bis auf *Maria Theresia* zurückgehende Entstehungsgeschichte gleicht derjenigen des ALR.

Im Zug der längst begonnenen Reformarbeiten traf *Josef II.* 1787 im sog. *Josefinischen Gesetzbuch* eine Neuordnung des Personen- und Familienrechts. Ferner wurde 1797 in Westgalizien, das zwei Jahre vorher aufgrund der dritten polnischen Teilung als jüngstes Kronland an Österreich gefallen war, das von naturrechtlichen Grundsätzen geprägte *Galizische Bürgerliche Gesetzbuch* in Kraft gesetzt, das die erste moderne Privatrechtskodifikation Europas darstellt. Dessen Text bildete die Grundlage für die weiteren, schließlich erfolgreichen Gesetzesberatungen.

Zeiller als Redaktor

Die letzte Fassung erhielt das ABGB durch den Wiener *Professor Franz v. Zeiller*, einen Anhänger *Kants* und Schöpfer eines von kantischem Denken durchdrungenen eigenen Naturrechtssystems.

Auch das ABGB beruht auf einer Synthese von wissenschaftlich-systematischem Naturrecht, römischem Recht und germanischem Recht. Standesrecht, zB Adelsrecht, wird in ihm zwar, anders als im ALR, nicht behandelt, blieb aber, anders als in Frankreich, als Gewohnheitsrecht und aufgrund von Spezialgesetzen, zT bis 1918, weiterhin in Kraft. Eine auffällige Eigenart des ABGB liegt in seiner Kürze (1502 Paragrafen). Sie entspricht dem kantianischen Grundsatz, dass die Gesetzgebung auf das Maß zu beschränken sei, welches für die Aufrechterhaltung der Freiheit erforderlich ist. Sprachlich ist das ABGB sehr gediegen, wenn auch nicht so leicht verständlich wie das ALR, nicht so brillant wie der Code civil und nicht so peinlich genau wie das BGB. Geltung erlangte es in den meisten Gebieten Österreich-Ungarns, in manchen allerdings nur vorübergehend. Von den österreichischen Juristen wird es auch heute noch hoch geschätzt.

Inhalt

Knapper Umfang

Sprache

Geltungsbereich

VII. Zivilprozess

Er war im 16.–18. Jahrhundert in weiten Teilen Deutschlands weitgehend nach den Grundsätzen des *römisch-kanonischen Prozessrechts* (siehe, auch zum folgenden, → Rn. 226) gestaltet. Demgemäß war er beherrscht von der *Dispositionsmaxime*, dem *Parteibetrieb* und der *Verhandlungsmaxime*, also von Prinzipien, nach denen die Initiative zur Einleitung und Durchführung des Prozesses ausschließlich bei den Parteien liegt (→ Rn. 69).

323 *Grundsätze des römisch-kanonischen Prozessrechts*

In diesem Rahmen war der Zivilprozess fein ausgewogen, aber, zumal wegen seiner Schriftlichkeit, umständlich. Kennzeichnend für ihn waren unter anderem folgende Regeln, die, mit Einschränkungen, heute noch gelten:

»*Quod non est in actis, non est in mundo*«
(Grundsatz des streng schriftlichen Verfahrens, wonach der Richter nur berücksichtigen darf, was in den Akten festgehalten ist. Dieser Grundsatz bezieht sich nur auf den Sachverhalt, nicht auf die Rechtssätze, die auf ihn anzuwenden sind);

Schriftliches Verfahren

»*Da mihi facta, dabo tibi ius*«
(Die Parteien haben dem Richter den von ihnen behaupteten Sachverhalt vorzutragen und zu beweisen; der Richter aber hat die einschlägigen Rechtssätze auf den vorgetragenen und bewiesenen Sachverhalt anzuwenden);

Rolle der Parteien und des Richters

»*Curia novit iura*«
(auch umgekehrt formuliert: »*Iura novit curia*«. Über diesen Grundsatz siehe → Rn. 297);

Von Amts wegen erfolgende Anwendung des geltenden Rechts

»*Ne eat iudex ultra petita partium*«
(Der Richter darf nicht über die Begehren der Parteien hinausgehen; insbesondere darf er dem Kläger nicht mehr zusprechen, als dieser verlangt, aber auch nicht weniger, als der Beklagte dem Kläger zu gewähren bereit ist).

Begrenzung der richterlichen Entscheidungsbefugnis durch den Parteiwillen

Zivilklagen gegen den Landesherrn (Fiskus)	324	Es war zulässig, dass ein *Untertan gegen seinen Landesherrn* eine Zivilklage erhob. Doch hatte er den Landesherrn um dessen Würde willen nicht als solchen, sondern als »*Fiskus*« zu verklagen.

Andererseits hatte der Landesherr in den meisten Territorien das dem alten ius evocandi (→ Rn. 227) ähnliche Recht, jeden Zivilprozess – sowie auch jeden Strafprozess – vor der Fällung eines gerichtlichen Urteils durch *Machtspruch* selbst zu entscheiden oder dem Gericht Weisungen zu erteilen, wie es den Fall zu entscheiden habe. Obwohl die aufgrund dieses Rechts geübte *Kabinettsjustiz* (ein von deren Kritikern später geprägter Ausdruck) starke Gefahren des Machtmissbrauchs in sich barg, war sie keineswegs schlechthin unbeliebt, da das Volk vom Herrscher oft eine raschere und gerechtere Rechtsprechung als von den ordentlichen Gerichten erwartete. Dennoch verzichtete *Friedrich der Große* als aufgeklärter Herrscher zunächst auf dieses Recht, ließ sich dann aber 1779 im Zorn über vermeintlich geschehenes schweres Unrecht (Abweisung der Klage des *Müllers Arnold* gegen einen adligen Gutsherrn, der der Mühle des Klägers das Wasser abgegraben habe) zur Bestrafung der seines Erachtens schuldigen Richter und zur Absetzung des sie verteidigenden Justizministers *Fürst* hinreißen, was als schwerer Justizskandal in die Geschichte eingegangen ist.

Kabinettsjustiz

Müller-Arnold-Prozess (1779)

Kodifikationen des Zivilprozessrechts

Herrschaft der Untersuchungsmaxime in der preußischen Zivilprozessordnung (1781)

325 Von ca. 1750 an wurde das Zivilprozessrecht in verschiedenen Territorien *systematisch kodifiziert*. Unter diesen Kodifikationen ist besonders eigenartig die *preußische Zivilprozessordnung* (Corpus iuris Fridericianum, 1. Teil) von 1781, welche die bis dahin nur den Strafprozess beherrschende *Untersuchungsmaxime* in den Zivilprozess einführte. Danach hatte fortan der Richter auch in Zivilsachen, die allerdings weiterhin nur auf Klage einer Partei hin vor ihn kamen, den Sachverhalt von Amts wegen zu klären. Diese Reform entsprach dem Willen *Friedrichs des Großen*, die ihm verhassten Anwälte vor allem im Interesse der unbemittelten Volksschichten überflüssig zu machen. Das neue Verfahren blieb aber nur einige Jahrzehnte in Kraft. Im Zeitalter des Liberalismus wurde nämlich infolge des ihn kennzeichnenden Bestrebens, die Freiheit und zugleich die Verantwortung des Individuums zu verstärken, die Untersuchungsmaxime im Zivilprozess wieder durch die Verhandlungsmaxime ersetzt (preußische Verordnungen von 1843 und 1846).

Code de procédure civile (1806)

Mündliches Verfahren

Einfluss auf die Reichszivilprozessordnung (1877)

326 Inzwischen hatte der französische »*Code de procédure civile*« (1806), der auch in den Rheinlanden galt, bahnbrechende Neuerungen im Zivilprozessrecht gebracht. Er sah nämlich ein weitgehend *mündliches Verfahren* vor, das vor allem geeignet war, die Anwälte zu großen rhetorischen Leistungen zu veranlassen. Dieses Verfahren ist 1877 zum Teil in die Reichszivilprozessordnung aufgenommen worden, wird aber von den deutschen Anwälten und Gerichten, außer in den Rheinlanden mit ihrer französisch-rechtlichen Tradition, meist doch nicht im Sinn einer wirklichen Mündlichkeit gehandhabt.

G. Strafrecht und Strafprozessrecht

I. Reformen unter Bewahrung des mittelalterlichen Strafrechtscharakters

Viele italienische Gelehrte, unter anderem die Konsiliatoren *Bartolus und Baldus* (→ Rn. 129), hatten im 14. und 15. Jahrhundert aufgrund des Corpus iuris civilis außer dem Zivilrecht auch das Strafrecht wissenschaftlich untersucht. Sie gelangten auf diese Weise zur Aufstellung zahlreicher Lehren, die zwar nicht die Härte des überlieferten mittelalterlichen Strafrechts (vgl., auch zum folgenden, → Rn. 214 ff.), aber doch die vielerorts als Missstand empfundene Willkür seiner Handhabung zu beschränken suchten. Diese Lehren drangen auch nach Deutschland und fanden zu Beginn des 16. Jahrhunderts einen Niederschlag in der 1507 in Kraft gesetzten *Halsgerichtsordnung für das Fürstbistum Bamberg* (»*Constitutio criminalis Bambergensis*«). Dieses epochemachende Gesetz kam durch fruchtbare Zusammenarbeit zwischen rechtsgelehrten Würdenträgern des Bischofs und einem seiner nicht rechtsgelehrten, aber rechtserfahrenen Vasallen, *Johann Freiherr von Schwarzenberg,* zustande, dem die lange herrschende Lehre sogar die nahezu alleinige Autorschaft zuschrieb. Das Werk wurde später »*mater Carolinae*« genannt, weil es dank seiner allgemein anerkannten Vortrefflichkeit die unmittelbare, teilweise wörtlich übernommene Vorlage der *Peinlichen Gerichtsordnung Karls V.* (»*Constitutio criminalis Carolina*«) wurde, die nach 11 Jahre dauernden Verhandlungen 1532 auf dem Reichstag zu Regensburg zustande kam.

327 Italienische Strafrechtswissenschaft (14. und 15. Jhdt.)

Einfluss auf Deutschland

Constitutio criminalis Bambergensis (1507) Schwarzenberg

Die »*Carolina*« ist nach äußerem Umfang und innerem Gehalt das bedeutendste Reichsgesetz, das im alten Reich jemals zustande gekommen ist. Abgefasst ist sie in einer schönen und kräftigen deutschen Sprache, die uns zwar heute etwas umständlich erscheint, aber den Gerichtsschöffen und wohl auch dem Volk verständlich war. Ihre Ausdrucksweise, zB die Art, in der sie die einzelnen Verbrechenstatbestände beschreibt, ist präziser als diejenige der mittelalterlichen Gesetze, obwohl sie insoweit heutigen Anforderungen an die Gesetzgebung nicht genügen würde. Vorzüglich ist ihre klare, übersichtliche Gliederung, welche sie als – allerdings noch der Vollständigkeit ermangelnde – Vorläuferin einer Kodifikation im engsten Sinne (→ Rn. 311) erscheinen lässt. Bemerkenswert ist auch ihr hoher sittlicher Gehalt, der sich besonders im offensichtlichen Bestreben des Gesetzgebers zeigt, zwar die schuldigen Verbrecher einer gerechten Strafe zuzuführen, aber die noch nicht schuldig befundenen Angeschuldigten vor unnützen Quälereien, vor dauernder Schädigung und besonders vor ungerechter Verurteilung zu bewahren.

328 Constitutio criminalis Carolina (1532)

Die Carolina ordnet in ihrer ersten Hälfte den *Strafprozess*. Ein solcher war – nach der Praxis regelmäßig – von Amts wegen zu eröffnen und gemäß der *Untersuchungsmaxime,* die eine von Amts wegen erfolgende Klärung des Sachverhalts verlangte, durchzuführen. Die Strafunter-

329 Strafprozessrechtlicher Teil

suchung wurde durch einzelne Gerichts- und Ratsmitglieder, meist mit Beiziehung eines Henkers als Folterknecht, geheim geführt. Auf ihr lag das Schwergewicht des Prozesses, was ihn nach einhellig herrschender Auffassung außer in den Fällen eines auf private oder öffentliche Anklage hin eröffneten Akkusationsverfahrens, zum sog. *Inquisitionsprozess* machte. In den wichtigsten Punkten stimmte der Strafprozess der Carolina mit dem aus dem Spätmittelalter überlieferten (→ Rn. 223) überein. Neuerungen von größter Tragweite brachte die Carolina aber darin, dass sie die Folterung des Angeschuldigten nur gestattete, wenn einen hohen Verdacht begründende »*Anzeigungen* (Indizien) – je nach ihrer Art in größerer oder geringerer Zahl – förmlich nachgewiesen waren, und dass sie für eine Verurteilung einen noch strengeren Beweis verlangte, dessen Mindestvoraussetzungen gemäß einer sog. *gesetzlichen Beweistheorie* genau festgelegt waren. Auch suchte sie durch ein vorbildliches *Verbot des Stellens von Suggestivfragen* sowie durch die Vorschrift, dass alle Geständnisse bestmöglich auf ihre Wahrheit zu überprüfen seien und unmittelbar in der Folter abgegebene nicht zu protokollieren seien, auf bloßen Scheinbeweisen beruhende Verurteilungen zu verhindern. Soweit diese Vorschriften in der Praxis strikt eingehalten wurden, dürfte es nicht leicht vorgekommen sein, dass Unschuldige gefoltert oder gar aufgrund eines falschen Geständnisses verurteilt wurden. Was die Verfahrensbeendigung angeht, so sah die Carolina, dem mittelalterlichen Recht entsprechend (→ Rn. 223), den im alten Landtagsverfahren durchzuführenden »*endlichen Rechtstag*« vor, an dem das ganze Volk zusammenströmte und das Gericht auf öffentliche Klage und Verteidigung hin das regelmäßig vorher schriftlich gefasste Urteil verkündete. Lautete dieses auf eine Strafe an Leib und Leben (Todesstrafe), so sollte der Richter an den Orten, wo es üblich war, seinen *Stab zerbrechen*. Auch hatte er, falls der Verurteilte nicht vom Landesherrn begnadigt wurde, das Urteil sogleich, ohne Appellationsmöglichkeit, durch den Nachrichter (Scharfrichter, Henker) vollstrecken zu lassen. Dieses auch als »Theater des Schreckens« bezeichnete Verfahren diente einerseits der herrschaftlichen Machtentfaltung, entsprach aber auch den tradierten Vorstellungen der Bevölkerung von der Öffentlichkeit der Verfahren, ohne die die Legitimität infrage gestellt worden wäre.

330 Die zweite Hälfte der Carolina regelt das *materielle Strafrecht*. Sie enthält *Ansätze zu einem allgemeinen Strafrechtsteil*, indem sie trefflich gefasste Bestimmungen über Notwehr, Beihilfe, Versuch und von Jugendlichen begangene Verbrechen aufweist. Daran schließen sich Bestimmungen über die einzelnen Verbrechenstatbestände und die für sie vorgesehenen Strafen, die fast durchweg mit den aus dem Mittelalter überlieferten übereinstimmen, also sehr hart sind (→ Rn. 215). So wird in den Art. 125 und 126 bestimmt:

»Item die boßhafftigen überwunden brenner sollen mit dem fewer vom leben zum todt gericht werden.

»Item eyn jeder boßhafftiger überwundner rauber, soll nach vermöge unser vorfarn unnd unserer gemeyner keyserlichen rechten, mit dem schwerdt oder wie an jedem ort inn disen fellen mit guter gewonheyt herkommen ist, doch am leben gestrafft werden«.

Die Verfasser der Carolina hielten es für unmöglich, das Strafrecht vollständig zu normieren. Sie stellten daher keinen vollständigen Verbrechenskatalog auf und ließen (entgegen dem erst im 18. Jahrhundert aufgestellten – 1801 formulierten – Grundsatz »nulla poena sine lege«) auch die *Bestrafung nicht genannter Verbrechen* zu. Doch hatte das Gericht in solchen Fällen ein Gutachten von Rechtsgelehrten einzuholen und durfte keinesfalls eine Todesstrafe verhängen.

331 Unvollständigkeitsregelung

Bestrafung nicht genannter Verbrechen

Möglich war in solchen Fällen die Verurteilung zu einer zeitlichen, meist in der venezianischen Flotte zu verbüßenden *Galeerenstrafe*, die auch häufig als *Verdachtsstrafe* verhängt wurde, nämlich dann, wenn ein Angeschuldigter trotz Folterung nicht geständig war, aber nach wie vor dringende Verdachtsgründe gegen ihn bestanden.

Galeerenstrafe

Viele Reichsstände hatten lange ihre Zustimmung zur Verabschiedung der Carolina verweigert, weil sie von einer gesamtdeutschen Vereinheitlichung des Strafrechts und Strafprozessrechts eine Machteinbuße und dazu eine Erschwerung ihres Kampfes gegen das Verbrechertum fürchteten. Die meisten von ihnen wurden aber schließlich für das Gesetz gewonnen, nachdem in dieses folgende »Salvatorische Klausel« eingefügt worden war: »Doch wollen wir durch diese gnedige erinnerung Churfürsten, Fürsten und Stenden an iren alten wohlherbrachten rechtmessigen und billichen gebreuchen nichts benommen haben«.

332

Salvatorische Klausel

Diese Klausel entspricht weitgehend der in → Rn. 297 wiedergegebenen Bestimmung der Reichskammergerichtsordnung, dass die Assessoren des RKG auch urteilen sollen, »nach redlichen, erbern und leidlichen Ordnungen, Statuten und Gewohnheiten der Fürstenthumb, Herrschaften und Gericht, die für sy pracht werden«. Beide Bestimmungen ordnen an, dass nicht nur nach gemeinem Zivilrecht, bzw. nach der Carolina, sondern auch und zwar sogar vorrangig nach dem geltenden partikulären Recht geurteilt werden solle. Doch richtete sich die Klausel der RKGO an das RKG selbst als höchstes Reichsgericht, die Salvatorische Klausel der Carolina aber an die Landesherren, Reichsstädte und ihre für Strafsachen zuständigen Gerichte, deren Urteile nicht an das RKG weitergezogen werden konnten.

Vergleich mit der RKGO

Die praktische Bedeutung der Salvatorischen Klausel für die künftige Rechtsentwicklung erwies sich indessen als noch geringer als die Wirkung des in der RKGO vorgesehenen Vorbehalts zugunsten des partikulären Rechts; denn die Carolina drängte wegen ihrer großen sachlichen Vorzüge das bisherige partikuläre Strafrecht und Strafprozessrecht der meisten Territorien und Reichsstädte bis auf wenige Einzelheiten zurück. Die Folge war, dass sich die Strafrechtspflege verbesserte. Zwar blieb sie hart, streifte aber ihre frühere Willkürlichkeit weitgehend ab.

Auswirkungen

Allerdings flackerte Willkür in Strafprozessen nicht selten auf, weil die Carolina nicht immer strikt beachtet wurde. Auch kam es vereinzelt im 15., vermehrt im 16. und 17. Jahrhundert zu furchtbaren Exzessen in *Hexenprozessen,* die man aus Angst vor den vermeintlich gemeingefährlichen, vom Teufel besessenen Hexen rücksichtslos durchführte, ohne die von der Carolina vorgesehenen Kontrollen gegen ungerechtfertigte oder übermäßige Folterungen zu beachten. Man stellte den Angeschuldigten, zumeist Frauen, stereotype Fragen, die

333 Neue Missstände

Hexenprozesse

von zwei Ketzerrichtern, den Dominikanern *Institoris* und *Sprenger*, in einem 1487 erschienenen Buch »*Malleus maleficarum*« (= Hexenhammer) formuliert worden waren, nämlich Fragen nach ihren Bündnissen und Buhlschaften mit dem Teufel sowie nach ihrem verderblichen Wirken, und setzte die Befragung so lange mit immer härteren Folterungen fort, bis die Gemarterten ein uneingeschränktes Geständnis ablegten. Diese Praxis wurde, in freilich zurückhaltender Weise, sogar von hervorragenden Rechtsgelehrten gebilligt, so vom sächsischen Juristen *Benedikt Carpzow* (1595–1666). Die Zahl der Opfer lässt sich nicht exakt belegen, Schätzungen gehen davon aus, dass in Mitteleuropa 40.000–80.000 Menschen als Hexen verbrannt worden sind.

Carpzow (1595–1666)

333a Bedeutende Gegner der Hexereiprozesse waren im 16. Jahrhundert der niederländische Arzt *Johann Weyer* (»De prästigiis demonum«, 1563) sowie im 17. Jahrhundert der Jesuitenpater *Friedrich Spee von Langenfeld* (»Cautio criminalis«, 1631), der in seiner anonym veröffentlichten und bei den Gegnern der Hexenprozesse sehr geschätzten Schrift auf die Unglaubwürdigkeit der Aussagen Gefolterter hinwies und damit begründete, dass unzählige Unschuldige hingerichtet würden. Im 17. Jahrhundert begannen einzelne Landesherren damit, die Hexenverfolgungen einzustellen, bspw. die schwedische Königin Christine in den von den Schweden im Dreißigjährigen Krieg besetzten deutschen Gebieten sowie im Kurfürstentum Mainz Kurfürst *Johann von Schönborn* gegen Ende des Jahrhundert

Gegner der Hexereiprozesse

333b Die Wissenschaft des gemeinen Rechts hat sich auch mit dem Strafrecht befasst, ihre bedeutendsten Vertreter sind der Italiener *Decianus* (1509–1582), der vor allem wesentliche Fragen des allgemeinen Teils genauer begrifflich erfasste, ferner in Deutschland der sächsische Rechtsgelehrte *Benedikt Carpzow* (1595–1666), dessen Werk an der forensischen Praxis, die er am Leipziger Schöffenstuhl als dessen Vorsitzender kennen lernte, ausgerichtet ist, sowie schließlich der den Aufklärern zuzurechnende *Carl Ferdinand Hommel* (1722–1781).

Strafrechtswissenschaft

II. Reformpostulate der Aufklärungszeit

334 Man kann zwar die *Rationalisten* des 17. Jahrhunderts als Vorläufer der Aufklärer bezeichnen, weil sie gegenüber der aus der Scholastik überlieferten philosophischen Tradition, die sich auf Autoritäten, besonders auf vorbehaltlos für wahr gehaltene antike Texte, stützte, kritisch eingestellt waren. Aber ihre Achtung vor der Überlieferung war doch noch so stark, dass bspw. *Grotius* bei vielen Fragen darauf hinwies, dass schon antike und spätere Autoren gleich wie er gedacht hätten. Aufklärer im engeren Sinne gibt es erst seit etwa 1700, dh seitdem, unter anderem infolge des Endes von Pestepidemien und wachsenden Wohlstandes breiter Bevölkerungsschichten, allmählich ein optimistischeres Weltbild das frühere religiös-pessimistische zurückgedrängt hatte; denn erst von da an kam ein bewusster (mitunter etwas seichter) *Fortschrittsglaube* und *Fortschrittswille* auf, dem man durch Kritik an den in Staat und Gesellschaft bestehenden Verhältnis-

Rationalisten des 17. Jahrhunderts als Vorläufer der Aufklärer

Beginn der Aufklärung im engeren Sinn (um 1700)

Hauptmerkmale der Aufklärung

sen zum Durchbruch helfen wollte. Unter den Aufklärern waren für die Strafrechtsentwicklung besonders bedeutend:

1. Christian Thomasius

→ Rn. 310.

335

Dieser streitbare Mann, der an der neugegründeten preußischen Aufklärungsuniversität Halle lehrte, bekämpfte, den Fußstapfen des seinerzeit erfolglos mutigen Jesuiten *von Spee* (»*Cautio criminalis*«, *1631*) folgend, die *Hexenprozesse* in einem Buch »*De crimine magiae*«, das er unter dem Titel »*Vom Verbrechen der Hexe- und Zauberei*« auch in deutscher Übersetzung erscheinen ließ (1701).

Kampf gegen Hexenprozesse

Vorläufer: v. Spee (1631)

2. Montesquieu

stellte in seinem »*Esprit des lois*« (= Geist der Gesetze, 1748) als einer der ersten sehr eindrucksvoll die Forderung auf, *dass keine Bestrafung ohne Gesetz* erfolgen dürfe (1801 *von Feuerbach* als Grundsatz »*nulla poena sine lege*« formuliert, → Rn. 344).

336 Keine Bestrafung ohne Gesetz

3. Beccaria

ein im damals österreichischen Mailand wirkender Edelmann und Professor, verfasste mit 26 Jahren ein Buch »*Dei delitti e delle pene*« (*Von den Verbrechen und Strafen*), das zu den klassischen Werken der italienischen Literatur gehört. Beccaria, der, wie andere Naturrechtler, davon ausging, dass die staatliche Ordnung letztlich auf einem zwischen den Menschen geschlossenen Gesellschaftsvertrag beruhe, entwickelte umfassende Lehren über ein dem Gesellschaftsvertrag entsprechendes Strafrecht. Wie *Montesquieu* setzte er sich für den Grundsatz »keine Strafe ohne Gesetz« ein und lehnte mit Nachdruck die Folter ab, weil sie kein zur Ermittlung der Wahrheit taugliches Mittel sei. Auch war er ein strikter *Gegner der Todesstrafe*, und zwar mit der später von *Kant* als sophistisch kritisierten Begründung, dass niemand im Gesellschaftsvertrag gültig in seine eventuelle künftige Tötung habe einwilligen können.

337

Ablehnung der Todesstrafe

III. Reformen der Aufklärungszeit

1. Einzelreformen

Unter dem Einfluss der Aufklärung wurden sehr bald in einigen Staaten das materielle Strafrecht und der Strafprozess in Einzelpunkten reformiert. So wurden manchenorts nicht nur *Hexenprozesse* zurückgedrängt, sondern die ehemals drakonischen Strafen für religiöse Delikte wie Gotteslästerung stark gemildert. Auch verbot *Friedrich der Große* bei seinem Regierungsantritt (1740) die Anwendung der Folter, ausgenommen in Fällen, in denen ein Staatsverbrechen aufzudecken war. Entsprechende Verbote wurden 1776 in Österreich und 1806 in Bayern erlassen. Doch wurden die Strafprozesse in all diesen

338

Verbot der Folterung

Aufrechterhaltung des Inquisitionsprozesses

Staaten weiterhin *Inquisitionsprozesse* als durchgeführt, dh als Prozesse, deren Schwergewicht auf einer von Amts wegen durchzuführenden heimlichen Strafuntersuchung lag (→ Rn. 223). In diesen Prozessen verlegten sich die Richter, nach Abschaffung der Folter, öfters darauf, den Angeschuldigten durch raffinierte Fragestellungen zu einem Geständnis zu überlisten. Jedenfalls standen sie, besonders wenn eine Untersuchung sehr mühevoll verlaufen war, bei der Abfassung der für das Urteil grundlegenden Berichte und der Fällung des Urteils selbst dem Angeschuldigten häufig nicht mehr objektiv gegenüber.

2. Kodifikationen

339 Kurz nachdem *Montesquieu* in seinem epochemachenden »Geist der Gesetze« sinngemäß den Grundsatz »nulla poena sine lege« postuliert hatte, schritten einzelne Staaten zur selbstständigen Kodifikation des Strafrechts, was allerdings auch durch die naturrechtlich und aufklärerisch bedingten Reformforderungen veranlasst war. So wurde in Bayern 1751 der von *Kreittmayr* verfasste »*Codex iuris criminalis bavarici*« (→ Rn. 313) erlassen. Wenige Jahre nach dem Erscheinen des Werks von *Beccaria* aber trat in Österreich die »*Constitutio criminalis Theresiana*« (1768) in Kraft. Dieses umfassende Gesetzbuch strebte nicht nur Vollständigkeit an, sondern legte alle Tatbestände genau fest. Insoweit zeigt sich in ihm ein bedeutender Fortschritt gegenüber der Carolina. Von dieser unterscheidet sich die Theresiana ferner dadurch, dass sie dem Richter, entsprechend den damals auch ihm gegenüber herrschenden polizeistaatlich-bevormundenden Tendenzen, fast keinen Ermessensspielraum für die Strafzumessung gab (was vom heutigen Standpunkt aus ein erheblicher Mangel ist). Im Übrigen enthält dieses Gesetz, das das überlieferte Strafensystem aufrecht erhielt und die Anwendung der Folter weiterhin gestattete, bis sie (wie oben erwähnt) 1776 verboten wurde, noch ganz den mittelalterlich-theokratischen Geist der Carolina. Doch wurde es 1787/88 durch aufgeklärte *Josefinische Kriminalgesetze* ersetzt, die die Todesstrafe nur noch für seltene Fälle vorsahen, aber an ihre Stelle zwecks mitleidloser Abschreckung die inhuman harte Strafe des Schiffsziehens treten ließen.

In Bayern (1751)

In Österreich: »Theresiana« (1768)

Josefinische Kriminalgesetze (1787/1788)

Diese Gesetze wurden indessen 1803 durch ein milderes Strafgesetzbuch ersetzt, das lange als legislatorische Meisterleistung galt und in seinen Grundzügen bis 1975 in Kraft stand.

In Preußen: Strafrecht des ALR (1794)

340 Moderner war das *Strafrecht des Preußischen Allgemeinen Landrechts*. Es sah grausame Strafen an Leib und Leben nur noch für wenige Tatbestände vor. Auch verfolgten seine Strafen nicht mehr einen weitgehend religiös begründeten Vergeltungszweck. Vielmehr dienten sie außer einer weltlich verstandenen Vergeltung rein praktischen Zwecken, und zwar einerseits der *Spezialprävention*, nämlich der *Sicherung* der Gesellschaft vor dem Täter bis zu dessen durch den Strafvollzug anzustrebenden *Besserung*, die vor allem auf *Ernst Ferdinand Klein*, den Bearbeiter des strafrechtlichen Teils des ALR, zurückgeht; und andererseits der *Generalprävention*, nämlich der *Abschreckung* der Volksmassen. Damit aber waren sie letztlich Mittel zur

Herbeiführung der von den Aufklärern ersehnten »Glückseligkeit« der menschlichen Gesellschaft.

Ähnliche Zwecke verfolgte mit ähnlichen Mitteln der im Ganzen noch recht harte französische »*Code pénal*« von 1810, der heute noch in Kraft ist.

341 In Frankreich: »Code pénal« (1810)

IV. Strafrechtspostulate des deutschen Idealismus

1. Kant

Zwar sind seine Lehren aus der Aufklärung hervorgegangen. Er hat dieser aber eine grundlegend neue Richtung gegeben, sodass er als ihr Überwinder gilt.

342

In seinem Spätwerk »*Die Metaphysik der Sitten*« *(1797)*, dessen 1. Teil den Titel »Metaphysische Anfangsgründe der Rechtslehre« trägt, stellt er unter anderem eine Strafrechtslehre auf. Strafen dürfen nach *Kant* nicht, wie es dem Denken der Aufklärer entspricht, primär um bestimmter Nützlichkeitszwecke willen, zB Sicherung, Besserung oder Abschreckung, verhängt werden, da dies mit der Würde des Menschen nicht vereinbar wäre. Vielmehr müssen die Strafen zur *gerechten Vergeltung* begangenen Unrechts ausgesprochen werden. Gerecht aber ist für *Kant* eine Strafe dann, wenn das Prinzip der Gleichheit, und zwar der Gleichheit von verbrecherischer Tat und Strafsanktion, gewahrt ist:

Ablehnung von Nützlichkeitszwecken

Lehre von der Strafe als gerechter Vergeltung

»Nur das Wiedervergeltungsrecht (ius talionis) ... kann die Qualität und Quantität der Strafe bestimmt angeben«.

Talionsprinzip

Daher hält *Kant* auch an der *Notwendigkeit der Todesstrafe*, allerdings nur für Mörder, fest:

»Hat er aber gemordet, so muss er sterben. Es gibt hier kein Surrogat zur Befriedigung der Gerechtigkeit. Es ist keine Gleichartigkeit zwischen einem noch so kummervollen Leben und dem Tode, also auch keine Gleichheit des Verbrechens und der Wiedervergeltung, als durch den am Täter gerichtlich vollzogenen, doch von aller Misshandlung ... befreiten Tod«.

Diesen Gedanken, in dem das mittelalterliche theokratische Vergeltungsprinzip in idealistischer Abwandlung wiederkehrt, steigert er bis zum Ausspruch:

»Selbst wenn sich die bürgerliche Gesellschaft mit aller Glieder Einstimmung auflösete (zB das eine Insel bewohnende Volk beschlösse auseinander zu gehen und sich in alle Welt zu zerstreuen), müsste der letzte im Gefängnis befindliche Mörder vorher hingerichtet werden, damit jedermann das widerfahre, was seine Taten wert sind, und die Blutschuld nicht auf dem Volke hafte, das auf diese Bestrafung nicht gedrungen hat; weil es als Teilnehmer an dieser öffentlichen Verletzung der Gerechtigkeit betrachtet werden kann«.

Die kantische Straftheorie über Sinn und Zweck der Strafe setzt voraus, dass der Mensch einen freien Willen hat und für die Betätigung dieses Willens verantwortlich ist. Sie ist der Prototyp einer »*absoluten Straftheorie*«, dh einer solchen, nach der nicht (wie gemäß den »*rela-*

Willensfreiheit als Voraussetzung dieser Lehre Prototyp einer absoluten Straftheorie

tiven Straftheorien«) um bestimmter praktischer Zwecke, zB Sicherung, Besserung, Abschreckung, also nicht um der Nützlichkeit, sondern um der Gerechtigkeit willen zu strafen ist. Sie stimmt mit populärem Denken weitgehend überein, was *Kant* selbst beiläufig erwähnt:

> »Über dem hat man nie gehört, dass ein wegen Mordes zum Tode Verurteilter sich beschwert hätte dass ihm damit zu viel und also unrecht geschehe; jeder würde ihm ins Gesicht lachen, wenn er sich dessen äußerte«.

Auswirkungen im 19. und 20. Jhdt.	**343** *Kants* Lehre hat die Strafrechtsentwicklung des 19. und 20. Jahrhunderts weitgehend bestimmt. Zwar wandte man nicht ein striktes Talionsprinzip an, sondern sprach vor allem *Freiheitsstrafen* aus, die, in der Carolina erst für wenige Fälle vorgesehen, 1555 in England (Bridewell) und alsdann 1595 in Holland (Amsterdam) als Zuchthausstrafen aufgekommen waren mit der ursprünglichen Bestimmung, die Missetäter durch harte Arbeit zur inneren und äußeren Besserung anzuleiten. Aufrechterhalten blieb aber dennoch der Gedanke, dass primär um der Gerechtigkeit und nicht um dieser oder jener Zwecke willen zu strafen sei und dass dieser Grundsatz das Strafmaß bestimmen müsse.
Freiheitsstrafen	

Außer dem Philosophen *Kant* hat auch ein Professor der Rechtswissenschaft entscheidenden Einfluss auf die Strafrechtsentwicklung im 19. Jahrhundert ausgeübt:

2. Paul Anselm Feuerbach

	344 Dieser bedeutendste Strafrechtslehrer des 19. Jahrhunderts, der zunächst an der bayerischen Universität Landshut wirkte, war ein Anhänger *Kants*. Aber schon in seinen Frühwerken wandelte er *Kants* Lehre von der gerechten Vergeltung als Sinn der Strafe ab, indem er nicht vornehmlich nach dem Zweck der Strafe, sondern nach dem *Zweck ihrer Androhung* fragte und darauf antwortete, diese solle generalpräventiv wirken, nämlich die Öffentlichkeit *durch psychologischen Zwang von der Begehung der mit Strafe bedrohten Tat abhalten*. Er führte auch aus, wie diese Wirkung zu erreichen sei: Alle Strafen müssten im voraus gesetzlich angedroht und der Öffentlichkeit bekanntgegeben werden. Daher müsse der 1801 von ihm formulierte grundlegende Satz *»nulla poena sine lege«* (→ Rn. 336) gelten, aber nicht, wie in den ersten Strafrechts-Kodifikationen, zur Vermeidung richterlicher Willkür, sondern um der psychologischen Wirkung auf das Publikum willen. Auf diese Weise werde jedermann in die Lage versetzt, von den Strafandrohungen Kenntnis zu nehmen und alsdann die Lustgefühle, die er von der Verübung einer Straftat zu erwarten habe, gegen die Unlustgefühle, die ihm die angedrohte Strafe bereiten würde, abzuwägen. Hierdurch würden die meisten Menschen von Straftaten abgehalten werden. In Fällen aber, in denen sich jemand über eine Strafandrohung hinwegsetze, müsse diese ausgeführt werden, damit das vom Täter verletzte Gesetz wenigstens künftig respektiert werde.
Lehre vom psychologischen Zwang durch gesetzliche Strafandrohung	
Formulierung der Lehre »nulla poena sine lege« (1801)	

Feuerbachs »Theorie vom psychologischen Zwang«, der durch die gesetzliche Strafandrohung bewirkt werden soll, setzt einerseits, im Gegensatz zur kantischen Vergeltungstheorie nicht voraus, dass der menschliche Wille frei (im ethischen Sinn) ist; denn sie geht davon aus, dass die menschlichen Handlungen – zum mindesten sehr weitgehend – durch Lust- und Unlustgefühle kausal determiniert sind. Andererseits beruht sie auf einem Menschenbild von möglichen Tätern, die sich durch rationale Abwägung solcher Gefühle von Verbrechen abhalten lassen. In Wirklichkeit bestimmen aber in manchen Fällen irrationale Triebkräfte in Verbindung mit der Erwartung, nicht entdeckt zu werden, die Menschen zu verbrecherischem Verhalten. Jene Lehre ist daher nicht restlos überzeugend. Dennoch hat Feuerbach, vor allem durch seine präzisen Formulierungen der allgemeinen Strafbarkeitsvoraussetzungen und der einzelnen Straftatbestände, die Strafrechtswissenschaft auf eine bisher nicht erreichte Höhe geführt. Einen ersten bedeutenden gesetzlichen Niederschlag fanden seine Lehren in dem von ihm redigierten *Bayerischen Strafgesetzbuch* von 1813, das allerdings sehr bald stark geändert wurde. Am nachhaltigsten aber kamen sie zum Ausdruck in dem von ihm verfassten »Lehrbuch des gemeinen in Deutschland gültigen peinlichen Rechts« (1801), das viele Auflagen erlebte.

345 Von dieser Lehre vorausgesetztes Menschenbild

Auswirkungen

Bayerisches Strafgesetzbuch (1813)

3. Ausblick: Auswirkungen in den Strafgesetzbüchern des 19. Jahrhunderts

Während das von *Feuerbach* redigierte bayerische StGB von 1813 die von vielen Aufklärern geforderte Trennung von Recht und Moral vollzogen hatte und insoweit konsequent verschiedene Sittlichkeits- und Religionsvergehen straflos ließ, kehrten die partikularen Strafgesetzbücher der folgenden Jahrzehnte (zB Sachsen 1838, Württemberg 1839, Hessen 1845, Preußen 1851) wieder zu einer stärkeren Berücksichtigung religiöser und sittlicher Rechtsgüter zurück. Sie unterschieden sich aber auch dadurch von der früheren Strafgesetzgebung, dass sie den richterlichen Ermessensspielraum bei der Strafzumessung erweiterten und die Strafen deutlich milderten. Die meisten dieser Strafgesetzbücher (so das preußische von 1851 und das Reichsstrafgesetzbuch von 1871) beruhen auf einer *Mischung von kantischem Vergeltungs- und feuerbachschem psychologischem Zwangsdenken,* während der Sicherungs-, Besserungs- sowie auch der Abschreckungszweck der Strafen zurücktraten. Der praktische Erfolg dieser Gesetze war allerdings unbefriedigend, da die Kriminalität eine wachsende Tendenz aufwies und die Rückfallquoten vorbestrafter Verbrecher sehr hoch lagen. Gegen Ende des 19. Jahrhunderts erklärte daher der Verkünder einer neuen Lehre, *Franz von Liszt,* mit Recht, *dass relative Strafzwecke,* besonders die Sicherung der Gesellschaft vor dem Täter einerseits und dessen Besserung andererseits, wieder eine größere Bedeutung in der Strafrechtspflege erlangen müssten (→ Rn. 578).

346

Vorherrschen kantischen und feuerbachschen Denkens

Forderung nach relativen Strafzwecken seit Ausgang des 19. Jahrhunderts Franz v. Liszt

7. Kapitel. Das Zeitalter des liberalen Rechtsstaates (1806–1900)

A. Zusammenbruch der mittelalterlichen Institutionen

Über die ersten Etappen – bis 1806 – → Rn. 256 ff.   **347**

Die Umwälzungen erfolgten in Deutschland später und weniger radikal als in Frankreich, wo die Revolutionsjahre 1789–1794 alle typisch mittelalterlichen Institutionen hinweggefegt hatten. Eigenartigerweise fielen sie in die Zeit, in der die deutsche Kultur mit *Kant*, *Goethe* und *Beethoven* ihre größte Höhe erreicht hatte. Dieser entsprachen freilich nicht die in Deutschland herrschenden, altersschwach gewordenen Verfassungs- und Rechtsverhältnisse die aber erst infolge der Eroberungskriege Frankreichs und der Besetzung großer Teile Deutschlands durch *Napoleons* Armeen grundlegend geändert wurden.

Zeitraum der Umwälzungen

Beseitigt wurde in der Zeit von 1801–1815 vor allem die alte *Reichsverfassung* und mit ihr das *Heilige Römische Reich Deutscher Nation* als politisch-rechtliches Gebilde, das trotz seiner Schwäche immer noch ein bis dahin beachtetes Band zwischen seinen Gliedern gebildet hatte. Mit ihm verschwanden nicht nur das deutsche König- und Kaisertum, der Reichstag, das Reichskammergericht, der Reichshofrat und die Reichskreise, sondern auch die wechselseitigen Rücksichten, welche die Reichsglieder aufeinander hatten nehmen müssen. Eine Folge (zT schon eine Ursache) davon war, dass die mächtigern, nunmehr voll souverän gewordenen Landesherren manche Territorien der weniger mächtigen – besonders der geistlichen Fürsten und der Reichsritter – und die meisten Reichsstädte ihrer Herrschaft unterwarfen. Die auf diese Weise *mediatisierten*, dh ihre Reichsunmittelbarkeit verlierenden, weltlichen Landesherren wurden, sofern sie bis dahin zu den Reichsständen gehört hatten, zu sog. »*Standesherren*« (Bezeichnung der 1803 und später mediatisierten ehemaligen Landesherren, die – im Unterschied zu den Reichsrittern – Mitglieder des alten Reichstags gewesen waren).

348 Ende des Heiligen Römischen Reiches

Mediatisierungen

Insgesamt traten starke *territoriale Veränderungen* ein.

349 Territoriale Veränderungen Beispiel: Mainz

Mainz und Rheinhessen waren (wie alle linksrheinischen Gebiete) im Frieden von Luneville (1801) an Frankreich gefallen, das Mainzer Bistum wurde durch das Konkordat *Napoleons* mit *Papst Pius VII.* aus dem Jahre 1802 aufgelöst. Im Rahmen der Neuordnung auf dem Wiener Kongreß wurde Mainz dann dem Großherzogtum Hessen-Darmstadt zugeschlagen.

Fortgeltung des gemeinen Zivilrechts und der Carolina	350	Der Zusammenbruch der Reichsverfassungs-Institutionen bedeutete nicht, dass auch das bis dahin im Reich geltende materielle Recht beseitigt worden wäre. Insbesondere galt subsidiär auch fernerhin das *gemeine Zivilrecht*, soweit es nicht, wie 1794 in den preußischen Gebieten, durch vollständige Kodifikation des Privatrechts außer Kraft gesetzt worden war. Ebenso galt, mit entsprechendem Vorbehalt, sogar die keineswegs mehr zeitgemäße *Carolina* subsidiär weiter.
Fortbestand der Landesverfassungen	351	Jener Zusammenbruch bewirkte auch nicht, dass die *Landesverfassungen* ihren aus dem Mittelalter überlieferten Charakter rasch abgestreift hätten. In den Ländern blieben vielmehr grundlegende Verfassungsinstitutionen, insbesondere die Erbmonarchie als Staatsform, einstweilen erhalten. Auch der erbliche Adel bestand weiter, während freilich die in den früheren Landesverfassungen so wichtigen kirchlichen Institutionen in manchen Ländern ein ähnliches Schicksal (Säkularisation, verbunden mit dem Übergang der bis dahin von den Kirchengütern getragenen Lasten auf den säkularisierenden Staat) erlitten, wie es den Fürstbistümern durch den Reichsdeputationshauptschluss von 1803 zugefügt worden war.
Fortbestand anderer Institutionen	352	In den Ländern dauerten die alten Institutionen der Grundherrschaft, der Markgenossenschaft und der Dreifelderwirtschaft, ferner der Gewerbebannrechte, der Zünfte sowie der mannigfachen Preis-, Zins-, Grundstücksveräußerungs- und -belastungsschranken fort; ebenso blieben an den Landesgrenzen die früheren Zollstationen, die jedes Land zu einem besonderen Wirtschaftsgebiet machten, großenteils erhalten. Es galt also zunächst eine Gesellschaftsordnung weiter, in der den altüberlieferten Bindungen der Menschen innerhalb bestimmter Korporationen (im weitesten Sinn) überragende Bedeutung zukam. Aber diese Bindungen wurden von nun an in einem jahrzehntelangen
Allmähliche Auflösung überlieferter Bindungen		*geistigen Ringen zwischen konservativen und liberalen Tendenzen*, deren Ausgleich man anstrebte, schrittweise zurückgedrängt und schließlich größtenteils aufgelöst.
Hierfür maßgebende Impulse	353	Hierfür maßgebend waren zwei Impulse. Der eine war das *Fortwirken der französischen Revolutionsgedanken,* welche Freiheit und Gleichheit für alle (nicht etwa nur für die in einer Korporation Zusammengeschlossenen) verhießen. Der andere war der *Macht- und Reformwille der einzelnen Landesfürsten,* der durch die Auflösung der Reichsverfassung und das französische Vorbild einen starken Auftrieb erhielt. Die Fürsten ließen sich durch die Forderungen nach Gleichheit und Freiheit dazu bewegen, die Politik der ehemals aufgeklärt absolutistischen Monarchen dahin abzuwandeln, nicht mehr wie diese danach zu streben, den von ihnen regierten Völkern durch bevormundende Maßnahmen »Glückseligkeit« zu verschaffen, sondern ihnen vielmehr größere Freiheit, aber auch erhöhte Selbstverantwortung zu gewähren. Hierdurch hofften sie und ihre führenden Minister (besonders *Hardenberg* in Preußen und *Montgelas* in Bayern), einerseits den Wünschen ihrer Völker zu genügen und andererseits deren

Tatkraft anzuspornen und damit letztlich den Reichtum und die Macht der von ihnen regierten Staaten zu steigern.

B. Verfassungen der Einzelstaaten

Die *Wiener Bundesakte* von 1815 sah vor, dass alle Staaten des Deutschen Bundes eine *landständische Verfassung* einzuführen hätten. Zur Abfassung *formeller Verfassungsurkunden* kam es aber während Jahrzehnten nur in einem Teil dieser Staaten, nämlich zunächst vornehmlich in den *süddeutschen* (Baden und Bayern 1818, Württemberg 1819, Hessen-Darmstadt 1820), in denen das städtische Bürgertum ein gesellschaftlich viel bedeutenderes Gewicht hatte als etwa in den preußischen Kerngebieten, in denen die adligen Gutsherren immer noch gesellschaftlich dominierten.

354 Landständische Verfassungen süddeutscher Staaten (1818–1820)

I. Freiheitsrechte

Erstmals rechtswirksam verkündet wurden diese Rechte, besonders die Glaubens- und Gewissensfreiheit, in der calvinistisch geprägten *Erklärung von Dordrecht* von 1572, durch die mehrere niederländische »Staten« (Holland, Seeland, Westfriesland) beschlossen, unter Führung des Prinzen *Wilhelm von Oranien* gemeinsam den Befreiungskampf gegen Spanien aufzunehmen. Sodann wurden sie in mehreren, ebenfalls gesellschaftsvertragsartig zustandegekommenen Verfassungen nordamerikanischer Kolonien Englands und schließlich in den *amerikanischen Verfassungen von 1776 und 1787* vorgesehen.

355 Älteste Verkündigungen solcher Rechte

In Anlehnung an die letztgenannte sowie an die *französische Menschen- und Bürgerrechtserklärung von 1789* erlangten sie schließlich allgemeine Anerkennung.

Französische Menschen- und Bürgerrechtserklärung von 1789

In Deutschland wurden sie teils ausdrücklich in die Verfassungsurkunden der einzelnen Länder aufgenommen, teils anderweitig eingeführt und verwirklicht. Sie betrafen unter anderem folgende Freiheiten:

1. Persönliche Freiheit

Überall, wo es nicht wie in Österreich unter *Josef II.* (1781/1782) schon geschehen war, wurde die *Leibeigenschaft abgeschafft*. Mit der Befreiung der Leibeigenen fielen aber auch die Fürsorgepflichten dahin, die den Leibherren den Leibeigenen gegenüber obgelegen hatten. (→ Rn. 283 über die 1807 in Preußen erfolgte Aufhebung der Erbuntertänigkeit, in die die Leibeigenschaft 1794 abgeschwächt worden war.)

356 Aufhebung der Leibeigenschaft

2. Freiheit des Bodens

Über die Bodenbefreiung (Bauernbefreiung) durch *Aufhebung der Grundherrschaft* – die wohl einschneidendste Reform jenes Zeitalters – → Rn. 281 ff. Mit dieser Befreiung verbunden war die Beseitigung aller Schranken des Erwerbs und der Veräußerung sowie der Verpfändung von Liegenschaften (→ Rn. 210 betr. Aufhebung der alten Retraktrechte).

357 Aufhebung der Grundherrschaft

3. Niederlassungsfreiheit

<small>Auflösung korporativer Bindungen</small>

358 Ihre – obwohl nicht unbeschränkte – Einführung hatte allergrößte soziale Auswirkungen. Denn sie löste eine dauernde Bevölkerungsbewegung aus, ließ die Städte auf ein Vielfaches ihrer früheren Größe anwachsen (→ Rn. 166), womit ein Prozess der Urbanisierung der gesamten Gesellschaft einherging, und führte zur Auflösung vieler alter korporativer Bindungen.

<small>Folge: staatliche und kommunale Wohlfahrtspolitik</small>

Dies machte es notwendig, dass der Staat und die Kommunalverwaltung – besonders im 20. Jahrhundert – in weit stärkerem Ausmaß als bisher für die soziale Sicherheit und Wohlfahrt ihrer Bürger sorgten.

4. Handels- und Gewerbefreiheit

<small>Aufhebung des Zunftzwangs und der Gewerbebannrechte</small>

359 Sie wurde schrittweise eingeführt unter Zurückdrängung der alten zünftischen Bindungen und Privilegien sowie unter Aufhebung der meisten Gewerbebannrechte (→ Rn. 212) und Freigabe der Bedingungen, zu denen jedermann einen Arbeitsvertrag schließen konnte.

<small>Liberale Wirtschaftslehre von Adam Smith (1776)</small>

Dies alles entsprach den von *Adam Smith* proklamierten liberalen Wirtschaftsgrundsätzen und ermöglichte, in vollem Ausmaß allerdings erst in der zweiten Hälfte des 19. Jahrhunderts, den großzügigen Bau von Eisenbahnen und Straßen sowie die Industrialisierung des Landes, konnte aber während langer Zeit nicht verhindern, dass große Teile der Bevölkerung – vielleicht noch größere als im 18. Jahrhundert – in äußerst dürftigen Verhältnissen lebten.

<small>Günstige und ungünstige Folgen des Wirtschaftsliberalismus</small>

5. Ehefreiheit (Eheschließungsfreiheit)

360 Diese hatte bis dahin nicht überall bestanden; vielmehr hatte manchenorts nur heiraten dürfen, wer nachweisen konnte, dass er – etwa als Besitzer eines Bauernhofes oder als zünftiger Handwerksmeister – in der Lage war, eine Familie zu ernähren. Diese Einschränkung des Eheschließungsrechts hatte bewirkt, dass viele nichteheliche Kinder geboren wurden. Die Einführung der Ehefreiheit bewirkte einen Rückgang solcher Geburten, ließ aber die Zahl der Eheschließungen unter dem ärmeren Teil der Bevölkerung kräftig ansteigen. Dies wiederum hatte zur Folge, dass sich die Angehörigen des Proletariats bei der Suche nach Arbeit wechselseitig starke Konkurrenz machten und die Löhne daher niedrig blieben.

<small>Aufhebung von Beschränkungen der Eheschließungsfreiheit</small>

6. Glaubens- und Gewissensfreiheit

361 In den preußischen Territorien hatte *Friedrich der Große* schon im Jahr seines Regierungsantritts (1740) erklärt, dass in seinen Staaten »jeder nach seiner Façon seelig werden muss«. (Solche Toleranz hatte in Preußen Tradition: 1685 hatte der Große Kurfürst 20.000 in Frankreich verfolgte Hugenotten aufgenommen, zuvor 50 jüdische Familien.) In manchen Reichsstädten und nicht-preußischen Territorien aber hatte noch zu Beginn des 19. Jahrhunderts Diskriminierung oder gar Nichtduldung zu erleiden, wer nicht der dort offiziell herrschenden Konfession angehörte.

<small>Emanzipation der Juden</small>

Erste Anstöße zur Judenemanzipation waren um 1780 erfolgt, etwa durch *Lessings* Theaterstück »Nathan der Weise« (1779) oder *Christian Wilhelm von Dohms* bekannte Reformschrift »Zur Verbesserung der Rechtsstellung der Juden«. Aber erst ein französisches Revolutionsgesetz von 1791 brachte die völlige Gleichberechtigung der Juden, die allerdings später von *Napoleon* wieder relativiert wurde. Immerhin gingen auch die deutschen Territorialstaaten dazu über, die Juden in die Gesellschaft zu integrieren, etwa der Mainzer Kurfürst in einer Verordnung von 1784, die einerseits den Juden weitere Gewerbe eröffnete, andererseits – als Kehrseite der Emanzipation – innerjüdische Organisationsregelungen wie etwa die Rechtsprechungskompetenz der Rabbiner beseitigte.

Diese Benachteiligungen wurden durch Einführung der Glaubens- und Gewissensfreiheit beseitigt. Doch spielte in der Praxis, besonders bei Stellenbesetzungen, die Zugehörigkeit zur einen oder anderen Konfession noch lange eine erhebliche Rolle.

<small>Aufhebung der Zurücksetzung Andersgläubiger</small>

Auf Nichtchristen wurde jenes Freiheitsrecht nur schrittweise ausgedehnt.

7. Pressefreiheit

Goethe hat in seinen »Maximen und Reflexionen« erklärt, Pressefreiheit verlange nur, wer sie missbrauchen wolle. Dieser abfälligen Meinung von der Pressefreiheit entsprach es, dass 1819, nach zwei Attentaten (davon einem tödlichen auf den trefflichen Dichter und Diplomaten *Kotzebue*), eine nach Karlsbad einberufene Ministerkonferenz auf Verlangen des in der Restaurationszeit (1815–1848) übermächtigen österreichischen Kanzlers *Metternich* mehrere anschließend vom Bundestag gefasste Beschlüsse entwarf, nach denen alle Gliedstaaten des Deutschen Bundes für Schriften von weniger als 20 Bogen (à 16 Seiten) eine *präventive Vorzensur* einzuführen hatten. Diese Anordnung, die weiteren umstürzlerischen Bestrebungen und Handlungen vorbeugen sollte, hatte wie die ebenso beschlossene Überwachung der professoralen Lehrtätigkeit an den Universitäten und die zur Aufdeckung revolutionärer Umtriebe angeordnete Errichtung einer *Centralen Untersuchungskommission in Mainz* eine erhebliche, aber bedenkliche Wirkung bis 1848. Diese bestand unter anderem in »*Demagogenverfolgungen*« und führte zu zunehmender Verbitterung weiter, dem Liberalismus zuneigender Kreise.

362

<small>Karlsbader Beschlüsse (1819)</small>

<small>Vorzensur</small>

<small>»Demagogenverfolgungen«</small>

Von 1848 an wurde die *Pressefreiheit*, mit nur geringen Einschränkungen, in allen Staaten des Deutschen Bundes eingeführt.

<small>Einführung der Pressefreiheit</small>

8. Vereinsfreiheit

Sie war an sich gerade in einem Zeitalter, in dem viele überlieferte Bindungen gelöst wurden, wünschenswert. Aber die Regierungen waren ihr gegenüber lange äußerst skeptisch eingestellt; denn sie fürchteten, dass manche Vereine, besonders Burschenschaften, Turn- und sogar Gesangvereine, umstürzlerisches Gedankengut pflegen würden. Daher ließen sie es nicht bei dem in Karlsbad mitbeschlossenen wenig wirksamen Verbot der 1818 gegründeten »Allgemeinen deutschen Burschenschaft« mit ihren sich über ganz Deutschland erstreckenden Verbindungen bewenden, sondern behielten sich dau-

363 <small>Skepsis der Regierungen gegen Vereinsfreiheit</small>

Kontrollen über Vereine Verbot von Arbeiterkoalitionen	ernd zumindest gewisse *Kontrollen über die Vereine* vor. Auch *verboten* sie während vieler Jahrzehnte *Koalitionen von Arbeitern*, zT schon um die Arbeiter daran zu hindern, durch gemeinsame Lohnforderungen die damals noch im Aufbau befindliche Industrie der internationalen Konkurrenz gegenüber zu schwächen, vor allem aber weil sie gerade von solchen Vereinigungen als typischen Erzeugnissen
Arbeiterbewegung	der zwischen 1815 und 1848 entstandenen *Arbeiterbewegung* revolutionäre Aktionen befürchteten.
Versammlungsfreiheit	Annähernd Gleiches traf zu auf die *Versammlungsfreiheit*, die von der Vereinsfreiheit nicht streng unterschieden wurde.

II. Beteiligung des Volkes an der Gesetzgebung

Nur schwache demokratische Ansätze in den süddeutschen Verfassungen (1818–1820)	364	Demokratische Gedanken waren in den *süddeutschen Verfassungen* der Restaurationszeit (→ Rn. 354) nur in schwachen Ansätzen vorhanden. Diese Verfassungen sahen, ihrem Vorbild, der französischen »*Charte constitutionelle*« von 1814, sowie der seinerzeit von *Montesquieu* besonders gerühmten englischen Verfassung entsprechend, zwei Kammern vor, von denen die erste weitgehend vom Adel beherrscht wurde, während die zweite mit Abgeordneten besetzt war, die ein bestimmtes Mindestalter haben mussten und nur von den begüterten oder doch gebildeten Bevölkerungsschichten – oft nur in indirektem Wahlverfahren – gewählt wurden. Sie hatten insgesamt einen *gemischt monarchisch-aristokratischen Charakter*. Verglichen mit den ungeschriebenen landständischen Verfassungen des Ancien Regime räumten sie freilich der nichterblichen *Aristokratie des Geistes, des Besitzes und der persönlichen Tüchtigkeit* eine verstärkte Stellung ein.
Wenig stärkere Ansätze in den norddeutschen Verfassungen (1831–1833)		Nur wenig größer waren die demokratischen Ansätze in den seit 1831 errichteten *norddeutschen Verfassungen* (Sachsen und Kurhessen 1831, Braunschweig 1832, Hannover 1833). Diese folgten zT dem Vorbild der modernen *belgischen Verfassung* von 1831, ließen aber deren Klausel weg, dass alle Gewalt vom Volke ausgehe; denn ein solcher (unter anderem dem Denken *Kants* entsprechender) Satz hätte dem immer noch theokratischen Selbstverständnis der deutschen Monarchen, die an ihrem Gottesgnadentum festhielten, widersprochen und wäre nach der Bundesakte von 1815 und der das *monarchische Prinzip* proklamierenden *Wiener Schlussakte von 1820* überhaupt nicht zulässig gewesen.
Hannoverscher Verfassungskonflikt (1837)	364a	Auch wurde eine dieser Verfassungen, nämlich die hannoversche von 1833, obwohl sie alles andere als progressiv war, im Zug einer scharfen Reaktion wieder aufgehoben. Gegen ihren Erlass durch *Wilhelm IV.* (König von England und Hannover) hatte dessen Bruder *Ernst August* als künftiger Erbe Hannovers sogleich protestiert. Als er vier Jahre später (1837) im Alter von 67 Jahren die Thronfolge in Hannover antrat (nicht auch in England, wo mangels männlicher Nachkommen eine Frau, Viktoria, Königin wurde), erklärte er die Verfassung für ungültig. Diesen staatsstreichartigen Schritt begründete er unter anderem damit, dass die Verfassung die königlichen Rechte vermindert habe und daher der Zustimmung der künftigen Erben, also gleichsam des Erbenlaubs (→ Rn. 209), bedurft hätte. Der Äußerung

des Königs traten sieben hochangesehene Professoren der hannoverschen Universität Göttingen mit der Erklärung entgegen, dass sie durch ihren – allerdings nicht von allen geleisteten – Eid auf die Verfassung an diese gebunden seien, worauf der König die »*Göttinger Sieben*«, ohne sie anzuhören, in einem weiteren Schritt ihres Amtes enthob und drei von ihnen, darunter *Jacob Grimm* (→ Rn. 8), des Landes verwies. Überdies verhinderte der König in einem Akt veralteter Kabinettsjustiz, dass ein Gericht den Entlassenen die Weiterzahlung ihres Gehalts durch den Fiskus zusprach. Die Öffentlichkeit empfand die Angelegenheit als so großen Skandal, dass *Ernst August* auf eine dringende Empfehlung des Bundestags hin schließlich einer weitgehenden Rückkehr zur aufgehobenen Verfassung zustimmte, ohne aber dadurch das erschütterte Vertrauen in die Gerechtigkeit der fürstlichen Regierungsweise ganz wiederherstellen zu können.

»Göttinger Sieben«

Der Konflikt ist ein eindrucksvolles Beispiel dafür, wie im Vormärz, dh in der Restaurationszeit von 1815–1848, überlebte alte Rechtsanschauungen mit neuen Gedanken zusammenprallten, für die sich liberal-konservativ gesinnte Männer in charaktervoller Weise unter großen persönlichen Opfern einsetzten.

Die größten und mächtigsten deutschen Staaten, *Österreich* und *Preußen*, die bis 1815 monarchische Unionen von Ständestaaten gewesen waren (→ Rn. 266) und als solche keine Gesamtlandstände gekannt hatten, hielten diese Tradition zunächst aufrecht und gaben sich jahrzehntelang überhaupt keine formelle Verfassung. Zwar führte Preußen 1823/1824 in seinen zu *Provinzen* umgewandelten ehemaligen Territorien *Provinziallandtage* ein, von denen bspw. der westfälische unter seinem ersten Vorsitzenden, dem *Reichsfreiherrn vom Stein*, eine segensreiche Tätigkeit, allerdings nur konsultativer Art, entfaltete. Auch berief *Friedrich Wilhelm IV.* auf allgemeines Drängen 1847 einen *Vereinigten Landtag* nach Berlin ein. Aber erst 1850 *oktroyierte* er unter dem Eindruck der seit 1848 herrschenden Revolutionswirren mit äußerstem Widerwillen seinem Volk eine *förmliche Verfassung*.

365 Preußen: langes Fehlen einer förmlichen Verfassung

Verfassungsoktroi (1850)

Diese sah für die Abgeordnetenkammer das später berüchtigt gewordene *Dreiklassenwahlrecht* (nach Steuerklassen) vor, das seinen Grund im Steuerbewilligungsrecht als gewichtigster Kompetenz der ehemaligen ständischen Landtage hatte. Das ungleiche Wahlrecht von Begüterten und Nichtbegüterten diente in der Folge dazu, bei allen Wahlen den auf Erhaltung der überlieferten Zustände Bedachten die Mehrheit zu verschaffen, und trug dazu bei, dass der vielen deutschen Fürstentümern eigentümliche *Zwiespalt von Staat* (repräsentiert durch Krone, Offizierskorps und Beamtenschaft) *und Gesellschaft* (dh der gesamten, vornehmlich privatem Erwerb nachgehenden Bürgerschaft) trotz liberaler Gesinnung vieler hoher preußischer Beamter in Preußen lange besonders deutlich erhalten blieb. Es vermochte aber nicht zu verhindern, dass 1862–1866 infolge der vom Abgeordnetenhaus beschlossenen Verweigerung der vom König geforderten Steuererhöhung zur Finanzierung der auf drei Jahre verlängerten Militärdienstzeit ein schwerer Verfassungskonflikt herrschte, der von *Bismarck* als Ministerpräsident unter Hinweis auf das Vorhandensein einer Verfassungslücke und die Notwendigkeit ihrer Ausfüllung durch die Regierung (»Lückentheorie«) rechtlich bedenklich, aber praktisch erfolgreich im Sinne des königlichen Standpunkts gelöst wurde.

366 Dreiklassenwahlrecht

Zwiespalt von Staat und Gesellschaft

Preußischer Verfassungskonflikt (1862–1866)

Österreich: noch längeres Fehlen einer förmlichen Verfassung

367 Noch langsamer verlief die Entwicklung in *Österreich*, wo *Josef II.* (Sohn *Maria-Theresias*, 1765–1790), der typischste Repräsentant des aufgeklärten Absolutismus, tiefgreifende, das Volk schockierende Rationalisierungen und Vereinheitlichungen durchgeführt hatte (besonders im Kirchenwesen und in der Strafjustiz). Obwohl er selbst diese Reformen großenteils widerrief, um die Bevölkerung zu beschwichtigen, und sein von *Montesquieu* beeinflusster Bruder und Nachfolger, *Leopold II.* (der Reformator des Großherzogtums Toscana), jene milde Politik während seiner kurzen Regierungszeit (1790–1792) erfolgreich fortsetzte, verharrte Österreich noch viele Jahrzehnte lang bei den Grundtendenzen des »*Josefinismus*« und der absolutistischen Staatsform. Als mit Ungarn verbundener Vielvölkerstaat (mit Deutschen, Italienern, Südslaven, Tschechen, Slowaken, Polen, Ungarn und Rumänen) durch das überall erwachende Nationalbewusstsein von nahezu unlösbaren Problemen geplagt, gab es sich *erst 1867* (acht Jahre nach der Niederlage gegen Frankreich und Sardinien-Piemont und ein Jahr nach der Niederlage gegen Preußen) eine *förmliche Verfassung.*

Josefinismus

III. Bindung der Regierung (im weitesten Sinn) an Gesetze

Gewaltenteilung

368 Sie hatte zwar schon zur Zeit des alten Reiches praktisch großenteils bestanden, aber nicht förmlich gegolten; nun setzte sie sich überall durch (zusammen mit der nach *Montesquieu* notwendigen *Teilung der Staatsgewalten* in gesetzgebende, ausführende und richterliche Gewalt), indem gewisse Prinzipien allgemein anerkannt wurden:

1. Der Grundsatz der gesetzmäßigen Verwaltung

Hauptmerkmale des Rechtsstaats

369 Dieser Grundsatz wird gelegentlich als *Kern strenger Rechtsstaatlichkeit* betrachtet, als deren *weitere Hauptmerkmale Gewaltenteilung*, staatliche Machtäußerungen voraussehbar machende *Gesetze*, *Unabhängigkeit der Gerichte* sowie *Gewährleistung von Menschen- und Bürgerrechten* gelten. Er besagt, dass es den Verwaltungsbehörden nicht nur verwehrt ist, gegen Gesetze zu verstoßen, sondern dass sich ihre gesamte Tätigkeit auf Gesetze gründen muss. (Zu Gesetzen in diesem Sinne gehören freilich auch gewohnheitsrechtliche Sätze; doch wurde das Gewohnheitsrecht im Zeitalter des liberalen Rechtsstaates, der vor allem als Gesetzesstaat verstanden wurde, mehr und mehr vom Gesetzesrecht im wörtlichen Sinn zurückgedrängt).

2. Der Grundsatz »nulla poena sine lege«

370 Der Grundsatz »nulla poena sine lege«, der durch *Montesquieu* postuliert (→ Rn. 336), durch *Feuerbach* formuliert (→ Rn. 344) und schon im 18. Jahrhundert in manchen Gesetzen verwirklicht worden war, setzte sich um die Mitte des 19. Jahrhunderts allenthalben durch.

3. Notwendigkeit der Begründung von Zivilurteilen

Mit dem Grundsatz der gesetzesmäßigen Verwaltung verwandt ist die Notwendigkeit schriftlicher – oder doch wenigstens mündlicher – Begründung von Zivilurteilen (unter Angabe der angewandten Gesetzesstellen): Die Richter haben den Parteien Rechenschaft darüber abzulegen, dass sie ihre Urteile aufgrund von Gesetzen (einschließlich gewohnheitsrechtlich geltender Rechtssätze) und nicht bloß nach ihrem Rechtsgefühl gefällt haben.

371

Die in der ersten Hälfte des 19. Jahrhunderts allenthalben aufkommende schriftliche Abfassung von Urteilen in Zivilsachen fiel den Gerichten, die nicht an sie gewöhnt waren (→ Rn. 194), anfänglich äußerst schwer, sodass manche Urteile nur ganz oberflächlich begründet wurden.

IV. Strafprozess-Reformen

Der französische »*Code d'instruction criminelle« (1808)* hatte, zT infolge von Hinweisen *Montesquieus* auf altgermanische und neuere englische Vorbilder, bedeutende Reformen gebracht. Um deren Übernahme sowie weitergehende Änderungen wurden von deutschen Rechtsgelehrten und Politikern jahrzehntelang heftige Kontroversen geführt, und in der Revolution von 1848 und der aus ihr hervorgegangenen Paulskirchenverfassung gefordert. In deren Gefolge wurde um die Jahrhundertmitte, zuerst in Preußen durch zwei Verordnungen aus den Jahren 1846 (nur für Berlin) und 1849 (für ganz Preußen) und anschließend in fast allen deutschen Staaten ein neues Strafprozessrecht geschaffen, das folgende Neuerungen brachten:

372 Einführung des reformierten Strafprozesses

1. Trennung von Voruntersuchung und Hauptverfahren

Diese beiden Verfahrensabschnitte eines Strafprozesses wurden streng voneinander getrennt. In ihnen durften grundsätzlich nicht mehr dieselben Richter mitwirken, weil die Unbefangenheit eines an der Urteilsfällung Beteiligten, der schon die Voruntersuchung geleitet hatte, nicht gewährleistet erschien. Auch wurde das Schwergewicht des Prozesses auf das Hauptverfahren verlegt. Damit war der »Inquisitionsprozess« (→ Rn. 223, 329) abgeschafft. Doch blieben Offizialmaxime, Amtsbetrieb und Untersuchungsmaxime (→ Rn. 221) in Strafsachen bestehen.

373

Abschaffung des Inquisitionsprozesses

2. Staatsanwaltschaft

Sie sollte einerseits die *Voruntersuchung leiten*, andererseits aber *im Hauptverfahren als Anklägerin* und damit als Gegenpartei des Angeklagten auftreten. Die liberalen Reformer erhofften sich von ihr eine unabhängige Institution, wurden aber enttäuscht, nachdem die Staatsanwaltschaft als vom Ministerium abhängiges Organ geschaffen wurde.

374

3. Öffentlichkeit, Mündlichkeit und Unmittelbarkeit des Hauptverfahrens

375 Die Grundsätze der Öffentlichkeit und Mündlichkeit des Verfahrens hatten zwar für den »endlichen Rechtstag« schon seit Jahrhunderten bestanden (→ Rn. 223, 329), erhielten aber nunmehr eine stark erweiterte Bedeutung, weil sie mit dem Grundsatz der Unmittelbarkeit des Verfahrens gekoppelt wurden. Es musste nämlich fortan das ganze Beweisverfahren vor dem urteilenden Gericht öffentlich durchgeführt werden. Hierin sah man eine Garantie für eine von richterlicher Willkür freie Rechtspflege und erhoffte sich eine Kontrolle der Gerichte durch die Bevölkerung.

4. Der Grundsatz der freien Beweiswürdigung

376 ersetzte, zunächst allerdings nur bei den Schwurgerichten, die bisher geübte Beweisführung aufgrund einer formellen »gesetzlichen Beweistheorie« (→ Rn. 329). Er war zwar für den Angeklagten gefährlich. Doch wurde seine Bedenklichkeit dadurch gemildert, dass sich allenthalben der Grundsatz »*in dubio pro reo*«, der bereits im gemeinrechtlichen Strafverfahren im Zusammenhang mit dem Indizienbeweis (für die Folter) anerkannt war, nunmehr als Unschuldsvermutung auf jeder Stufe der Ungewissheit der Schuld durchsetzte.

»in dubio pro reo«

5. Schwurgerichte

Zusammensetzung 377 Sie bestanden aus einer *Geschworenenbank* und einer *Richterbank.* Die Geschworenenbank wurde vor jeder Gerichtstagung dadurch gebildet, dass aus dem Kreis der vom Volk gewählten *Geschworenen* durch das Los jeweils ca. 12–14 bestimmt wurden, von denen jede Partei einige nach Belieben ablehnen konnte, sodass die Geschworenenbank schließlich nur aus ca. 8–12 Geschworenen bestand. Diese hatten nur über Schuld und Unschuld des Angeklagten zu entscheiden. Ihren Spruch brauchten sie nicht zu begründen. Aufgabe der aus Berufsrichtern zusammengesetzten Richterbank aber war es, die Geschworenen über ihre Pflichten zu belehren und die gesetzmäßige Strafe festzusetzen.

Argumente für und wider Schwurgerichte 378 Man betrachtete die Schwurgerichte, als deren Vorbilder die altgermanischen Thinge und die englische Jury gepriesen wurden, als notwendig für die Volksfreiheit, dh für den Schutz vor bürokratischer Willkür der Richter, an deren Unabhängigkeit vom Herrscher man nicht recht glaubte. Doch war kein Punkt bei der Reform des Strafprozesses so umstritten wie dieser. *Feuerbach* und die meisten anderen Rechtsgelehrten wandten sich nämlich scharf gegen die von unzähligen Politikern leidenschaftlich geforderte Einführung mit rechtsunerfahrenen Leuten besetzter Volksgerichte. In der Praxis gaben deren Sitzungen bald Anlass zu brillanten rhetorischen Leistungen von Staatsanwälten einerseits und Verteidigern andererseits: Die ersten appellierten an das Vergeltungsbedürfnis der Geschworenen, die anderen an deren Mitleid, sodass die Objektivität der unerfahrenen Volksrichter durch die bei ihnen erregten Emotionen nicht selten stark beeinträchtigt wurde. Es ist daher einigermaßen wahrscheinlich, dass die sog. »klassischen« Schwurgerichte, bei denen der Schuldspruch allein von den Geschworenen gefällt wurde, öfters grobe Fehlurteile ausgesprochen haben.

So erklärte eine 1901 eingesetzte Strafrechtskommission: »Wenn die Sprüche der Geschworenenbank mit Gründen versehen werden müssten, würden die Schwurgerichte von der allgemeinen Empörung längst beseitigt sein«.

Heute gibt es in Deutschland keine derartigen »klassischen« Schwurgerichte mehr; denn 1924 wurden sie im Zuge der sog. »Emmingerschen Justizreform« (aus Ersparnisgründen!) in »*große Schöffengerichte*« umgewandelt, die mit Geschworenen und Berufsrichtern besetzt sind, welche gemeinsam sowohl über Schuld oder Unschuld zu entscheiden als auch die Strafe festzusetzen haben.

Ersetzung der klassischen Schwurgerichte durch »große Schöffengerichte« (1924)

V. Gleichheitsgrundsatz

In der *Justiz* galt er – mit einigen Einschränkungen – schon seit Jahrhunderten; denn immer wieder wurde in Gerichtsordnungen den Richtern eingeschärft, sie sollten ohne Ansehen der Person, »dem Armen wie dem Reichen, gleich richten«. Aber die materielle Rechtsordnung als solche war damals ständisch geprägt: Die Menschen hatten nicht nur unterschiedliche Rechte, sondern auch eine unterschiedliche Rechtsfähigkeit, sodass sie überhaupt nicht gleiche Rechte und Pflichten erlangen konnten.

379 Altüberlieferte Geltung in der Justiz

Im 19. Jahrhundert wurden die *ständischen Unterschiede* mehr und mehr zurückgedrängt. Hierdurch wurde die Rechtsgleichheit im Sinn von Gleichheit der Rechtsfähigkeit nahezu vollständig hergestellt. Dagegen verfolgten die deutschen Liberalen, die diese Änderungen verlangten und schrittweise durchsetzten, in ihrer großen Mehrzahl nicht auch das Ziel, die tatsächlichen *Unterschiede des Vermögens und des Einkommens* auszugleichen (sei es unmittelbar durch umfassende Verstaatlichung von Privatvermögen und Nivellierung von Löhnen und Gehältern, sei es mittelbar durch die Steuer- und Sozialgesetzgebung). Allerdings setzten die Forderungen hiernach schon vor 1848, also schon vor dem *Kommunistischen Manifest* von *Marx* und *Engels*, ein und wurden schließlich zu einem der mächtigsten Impulse der Gesetzgebung.

Zurücktreten der Standesunterschiede

Keine Nivellierung von Einkommen und Vermögen

Wohl nicht mit Unrecht hat *Tocqueville* schon 1835 das Egalisierungsstreben als die stärkste Triebkraft bezeichnet, welche die gesellschaftliche Entwicklung des 19. und 20. Jahrhunderts bestimmen werde. Die Menschen würden zunächst Freiheit und Gleichheit suchen, aber notfalls auf die Freiheit verzichten, wenn sie die Gleichheit nur verbunden mit Sklaverei erlangen könnten.

Im Ganzen war man jedoch im 19. Jahrhundert noch weit davon entfernt, diesem Streben freien Lauf zu lassen. Im Gegenteil traten ihm die Regierenden und großenteils auch die Volksvertreter mit Nachdruck entgegen, da es ihnen weder mit der Gerechtigkeit noch mit dem Staatswohl vereinbar erschien (sowie wohl auch deshalb, weil sie

380

in elitärem Selbstbewusstsein von der Verwirklichung solcher Egalisierungspläne mehr Nachteile als Vorteile für sich persönlich erwarteten und der Ansicht waren, sich mit der Parole »*dem Tüchtigen freie Bahn*« hinlänglich für die Interessen der breiten Volksmassen einzusetzen).

VI. Allgemeine Wehrpflicht

<small>Demokratisch-autoritärer Charakter der allgemeinen Wehrpflicht</small>

381 Sie wurde in Preußen nach der katastrophalen Niederlage bei Jena (1806) als Teil der *Stein-Hardenbergschen* Reform eingeführt (endgültig 1814). Da sie bezweckte, das ganze Volk an der Verantwortung für die Verteidigung des Landes teilhaben zu lassen und dadurch die Kräfte des Staates zu aktivieren, wohnte ihr ein demokratischer Zug inne, der jedoch mit militärisch-diszipliniert-autoritärem Geist verbunden war. Ansätze dazu, diese Reform durch die dem Volk in Aussicht gestellte Gewährung politischer Rechte zu ergänzen, führten wegen des Zögerns des Königs erst infolge der Revolution von 1848 zu konkreten Ergebnissen (vom König oktroyierte Verfassung von 1850, → Rn. 365 f.).

VII. Allgemeine Schulpflicht

382 Sie hatte schon in manchen Teilen des alten Reichs bestanden. Im 19. Jahrhundert wurde sie in einer Weise verstärkt, die zur Folge hatte, dass Deutschland bald das vielleicht beste Volksschulwesen von ganz Europa hatte. (Das hatte sehr günstige Wirkungen zunächst für die Armee und die Industrie, später aber für den Aufbau eines demokratischen Staatswesens.)

VIII. Universitätsreform

<small>Gründung der Berliner Universität (1810)</small>

383 Bahnbrechend war die *Gründung der Berliner Universität (1810)*. Diese stellte sich, im Gegensatz zu den Aufklärungs-Universitäten (zB Halle, gegr. 1694, und Göttingen, gegr. 1737), nicht die Aufgabe, die Studenten durch Reglementierung des Unterrichts zu unmittelbar nützlichen Menschen auszubilden, die später in ihren gehobenen Berufen anderen Menschen zu größerer »Glückseligkeit« verhelfen könnten. Vielmehr wollte sie die Studenten zur Freiheit und zu deren streng sittlichem, verantwortungsbewusstem Gebrauch erziehen und zwar dadurch, dass sie sie für die vornehmlich an der Antike orientierte Wissenschaft begeisterte. Diese von *Humboldt* angeregte *neu-*

<small>Neuhumanistische Zielsetzung</small>

humanistische Zielsetzung der Universität hatte größten Einfluss auch auf die Rechtswissenschaft, die sich vom unmittelbar praktisch-nützlichen Usus modernus Pandectarum, aber auch vom preußischen ALR abwandte, um sich dem Studium des reinen, alten römischen Rechts sowie der Quellen des alten deutschen Rechts ohne unmittelbare Beziehung zu praktischen Zwecken hinzugeben (→ Rn. 402 ff.).

C. Die Einigung Deutschlands

Sie bildete neben dem Streben nach Freiheit und Gleichheit (wozu auch das Streben nach Beteiligung des Volkes an der Gesetzgebung gehörte) das Hauptanliegen der national gesinnten Kräfte, und zwar sowohl in der Zeit von 1815–1848 als auch in den anschließenden Jahren bis 1871. Ihre wichtigsten äußeren Etappen waren folgende:

384

I. Die Bundesakte v. 6. Juni 1815

Die Bundesakte v. 6. Juni 1815 (ergänzt durch die *Wiener Schlussakte von 1820*) befriedigte jenen politischen Wunsch nur sehr beschränkt, da sie einen bloß völker-, nicht staatsrechtlichen Staatenbund von souveränen Einzelstaaten (35 Fürsten und 4 freien Städten) begründete, nämlich den *Deutschen Bund,* dessen oberstes Organ der von Österreich präsidierte *Bundestag in Frankfurt* war.

Deutscher Bund (1815)

II. Die Gründung des Deutschen Zollvereins (1833)

Die Gründung erfolgte auf Initiative Preußens, das die in seinem Gebiet geltenden Freihandelsgrundsätze auf ganz Deutschland auszudehnen wünschte. Doch kam sie nicht durch einen einheitlichen Akt zustande, sondern durch eine Vielzahl von Verträgen, die die einzelnen deutschen Staaten miteinander schlossen. Österreich wurde wegen seiner vielen außerhalb des Deutschen Bundes gelegenen Gebiete nicht Mitglied des Zollvereins. Im Übrigen aber machte dieser die weitaus meisten Bundesländer, die ihm teils sogleich, teils später beitraten, zu einem einheitlichen Wirtschaftsgebiet. Auch war er dank der in ihm enthaltenen Verfassungsansätze und der faktischen Vormachtstellung, welche Preußen innehatte, ein Vorläufer des Norddeutschen Bundes von 1867 und des 1871 neu gegründeten Reiches.

385

Mitglieder des Deutschen Zollvereins

III. Die Frankfurter Reichsverfassung von 1849 (Paulskirchenverfassung)

Die Frankfurter Reichsverfassung v. 28.3.1849 (Paulskirchenverfassung) war ein in turbulenter Zeit entstandenes Erzeugnis einer Versammlung von mehreren hundert Abgeordneten aus dem ganzen Bundesgebiet, die nach der Wiener, Berliner und Münchner Revolution vom März 1848 aufgrund von Beschlüssen des Bundestags fast zehn Monate lang in der *Frankfurter Paulskirche* eine Reichsverfassung ausarbeiteten, aber, obwohl nach freiheitlich-egalitären Grundsätzen gewählt, fast ausnahmslos keine radikalen, sondern liberalkonservative Ziele anstrebten. Geschaffen von geistig hochstehenden Männern, die überwiegend dem gebildeten und besitzenden Bürgertum entstammten und in ihren Reihen manche vorzügliche Juristen

386 Geschaffen nach der Revolution vom März 1848

aufwiesen, war sie idealistisch konzipiert und enthielt vieles, was modernen Vorstellungen von einer vorbildlichen Verfassung entspricht. Das gilt vor allem für die in ihr vorgesehenen »*Grundrechte des deutschen Volkes*«, die schon Ende 1848 beschlossen worden waren. Aber die »*Deutsche Verfassunggebende Nationalversammlung*« hatte nicht die Macht, sich gegenüber den Einzelstaaten, zumal Österreich und Preußen, die sich von ihren inneren revolutionären Unruhen allmählich erholten, durchzusetzen. Die schließlich ohne Österreichs Mitwirkung getroffene, mit knapper Mehrheit verabschiedete kleindeutsche Lösung trat nicht in Kraft, da *Friedrich Wilhelm IV.* von Preußen die ihm angebotene Kaiserkrone, die er schon mit Rücksicht auf die Rechte der andern deutschen Fürsten nicht von Volkes Gnaden erhalten wollte, ablehnte. Gleichwohl gab es in den folgenden Jahren Bestrebungen, die Integration der deutschen Staaten voranzutreiben, die nach preußischen Vorstellungen auf einen Bundesstaat ohne Österreich (kleindeutsche Lösung), nach österreichischer Meinung allerdings auf einen großen Staatenbund mit eher lockerem Zusammenhalt (großdeutsche Lösung) hinausliefen. Der Interessengegensatz zwischen Österreich und Preußen, der nicht nur in dieser Frage bestand, mündete schließlich im preußisch-österreichischen Krieg, nach dessen Beendigung am 3.7.1866 die Auflösung des Deutschen Bundeserfolgte, welcher der österreichische Kaiser im *Friedensvertrag von Prag* zustimmte.

Idealistischer Inhalt Grundrechte des deutschen Volkes

Scheitern des Werks

IV. Der norddeutsche Bund

Norddeutscher Bund

Auf Initiative Preußens wurde am 18.8.1866 ein Bündnis zwischen Preußen und 21 norddeutschen Mittel- und Kleinstaaten geschlossen, aus dem knapp ein Jahr später der sog. *Norddeutsche Bund* hervorging. Dieser beließ den Einzelstaaten die formelle Souveränität (mit Ausnahme von Hannover, Kurhessen, Nassau und der Stadt Frankfurt, die von Preußen annektiert worden waren), gewährte Preußen jedoch laut der Verfassung, die von *Otto von Bismarck* eingebracht worden war, eine deutliche Vorrangstellung. Dessen Ziel war die Schaffung eines Reiches unter Einbeziehung der süddeutschen Staaten (ohne Österreich), was dann auch nach dem Sieg über Frankreich gelang.

V. Die Reichsverfassung von 1871

Geschaffen während des Krieges 1870/71

387 Die Reichsverfassung von 1871 (*Bismarcksche* Reichsverfassung), ein sehr kompliziertes, von *Bismarck* geschaffenes Werk, war weitgehend auf ihn selbst zugeschnitten. Zustande kam sie in der Endphase des deutsch-französischen Krieges von 1870/1871: Nachdem *Wilhelm I. von Preußen* auf Antrag des *Königs Ludwig II. von Bayern* am 18.1.1871 im Spiegelsaal von Versailles als »Deutscher Kaiser« proklamiert worden und das Deutsche Reich damit gegründet war, erhielt

dessen Verfassung am 16. April durch Beschlüsse des in ihr vorgesehenen Bundesrates und Reichstages ihren endgültigen Wortlaut. Dieser stimmte weitgehend überein mit demjenigen der Verfassung des *Norddeutschen Bundes*, der 1867, nach dem preußisch-österreichischen Krieg von 1866 und der Einverleibung des Königreichs Hannover, des Kurfürstentums Hessen, des Herzogtums Nassau sowie der Freien Reichsstadt Frankfurt in das preußische Staatsgebiet, errichtet worden war. Das neue Kaiserreich war ein Staat, nicht ein Staatenbund, da den Reichsorganen eine für alle Bürger unmittelbar verbindliche Herrschaftsgewalt eingeräumt war. Es war aber kein Einheitsstaat, sondern ein aus *25 Gliedstaaten* zusammengesetzter *Bundesstaat*. Doch war dieser von anderen Bundesstaaten, zB den Vereinigten Staaten von Amerika und der Schweizerischen Eidgenossenschaft, insofern grundverschieden, als eines seiner Glieder, nämlich *Preußen*, eine *institutionalisierte Vormachtstellung* innehatte, indem sein König erblicher Kaiser und der von ihm ernannte preußische Ministerpräsident Reichskanzler war.

<small>Verfassung des Norddeutschen Bundes (1867)</small>

<small>25 Gliedstaaten Bundesstaat</small>

<small>Institutionalisierte Vormachtstellung Preußens</small>

388 Träger der Souveränität war die – im Bundesrat vertretene – Gesamtheit der deutschen Fürsten sowie der freien Städte Lübeck, Hamburg und Bremen. Der *Bundesrat*, dessen Mitglieder mit ihren insgesamt 58 unterschiedlich auf die Gliedstaaten verteilten Stimmen ihre Beschlüsse, wie ehemals die zum Bundestag von 1815–1866 delegierten Gesandten, nach Instruktion in geheimem Verfahren fassten, war das oberste und wichtigste Reichsorgan. Indessen wirkte neben dem Bundesrat der *Reichstag* als Volksvertretung von vorläufig 397 Abgeordneten, die, anders als die nach dem Dreiklassenwahlrecht gewählten Abgeordneten des preußischen Landtags, in (weitgehend) allgemeinen (Frauen waren nicht wahlberechtigt), gleichen, geheimen und direkten Wahlen gewählt wurden, gleichberechtigt an der Gesetzgebung mit; für das allgemeine Bewusstsein hatte er sogar eine größere Bedeutung als jener, da seine Verhandlungen öffentlich waren und von der Presse ausführlich besprochen wurden.

<small>Fürsten und freie Städte als Träger der Souveränität Bundesrat</small>

<small>Reichstag</small>

Während noch im Parlament der Frankfurter Paulskirche die Abgeordneten, den Lehren *Rousseaus* entsprechend, nicht in förmlich organisierten Parteien getagt hatten, spielten solche im Reichstag eine maßgebende Rolle.

<small>Parteien</small>

Zu ihnen zählten unter anderem die *konservative Partei* der Adligen und Landwirte, die lange Zeit führende *national-liberale Partei* des Bürgertums, die linksliberale *Fortschrittspartei*, die katholische *Zentrumspartei* und die zunächst schwache, aber fast ununterbrochen aufsteigende *sozialdemokratische* Partei der Arbeiterschaft.

Im Ganzen erwies sich der Reichstag als eine vorwärtstreibende, nach stärkerer Rechtseinheit strebende Kraft, im Gegensatz zu dem konservativen Bundesrat, in dem 14 ablehnende Stimmen, zB jene der drei Königreiche Bayern, Württemberg und Sachsen oder die 17 preußischen, verfassungsändernde Gesetze zu Fall bringen konnten. Nicht selten verhinderten die verbündeten Regierungen im Bundesrat Gesetze, die bereits vom Reichstag beschlossen worden waren.

Kaiser	389	Dem *Kaiser* war die nahezu gesamte exekutive Reichsgewalt zugewiesen. Ohne Rücksicht auf den Willen anderer Reichsorgane konnte er den *Reichskanzler* (als einzigen Minister!) und die anderen Reichsbeamten ernennen und entlassen. Auch vertrat er das Reich nach außen völkerrechtlich. Fast die gesamte Außenpolitik lag ohne wirksamen parlamentarischen Einfluss in seinen und des Kanzlers Händen, was sich unter so hervorragenden Persönlichkeiten wie *Wilhelm I.* und *Bismarck* ausgezeichnet, unter ihren minder fähigen Nachfolgern aber bedenklich auswirkte.

Reichskanzler

Mangelnder Einfluss des Parlaments auf Außenpolitik

Auswirkungen auf Kriegsausbruch (1914): Zusammen mit dem kaiserlichen Oberbefehl über Heer und Marine trug jene Machtkonzentration auf den Kaiser und Kanzler dazu bei, dass nach 43-jähriger Friedenszeit der Erste Weltkrieg (1914–1918) mit der Kriegserklärung Österreichs an Serbien, alsdann Deutschlands an Rußland und Frankreich, und dem Einmarsch deutscher Truppen in das nach internationalen Verträgen dauernd neutrale Belgien aufgrund des kraß völkerrechtswidrigen *Schlieffen*-Plans in einer Weise begann, die für Deutschland militärisch aussichtsreich war und ihm denn auch bedeutende Anfangserfolge brachte, aber das schließlich dennoch besiegte Reich neben Österreich als für den Kriegsausbruch und dessen unermessliche Folgen allein verantwortlich erscheinen ließ.

Einfluss des Kaisers auf Gesetzgebung 390 Nur untergeordneter Art waren dagegen die Rechte des Kaisers in Bezug auf die Gesetzgebung:

Von den beiden gesetzgebenden Räten beschlossene Gesetze hatte er zu »vollziehen«, dh auszufertigen und zu verkünden, ohne ihnen, wie als König von Preußen den preußischen Gesetzen, seine Zustimmung versagen zu können. Aber durch den von ihm ernannten Reichskanzler, der den Vorsitz im Bundesrat führte, und die 17 weisungsgebundenen preußischen Stimmen im Bundesrat vermochte er auch die Reichsgesetzgebung kräftig zu beeinflussen. Verstärkt wurde seine Stellung noch dadurch, dass er zusammen mit dem Reichskanzler über das 1871 erworbene *Reichsland Elsaß-Lothringen* sowie über die außereuropäischen deutschen Kolonien weitgehend die Rechte ausübte, die den deutschen Gliedstaaten nach wie vor für ihre Gebiete zustanden.

Reservatrechte 391 Einzelnen Gliedstaaten, nämlich Bayern, Württemberg, Baden, Hamburg und Bremen, räumte die Verfassung bestimmte Sonderrechte ein, die unter anderem Post, Telegraphie, Eisenbahn, Zölle und Verbrauchsteuern sowie die Besteuerung von Bier und Branntwein betrafen. Aber ganz abgesehen vom Bestand solcher »*Reservatrechte*«, die auch durch Verfassungsänderungen nur mit Zustimmung der Berechtigten aufgehoben werden konnten, blieben die Zuständigkeiten der Gliedstaaten umfassender als diejenigen des Reiches, die alles in allem auf eine gesamtdeutsche Außenpolitik und Schaffung eines einheitlichen Wirtschaftsraums für Verkehr, Handel und Industrie beschränkt waren und nur schrittweise die Errichtung besonderer, dem Reichskanzler unterstellter *Reichsämter*, zB des *Reichsamts des Innern* und des *Reichsjustizamts* mit je einem *Staatssekretär* an der Spitze, nach sich zogen. So hatten nur die Gliedstaaten das Recht zur Erhebung direkter Steuern vom Einkommen und Vermögen der Bürger, während das Reich für seine zunächst noch bescheidenen Finanzbedürfnisse außer auf Zölle und Verbrauchsteuern auf Beiträge der Gliedstaaten angewiesen war. Auch

Beschränkte Zuständigkeit des Reiches

Reichsämter

Beschränkte Steuerhoheit des Reiches

enthielten nur deren Verfassungen Bestimmungen über Freiheitsrechte. Demgegenüber wies die Bismarcksche Reichsverfassung, anders als die Paulskirchenverfassung, überhaupt *keinen Grundrechtsteil* auf. Schon aus diesem Grund wirkt sie auf heutige Leser nüchtern und trocken. Aber nach dem jahrzehntelangen Ringen der die deutsche Einheit herbeisehnenden Liberalen mit den auf Wahrung ihrer Souveränität bedachten Fürstenhäusern erschien sie den Zeitgenossen als eine wohlgelungene Synthese zweier Tendenzen, die von vielen als These und Antithese im Sinne *Hegels* aufgefasst wurden.

Kein Grundrechtsteil

D. Das Reichsstrafgesetzbuch von 1871

Das Reichsstrafgesetzbuch (StGB) von 1871, das im Frühjahr 1870 als Gesetz des Norddeutschen Bundes erlassen worden war, aber nach dem Friedensschluss des Deutschen Reiches mit Frankreich als Reichsgesetz verkündet wurde, war ein typisches *Gesetz der Kant-Feuerbachschen Schule* (→ Rn. 346). Zur Vorlage hatte es besonders das *preußische Strafgesetzbuch* von 1851, an dem *Savigny* als preußischer Gesetzgebungsminister maßgebend mitgearbeitet hatte. Dem mittelbaren Einfluss *Savignys* ist es unter anderem zuzuschreiben, dass das Gesetz nur einen kurzen allgemeinen Teil enthält; denn die Entwicklung eines solchen war nach *Savignys* Ansicht nicht Sache der Gesetzgebung, sondern der Wissenschaft.

392 Gesetz der Kant-Feuerbachschen Schule

Einfluss Savignys

Das StGB gilt, wenn auch mit vielen Änderungen, noch heute.

E. Die Reichsjustizgesetze von 1877

Zu diesen gehören vor allem die *Zivilprozessordnung* (ZPO) und die *Strafprozessordnung* (StPO). Beide wurden weitgehend nach französischen Vorbildern gestaltet, nämlich nach dem »Code de procédure civile« von 1806 (→ Rn. 326) und dem »Code d'instruction criminelle« von 1808 (→ Rn. 372).

393 Zivilprozessordnung (ZPO) Strafprozessordnung (StPO)

Von den beiden deutschen Kodifikationen wurde die erstgenannte von vielen alsbald scharf kritisiert, da sie das Mündlichkeitsprinzip in unpraktischer Weise auf die Spitze treibe und gemäß der liberalistischen Verhandlungsmaxime (→ Rn. 69) den Parteien die fast ausschließliche Herrschaft über den Verfahrensgang überlasse, was infolge der dadurch ermöglichten missbräuchlichen Prozessverschleppungen zu übermäßiger Dauer vieler Prozesse und zu, besonders für Minderbemittelte, unerträglich hohen Prozesskosten führe. Reformanstöße scheiterten aber jahrzehntelang am Widerstand der in den gesetzgebenden Organen stark vertretenen Anwaltschaft und an der Interesse- und Verständnislosigkeit der anderen Parlamentsmitglieder. Erst einige Zeit nachdem der Beamte und nachmalige Leiter des österreichischen Justizministeriums *Franz Klein* die undogmatische, aber allenthalben als vortrefflich anerkannte *österreichische Zivilprozessordnung* von 1895 geschaffen hatte, schritt auch das Deutsche Reich durch 1909, 1921 und 1924 erlassene Gesetzesnovellen zu entsprechenden Reformen, die unter Zurückdrängung des Mündlichkeitsprinzips und der Verhandlungsmaxime dem Richter ein weitgehendes *Leitungsrecht* über den Verfahrensgang einräumten und sich trotz Nichtverstummens von Klagen über zu lange Dauer vieler Prozesse im Ganzen gut bewährten.

Kritiken an der ZPO

Franz Klein (1854–1926) österreichische ZPO von 1895 deutsche ZPO-Novellen von 1909, 1921, 1924

Konkursordnung (KO) Gerichtsverfassungsgesetz (GVG) Reichsgericht	Weitere Reichsjustizgesetze aus dem Jahr 1877 sind die *Konkursordnung* (KO) und das *Gerichtsverfassungsgesetz* (GVG), das die Ersetzung des 1870 gegründeten *Reichsoberhandelsgerichts in Leipzig* durch ein ebenfalls in Leipzig zu errichtendes *Reichsgericht* anordnete und einheitliche Vorschriften für Organisation und Zuständigkeit der mittel- und unterinstanzlichen Gerichte aufstellte, deren Errichtung aber den Gliedstaaten überließ.

Diese Gesetze gelten, mit vielen Änderungen (zB Ersetzung des Reichsgerichts durch den *Bundesgerichtshof* mit Sitz in *Karlsruhe*) und zum Teil in Neufassungen, noch heute, lediglich die KO wurde 1999 durch die Insolvenzordnung ersetzt (→ Rn. 587a).

F. Das Reichshaftpflichtgesetz von 1871

Gefährdungshaftung 394 Durch das Reichshaftpflichtgesetz wurde, besonders für Eisenbahnunternehmen, eine *Haftpflicht aus bloßer Gefährdung* (auch ohne Verschulden!) und damit ein neuer, grundlegender Gedanke in die Privatrechtsordnung eingeführt. Er drängte sich auf, nachdem die vorangegangene gewaltige technische Entwicklung den Menschen nicht nur unermessliche Vorteile gebracht, sondern auch große, Unbeteiligte bedrohende Gefahrenquellen geschaffen hatte, und bestand darin, für eventuell daraus entstehende Schäden ersatzpflichtig werden zu lassen, wer die Gefahrenquelle in seinem unmittelbaren Interesse unterhält und am ehesten in der Lage ist, sie zu beherrschen.

Die 1871 in diesem Sinne getroffene Regelung wurde nach weiterem Fortschreiten der technischen Entwicklung im 20. Jahrhundert Vorbild für die gesetzliche Einführung weiterer Fälle von Gefährdungshaftung, so der Haftung des *Kraftfahrzeughalters*, des *Luftfahrzeughalters* sowie des Inhabers einer *Atomenergieanlage*.

G. Gesetze über den gewerblichen Rechtsschutz

395 Der Aufschwung von Handel und Industrie erzeugte das dringende Bedürfnis, Künstler, Schriftsteller und Erfinder durch Gewährung zeitlich begrenzter *Monopolrechte* auf wirtschaftliche Verwertung ihrer geistigen Leistungen zu belohnen und zu weiteren anzuregen, sowie die Warenhersteller vor Verwechslung ihrer Erzeugnisse mit solchen anderer Produzenten zu schützen. Daher wurden zugunsten

Eigentumsähnliche immaterielle Rechte

dieser Personengruppen *eigentumsähnliche immaterielle Rechte* geschaffen, für die eine Zeitlang die Bezeichnung »*geistiges Eigentum*« üblich war. Dies geschah durch eine Reihe von Reichsgesetzen, die zwischen 1871 und 1900 erlassen wurden, nämlich durch ein 1871

Urheberrechtsgesetz

zum Reichsgesetz gewordenes *Urheberrechtsgesetz* des Norddeutschen Bundes *zum Schutz literarischer und musikalischer Werke*, das einen gewichtigen Vorläufer in einem 1837 vom deutschen Bundestag gefassten Bundesbeschluss gegen den Büchernachdruck hatte; ein

Warenzeichengesetz

Markenschutzgesetz (Warenzeichengesetz) von 1874, zwei *Urheberrechtsgesetze zum Schutz von Werken der bildenden Kunst* bzw. von

Photographien und ein *Geschmacksmustergesetz* von 1876 sowie ein *Gebrauchsmustergesetz* und ein *Erfindungspatentgesetz* von 1894.

Erfindungspatentgesetz

H. Kulturkampfgesetze (1871–75)

Durch diese Gesetze sollte der kirchliche Widerstand überwunden werden, der sich gegen den vom modernen Staat erhobenen Anspruch auf Allzuständigkeit auch in Fragen des Geisteslebens richtete. Sie brachten unter anderem folgende Neuerungen: Einführung des *Kanzelparagraphen* in das StGB, durch den der öffentliche Missbrauch eines geistlichen Amts zur Stiftung von Unfrieden mit Gefängnis bedroht wurde (1871, aufgehoben 1953); *Jesuitenverbot* (1872, aufgehoben 1917); Einführung der *obligatorischen Ziviltrauung* und der *staatlichen Führung der Zivilstandsregister* (in Preußen 1874, im ganzen Reich 1875).

396

Kanzelparagraph

Jesuitenverbot
Ziviltrauung

Einige Jahre lang standen überdies mehrere Gesetze in Kraft, die noch massiver in kirchliche Verhältnisse, vor allem der Katholiken, aber auch der Protestanten, eingriffen. Erlassen wurden sie auf Betreiben *Bismarcks* und des preußischen Kultusministers *Falk* im Verlauf eines schon damals als »*Kulturkampf*« bezeichneten Konflikts des Staates Preußen und des Reichs mit der katholischen Kirche, die in Deutschland durch das Verschwinden der alten Reichsverfassung und die vielen Säkularisationen zwar erheblich an Reichtum und weltlicher Macht verloren, aber an Ansehen gewonnen hatte. Diesem verdankte sie unter anderem den Erfolg im Widerstand, den *Clemens August Droste zu Vischering* als Erzbischof von Köln in den *Kölner Wirren* von 1838–1842 trotz seiner Verhaftung dem staatlichen Gebot vorbehaltloser Vornahme kirchlicher Trauungen von Mischehepartnern entgegengesetzt hatte.

397

»Kulturkampf«

Kölner Wirren
(1837–1842)

Verstärkt wurde der Einfluss der katholischen Kirche auf die Gläubigen durch die vom kämpferischen *Papst Pius IX.* 1864 erlassene Enzyklika »*Quanta cura*« und den ihr beigefügten »*Syllabus errorum*«, der eine Aufzählung aller den säkularisierten Staat durchdringenden Irrtümer enthielt, noch mehr aber durch die vom *1. Vatikanischen Konzil* (1870) beschlossene Verkündigung des Dogmas, dass der Papst bei der feierlich, ex cathedra, vorgenommenen Verkündigung von Glaubens- und Sittengesetzen unfehlbar sei. Allerdings rief gerade das *Unfehlbarkeitsdogma* die Gegnerschaft vieler Katholiken – auch Geistlicher – wach, was zur Gründung der sich vom Papst lösenden *altkatholischen Kirche* führte. Daraufhin schritten die Bischöfe gegen altkatholisch gewordene Geistliche ein, die indessen vom Staat geschützt wurden.

398

Unfehlbarkeitsdogma (1870) Gründung der altkatholischen Kirche

Während dieser Auseinandersetzungen, die auch auf das Schulwesen übergriffen, wurden zahlreiche Erzbischöfe und Bischöfe teils verbannt, teils verhaftet, mit der Folge, dass 1878 acht Bischofsstellen und etwa 120 Pfarrstellen unbesetzt waren. Nachdem diese Maßnahmen den kirchlichen Widerstand nicht gebrochen, sondern zur Solidarisierung

399 Verbannung von Erzbischöfen und Bischöfen

der Katholiken mit den verfolgten Priestern und zum Aufschwung der 1870 gegründeten, von *Windthorst* überlegen geleiteten katholischen Zentrumspartei geführt hatten, gab *Bismarck* von 1878 an den Kulturkampf allmählich auf, unter anderem weil in jenem Jahr ein versöhnlicherer, in der katholischen Soziallehre bahnbrechender Papst, *Leo XIII.*, den Stuhl Petri bestiegen hatte. Aufgrund einer mit ihm 1885 getroffenen Einigung wurden die vorangegangenen schweren Eingriffe in das kirchliche Leben abgestellt, aber die drei oben erwähnten Gesetze in Kraft gelassen.

Abbruch des Kulturkampfs

400 Zu einem Kulturkampf und zum Erlass ähnlicher Gesetze kam es in jenen Jahren auch außerhalb des Reichs, zB in der Schweiz, und später auch in andern Staaten, zB in Frankreich und Malta, wo solche Auseinandersetzungen, besonders über Schulfragen (Zulassung und eventuelle Subventionierung kirchlich geleiteter Volksschulen und Gymnasien), noch im 20. Jahrhundert heftig ausgetragen wurden.

J. Die Vereinheitlichung des bürgerlichen Rechts

I. Thibauts Schrift »Über die Nothwendigkeit eines allgemeinen bürgerlichen Rechts für Deutschland« (1814)

Rechtszustand um 1814

401 Soweit in den ehemaligen Gebieten des Heiligen Römischen Reiches Deutscher Nation das bürgerliche Recht kodifiziert worden war (in Bayern 1756, in Preußen 1794, in den linksrheinischen Gebieten 1804, in Baden 1809, in Österreich 1811), galten diese Kodifikationen. In anderen deutschen Gebieten richtete sich die Rechtsprechung im 19. Jahrhundert immer noch vornehmlich nach dem gemeinen Recht.

Patriotische Wünsche nach Rechtsvereinheitlichung

Thibauts Kritik am herrschenden Rechtszustand

Die Befreiungskriege hatten aber in vielen deutschen Juristen den patriotischen Wunsch nach Schaffung einer Zivilrechtskodifikation für ganz Deutschland (einschließlich Österreichs) wach werden lassen. Diesem Verlangen gab der Heidelberger Römischrechtsprofessor *Thibaut* in der oben genannten Schrift schwungvollen Ausdruck. Er beklagte einerseits die fehlende Rechtseinheit als ein Übel, das durch den Erlass partikulärer Kodifikationen noch vergrößert worden sei; andererseits kritisierte er die grundsätzliche subsidiäre Weitergeltung des Corpus iuris civilis, das zwar sehr vollständig, aber in manchem dunkel sei und als ein vor über tausend Jahren abgefasstes Werk eines fremden Volkes für die Deutschen des 19. Jahrhunderts schlechthin nicht passe.

Thibauts Vorschläge

Er schlug vor, eine Versammlung von Gelehrten aus allen deutschen Ländern einzuberufen. Dieser würde es mithilfe der schon vorliegenden partikulären Kodifikationen unschwer gelingen, binnen kurzer Zeit einen vortrefflichen Kodifikationsentwurf zu erstellen, dem die ihrerseits patriotisch gesinnten Fürsten ihre Zustimmung nicht verweigern würden.

Im selben Jahr erschien die wohl berühmteste Schrift der deutschen Rechtsliteratur, nämlich:

II. Savignys Gegenschrift »Vom Beruf unsrer Zeit für Gesetzgebung und Rechtswissenschaft« (1814)

Friedrich Carl von Savigny, aus lothringischem Adelsgeschlecht, wurde 1779 in Frankfurt geboren. Nach Erlangung der venia legendi in Marburg verfasste er als 24-Jähriger (1803) das klassische, umfangreiche Buch *»Das Recht des Besitzes«*, in dem er, sich vom Usus modernus Pandectarum lösend, auf Grundlage rein römisch-rechtlicher Quellen ein harmonisches, in sich geschlossenes System des römischen Besitzrechts entwickelte. Hierdurch erwarb er hohen Gelehrtenruhm. 1810 wurde er an die damals gegründete Universität Berlin berufen. In seiner Schrift von 1814 wandte er gegen Thibaut ein, dessen Vereinheitlichungsplan habe im nicht geeinigten Deutschland schon aus politischen Gründen keine Aussicht auf Verwirklichung. Ganz besonders aber erklärte er, dass die geistigen Voraussetzungen für die Erschaffung einer Kodifikation als Gemeinschaftswerk mehrerer Juristen fehlten. Denn in einer guten Kodifikation müssten alle Einzelheiten harmonisch aufeinander und auf das Ganze abgestimmt sein; sie könne daher nur aus einem einheitlichen Geist geschaffen werden; ein solcher sei aber bei den deutschen Juristen einstweilen nicht vorhanden. *Überhaupt sei die Zeit für die Abfassung einer Zivilrechts-Kodifikation noch nicht reif*, was durch die nach *Savigny* nur beschränkt gelungenen Kodifikationen Preußens, Frankreichs und Österreichs bewiesen werde.

402 Savignys wissenschaftliche Laufbahn bis 1814

Argumente gegen Thibaut

Er wandte sich auch gegen die im 18. Jahrhundert arrogant-aufklärerisch gewordene Naturrechtsidee, aus der die bisherigen Kodifikationen erwachsen seien, und forderte statt solcher ein neues, vertieftes Erfassen des aus dem *Volksgeist* historisch entstandenen Rechts, und zwar des aus dem gesamten Volk hervorgegangenen alten deutschen Rechts (»Deutschen Privatrechts«) einerseits, ganz besonders aber des römischen Rechts andererseits. Dieses sei in einem Zeitalter fortgeschrittener Zivilisation, in dem die Entstehung eines besonderen Juristenstandes zur Pflege und Fortentwicklung des Rechts nötig geworden sei, durch das Wirken dieses Standes als Repräsentant des Volkes zu deutschem Recht geworden. In seiner Qualität sei es wegen seiner inneren Folgerichtigkeit und der den römischen Juristen eigenen Kunst des *»Rechnens mit Begriffen«* einzigartig. Zwar habe man es im Zeitalter des »Usus modernus Pandectarum« nur mangelhaft entfaltet. Die gegenwärtige Generation aber habe die Aufgabe, es rein darzustellen, wenn auch mit Hinweisen darauf, was von ihm nach einer mehr als tausendjährigen Entwicklung »abgestorben« sei. Hierzu sei ein starker *historischer und zugleich systematischer Sinn* erforderlich. Das in der genannten Weise zu ergründende römische Recht (und parallel dazu das »Deutsche Privatrecht« ieS, das die Autoren des Usus modernus Pandectarum nicht streng von jenem getrennt hatten) müsse der Hauptgegenstand des juristischen Studiums an den deutschen Universitäten bleiben. *Durch die Wissenschaft also, nicht durch die Gesetzgebung* und auch nicht wie in Frankreich und England durch

Forderung nach vertieftem Erfassen des aus dem Volksgeist historisch gewachsenen Rechts, besonders des römischen Rechts

Notwendigkeit historischer und systematischer Rechtserfassung

eine hochstehende Gerichtspraxis, *solle in Deutschland die überlieferte Rechtseinheit aufrechterhalten und weiterentwickelt werden*, indem die Juristen Deutschlands zu lernen hätten, einheitlich, und zwar auf hohem Niveau, juristisch zu denken. Dann werde man vielleicht nach Jahrzehnten in der Lage sein, aufgrund des inzwischen erworbenen gemeinsamen Wissens und Könnens eine würdige Zivilrechts-Kodifikation für die Nachwelt zu schaffen (wie es gegen Ende des Jahrhunderts tatsächlich geschehen ist, → Rn. 411 ff.).

Möglichkeit späterer Kodifizierung des Zivilrechts

Savigny bekämpfte im Übrigen scharf das Bestreben, alles zu vereinheitlichen, und trat mit Nachdruck für die Aufrechterhaltung partikulär-rechtlicher Abweichungen vom gemeinen Recht ein.

III. Historische Rechtsschule

403 → Rn. 8.

Begriff

Hierunter versteht man die neue wissenschaftliche Methode und Zielsetzung, die aufgrund von *Savignys* höchst erfolgreicher Programmschrift und entsprechenden Äußerungen des Deutschrechtlers *Eichhorn* die an den deutschen Universitäten herrschende wurde: Man suchte einerseits das römische und andererseits das germanisch-deutsche Recht, säuberlich voneinander getrennt, in ihren Ursprüngen zu ergründen und zudem als geltende Rechtsordnungen darzustellen. Schlechthin verfemt wurde das Naturrecht, obwohl man bei der Darstellung des römischen und des deutschen Rechts vielen naturrechtlichen Gedankengängen folgte und insbesondere die naturrechtliche Systematik und Begrifflichkeit weitgehend übernahm. Auf die *streng begriffliche und systematische Darstellung des römischen und des deutschen Rechts* legte die Historische Rechtsschule von 1840 an ihr Schwergewicht. In diesem Jahr ließ *Savigny*, der sich bis dahin vor allem rechtshistorischen Forschungen gewidmet hatte (*»Geschichte des römischen Rechts im Mittelalter«*, 1. Aufl., 6 Bde., 1815–1831), den ersten Band seines achtbändigen, unvollendeten rechtsdogmatischen Hauptwerks, »*System des heutigen römischen Rechts*«, erscheinen. 1842 wurde er preußischer Gesetzgebungsminister und schließlich gleichsam preußischer Ministerpräsident, jedoch als solcher 1848 infolge der in Berlin ausgebrochenen Revolution von dem mit ihm von Jugend an eng befreundeten König, *Friedrich Wilhelm IV.*, entlassen. Er starb 1861.

Verfemung der Naturrechtsidee trotz Übernahme naturrechtlichen Gedankenguts

Weitere wissenschaftliche Werke Savignys

G. F. Puchta als Hauptvertreter der begriffs- und konstruktionsjuristischen Methode

404 *Savignys* Nachfolger auf dem Berliner Lehrstuhl, *G. F. Puchta* (1798–1846), verfasste seinerseits große rechtsdogmatische Werke (»*Cursus der Institutionen*«, »*Pandekten*«). In diesen führte er die schon von *Savigny* angewandte *begriffs- und konstruktionsjuristische Methode*, die durch weitestgehende Erfassung des Rechtsstoffes mittels allgemeinster Rechtsbegriffe und deren durch Begriffseinteilung gewonnene Unterbegriffe verschiedener Stufen gekennzeichnet ist (zB subjektives Recht – absolutes Recht – dingliches Recht – beschränktes dingliches Recht – Pfandrecht – Grundpfandrecht – Grundschuld), auf einen ersten Höhepunkt.

Die rechtsdogmatisch-systematische Wissenschaft vom römischen Zivilrecht, die durch die Werke *Savignys* und *Puchtas* begründet wurde und bis zum Inkrafttreten des BGB (1900) herrschte, bezeichnet man als Pandektenwissenschaft (Pandektistik).

IV. Pandektenwissenschaft und deutsches Privatrecht

Die Pandektenwissenschaft befasste sich, im Unterschied zum Usus modernus Pandectarum, mit dem *reinen* römischen Recht und hatte, ebenfalls anders als jener, einen streng *systematischen Charakter*. Ihr Rechtssystem entwickelte sie mittels einer Reihe von *Allgemeinbegriffen*. Diese entstammten großenteils den römisch-rechtlichen Quellen und dem naturrechtlichen Schrifttum; die allgemeinsten aber waren sehr jungen Datums, zB »*Rechtsverhältnis*«, »*Rechtssubjekt*«, »*Rechtsgeschäft*« sowie »*subjektives Recht*«, das nach kantischem Vorbild (obwohl von *Kant* selbst nicht ausdrücklich so bezeichnet) in den Mittelpunkt des ganzen Systems gestellt war. Äußerlich waren die großen Werke der Pandektisten fast durchweg gegliedert in einen *allgemeinen Teil* sowie *Schuldrecht, Sachenrecht, Familienrecht und Erbrecht* (gelegentlich unter Weglassung des allgemeinen Teils und Umstellung der Reihenfolge). Diese Gliederung, die um 1800 von den Professoren *Hugo* und *Heise* konzipiert worden war, wird als »*Pandektensystem*« bezeichnet (im Unterschied 1. zum »*Institutionensystem*«, dh dem Schema »*personae – res – actiones*«, nach dem die Institutionen des *Gaius* aus dem 2. Jahrhundert – → Rn. 127 – und des Corpus iuris sowie die Institutionenlehrbücher neuerer Autoren und, daran anlehnend, viele Stadt- und Landrechte des 16. und 17. Jahrhunderts gegliedert waren, sowie 2. zum »*Naturrechtssystem*«, das nach Pflichten, und zwar solchen des Einzelnen gegen sich selbst, gegen einzelne andere und innerhalb von Gemeinschaften, aufgebaut war – → Rn. 315).

405 Streng systematischer Charakter

Von den Pandektisten verwendete Allgemeinbegriffe

Pandektensystem
Institutionensystem

Naturrechtssystem

Entsprechend stellten die Deutschrechtler das »*Deutsche Privatrecht*« in großen Werken dar, um dadurch den »*Romanisten*« wirksam entgegenzutreten, gegen deren Übermacht an den Universitäten sie an sog. *Germanistentagungen* polemisierten. (Der Ausdruck »*Germanisten*« wurde damals geprägt und erst später auf die Gelehrten der deutschen Sprache und Literatur übertragen.) Etwa um 1840 spaltete sich der germanistische Zweig der historischen Rechtsschule ab, da ihre Vertreter wie *Georg Beseler* (1809–1888) in der Rezeption des römischen Rechts ein Unglück sahen, das der nationalen Einigungsbewegung im Wege stehe. Vor allem die politisch aktiven Professoren, die sich unter anderem in der Frankfurter Nationalversammlung engagierten, distanzierten sich von den nach ihrer Meinung unpolitischen Romanisten, weil diese ein reines Juristenrecht propagierten.

406 Darstellungen des deutschen Privatrechts

Da es sich erwies, dass nahezu jede Privatrechtsordnung auf die pandektistische Weise erfasst werden konnte, erlangte die deutsche Rechtswissenschaft erstmals ein weltweites Ansehen. Besonders berühmt wurden von ihren Vertretern, außer *Savigny* und *Puchta*, Bern-

407 Allgemeine Anwendbarkeit der pandektistischen Methode

Windscheids
»Pandekten«

Rudolf von Ihering

Otto von Gierke

hard Windscheid (1817–1892), der in seinen dreibändigen »Pandekten« das für die Rechtspraxis maßgebende Werk schuf und Wesentliches zur Abfassung des BGB beitrug (→ Rn. 414), und der Ostfriese Rudolf von Ihering (1818–1892), der zunächst die Begriffs- und Konstruktionsjurisprudenz zu höchster Vollendung führte, dann aber ihre Auswüchse verspottete und sich einer auf den Zweck der Rechtssätze abstellenden Methode zuwandte. Der berühmteste von allen Germanisten war Otto von Gierke (1841–1921) als Verfasser vieler hervorragender Werke über das deutsche Recht und Kritiker des Ersten Entwurfs des BGB (→ Rn. 415). Für die Folgezeit hochbedeutend aber wurden die Pandektenwissenschaft und das wissenschaftlich entfaltete »Deutsche Privatrecht« dadurch, dass ihre Lehren das geistige Rüstzeug für die Abfassung des deutschen Bürgerlichen Gesetzbuchs lieferten.

V. Reichsgesetze bis 1871

408 Noch vor der Reichsgründung von 1871 kamen in einigen privatrechtlichen Belangen, bezüglich deren der sich ausweitende innerdeutsche Handelsverkehr den Erlass einheitlicher Gesetze besonders vordringlich gemacht hatte, gesamtdeutsche Regelungen zustande:

1. Allgemeine deutsche Wechselordnung (1848)

1848 beschloss die in der Frankfurter Paulskirche tagende deutsche Nationalversammlung eine (von *Savigny* mitvorbereitete) Allgemeine deutsche Wechselordnung, die trotz Auflösung des Parlaments und Scheiterns seiner politischen Pläne in fast allen deutschen Staaten in Kraft gesetzt wurde.

2. Allgemeines deutsches Handelsgesetzbuch (1861)

409 1861 wurde vom deutschen Bundestag in Frankfurt ein **Allgemeines deutsches Handelsgesetzbuch** (ADHGB) beschlossen und dann von den einzelnen Staaten des Deutschen Bundes in Kraft gesetzt.

Es war der unmittelbare Vorläufer des heute geltenden *Handelsgesetzbuches (HGB) von 1897*, in das die meisten Bestimmungen des ADHGB wörtlich übernommen worden sind, während andere durch den Erlass des BGB überflüssig wurden und sich im HGB nicht mehr finden.

3. Dresdener Entwurf eines Obligationenrechts (1866)

410 Noch in den Zeiten des Deutschen Bundes wurde die Vereinheitlichung wenigstens des Schuldrechts als eines für den Rechtsverkehr besonders wichtigen Zweigs des bürgerlichen Rechts angebahnt. So entstand der nach den Leitbildern der Pandektenwissenschaft abgefasste **Dresdener Entwurf eines Obligationenrechts (1866)**, der aber nach dem preußisch-österreichischen Krieg von 1866 und der ihm

folgenden Auflösung des Deutschen Bundes den Gesetzgebungskörperschaften der deutschen Staaten nicht mehr zugeleitet wurde.

VI. Entstehung des BGB

Der 1861 gegründete *Deutsche Juristenverein* nahm an seinen fast alljährlichen *Juristentagen Thibauts* Gedanken wieder auf und forderte, allerdings nur als Fernziel, die reichseinheitliche Kodifikation des gesamten bürgerlichen Rechts. Diese wurde, wie diejenige des Strafrechts, des Zivil- und Strafprozessrechts, politisch möglich nach der Reichsgründung von 1871. Sie verlief in folgenden Phasen: — 411 Rolle der Juristentage des 1861 gegründeten Deutschen Juristenvereins

1. 1873 wurde auf wiederholten Antrag der nationalliberalen Abgeordneten *Miquel* und *Lasker* die Reichsverfassung durch eine Bestimmung ergänzt, die dem Reich die **Kompetenz zur Vereinheitlichung des gesamten bürgerlichen Rechts** einräumte. — 412

2. 1874 stellte eine vom Bundesrat einberufene **Vorkommission** Richtlinien auf, nach denen die Kodifikation zu erfolgen habe. Verlangt wurde eine Kodifikation, bei der der Übergang vom bisherigen Recht der Einzelstaaten zum neuen einheitlichen Recht möglichst unmerklich sein würde. Dieses Verlangen wurde in der Folge von den Redaktoren erfüllt, indem sie sich weitgehend an das bis dahin in Preußen geltende Recht (unter anderem betr. eheliches Güterrecht, Hypotheken und das im 19. Jahrhundert geschaffene Grundbuch), mitunter auch an das französisch-rheinisch-badische oder das sächsische Recht, besonders aber an die Lehren der Pandektenwissenschaft und des deutschen Privatrechts, anlehnten. — 413

3. 1874–1887 fanden die Beratungen der vom Bundesrat einberufenen **Ersten Kommission** statt. Diese war zusammengesetzt aus 11 den größeren Einzelstaaten entstammenden Juristen, und zwar zwei Professoren (berühmt *Windscheid*, → Rn. 407) sowie neun hohen Praktikern (Ministerialbeamten und Richtern). Vorsitzender war der aus Brilon gebürtige Reichsoberhandelsgerichtspräsident *Pape*. — 414

Zunächst wurde von fünf Kommissionsmitgliedern je ein *Teilentwurf* des Allgemeinen Teils, Schuldrechts, Sachenrechts, Familienrechts und Erbrechts erstellt; alsdann (von 1881 an) wurden die Teilentwürfe in mühevollen Gesamtkommissions-Beratungen aufeinander abgestimmt und harmonisiert. 1887 wurde der endlich zustandegekommene »Erste Entwurf« veröffentlicht, zusammen mit umfassenden »Motiven«, die bis heute von der Gerichtspraxis immer wieder zur Gesetzesauslegung herangezogen worden sind. — Teilentwürfe / Erster Entwurf und Motive (1887)

4. **Der Widerhall**, den der Entwurf **in der deutschen Juristenwelt** fand – anders als bei der Publikation des ALR-Entwurfs hatte man nicht die ganze gebildete Welt zu Stellungnahmen aufgefordert –, war überwiegend positiv. Uneingeschränkt gerühmt wurde der ungeheure Fleiß, mit dem die Kommissionsmitglieder die bestehenden Gesetze und die in der Literatur geäußerten Meinungen studiert und gegen — 415 Überwiegend anerkennende Gesamtbeurteilung

Kritiken

einander abgewogen hatten, ebenso die peinlich gewissenhafte Sorgfalt, mit der die einzelnen Bestimmungen redigiert waren. Beanstandet aber wurden die übermäßig abstrakte und verschachtelte Sprache, die Unmenge von Verweisungen (dh von Bestimmungen, in denen auf andere verwiesen wird) und die an manchen Stellen doktrinär erscheinende Übernahme auch solcher Rechtssätze aus dem römischen Recht, die leicht durch angemessenere hätten ersetzt werden können. In seiner Gesamtheit abgelehnt wurde der Entwurf vom Wiener Sozialisten *Anton Menger* (»Das bürgerliche Recht und die besitzlosen Volksklassen«, 1890). Denn das Vorgelegte, von durchweg dem höheren Bürgertum angehörenden Juristen erarbeitet, entspreche zwar deren Interessen und Wertvorstellungen, missachte aber, besonders durch seinen Hyperindividualismus und seine dem gemeinen Mann unverständliche sprachliche Fassung, die Interessen der breiten Volksmassen. Dieser Kritik schlossen sich auch viele Abgeordnete der deutschen Sozialisten an, die besonders im Miet- und Arbeitsrecht das Fehlen sozialer Aspekte bemängelten. Gleiches galt für die Haltung *Otto von Gierkes* (»Der Entwurf eines bürgerlichen Gesetzbuchs und das deutsche Recht«, 1888/1889), der ähnliche Kritiken wie *Menger* vorbrachte und überdies ganz besonders beanstandete, dass der Entwurf viel zu sehr an der Pandektistik und zu wenig am »Deutschen Privatrecht« orientiert sei.

Gesamtablehnung durch den Sozialisten Menger

Gesamtablehnung durch Gierke

Verbesserung des Ersten Entwurfs

416 5. Eine vom Bundesrat bestellte **Zweite Kommission**, der neben angesehenen Juristen (unter anderem dem blinden Hannoveraner *Gottlieb Planck* als Generalreferent) auch einige Nichtjuristen angehörten, überarbeitete 1891–1895 den Ersten Entwurf. Im Zusammenwirken mit dem Reichsjustizamt, das einen wesentlichen Einfluss auf die weitere Überarbeitung ausübte, verbesserte sie dessen sprachliche Fassung erheblich und berücksichtigte auch zum Teil die an ihm vorgebrachten Einzelkritiken, ohne aber seinen Gesamtcharakter grundlegend zu ändern.

Parlamentarische Diskussionen politisch brisanter Materien

417 6. Der von der Zweiten Kommission vorgelegte neue Entwurf wurde die unmittelbare Grundlage der **Gesetzesberatungen im Bundesrat und Reichstag** (1896). In diesen Gremien wurden fast nur noch politisch besonders brisante Fragen, unter anderem aus dem Vereinsrecht, Dienstvertragsrecht, Wildschadensrecht(!) (hier prallten die Interessen der Landwirte und der meist adligen Jagdberechtigten aufeinander) und Eherecht, diskutiert, mit dem Ergebnis, dass der Entwurf in einigen Punkten abgeändert wurde.

Abstimmungsergebnis 418 7. In der **Schlussabstimmung** v. 1.7.1896 nahm der Reichstag nach der dritten Lesung den Entwurf mit 222 Ja-Stimmen gegen 48 Nein-Stimmen (besonders der Sozialdemokraten) bei 18 Enthaltungen an. Am 18.8.1896 wurde das Gesetz von *Wilhelm II.* unterschriftlich vollzogen und am 24.8.1896 im Reichsgesetzblatt veröffentlicht.

Landesrechtliche Vorbehalte im Einführungsgesetz 419 8. **Am 1.1.1900 trat das BGB in Kraft** und mit ihm ein *Einführungsgesetz (EG)*, das unter anderem zahlreiche »*landesrechtliche Vorbehalte*« vorsieht (besonders bezüglich mancher vom deutschen Privatrecht beherrschten historischen Materien wie Waldgenossenschaften, Gewerbebannrechte, Anerbenrecht, Bergrecht, Wasserrecht, Kirchenbaulast usw). Auf denselben Zeitpunkt hin wurde eine Reihe von *Nebengesetzen* und Verordnungen erlassen (zB die *Grundbuchordnung* als Ergänzung der Bestimmungen des BGB über das Grundbuch, dessen in den folgenden Jahrzehnten vorgenommene Errichtung für nahezu sämtliche in Deutschland gelegenen Grundstücke eine der bedeutendsten neueren Leistungen im Gebiet des Rechtswesens darstellt).

Nebengesetze Grundbuch

Auf dem geschilderten Weg ist im Lauf von mehr als 20 Jahren das BGB als typische Gemeinschaftsarbeit vorzüglicher, wenn auch nicht genialer Fachleute zustande gekommen: ein zwar nicht sehr ansprechendes, aber rechtstechnisch hervorragendes Gesetzbuch, das, ohne die Interessen so bedeutender Berufskreise wie der Arbeiterschaft und des Bauernstandes besonders zu berücksichtigen, dem Einzelnen, entsprechend dem Geist der Lehren *Kants, Savignys* und der Pandektisten, weitesten Spielraum zur autonomen Gestaltung seiner Rechtsverhältnisse einräumt, ihm vollen Schutz der einmal erlangten Rechte verheißt, ihm aber auch die volle Verantwortung für seine Handlungen und pflichtwidrigen Unterlassungen auferlegt – im Ganzen ein Werk von hoher Qualität, das aber dringend der Ergänzung durch Spezialgesetze, besonders im Bereich des Arbeitsrechts, bedurfte.

420 Qualität und Charakter des BGB

K. Sozialversicherungs-, arbeits- und wirtschaftsrechtliche Gesetze

Unter *Bismarck* wurden 1881–1889 *Kranken-, Unfall-, Invaliden- und Altersversicherungsgesetze* errichtet, durch die Deutschland auf Jahrzehnte hinaus zum sozialpolitisch am weitesten fortgeschrittenen Land der Welt wurde.

421 Sozialversicherungsgesetze (1881–1889)

Sie sollten ein Gegengewicht zu dem den Karlsbader Beschlüssen (→ Rn. 362) verwandten *Sozialistengesetz von 1878* schaffen, das nach dem Willen Bismarcks als *Reaktion auf zwei Attentate gegen Wilhelm I.* erlassen worden war, aber nach dennoch fortschreitenden Wahlerfolgen der Sozialdemokraten und der Entlassung Bismarcks als Kanzler 1890 *aufgehoben* wurde.

Durch die Einführung einer Sozialversicherung mit finanziell zunächst zwar mäßigen Leistungen wich die Reichsgesetzgebung vom liberalistischen Grundsatz des »laissez-faire« ab, nach dem das Wirtschaftsleben von allen einschränkenden staatlichen Fesseln befreit und ausschließlich der privaten Gestaltung durch Warenerzeugung nach Ermessen der Produzenten sowie durch Vertragsschlüsse zwischen diesen, ihren Arbeitern, Angestellten und Kunden überlassen werden sollte.

422 Abwendung vom liberalistischen »laissez-faire«

Dieser Grundsatz entsprach den Lehren von *Adam Smith* (→ Rn. 359) und wurde von Unzähligen jahrzehntelang wie ein religiöses Dogma als selbstverständlich hingenommen, aber nach einer Äußerung des mit *Marx* wetteifernden Sozialdemokraten *Lassalle* (1825–1864) würdigte es den Staat zum »*Nachtwächterstaat*« herab, hatte, wie in Frankreich unter *Napoleon III.*, so in Deutschland zur Zeit des Norddeutschen Bundes (1867–1870), seine volle Blüte erreicht. Aber, unter anderem infolge der wirtschaftlich übermächtigen Stellung der Arbeitgeber bei ihren Ver-

423

tragsschlüssen mit nicht organisierten Arbeitnehmern, hatte er keineswegs die von ihm erwartete harmonische Entwicklung des Wohlstands für alle Volksschichten gebracht, sondern im Zuge des später als »*industrielle Revolution*« bezeichneten Industrialisierungsprozesses neben einer reichen Unternehmerschicht ein zunehmend zahlreicher werdendes *Massenproletariat* entstehen lassen. Überdies hatte er nach der geglückten Reichsgründung von 1871 infolge des durch diese erweckten Leichtsinns und des durch die französischen Kriegsschuldzahlungen entstandenen Geldüberflusses zu vielen *schwindelhaften Gründungen von Aktiengesellschaften* geführt. Das zog eine schwere »Wirtschafts- und Vertrauenskrise« (»*Gründerkrise*« von 1873) nach sich und bewog auch weite Kreise des Bürgertums zur Kritik an der bisher fast uneingeschränkt liberalen Wirtschaftsgesetzgebung.

Massenproletariat

»Gründerkrise« (1873)

Verein für Sozialpolitik **424** Ihren Ausdruck fanden die nun einsetzenden Reformbestrebungen vor allem im 1872 gegründeten *Verein für Sozialpolitik*. Zu seinen Mitgliedern zählten hervorragende Juristen, zB *Otto von Gierke* (→ Rn. 415) und der stark sozialreformerisch eingestellte Öffentlichrechtler *Lorenz von Stein*, sowie bedeutende Nationalökonomen, besonders *Gustav Schmoller* und *Lujo Brentano*. Diese traten, ihr Fach entsprechend ihren juristischen Kollegen historisch und mit idealistischer Grundeinstellung vertretend, gesetzgebungspolitisch für eine Versittlichung der Wirtschaft vor allem im Interesse der Arbeiterschaft ein, ohne jedoch die von manchen spöttisch verwendete Bezeichnung »*Kathedersozialisten*« zu verdienen.

Wirtschaftspolitische Gesetze zugunsten der Arbeiterschaft

425 Vom Verein für Sozialpolitik und andern Kreisen wurden zahlreiche Gesetzesänderungen vorgeschlagen, von denen manche alsbald verwirklicht wurden. Viele dienten *bestimmten Wirtschaftsgruppen*, deren Interessen durch die liberalistische Wirtschaftsordnung übermäßig bedroht erschienen.

Der *Arbeiterschaft* kam außer der Sozialversicherung zugute, dass schon 1878 in Abänderung der äußerst liberalen *Gewerbeordnung* des Norddeutschen Bundes von 1869, die nach der Reichsgründung Reichsgesetz geworden war, die Arbeit von Kindern, Jugendlichen und Frauen nach einem preußischen Vorbild aus dem Jahr 1839 beschränkt und die Sonntags- und Nachtarbeit nur noch unter bestimmten Voraussetzungen gestattet wurde. Zudem erklärte dasselbe Reformgesetz die in der Gewerbeordnung fakultativ vorgesehene Überwachung der Fabrikbetriebe durch *Fabrikinspektoren* für obligatorisch. Zusätzlich wurden die Interessen der Arbeiterschaft durch ein *Arbeiterschutzgesetz* gefördert, das im selben Jahr wie die sozialpolitisch bedeutsame päpstliche *Enzyklika »Rerum novarum«*, 1891, erlassen wurde. Es enthielt eingehende Bestimmungen über Arbeiterausschüsse, Arbeitsordnungen, Betriebsstrafen und Lohnabzüge sowie über das schon in der Gewerbeordnung von 1869 vorgesehene *Truckverbot* (Unzulässigkeit der Entlohnung der Arbeiter durch Waren).

Enzyklika »Rerum novarum« (1891)

Besondere Interessen einzelner Arbeitnehmergruppen, unter anderem der *Bergleute, Seeleute, Handlungsgehilfen* und *Heimarbeiter* wurden durch Sondervorschriften sowie durch einzelne zwischen 1900 und 1911 erlassene Gesetze berücksichtigt.

Zugunsten selbstständiger Handwerker

426 Dem Verlangen der *selbstständigen Handwerker* die sich sowohl von der übermächtig, mit ihnen konkurrierenden Industrie als auch von den bessere Arbeitsbedingungen fordernden Arbeitern bedroht fühlten, entsprach es, dass die Innungen wieder als öffentlich-rechtliche Körperschaften anerkannt wurden (1897) und ihnen wieder eine Vorzugsstellung für die Ausbildung von Lehrlingen eingeräumt und dass für die Berechtigung zur Führung des Meistertitels die Ablegung der Meisterprüfung verlangt wurde (1935); auch wurden in ihrem Interesse *Handwerkskammern* errichtet und den freien *Berufsinnungen*, wenn auch nicht mehr die Rechte der früheren Zünfte, so doch wieder einige öffentlich-rechtliche Kompetenzen eingeräumt.

Auf dringende Bitte der *Ladenbesitzer* wurden der *Hausierhandel* und die Ausübung von Gewerben im Umherziehen stark eingeschränkt. — Zugunsten von Ladenbesitzern

427 Dem kapitalanlegenden Bürgertum aber diente es, dass die 1870 allzu sehr erleichterte *Gründung von Aktiengesellschaften* durch Straffung der damals das frühere Konzessionserfordernis ablösenden Normativbestimmungen erschwert und den Aktionären überdies durch *Verschärfung der Gründerhaftung* mehr Sicherheit geboten wurde. — Zugunsten von Kapitalanlegern Aktienrechts-Reform

Den Interessen weiter Geschäftskreise förderlich war ein 1892 errichtetes Gesetz, das in fast einzigartiger Weise ohne vorangegangene praktische Erfahrungen rein aufgrund wissenschaftlicher Überlegungen zustandegekommen war und die Gründung von *Gesellschaften mit beschränkter Haftung* der einzelnen Teilhaber ermöglicht. — GmbH-Gesetz (1892)

428 Ein noch viel größeres Publikum, nämlich unerfahrene Käufer schlechthin, wurde vom *Abzahlungsgesetz* von 1894 weitgehend gegen das Übermaß an Gefahren, die mit dem Abschluss von Abzahlungsgeschäften verbunden zu sein pflegen, geschützt. — Abzahlungsgesetz (1894)

Über die Ablösung dieses Gesetzes durch das Verbraucherkreditgesetz v. 17.12. 1990 und seine Einfügung in das BGB im Jahre 2002 → Rn. 593.

Bestrebungen, konkurrenzbeschränkende Kartellabreden im Interesse des Publikums zu untersagen, scheiterten zwar jahrzehntelang am Widerstand der betroffenen Unternehmer. Dagegen wurde 1896 im Interesse der loyalen Wirtschaftskonkurrenten ein *Gesetz zur Bekämpfung des unlauteren Wettbewerbs* erlassen, das 1909 durch das mit späteren Änderungen noch geltende *Gesetz gegen den unlauteren Wettbewerb (UWG)* ersetzt wurde. — Kartellabreden nicht untersagt / Gesetze gegen unlauteren Wettbewerb (1896/1909)

429 Alle diese und noch weitere Gesetze von ähnlichem Charakter kamen erst nach langen parlamentarischen und außerparlamentarischen Auseinandersetzungen zustande. Sie leiteten eine bedeutende Entwicklung ein, die nach 1918 und, verstärkt, nach 1945 weitergeführt wurde.

L. Zoll- und Steuergesetzgebung

430 Schon 1878, also drei Jahre vor den ersten Sozialversicherungsgesetzen, war *Bismarck* vom Freihandel zu einer staatlichen *Schutzzollpolitik* übergegangen, hatte sich also auch insofern vom strengen Wirtschaftsliberalismus abgewandt. — Schutzzölle

Zur Erhebung *unmittelbarer Steuern vom Einkommen und Vermögen* waren bis kurz vor dem Ausbruch des Ersten Weltkrieges nur die Einzelstaaten, nicht auch das Reich, befugt (→ Rn. 392 und 443). — Ausschließliche Kompetenz der Einzelstaaten zur Erhebung direkter Steuern

8. Kapitel. Das Zeitalter des sozialen Rechtsstaates (20. Jahrhundert)

A. Allgemeine Entwicklung – Verfassung

I. Zustand um 1914

Es galt immer noch die *Bismarcksche* Reichsverfassung. Deutschland schien an der Spitze Europas zu stehen, das seinerseits den größten Teil der Welt beherrschte. Nicht nur hatte es eine ausgezeichnete Armee, eine hochentwickelte Industrie und eine blühende Landwirtschaft, sondern auch hervorragende Universitäten mit vielen weltberühmten Professoren, dazu eine vorzügliche Justiz und eine äußerst fähige und integre Beamtenschaft, die im Rahmen einer vortrefflichen Organisation Allerbestes leistete. Infolge dieser ungewohnt glänzenden Stellung neigte es aber zu Überheblichkeit, die es allzu unbedenklich in den Ersten Weltkrieg (1914–1918) hineinschlittern und die in ihm erlittene unerwartete schwere Niederlage nicht ertragen ließ.

431 Glänzende Stellung des deutschen Reiches

II. Ende der konstitutionell-monarchischen Reichsverfassung (1918)

Im Ersten Weltkrieg wurden die Kompetenzen der obersten Heeresleitung stark erweitert, sodass diese vorübergehend auch für weite Bereiche des Zivil-, insbesondere des Wirtschaftslebens, zuständig wurde. Bedeutender waren Reformen, zu denen man kurz vor Kriegsende schritt: Zur Beschwichtigung der von russisch-bolschewistischen Ideen beeinflussten Volksmassen, die seit einem von der obersten Heeresleitung verlangten Waffenstillstandsgesuch an den amerikanischen Präsidenten *Wilson* vom 3.10.1918 die Fortsetzung des Krieges für aussichtslos hielten, wurde im Benehmen mit den im Reichstag vertretenen Parteien eine Regierung mit dem liberal gesinnten *Prinzen Max von Baden* als Reichskanzler sowie mit Staatssekretären aus verschiedenen Parteien, auch der sozialdemokratischen, gebildet. Zudem wurde am 28.10.1918 durch eine förmliche Verfassungsänderung ausdrücklich bestimmt, dass der Reichskanzler zu seiner Amtsführung des Vertrauens des Reichstags bedürfe. Dadurch wurde die bisherige konstitutionelle in eine *parlamentarische Monarchie* abgewandelt.

432 Erweiterte Kompetenzen der obersten Heeresleitung

Verfassungsänderung

Parlamentarische Monarchie

Nachdem zu den sich dennoch steigernden Unruhen Truppenmeutereien (allerdings nicht vor dem Feind) und viele Desertionen hinzugetreten waren und die alliierten Regierungen es abgelehnt hatten, mit

433

	den bisherigen deutschen Machthabern Waffenstillstands- und Friedensverhandlungen zu führen, erklärte *Wilhelm II.* am *9.11.1918* seine *Abdankung* als Kaiser. Auf Empfehlung der obersten Heeresleitung begab er sich in die Niederlande, während *Prinz Max von Baden* die Geschäfte des Reichskanzleramts auf den Reichstagsabgeordneten *Friedrich Ebert* (seit 1913 Führer der SPD) übertrug. Am selben Tag verkündete der ebenfalls der SPD angehörende Staatssekretär *Philipp Scheidemann* dem Volk nicht nur die Abdankung *Wilhelms II.*, sondern rief mit der emphatischen Erklärung die *Republik* aus. Dieser Schritt ging über die Abdankungserklärung *Wilhelms II.* hinaus, da diese die Einsetzung eines Nachfolgers oder einer Regentschaft zugelassen hätte und sich überdies nach ihrem Wortlaut nur auf die Stellung *Wilhelms II.* als Kaiser, nicht aber als König von Preußen bezog. Die Ausrufung der Republik war aber inmitten der herrschenden revolutionären Verwirrung, die nach dem Abschluss des Waffenstillstandes von Compiègne (11.11.1918) unvermindert andauerte, nicht mehr abzuschwächen oder gar rückgängig zu machen.
Abdankung Wilhelms II. (9.11.1918)	
Ausrufung der Republik (am selben Tag)	
Abdankung der andern deutschen Monarchen	434 Begleitet von der teils vorangegangenen, teils nachfolgenden Abdankung oder wenigstens tatsächlichen Machtniederlegung der andern deutschen Monarchen entsprachen diese Vorgänge Ereignissen, die auch in andern europäischen Monarchien nach schweren Kriegsniederlagen eingetreten waren: so in *Österreich* und *Bulgarien* kurz vor dem deutschen Umsturz, in *Rußland* 1917, in *Frankreich* 1870/1871, ja schon 1815 und 1814. Dagegen hatten weniger katastrophale Niederlagen – etwa von Rußland im russisch-japanischen Krieg (1904/1905) und im Krimkrieg (1853–1856) sowie von Österreich im Krieg gegen Preußen (1866) – mildere innere Reformen nach sich gezogen.
Vergleich mit früheren Vorgängen im Ausland	

III. Die Weimarer Reichsverfassung v. 11.8.1919

1. Entstehung

Rat der Volksbeauftragten	435 Infolge der sich noch steigernden revolutionären Unruhen übte *Friedrich Ebert* das ihm anvertraute Reichskanzleramt nur zwei Tage lang aus; dann aber erlangte er als *Vorsitzender* eines aus sechs Sozialisten zusammengesetzten *Rats der Volksbeauftragten*, der am 10.11.1918 vom Berliner Arbeiter- und Soldatenrat gewählt worden. Fortan nahm dieser als Mittelpunkt einer Vielzahl neugebildeter Arbeiter- und Soldatenräte eine regierungsartige Stellung ein, einen stark mäßigenden und ordnenden Einfluss auf die von bolschewistischen Räteideen aufgewühlten Volksmassen. Mit Zustimmung der weitaus meisten Landesregierungsvertreter bewirkte er, dass am 19.1.1919 *Wahlen* für die Bildung einer Nationalversammlung abgehalten wurden, in denen Vertreter gemäßigter Parteien die Mehrheit erlangten.
Nationalversammlung in Weimar erster Reichspräsident: Friedrich Ebert	436 Am 6.2. trat die *Nationalversammlung* in dem von Unruhen noch kaum erschütterten *Weimar* zusammen. Nach Aufstellung einer provisorischen »Notverfassung« wählte sie *Friedrich Ebert* als Reichspräsidenten und *Philipp Scheidemann* als Ministerpräsidenten, dem andere Mitglieder der SPD sowie solche des Zentrums und der Deutschen Demokratischen Partei als Minister zur Seite standen. Sie erließ auch

einige sozialreformerische Gesetze, durch die unter anderem der 8-Stunden-Arbeitstag eingeführt wurde (Näheres → Rn. 562).

Ihre Haupttätigkeit bestand aber in der *Ausarbeitung einer neuen republikanischen Reichsverfassung*, für die der Berliner Staatsrechtslehrer *Hugo Preuß*, nunmehr Staatssekretär des Innern, aufgrund eines ihm schon vom Rat der Volksbeauftragten erteilten Auftrags einen streng logisch ausgearbeiteten Entwurf erstellt hatte. Dieser zerlegte aber Preußen in seine Provinzen und setzte die andern Gliedstaaten zu bloßen Selbstverwaltungskörpern herab, sah also eine Umwandlung des bisherigen deutschen Bundesstaates in einen dezentralisierten Einheitsstaat vor. Daher stieß er auf den Widerstand der Landesvertretungen, die auch nach dem Sturz der naturgemäß föderalistisch eingestellten Gliedstaatsmonarchen Wert auf Aufrechterhaltung eines gliedstaatlichen Eigenlebens legten und es in gründlichen Verhandlungen erreichten, dass der *Preußsche* Entwurf in gemäßigt föderalistischem Sinn abgeändert wurde. Nachdem der am 28.6.1919 unterzeichnete *Versailler Friedensvertrag* trotz seiner großen Härte dem deutschen Volk weitgehend Freiheit zur Gestaltung seiner inneren Verhältnisse gelassen hatte, wurde die neue Verfassung verabschiedet: Am 31.7. wurde sie mit 282 Ja- gegen 75 Nein-Stimmen (vor allem der Deutschnationalen auf der rechten Seite sowie der »Unabhängigen Sozialdemokraten« auf der linken) angenommen und am 11.8. vom Reichspräsidenten ausgefertigt. Drei Tage später trat sie in Kraft.

437 Verfassungsentwurf von Hugo Preuß

Versailler Friedensvertrag (28.6.1919)

Annahme der neuen Verfassung (31.7.1919)

2. Inhalt

Da die Weimarer Reichsverfassung – anders als die *Bismarcksche* – nicht durch eine Vereinbarung unter souveränen Fürsten und Städten, sondern als ein von Repräsentanten des Gesamtvolkes geschaffenes Werk zustandegekommen war, sah sie als bedeutendstes Organ keinen Bundesrat vor, in dem die Vertreter der Gliedstaaten tagten, sondern den *Reichstag* als Versammlung der vom Volk gewählten Abgeordneten. Diese waren wie bisher geheim und direkt zu wählen; aber aktiv und passiv wahlfähig waren nun auch die Frauen, und wahlfähig wurde man nun schon mit 20 statt erst mit 25 Jahren. Ferner trat an die Stelle des Mehrheitswahlsystems, gemäß dem in den bisherigen 397 Wahlkreisen je ein Abgeordneter, mit absoluter Stimmenmehrheit, zu wählen war, das *Verhältniswahlsystem* unter Bildung neuer, größerer Wahlkreise; dies verminderte das Gewicht der einzelnen Wahlkandidaten und erhöhte das der sie aufstellenden Parteien.

438

Reichstag

Verhältniswahlsystem

Neben dem Reichstag gab es, der abgeschwächt noch vorhandenen föderalistischen Struktur des Reiches entsprechend, anstelle des frühern Bundesrates einen *Reichsrat*, der von Vertretern der nun Länder genannten Gliedstaaten besetzt war.

439 Reichsrat

Die Gebiete der Länder waren alles in allem mit denjenigen der frühern Einzelstaaten identisch. Zwar sah die Verfassung die *Neugliederung des Reiches* als Reichsaufgabe vor. Aber eine solche unterblieb, abgesehen davon, dass die sechs ehemaligen thüringischen Fürstentümer 1920 zu einem einzigen Land, *Thüringen*, ver-

440 Länder

einigt und *Pyrmont* 1922 sowie *Waldeck* 1929 an Preußen angegliedert wurden. Darauf umfasste das Reich nur noch 17 Länder, nämlich *Bayern, Württemberg, Baden, Hessen, Thüringen, Sachsen, Preußen, Anhalt, Mecklenburg-Strelitz, Mecklenburg-Schwerin, Lippe, Schaumburg-Lippe, Braunschweig, Oldenburg, Bremen, Hamburg* und *Lübeck*.

Keinen wesentlichen Einfluss auf die Gliederung des Reiches hatte es, dass dieses durch den Versailler Vertrag Elsaß-Lothringen sowie größere Teile des preußischen Gebietes an Frankreich bzw. Belgien, Polen und Dänemark abtrat.

Beschränkte Kompetenzen des Reichsrats

441 Der Reichsrat konnte einerseits die Initiative zur Behandlung von Gesetzen durch den Reichstag ergreifen und andererseits die Verabschiedung von Gesetzen einstweilen verhindern.

Initiativ- und Referendumsrechte des Volkes

Außer dem Reichstag und dem Reichsrat war auch dem Volk in seiner Gesamtheit durch Einräumung von bestimmten *Initiativ- und Referendumsrechten* die Möglichkeit zur unmittelbaren Teilnahme an der Gesetzgebung geboten.

Reichspräsident

442 Der früheren Stellung des Kaisers entsprach das Amt des *Reichspräsidenten*, der, mit Ausnahme des ersten, vom Reichstag erkorenen (*Friedrich Ebert*), jeweils vom Volk auf sieben Jahre zu wählen war.

Kompetenzen

Der Reichspräsident hatte außer den üblichen Kompetenzen eines Staatsoberhaupts (zB Vertretung des Reichs nach außen, Einsetzung der Beamten, Oberbefehl über die Reichsarmee, Begnadigungsrecht) die Aufgabe, den Reichskanzler und auf dessen Vorschlag die Reichsminister zu ernennen. Doch hatte jedes Regierungsmitglied zurückzutreten, wenn ihm der Reichstag das Vertrauen entzog. Unter bestimmten Voraussetzungen konnte der Reichspräsident den Reichstag auflösen und Neuwahlen ausschreiben lassen, was insgesamt sechsmal geschah. Verfassungsmäßig zustande gekommene Gesetze aber hatte er, wie ehemals der Kaiser, auszufertigen und zu verkünden. Sehr bedeutsam war sein in Art. 48 Abs. 2 vorgesehenes *Notverordnungsrecht*:

Notverordnungsrecht

Bei erheblicher Störung oder Gefährdung der öffentlichen Sicherheit und Ordnung konnte er zu deren Wiederherstellung Maßnahmen unter vorübergehender Außerkraftsetzung einzelner verfassungsmäßiger Grundrechte treffen; solche Notverordnungen hatte er allerdings dem Reichstag anzuzeigen und auf dessen Verlangen außer Kraft zu setzen.

Schwergewicht des öffentlichen Lebens im Reich

443 Die Verfassung *verlagerte das Schwergewicht der öffentlichen Gewalt von den Ländern auf das Reich*, indem sie unter anderem die Eisenbahnen und die Post dem Reich zuwies und die von der Bismarckschen Reichsverfassung vorgesehenen *Reservatrechte* (Sonderrechte) einzelner Gliedstaaten (→ Rn. 391) aufhob, sowie vor allem dadurch, dass sie die bisher den Einzelstaaten zustehende *Steuerhoheit* zur Erhebung unmittelbarer Steuern vom Einkommen und Vermögen *auf das Reich übertrug* und die Länder dadurch finanziell von Zuschüssen des Reichs abhängig machte. Diese Bestimmungen waren zwar vielen föderalistisch Gesinnten, zumal den meisten Bayern, verhasst, aber kaum zu vermeiden, schon infolge der Notwendigkeit, dem Reich die Mittel zur einstweilen als unumgänglich betrachteten Erfüllung der

Steuerhoheit des Reiches

ihm in Versailles auferlegten enormen Reparationsschulden zu verschaffen.

In ihrem zweiten Teil enthielt die Verfassung ausführliche Bestimmungen über *Grundrechte* und *Grundpflichten*. Verfassungsvorschriften der letztgenannten Art, zB der Satz *»Eigentum verpflichtet«*, waren neu und blieben alles in allem bloße Programmpunkte ohne erhebliche praktische Bedeutung. Entsprechendes gilt weitgehend für die ebenfalls im zweiten Teil aufgestellten allgemeinen Grundsätze über sehr verschiedenartige Materien, zB Ehe, außereheliche Kindschaft, Erbrecht, Arbeit, Schule und Religion, da sie als Verfassungsgrundlagen von überwiegend liberalem und sozialem Gehalt nur ein geringes Gewicht für die künftige Gesetzgebung erlangten.

444 Grundrechte
Grundpflichten

Allgemeine
Grundsätze

3. Auswirkungen

Die neue Verfassung entsprach nur beschränkt dem allgemeinen Volkswillen. Zwar wurde sie vom überwiegenden Teil des Volkes beachtet. So wandte die Beamtenschaft, wenn auch ohne Begeisterung, so doch in strenger Pflichtauffassung, ihren Diensteifer alsbald dem republikanischen Staat als Rechtsnachfolger der gestürzten Monarchie zu, und auch die richterlichen Organe pflegten ihre Aufgaben weitgehend korrekt zu erfüllen. Jedoch behandelte die Justiz die von Nationalsozialisten begangenen Straftaten oft extrem milde, womit sie deren republikfeindliche Gesinnung mittelbar förderten. Aber Unzählige empfanden es als einen schweren Mangel, dass die Verfassung nur infolge der erlittenen militärischen Niederlage hatte errichtet werden können und dass zu dieser manche in der Republik führend Gewordene durch aufrührerische Machenschaften Maßgebendes beigetragen hatten. Den eigentlich revolutionären Volksmassen und ihren Führern, die das bolschewistische Rätesystem manchenorts schon verkündet hatten und die Sozialdemokraten *Ebert* und *Scheidemann* als Verräter an der Arbeiterschaft betrachteten, war die neue Verfassung umgekehrt viel zu bürgerlich und kompromisshaft. Aus diesen Gründen kam es während vieler Jahre immer wieder zu schweren revolutionären Unruhen und Umsturzversuchen, die teils von rechts-, teils von linksextremistischen Kräften ausgelöst wurden, ja auch zu politischen Morden, so an den Reichsministern *Erzberger* (1921) und *Rathenau* (1922). Nur mit größter Mühe konnten Polizeikräfte und die friedensvertraglich auf 100.000 Mann verminderte Reichswehr sowie ein nach der Ermordung Rathenaus erlassenes *Gesetz zum Schutz der Republik*, dessen Inhalt dem der Karlsbader Beschlüsse (→ Rn. 362) ähnlich war, dieses wüste Treiben in Schranken halten.

445 Unterschiedliche
Beurteilung der
Verfassung

Abneigung der
Altgesinnten

Abneigung der
Revolutionärgesinnten

Umsturzversuche
politische Morde

Gesetz zum Schutz
der Republik
(1922)

Die *Besetzung des Ruhrgebiets*, zu der die die Rheinlande ohnehin besetzt haltenden französischen Truppen wegen unvollständiger Erfüllung der friedensvertraglich geschuldeten Reparationsleistungen 1923 schritten, und die – obgleich erfolglose – Ausrufung der Rheinischen Republik sowie eines autonomen Pfalzstaates durch Separatisten verschärften die Lage. Zur monatelangen Aufrechterhaltung des schließlich abgebrochenen passiven Widerstands, den die gesamte Bevölkerung des Ruhrgebiets den Besetzern leistete, ließ die Reichsregierung Unmengen von Geld-

446

8. Kapitel. Das Zeitalter des sozialen Rechtsstaates (20. Jahrhundert)

Passiver Widerstand gegen Besetzung des Ruhrgebiets
Inflation (1923)

noten drucken und in Umlauf setzen. Dies hatte zur Folge, dass die hinsichtlich Kaufkraft schon stark angeschlagene Mark durch *totale Geldinflation* völlig entwertet wurde. Weite Kreise, besonders des in Deutschland breiten Mittelstandes, büßten dadurch ihre Ersparnisse restlos ein, während manche hochverschuldete Körperschaften des öffentlichen Rechts (Reich, Gliedstaaten, Städte) sowie viele Aktiengesellschaften und Privatpersonen sich durch die Rückzahlung ihrer Schulden mit wertlosem Papiergeld um Riesensummen entlasteten. Durch Notverordnungen und rechtlich problematische Urteile des Reichsgerichts wurden die Inflationsfolgen allerdings gemildert für Gläubiger, deren Forderungen grundpfandlich gesichert waren. Es wurde nämlich erklärt, dass die Schuldner solche Forderungen zu einem nicht unerheblichen Prozentsatz in neuer, 1924 erfolgreich geschaffener Währung, nämlich in Goldmark, zu erfüllen hatten, was den vom übrigen, größeren Teil ihrer Schulden entlasteten Grundeigentümern immerhin noch einen bedeutenden Vorteil ließ.

Milderung der Inflationsfolgen für grundpfandgesicherte Forderungen

Vorübergehende Erholung (1924–1929)
Ausbruch der Weltwirtschaftskrise

447 In den Jahren 1924–1929 kam es dank großer Auslandskredite an Körperschaften des öffentlichen Rechts und Privatunternehmen zu einem vorübergehenden Wiederaufschwung der Wirtschaft und zu scheinbarer Gesundung auch der politischen Verhältnisse. Aber die *Weltwirtschaftskrise*, die 1929 im bedeutendsten Gläubigerland, den USA, ausbrach und nach ihrem Übergreifen auf Deutschland, zum Teil infolge großer, dem Ausland bedenklich erscheinender Wahlerfolge der links- und rechtsextremistischen Parteien, zur Kündigung vieler Auslandskredite führte, brachte neue Erschütterungen. Sowohl durch die Reparationslasten als auch durch das immerhin nicht ganz erfolglose Streben, die republikanische Verfassung mittels einer fortschrittlichen Wirtschafts- und Sozialpolitik besonders für die ärmeren Volksschichten fruchtbar werden zu lassen, befand sich das Reich ohnehin in großer Knappheit an Zahlungsmitteln. Diese steigerte sich nun zu äußerster Geldnot, die von noch schlechteren finanziellen Verhältnissen der auf Reichszuschüsse angewiesenen Länder und Gemeinden begleitet war und es unmöglich machte, dem Anwachsen des Arbeitslosenheers wirksam entgegenzutreten.

Reichstag von schwierigen Aufgaben bedrängt

448 Der *Reichstag* hatte sich in der ganzen Weimarer Zeit mit kaum befriedigend lösbaren Problemen zu befassen. Da die durch den Krieg zerrütteten wirtschaftlichen und sozialen Verhältnisse unmittelbare Eingriffe des Staates in das Wirtschafts- und Sozialleben in einem unvergleichlich höheren Maß als früher notwendig machten, war durch die Gesetzgebung eine *Gesamtumstellung des Staates von einem im Ganzen liberalen zu einem sozialen Rechtsstaat* vorzunehmen. Das war eine anspruchsvolle Aufgabe. Ihre Schwierigkeit aber wurde durch die politischen Wirren und die herrschende Finanznot noch gesteigert. Zudem wirkten sich in der Verfassung enthaltene Organisationsmängel hemmend auf die Arbeitsweise des Reichstags aus. So erwies es sich als nachteilig, dass *keine Mindeststimmenzahl für die Zulassung einer Partei zum Reichstag* vorgesehen war; denn dies führte dazu, dass übermäßig viele Parteien in ihm vertreten waren, was die Verhandlungsführung und Beschlussfassung unnötig verwickelt werden ließ. Wenig erfreulich, wenn auch kaum vermeidbar, war es auch, dass der Reichstag infolge seiner enormen Beanspruchung fast ständig tagte und dadurch praktisch zu einer *Versammlung von Berufspolitikern* wurde, für die eine Wiederwahl eine Existenzfrage bedeutete. Denn dies bewirkte, dass die Abgeordneten sich häufig mehr um Wählergunst als um das Zustandekommen sachlich befriedigender Beschlüsse bemühten. Noch verhängnisvoller aber war es, dass, ausländischen Regelungen entsprechend, der Reichskanzler und die einzelnen Minister jederzeit von der Reichstagsmehrheit gestürzt werden

Umstellung von liberalem zu sozialem Rechtsstaat

Mängel der Reichsverfassung

Keine Mindeststimmenzahl für Zulassung von Parteien

Versammlung von Berufspolitikern

Kanzlersturz zu leicht möglich

konnten, ohne dass gleichzeitig eine neue Regierung gebildet wurde. Infolge dieser Möglichkeit brachen zahlreiche Regierungskrisen aus, die erst nach langem Feilschen unter den Parteien um Ministersessel beendet wurden. Als Fehler erwies es sich überdies, dass der Reichspräsident durch das Volk zu wählen war; denn dies hatte zur Folge, dass als Wahlkandidaten nur allgemein bekannte Persönlichkeiten aufgestellt wurden, was 1925 und nochmals 1932 zur wenig glücklichen Wahl des monarchistisch gesinnten und zunehmend vergreisenden Generalfeldmarschalls *von Hindenburg* (geb. 1847) als Nachfolger des von den meisten hochgeachteten Sozialdemokraten *Friedrich Ebert* führte. — Volkwahl des Reichspräsidenten

Von 1930 an pflegte das Parlament, dessen Mitglieder ihre Wiederwahl nicht durch Zustimmung zu unpopulären Beschlüssen gefährden wollten, sich zu weigern, von der Regierung vorgeschlagene Maßnahmen zur Überwindung der ständig wachsenden Schwierigkeiten zu verabschieden. Es schritt aber auch nicht zum Sturz der Regierung, sondern überließ es dieser und dem Reichspräsidenten, die ihnen notwendig erscheinenden Maßnahmen durch *Notverordnungen* zu treffen. Deren Erlass war indessen verfassungsrechtlich nicht unbedenklich, da er eine problematisch weite Auslegung der Worte »öffentliche Sicherheit und Ordnung« in Art. 48 Abs. 2 der Verfassung voraussetzte. Auch konnte er ebenso wenig wie ein allgemeines *Moratorium für die internationalen Kriegsschulden*, das 1931 auf Initiative des amerikanischen Präsidenten *Hoover* zustande kam, eine ständige Verschlimmerung der Verhältnisse verhindern. — 449 Häufigkeit von Notverordnungen — Moratorium für Kriegsschulden (1931)

Nach der Ansicht moderner Nationalökonomen hätte die Wirtschaftslage durch ein großzügiges Arbeitsbeschaffungsprogramm stark verbessert und die Republik so vielleicht gerettet werden können. Der auch im Ausland hochangesehene, dem Zentrum angehörende Reichskanzler *Brüning* wollte sich aber zu solchen kostspieligen, nur mit neu zu druckendem Papiergeld finanzierbaren Maßnahmen nicht entschließen. Er betrieb im Gegenteil eine unpopuläre, die Krise verschärfende Deflationspolitik mit starken Gehaltskürzungen und andern Einschränkungen der Staatsausgaben, zum Teil aus Furcht vor einer neuen Inflation, vor allem aber weil er laut seiner 1970 veröffentlichten Memoiren der Welt beweisen wollte, dass Deutschland nicht fähig sei, die Reparationslasten zu tragen. Infolgedessen wuchsen die Arbeitslosenziffern stark (auf über sechs Millionen) und steigerten sich die *Wahlerfolge extremistischer Parteien*, besonders der Nationalsozialisten, sowie die *Straßenkämpfe* unter den Angehörigen nur vorübergehend verbotener *halbmilitärischer Verbände*. Daher wurde *Brüning*, laut seines Ausspruchs im Reichstag »hundert Minuten vor dem Ziel«, nämlich vierzig Tage vor der in einer Lausanner Konferenz vereinbarten *endgültigen Streichung der Reparationsverpflichtungen*, vom altersschwachen Reichspräsidenten, wohl infolge unbegründeter Verdächtigungen, zum Rücktritt veranlasst (1932). Daraufhin regierten die beiden rechts von ihm stehenden letzten vornationalsozialistischen Reichskanzler, *von Papen* und sein Nachfolger *von Schleicher*, noch weniger erfolgreich. — 450 Deflationspolitik — Streichung der Reparationslasten (1932) Rücktritt Brünings (1932) Reichskanzler v. Papen (1932)

In dieser ausweglos anmutenden Lage wurde dem Reichspräsidenten angeraten, trotz größter Bedenken die sofortige Wiederherstellung von Verhältnissen zu versuchen, bei denen die Regierung aufgrund des ihr vom Reichstag ausgesprochenen Vertrauens statt lediglich mittels Notverordnungen ihres Amtes walten konnte. Aus dieser formal demokratischen Erwägung berief *von Hindenburg* den demokratiefeindlichen, von ihm als Demagogen verachteten Führer der stärksten Reichstagspartei, nämlich der NSDAP (Nationalsozialistischen Deutschen Arbeiter- — 451 Reichskanzler v. Schleicher (1932–1933)

8. Kapitel. Das Zeitalter des sozialen Rechtsstaates (20. Jahrhundert)

Berufung Adolf Hitlers zum Reichskanzler (30.1.1933)

partei), sowie der halbmilitärischen Verbände SA (Sturmabteilung) und SS (Schutzstaffel), *Adolf Hitler*, den er wenige Monate zuvor bei der Wahl zum Reichspräsidenten hoch besiegt hatte, am 30.1.1933 zum Reichskanzler.

IV. Die nationalsozialistische Zeit (1933–1945)

452 In dieser Zeit war das Deutsche Reich zwar vorübergehend kein Rechtsstaat mehr; einzelne soziale Komponenten der Rechtsordnung wurden hingegen verstärkt.

1. Lebenslauf Hitlers bis 1925

Geb. in Braunau 1889

Hitler, der 1889 im österreichischen Braunau nahe der Grenze zu Bayern als Sohn eines in bescheidenen Verhältnissen lebenden Staatsbeamten geboren wurde, verachtete schon in den Jugendjahren seinen Heimatstaat, die Donaumonarchie, als das deutsche Volkstum gefährdenden Vielvölkerstaat und die Habsburger als dessen Herrscher. Nach nicht beendeter Ausbildung zum Kunstmaler und Architekten nahm er, zuletzt als Gefreiter, in einem bayerischen Infanterieregiment am Ersten Weltkrieg teil. 1919 trat er in München der im selben Jahr gegründeten Deutschen Arbeiterpartei (DAP) bei. Diese gab sich 1920 ein 25 Punkte umfassendes nationalistisches, antiliberales und antikapitalistisches Parteiprogramm, das in der Folge nie geändert, aber nur zum Teil verwirklicht wurde. Im selben Jahr setzte *Hitler* die Abänderung des Namens in »*Nationalsozialistische deutsche Arbeiterpartei*« (NSDAP) durch, trat an die Spitze der Partei und führte sie dank seiner demagogischen Rednergabe nach bescheidenen Anfängen rasch zu großen Versammlungs- und Wahlerfolgen. Nach einem gescheiterten Putschversuch, den er 1923 zusammen mit dem ehemaligen Generalquartiermeister *Ludendorff* in München unternahm, legte er 1924 in Festungshaft seine politischen Gedanken in einem umfangreichen Buch, »*Mein Kampf*«, nieder und gründete 1925 die inzwischen polizeilich aufgelöste NSDAP neu.

Nationalsozialistische deutsche Arbeiterpartei (NSDAP)

Putschversuch (1923)

»Mein Kampf« (1924)

2. Grundgedanken und propagandistische Erfolge Hitlers

Rassenglaube

453 Grundlegend war für *Hitler* der von andern übernommene Glaube an die überragende Bedeutung der Rassen für Volk und Staat. Die Menschheit bestehe aus zahlreichen Rassen von sehr unterschiedlicher Qualität. Nach gleichsam naturgesetzlichem Walten der von ihm oft angerufenen *Vorsehung* sollte die jeweils höhere und stärkere Rasse eine geringerwertige, wenn nötig mittels Krieg, überwinden und sich dienstbar machen. Hierdurch erfülle sie die ihr von der *Vorsehung* auferlegte Pflicht, die Menschheit einer höheren Stufe entgegenzuführen. Als weitaus wertvollste, nahezu einzige kulturschöpferische Rasse aber bezeichnete er diejenige der *Arier*, deren höchster Stamm derjenige der *Germanen* sei. Geradezu Verachtung und grenzenlosen Hass aber brachte er den *Juden* entgegen, nicht wegen ihrer Religion, die ehemals zu Judenverfolgungen Anlass gegeben hatte, sondern unabhängig vom religiösen Bekenntnis der einzelnen Juden. In dieser Meinung bestärkte es ihn, dass die Begründer der klassenkämpferischen sozialistischen und kommunistischen Lehren, *Karl Marx* (1818–1882) und *Lassalle* (1825–1864), Juden gewesen waren, ebenso dass in der russischen Revolution von 1917 viele Juden maßgebend mitgewirkt hatten und dass solche besonders seit 1918 in Deutschland wie auch

Verherrlichung der Arier, besonders der Germanen

Judenhass

anderwärts eine weit überdurchschnittlich starke Stellung im Bank- und Börsenwesen, an den Universitäten, im Theater- und andern Kunstbetrieben, in der Presse sowie in den Parteien und den Gewerkschaften einnahmen.

Wichtigste Voraussetzung für den Wiederaufstieg Deutschlands sei daher, dass es von Juden befreit werde, eine zweite, damit zusammenhängende aber, dass Gleiches mit der marxistischen Ideologie geschehe. Die für den Umsturz von 1918 Verantwortlichen seien vor einen Volksgerichtshof zu stellen und hinrichten zu lassen. Auch seien die parlamentarischen und andern demokratischen Institutionen, die sich als unnütz und mittelbar sogar schädlich erwiesen hätten, zu beseitigen und durch autoritäre Lenkung des Staatswesens auf allen Stufen nach dem *Führerprinzip* zu ersetzen. Vom Bürgertum seien solche Reformen nicht zu erwarten, da es einerseits zu wenig Verständnis für das Fühlen der unteren Volksschichten und deren Interessen habe und andrerseits in seiner gelehrtenhaft abstrakten Denkweise zu wenig Entschlusskraft aufbringe, um sich notfalls mittels *brutaler Gewalt* durchzusetzen. Dagegen *hoffte Hitler auf die Arbeiterschaft*, für die allerdings besser als bisher zu sorgen sei.

454 Judenvertilgung als politisches Ziel

Wille zur Ausrottung der marxistischen Ideologie

Führerprinzip
keine Hoffnung auf Bürgertum

Notwendigkeit brutaler Gewalt
Hoffnung auf Arbeiterschaft

Außenpolitisch bekämpfte Hitler vehement vor allem die »Erfüllungspolitik«, dh das Bestreben der Regierung, die Reparations- und andern Verpflichtungen aus dem Versailler Vertrag zu erfüllen. Er empfahl ferner, unter wenigstens vorläufigem Zurückstellen von Ansprüchen auf das deutschsprachige Südtirol und Verzicht auf jegliche Kolonialpolitik, Bündnisse mit dem faschistischen Italien und mit England abzuschließen. Diese Bündnisse, die nach allen geschichtlichen Erfahrungen nur als Offensivbündnisse Erfolg erwarten ließen, würden zunächst eine »Abrechnung« mit Frankreich ermöglichen. Alsdann sei nach dem Osten vorzustoßen, wo in Russland viel Land für die Ansiedlung von Millionen deutscher Bauern zu gewinnen sei.

455 Außenpolitische Ziele

Offensive außenpolitische Ziele

Ostkolonisation

Um die Volksmassen für diese Ziele zu gewinnen, sei es notwendig, ihnen die wichtigsten Grundgedanken des Programms immer wieder in öffentlicher Rede einfach und klar zu verkünden.

456

Dies gelang *Hitler* denn auch in propagandistisch kaum überbietbarer Weise. Seine Wahlerfolge verdankte er aber auch seinem an Besessenheit grenzenden Glauben an seine Mission sowie seinem Appell an zwei das soziale Leben oft übermächtig bestimmende Triebkräfte: an den *Neid* oder, mit anderen Worten, an die Empörung über ungerechtfertigte Zurücksetzung (konkret: gegenüber den verachteten Juden und den Siegermächten als Nutznießern des Versailler Friedensdiktats), sowie an *religionsersatzartige Heilserwartungen* (indem er die Hoffnung auf das Herannahen eines tausendjährigen Reiches voller Herrlichkeit erweckte). Damit sprach er vor allem die Jungwähler (Studenten!) an, die ihm großenteils begeistert folgten. Er wirkte aber überzeugend auch auf weder proletarische noch junge Wählerschichten, so auf Landwirte und Gewerbetreibende sowie manche Kreise der Unternehmerschaft, indem er sein Werben deren Gesichtskreis und Interessen anzupassen verstand.

Propagandistische Erfolge Hitlers

3. Hitlers Herrschaft

Als Reichskanzler hatte *Hitler* anfänglich noch *keineswegs* eine *unbegrenzte Macht*, zumal ihm zwecks Vorbeugung gegen willkürliche Herrschaftsausübung *von Papen* als Vizekanzler und Reichskommissar

457 Anfänglich beschränkte Machtstellung Hitlers

für Preußen sowie eine überwiegende Zahl anderer Nichtnationalsozialisten als Minister beigegeben waren. Diese wurden jedoch schrittweise von einer fruchtbaren Mitwirkung an der Willensbildung der Regierung ausgeschaltet.

Neuwahlen nach Machtergreifung Reichstagsbrand

458 Bald nach seinem Amtsantritt ließ *Hitler* Neuwahlen ausschreiben, für deren erfolgreichen Ausgang er einen hinsichtlich der Täterschaft noch heute umstrittenen *Reichstagsbrand* demagogisch ausnützte. Dadurch, dass er diesen einigen Kommunisten zur Last legte und zahlreiche kommunistische Funktionäre und andere Verdächtige verhaften ließ, errang seine Partei 43% aller Sitze und verfügte nun, zusammen mit ihrem Koalitionspartner, der Deutschnationalen Volkspartei, im Reichstag über die absolute Mehrheit.

Absolute Mehrheit im Reichstag

459 Durch Manipulation, Überredung und weiteren Terror vermochte *Hitler* alsdann den Reichstag dazu zu bewegen, ihm nahezu unbeschränkte Vollmacht, zunächst auf vier Jahre, zu erteilen (*Ermächtigungsgesetz v. 24.3.1933*). Damit hatte er den Weg zur *Errichtung einer immer absoluter werdenden Diktatur* freigemacht, die indessen nie zur förmlichen Außerkraftsetzung der Weimarer Reichsverfassung führte.

Ermächtigungsgesetz (24.3.1933)

Anfängliche Erfolge Hitlers

460 In der Ausübung seiner Herrschaft war *Hitler* jahrelang erfolgreich, weil er, infolge der nach *Brünings* Sturz zustande gekommenen Streichung der Reparationslast (→ Rn. 450) und der von ihm selbst verfügten weitgehenden *Einschränkung der Schuldenzahlungen von Inländern an private Auslandsgläubiger*, in der Lage war, die Wirtschaft, unter anderem durch Rüstungsaufträge und den Bau von Autobahnen, wieder aufzurichten und von 1935 an durch *Wiedereinführung der allgemeinen Wehrpflicht* das Arbeitslosenheer völlig abzubauen.

Überwindung des Gegensatzes von Kapital und Arbeit

461 Zu diesen Erfolgen trug aber maßgebend auch bei, dass *Hitler* Unternehmer und Ingenieure zu organisatorischen und technischen Höchstleistungen, die Volksmassen aber zu völliger Hingabe an ihre Pflichten zu bewegen vermochte, zumal im ganzen Volk eine echte Begeisterung für die Zusammenarbeit der Angehörigen sämtlicher Berufe und für die *Überwindung des Gegensatzes von Kapital und Arbeit* entstand.

In diesem Sinn verstand *Hitler* den Wortbestandteil »Sozialismus« im Begriff »Nationalsozialismus«, nachdem er von zwei ursprünglichen gewichtigen Parteiprogrammpunkten der NSDAP: Brechung der Zinsknechtschaft und Sozialisierung der Großbetriebe, langsam abgerückt war.

Herstellung äußerer Ruhe

462 Es gelang *Hitler* auch, durch scharfe polizeiliche Maßnahmen äußere Ruhe, besonders auf den Straßen, wo jahrelang Kämpfe zwischen seinen Anhängern und Gegnern stattgefunden hatten, herzustellen. Das genügte ihm aber nicht. Vielmehr untersagte die Reichsregierung schriftliche oder mündliche Angriffe auf leitende Persönlichkeiten des Staates oder der NSDAP, was einem Verbot jeglicher Kritik an ihrem persönlichen Verhalten gleich kam.

Verbot von Kritik

Auch gebot sie wenige Tage nach dem Zustandekommen des Ermächtigungsgesetzes durch zwei kurz nacheinander erlassene »*Gesetze zur Gleichschaltung der Länder mit dem Reich*«, dass die Länderparlamente ohne Neuwahlen nach dem Verhältnis der Reichstagswahl neu gebildet und in sämtlichen Ländern, ausgenommen Preußen, *Reichsstatthalter* mit weitgehenden, die Länderautonomie beschränkenden Kompetenzen eingesetzt wurden. 1934 wurden die Volksvertretungen der Länder sogar gänzlich beseitigt und diese zwar nicht aufgelöst, aber ihre Hoheitsrechte auf das Reich übertragen, sodass die Länderregierungen fortan den Reichsorganen schlechthin unterstanden. Aufgehoben wurden auch die *Gewerkschaften*: an ihre Stelle trat die »*Deutsche Arbeitsfront*« als nationalsozialistisch geprägter öffentlich-rechtlicher Massenverband der Arbeitnehmer. Ferner wurden die bestehenden *Parteien*, mit Ausnahme der fortan Gefolgschaftsfunktionen erfüllenden *NSDAP*, deren Mitglieder sich zur *Treue gegenüber dem Führer* verpflichteten, teils verboten, teils durch massiven Druck zur Selbstauflösung getrieben.

463 Gleichschaltung der Länder

Aufhebung der Gewerkschaften

Aufhebung der Parteien (außer der NSDAP)

Gegen die *Juden* ging Hitler auch gesetzgeberisch vor. So schloss das »*Gesetz zur Wiederherstellung des Berufsbeamtentums*« vom April 1933 »Nichtarier« (sowie Personen von nicht zweifelsfrei nationalsozialistischer Gesinnung) vom Staatsdienst aus. Auch verboten die 1935 auf einem Parteitag beschlossenen »*Nürnberger Gesetze*« *Eheschließungen mit Juden*. Härter traf es diese, dass schon von 1933 an *Boykotte* ihrer Geschäfte organisiert und diese in der Folge wiederholt mittels gelenkter *Massenausschreitungen* geplündert und zerstört wurden, noch viel mehr aber, dass ihnen 1938 nahezu jede Betätigung im Wirtschaftsleben gesetzlich untersagt und überdies der gesamten Judenschaft wegen Rachehandlungen einzelner Juden an führenden Nationalsozialisten Geldbußen in unermesslicher Höhe auferlegt wurden. Am schlimmsten für sie war es aber, dass nicht wenige von ihnen schon in den ersten Jahren der nationalsozialistischen Herrschaft wegen der von Hetzern gegen sie bekundeten Feindseligkeit und der ihnen daher drohenden Gefahren in »*Schutzhaft*« genommen und in *Konzentrationslager* verschleppt wurden.

464 Erste Gesetze gegen Juden

Nürnberger Gesetze (1935)

Massenausschreitungen gegen Juden

»Schutzhaft«, Konzentrationslager

Unterdessen wurde aufgrund von zwei 1933 erlassenen Gesetzen (*Reichskulturkammergesetz* und *Schriftleitergesetz*) die kulturelle und *geistige Gleichschaltung* weitergeführt mit dem allmählich weitgehend erreichten Ziel, das gesamte Denken und Fühlen der Deutschen mit nationalsozialistischen Vorstellungen zu erfüllen.

465 Gleichschaltung des geistigen Lebens

Mit der römischen Kurie aber kam schon 1933 ein *Konkordat* zustande, das viele gegenüber Hitler skeptische Katholiken eine Zeitlang für diesen gewann, während in der evangelischen Kirche alsbald ein Kirchenkampf zwischen den von der Regierung offiziell geförderten »*Deutschen Christen*« und den Anhängern der »*Bekennenden Kirche*« entbrannte.

Konkordat (1933)

Evangelischer Kirchenkampf

Im Spätherbst 1933 gewann die NSDAP in Reichstags-Neuwahlen 92% aller Sitze, was zur Folge hatte, dass der *Reichstag* fortan nur

466 Überwältigender Wahlsieg der NSDAP (Herbst 1933)

8. Kapitel. Das Zeitalter des sozialen Rechtsstaates (20. Jahrhundert)

noch als *Forum für Führerreden* bei besonders bedeutsamen Anlässen diente.

Massenmord zur Verhütung einer zweiten Revolutionswelle (Mitte 1934)

Röhmputsch

467 Mitte 1934 kam es zur Vorbeugung gegen eine von einigen angeblich geplante *zweite Revolutionswelle* zu einer Mordaktion der von *Himmler* geleiteten *Geheimen Staatspolizei (Gestapo)* gegen mehr als hundert Personen von politisch unterschiedlicher Einstellung, denen Hitler misstraute oder an denen er sich für Vergangenes rächen wollte. Zu ihnen gehörten einerseits der oberste SA-Führer, *Röhm*, der wegen des ihm vorgeworfenen Putsch-Versuchs zusammen mit andern hohen SA-Führern inmitten angeblicher homosexueller Orgien verhaftet und kurz darauf umgebracht wurde, sowie *Gregor Strasser*, der wie *Röhm* eine stärker sozial ausgerichtete Staatsführung anstrebte, andererseits aber der letzte nichtnationalsozialistische Reichskanzler, *von Schleicher*, und seine Frau, sowie *zwei Mitarbeiter von Papens*, mit deren Hilfe dieser kurz zuvor in einer von konservativen Anschauungen geprägten Rede scharfe Kritik an der nationalsozialistischen Politik geübt hatte. Diese ohne jedes gesetzliche Verfahren durchgeführte Niederschlagung einer befürchteten Revolte wurde von Hitler und anderen nur notdürftig mit Hinweisen auf ihre Notwendigkeit begründet. Das erfüllte manche mit schweren Bedenken. Diese steigerten sich noch, als der wenige Wochen später eingetretene Tod *Hindenburgs* zur Folge hatte, dass sich Hitler als »Führer und Reichskanzler« auch die verfassungsmäßigen Kompetenzen des Reichspräsidenten anmaßte.

Außenpolitische Erfolge (1936–1939)

468 In den folgenden Jahren errang *Hitler* große außenpolitische Erfolge. Entgegen dem Versailler Vertrag gelangen ihm 1936 die Besetzung der entmilitarisierten Zone des *Rheinlandes* sowie die Wiederherstellung der Hoheit über die *deutschen Ströme*, 1938 der gewaltsame Anschluss *Österreichs* an Deutschland und im Herbst desselben Jahres die ebenfalls gewaltsame *Eingliederung des Sudetenlandes* in das Reich. Diese wurde in dem vom italienischen Diktator *Mussolini* vermittelten *Münchner Abkommen* von Frankreich und England sogar ausdrücklich anerkannt. Es folgten im Frühjahr 1939 die gewaltsame Errichtung des *Reichsprotektorats Böhmen und Mähren* sowie die Erlangung der Schutzherrschaft über die hierum bittende *Slowakei*, ferner, aufgrund eines Abkommens mit Litauen, die Vereinigung des *Memellandes* mit dem Reich.

469 Diese Erfolge, die ohne die von *Hitler* vorausgesehene friedfertige Reaktion der vorübergehend unter sich uneinigen Westmächte kaum möglich gewesen wären, erhöhten Hitlers Ansehen im Innern, zum Teil auch im Ausland, und führten ihn schließlich zu maßloser Selbstüberschätzung. Von dieser verleitet, entfesselte er im Herbst 1939, entgegen allen Warnungen von Generalen, skrupellos den *Zweiten Weltkrieg*. Er begann mit vernichtenden Siegen über Polen, Dänemark, Norwegen, die Niederlande, Belgien, Frankreich, Jugoslawien und Griechenland und weitete ihn Mitte 1941 trotz noch nicht entschiedener Auseinandersetzung mit England und eines mit Sowjetrussland abgeschlossenen Nichtangriffspakts durch einen unprovozierten Angriff auf dieses aus. Damit noch nicht genug, erklärte er im Dezember desselben Jahres, im Bund mit Japan und Italien, den Krieg an die USA und ernannte sich selbst, den ehemaligen Gefreiten, *zum Oberbefehlshaber des Heeres*.

Entfesselung des Zweiten Weltkrieges (1939)

Befehl zur Vernichtung unwerten Lebens

470 Auch ließ er durch einen *»Befehl zur Vernichtung unwerten Lebens«* die in Heil- und Pflegeanstalten untergebrachten unheilbaren Geisteskranken als unnütze Esser umbringen, zB in Hadamar/Hessen. Diese

»Euthanasie« genannten Verbrechen bewog den *Bischof von Münster, Clemens August Graf von Galen*, in mehreren Predigten heftig dagegen zu protestieren.

Damit erregte der »Löwe von Münster« zwar den Zorn vieler Parteileute, deren Versuch, ihn zu verhaften aber am physischen Widerstand des Kirchenvolkes scheiterte.

1942 und anfangs 1943 trat durch schwere Niederlagen deutscher Armeen in Nordafrika (El-Alamein) und Russland (Stalingrad) die Wende ein. Sie führte im Inland und in den besetzten Gebieten zu einer Steigerung des Terrors. *Hitler* ließ sämtliche – längst in Konzentrationslagern eingesperrten und dort gequälten – Juden vergasen, um so wenigstens eines der von ihm verfolgten politischen Ziele, nämlich die Befreiung aller von ihm beherrschten Länder von jenen »Parasiten«, zu erreichen, was ihm nur bei wenigen nicht gelang. Man schätzt, dass er insgesamt bis zu sechs Millionen Juden umbringen ließ. Damit übertrafen die Ungeheuerlichkeiten seiner Regierungsweise, wenn nicht schlechthin an Ausmaß, so doch an Gründlichkeit und doktrinärer Konsequenz, alle im modernen Europa schon erlebten.

471 Steigerung des Terrors

Vergasung der Juden

Aber nach der verlorenen Schlacht in der Normandie gegen die im Juli 1944 dort gelandeten alliierten Truppen, dem anschließenden gescheiterten Attentat konservativer Offiziere und Staatsmänner auf *Hitler* (am 20.7.1944) und immer weiteren Rückzügen der deutschen Armeen, die, anders als 1918, auch auf deutschem Gebiet und in verzweifelter Lage noch erbittert weiterkämpften, beging der »größte Führer aller Zeiten«, aus Verzweiflung darüber, dass das deutsche Volk die ihm aufgegebene Probe nicht bestanden habe, am 30.4.1945 *Selbstmord*. Hierauf kam es sehr bald teils zum Tod, teils zur Gefangennahme der anderen Parteigrößen und am 7. Mai zur *bedingungslosen Kapitulation* der deutschen Truppen. Damit fand das »tausendjährige« Dritte Reich ein katastrophales Ende.

472 Attentat vom 20.7.1944

Selbstmord Hitlers (30.4.1945)
Kapitulation (7.5.1945)

4. Die Juristen im Dritten Reich

Es erscheint erstaunlich, dass die in streng rechtsstaatlichen Anschauungen erzogenen deutschen Juristen in ihrer großen Mehrheit keinen wenigstens passiven Widerstand gegen die nationalsozialistische Willkürherrschaft leisteten und ein bedeutender Teil von ihnen mit Einschluss einzelner überragender Gelehrten diese Herrschaft durch Mitwirkung bei der Inangriffnahme nationalsozialistischer Reformpläne sogar aktiv förderte. Mussten nicht alle schon aufgrund des Buches »Mein Kampf«, in dem *Hitler* die Ausrottung der Juden, die Verfolgung politischer Gegner unter Anwendung brutaler Mittel und die Führung von Angriffskriegen zur Gewinnung von Boden für die deutschen Bauern als Ziele angekündigt hatte, gegen seine Herrschaft eingestellt sein? Indessen ist zu bedenken, dass jene Äußerungen Hitlers von den meisten nicht ganz ernst und von manchen überhaupt nicht zur Kenntnis genommen wurden, zumal es laut des späteren Ausspruchs eines hervorragenden, aber seinerzeit aktiv nationalsozialistischen Gelehrten einem Gebildeten schlechthin unmöglich gewesen sei, ein Buch wie »Mein Kampf« zu lesen. Im Übrigen wurden Bedenken gegen *Hitlers* Herrschaft durch den auch im Ausland oft geäußerten Hinweis auf das Sprichwort, dass »die Suppe nicht so heiß gegessen wird, wie sie gekocht ist«, zurückgedrängt. Zudem ließ das von manchen längst bedauerte Fehlen einer nicht von vornherein aussichtslosen Alternative zur nationalsozialistischen Politik jeden Widerstand gegen diese, ganz abgesehen von seiner höchstwahrscheinlichen Nutzlosigkeit, sinnlos erscheinen.

473 Mangelnder Widerstand der Juristen

»Mein Kampf« zu wenig ernst genommen

Anscheinend wiedergefundene Stabilität	474	Zu aktiver Unterstützung der NSDAP aber fühlten sich viele Juristen (und Nichtjuristen) außer aus Selbsterhaltungs- und beruflichem Erfolgsstreben vor allem dadurch bewogen, dass nach vielen Krisenjahren und lange dauernder politischer Unsicherheit endlich wieder eine feste Grundlage des staatlichen Lebens und damit auch der Rechtsordnung gefunden zu sein schien.
Carl Schmitt, bedeutendster nationalsozialistischer Staatsrechtslehrer		Dies war wohl der Hauptgrund dafür, dass der ursprünglich dem Zentrum angehörende Staatsrechtslehrer *Carl Schmitt*, der sich für die Regierungen *Brünings*, *von Papens* und *von Schleichers* eingesetzt hatte, schließlich zum bedeutendsten Rechtfertiger der nationalsozialistischen Machtergreifung und Machtausweitung wurde. *Schmitt*, auch als »Kronjurist des Dritten Reiches« bezeichnet, fiel später bei den Nationalsozialisten in Ungnade.
Synthese von konservativ-nationalen und fortschrittlich-sozialen Grundsätzen	475	Hinzu trat bei manchen noch die Meinung, dass, entsprechend der in der *Bismarckschen* Reichsverfassung zustande gekommenen Synthese von konservativ-fürstlichem und liberal-demokratischem Streben (→ Rn. 392), im »Dritten Reich« eine vorzügliche *Synthese von konservativ-nationalen* und *fortschrittlich-sozialen Grundsätzen* gelungen sei. Im Übrigen glaubten manche, als Mitglieder der NSDAP einiges zur Versachlichung und Mäßigung der von der Partei verfolgten Politik beitragen zu können. Auch meinten sie, dass der von ihnen beim Parteieintritt geleistete Eid zur Treue gegenüber *Hitler* (→ Rn. 463), da nur von Hochgestellten feierlich erklärt, nicht allzu ernst zu nehmen sei und sie jedenfalls nicht hindern werde, bei erlittenen Enttäuschungen später aus der Partei auszutreten.
Rolle der Juristen	476	Indessen war die Rolle, welche die Juristen unter *Hitler* spielen würden, zunächst noch ebenso ungewiss wie die zu erwartenden Rechts-Reformen. Hitler hatte nämlich schlechthin keinen Sinn für das Recht als ein striktes Regelsystem zur vernünftigen Ordnung der Lebensverhältnisse.
Hitlers mangelnder Sinn für das Recht	477	Jedenfalls handelt »Mein Kampf« zwar viel von Macht und Interessen, aber nirgends oder doch höchstens beiläufig und nur negativ von Rechtsstaatlichkeit, Gewaltenteilung, Verfahren nach Rechtssätzen in straf-, zivil- und öffentlich-rechtlichen Sachen, von der Notwendigkeit gesetzlich vorgesehener Straftatbestände für die Verhängung von Strafen, von Vertragstreue im Völkerrecht oder gar von Menschenrechten. Ja, sogar für den Staat als solchen hatte *Hitler*, obwohl er, ausländische »faschistische« Diktatoren wie *Mussolini* und *Franco* weit übertreffend, den deutschen zu einem totalen Staat machte, kein Verständnis; denn er sah ihn lediglich als ein Mittel zur Erhaltung und Förderung gewisser Rassen an.
Mangelnde rechtliche Durchgestaltung des nationalsozialistischen Staates	478	Es ist denn auch nicht verwunderlich, dass es nicht zu einer konsequenten rechtlichen Durchgestaltung des nationalsozialistischen Staates gekommen ist, sondern die Zuständigkeiten der einzelnen Ministerien und Parteiorganisationen sich dauernd überschnitten, was zu häufigen – *Hitlers* Alleinführungsanspruch vor Konkurrenten sichernden – Intrigen seiner Hauptgefolgsleute gegeneinander führte.
Allgemeine nationalsozialistische Grundsätze	479	Immerhin erhielt »Mein Kampf« einige *allgemeine politische und sozialethische Grundgedanken*, die als Richtlinien für Gesetzgebung, Rechtsprechung und Rechtswissenschaft dienen konnten: so das Prinzip, dass *Recht ist, was dem Volke nützt*; die Pflicht zur Bewahrung des arischen Blutes vor Vermischung mit »minderwertigem«; die alle menschlichen Leiden verachtende Annahme, dass nur das Volksganze, nicht aber jeder Einzelne, es sei denn als Glied des Volksganzen, Wert

habe; die Notwendigkeit der Unterscheidung von Staatsbürgern (Volksgenossen) und bloßen Staatsangehörigen; die Hochschätzung des landwirtschaftlichen Bodens; das *Führerprinzip*; die Hochpreisung der *Gefolgschaftstreue*; den Willen zur Herstellung einer *Volksgemeinschaft* unter den Angehörigen verschiedenster Volksschichten; das Erfordernis harter Bestrafung volksschädlichen oder unehrenhaften Verhaltens.

Aus all dem gleichsam ein System des nationalsozialistischen Rechts zu entwickeln, wie überhaupt schon, vornehmlich unter Berufung auf hegelianisches Gedankengut, eine wissenschaftliche Begründung für die Regierungsweise der Nationalsozialisten zu finden, war eine Aufgabe für die tüchtigsten Juristen. Sie zu lösen, entsprach dem Hang vieler deutscher Gelehrten, das, »was in des Menschen Hirn nicht passt« (*Goethe*, Faust, 1. Teil, Ausspruch des Mephistopheles zum Schüler), durch metaphysische Spekulationen zu erfassen. So wurden denn manche bedenkliche Akte des Regimes durch den Hinweis auf die Notwendigkeit eines »*konkreten Ordnungs- und Gestaltungsdenkens*« (*Carl Schmitt*) gerechtfertigt. Dass in vielen Gesetzen Bestimmungen eingeführt wurden, die eine *Rechtsprechung nach »gesundem Volksempfinden«* anordneten, dh praktisch nach nationalsozialistischer Willkür, wurde von den meisten gebilligt. In der Lehre schritt man noch weiter. So wurde im Strafrecht anstelle des überlieferten Grundsatzes »*nulla poena sine lege*« der Satz »*nullum crimen sine poena*« verkündet, der zur Bestrafung irgendwelcher missliebiger Personen Anlass geben konnte und im praktischen Ergebnis zwar zur weitgehenden Unterdrückung der Kleinkriminalität führte. Die ungeahndete Begehung größter Verbrechen durch die Regierung selbst und die ihren Befehlen strikt Gehorchenden verhinderte er aber nicht. Noch extremer, wenn auch harmloser, war die von einzelnen Staatsrechtslehrern verfochtene These, dass jedes – irgendwo und irgendwie – formulierte Wort des Führers Gesetzeskraft habe.

480 Entwicklung eines nationalsozialistischen Rechtssystems

Konkretes Ordnungs- und Gestaltungsdenken

»nullum crimen sine poena«

Lehre von der Gesetzeskraft aller Führerworte

Zu manchem berief man sich auf *Savignys* vergröbert verstandene *Lehre vom Volksgeist* (→ Rn. 402) als Quelle allen wahren Rechts. Auch verlangten germanistische Rechtshistoriker, dass man die Rechtsordnung, vor allem das bürgerliche Recht, wieder mit dem sozialen Geist des idealisiert verstandenen altgermanischen Rechts erfülle und sich vom BGB abwende, das unter dem Einfluss des Romanisten *Savigny* individualistisch und materialistisch geprägt worden sei. Diese Bestrebungen, die einen Niederschlag schon im nationalsozialistischen Parteiprogramm von 1920 gefunden hatten, führten zur Abfassung von *Lehrbüchern mit neuer Stoffeinteilung*.

481

Abwendung vom materialistischen römischen Recht

Man suchte sie auch in der *Akademie für deutsches Recht* zu verwirklichen, in der Gelehrte an der Erschaffung neuer Gesetze, vor allem eines neuen *Volksgesetzbuches*, arbeiteten. Zu einem solchen wurde in den ersten Jahren des Zweiten Weltkrieges ein umfassender Entwurf erstellt unter der Leitung des Zivilrechtslehrers *Hedemann*, der kurz vor dem Ersten Weltkrieg durch ein bedeutendes Werk über »Die Fort-

482 Akademie für deutsches Recht

Entwurf eines Volksgesetzbuches

schritte des Zivilrechts im 19. Jahrhundert« großes Ansehen gewonnen hatte. Doch wurde seit Mitte 1942 nicht weiter an ihm gearbeitet.

Gesetzgebung von guter Qualität

483 Dagegen wurden mehrere *Einzelgesetze* in der Akademie erfolgreich vorbereitet. Zum Teil sind sie juristisch-technisch einwandfrei gestaltet und im Inhalt nur beschränkt von nationalsozialistischem Gedankengut durchdrungen.

Ein Beispiel dafür bildet das *Aktiengesetz* von 1937, in dem zwar das nationalsozialistische Führerprinzip zur Geltung kam, im Übrigen aber alte Diskussionen nüchtern berücksichtigt und zu befriedigenden Lösungen geführt wurden.

Rechtsprechung

484 In der *Rechtsprechung* übten unzählige Juristen, besonders solche der jüngsten Generation, die schon eine weitgehend nationalsozialistisch geprägte Ausbildung erhalten hatten, keine Zurückhaltung in der Anwendung der von Hitler und der Partei aufgestellten Grundsätze. Nicht nur betrachteten sie sich, den überlieferten rechtsstaatlichen Grundsätzen entsprechend, vorbehaltlos als an die neuen Gesetze gebunden, sondern machten auch vom weiten Ermessensspielraum, den die vielen in diesen enthaltenen unbestimmten Rechtsbegriffe und Leerformeln, zB »gesundes Volksempfinden«, offenließen, mehr als nur ansatzweise einen typisch nationalsozialistischen, parteiischen und gegnerverachtenden Gebrauch. Dies zeigte sich im Zivilrecht vor allem in Verfahren zwischen Juden und sog. Ariern, im Strafrecht bei der Auslegung des Tatbestandes der Rassenschande oder der öffentlichen Wehrkraftzersetzung. Doch pflegten viele andere ihre Entscheide weiterhin sachlich nach bestem Wissen und Gewissen zu fällen. Hierzu mag beigetragen haben, dass manche zunächst nationalsozialistisch Denkenden sich innerlich vom Nationalsozialismus abwendeten. Gründe hierfür waren die jeder rechtsstaatlichen Grundlage entbehrende massenmörderische Niederschlagung der *Röhm-Revolte* und die Verfolgung nicht nur von Juden, sondern auch von Christen und allen dem Regime unfreundlich Gesinnten sowie die langsam an die Öffentlichkeit dringenden Gerüchte von kaum vorstellbar grausamer Behandlung der in Konzentrationslager Eingewiesenen.

Unmenschliche Urteile von Sondergerichten

485 Die weitaus meisten willkürlichen oder unmenschlichen Urteile der Nazizeit wurden denn auch nicht von ordentlichen Gerichten, sondern vom *Volksgerichtshof* und anderen *Sondergerichten*, die Hitler mit einem sehr unbestimmten Aufgabenkreis hatte einsetzen lassen, gefällt, und die scheußlichen Untaten in den *Konzentrationslagern*

Kompetenzen

können weder den ordentlichen Gerichten noch den Staatsanwälten oder auch nur der ordentlichen Polizei, sondern allein der von *Hitler* eingesetzten, an keine Gesetze gebundenen *Geheimen Staatspolizei* (*Gestapo*) sowie reinen Parteiverbänden wie der SS zur Last gelegt werden. Zwar spielten auch in diesen Organisationen Juristen eine nicht unerhebliche Rolle. Insgesamt aber verhielt sich der ganze Berufsstand im Dritten Reich den nationalsozialistischen Rechtsperversionen gegenüber nach *Hitlers* Meinung so wenig willfährig, dass dieser in einer Reichstagssitzung vom Frühjahr 1942 hasserfüllt ausrief: »Ich werde nicht eher ruhen, bis jeder Deutsche einsieht, dass es eine Schande ist, Jurist zu sein!«

Hitlers Haß auf die Juristen

V. Die Zeit der Herrschaft von Besatzungsmächten (1945–1949)

Die alliierten Regierungen hatten die vorbehaltlose Kapitulation der deutschen Armeen verlangt und waren in der letzten Phase des Krieges zu Terroraktionen wie der militärisch kaum sinnvollen Zerstörung Dresdens geschritten, durch die sie noch während des Krieges ihren verständlichen Vergeltungsdurst für das von der nationalsozialistischen Gewaltherrschaft angerichtete Unheil weitgehend stillten. Sie behandelten die Besiegten aber, auch aus diesem Grunde, verglichen mit 1918, jedenfalls in finanzieller Hinsicht, verhältnismäßig schonend und ermöglichten ihnen nach den ersten Jahren schwerer Not die Wiederherstellung erträglicher Verhältnisse.

Die deutschen Truppen ihrerseits hatten *Hitlers* Willen entsprechend in aussichtslos gewordener Lage mit einer Heldenhaftigkeit weitergekämpft, die einer besseren Sache würdig gewesen wäre, aber zu einem um so vollständigeren Zusammenbruch nicht nur der Armee, sondern des deutschen Staates mit seiner gesamten Organisation führte. Dies erwies sich als insofern von Gutem, als in der Folge, anders als nach dem Waffenstillstand von 1918, weder links- noch rechtsextremistische Kräfte den Siegermächten und dem von diesen gestatteten Wiederaufbau des deutschen Staatswesens Widerstand entgegenzusetzen wagten, wozu auch die alsbald bei den meisten aufgekommene Einsicht in die schwere deutsche Schuld an diesem Krieg beitrug.

486 Verhältnismäßige Milde der Siegermächte

Zusammenbruch des Staates

Keine Widerstände gegen Wiederaufbau

Macht-, gebiets- und nationalpolitisch waren die Folgen der Niederlage allerdings furchtbar. Obschon es nicht zum förmlichen Abschluss eines Friedensvertrages kam, wurde Deutschland nach Zuweisung der östlich der Oder-Neiße-Linie gelegenen Gebiete teils an die Sowjetunion und großenteils mittelbar an Polen, in den Grenzen des am 31.12.1937 vorhandenen Gebietsstandes in *vier Besatzungszonen* sowie *vier entsprechende Sektoren Groß-Berlins* eingeteilt. Dies beruhte auf einer Vereinbarung, die *Stalin*, *Roosevelt* und *Churchill* als Leiter der Hauptsiegermächte im Februar 1945 in *Jalta* schlossen, sowie eines am 5.6.1945 getroffenen Abkommens unter den Oberbefehlshabern der Besatzungstruppen der Sowjetunion, der USA, Großbritanniens und Frankreichs. Diese Zonen entwickelten sich alsbald unterschiedlich.

487

Vier Besatzungszonen; vier Sektoren Groß-Berlins

Abkommen von Jalta (Februar 1945)

Nachdem nicht nur die Reichsregierung und Reichsverwaltung, sondern auch die Regierung und Verwaltung der Länder aufgelöst worden waren, wurden in der *Besatzungszone der USA* neu geschaffen die Länder Bayern (im Wesentlichen dem früheren Bayern entsprechend), *Großhessen* (einschließlich ehemals preußischer Gebiete), später lediglich *Hessen* genannt, ferner die *Hansestadt Bremen*, die 1947 von der britischen auf die USA-Besatzungszone übergegangen war, sowie *Baden-Württemberg* (erst 1952 aus Gebieten gebildet, die zum Teil eine zeitlang der französischen Besatzungszone zugeordnet waren). In der *britischen Zone* wurden, überwiegend aus ehemals preußischen Gebieten, die Länder *Schleswig-Holstein*, *Niedersachsen*, *Hansestadt Hamburg* und, als größtes, *Nordrhein-Westfalen* errichtet, dessen Teilung in zwei Länder, Westfalen und Rheinlande, wegen der Schwierigkeit der Zuordnung des Ruhrgebiets zu einem der beiden untunlich erschien. In der *französischen Zone*, in der das Besatzungsregiment, infolge der von Frankreich erlittenen Besetzung großer Tei-

488 Neue Länder

le seines Gebiets durch deutsche Truppen, rücksichtsloser war als in der amerikanischen und britischen Zone, wurde das Land *Rheinland-Pfalz* geschaffen und das *Saargebiet* für autonom erklärt; dieses gelangte indessen später (1957) aufgrund einer Volksabstimmung als weiteres Land an Deutschland.

Länderverfassungen 489 In den folgenden Jahren, in der britischen Zone allerdings erst nach dem Erlass des Grundgesetzes von 1949, wurden in den genannten westlichen Ländern entsprechend dem Willen der betreffenden Besatzungsmächte, nach schrittweiser Zulassung nichtnationalsozialistischer Parteien, neue, von nationalsozialistischem Gedankengut freie *Verfassungen* geschaffen, die vom Volk in Abstimmungen angenommen wurden. Diese Verfassungen waren einander ähnlich. Alle sahen für die gesetzgebende Gewalt das *Einkammersystem* vor, mit der einzigen Ausnahme, dass in Bayern neben der Abgeordnetenkammer ein Senat mit jedoch sehr beschränkten Kompetenzen eingerichtet wurde. Auch verlangten alle die Bildung *parlamentarischer Regierungen*; manche derselben, sowie auch die sie ernennenden Landtage, traten schon 1946 in Aktion. Auch in ihren *Grundrechtsartikeln* stimmten die Länderverfassungen weitgehend miteinander überein, abgesehen etwa davon, dass die hessische Verfassung nicht nur ein Widerstandsrecht, sondern geradezu eine Pflicht zum Widerstand gegen den Missbrauch öffentlicher Gewalt vorsah.

In Sowjetzone zunächst fünf Länder

14 Verwaltungsbezirke (seit 1952)

In der *sowjetrussischen Besatzungszone* wurden zunächst fünf Länder gebildet, nämlich *Thüringen, Sachsen, Sachsen-Anhalt, Brandenburg* und *Mecklenburg-Vorpommern*, die aber infolge des Willens der Besatzungsmacht zur Herstellung einheitsstaatlicher Verhältnisse (→ Rn. 491) 1952 aufgelöst und durch *14 bloße Verwaltungsbezirke* ersetzt wurden. (Über ihre Wiederherstellung als neue Bundesländer → Rn. 507)

Kontrollrat (seit 30.8.1945) 490 Über allen vier Besatzungszonen stand ein *Kontrollrat* (mit Sitz in Berlin), der aus den vier Oberbefehlshabern der Siegerarmeen bestand. Da aber für seine Beschlüsse Einstimmigkeit erforderlich war und eine solche infolge des alsbald hervortretenden Gegensatzes zwischen den westlichen Besatzungsmächten und der sowjetrussischen in vielen Fällen nicht zustandekam, war seine Wirksamkeit sehr beschränkt. Immerhin erließ er (bis zum 10.3.1948, → Rn. 492) eine Reihe von Gesetzen, so ein solches über die *Abschaffung aller nationalsozialistischen Gesetze*, das in den einzelnen Besatzungszonen zwar unterschiedlich ausgelegt, aber überwiegend nicht in dem Sinn verstanden wurde, dass alle zwischen dem 30.1.1933 und dem 7.5.1945 erlassenen Gesetze, also auch die nicht nationalsozialistisch geprägten, schlechthin aufgehoben seien. Durch ein anderes Gesetz (v. 25.2.1947) wurde die *Auflösung des Staates Preußen* förmlich angeordnet.

Abschaffung aller nationalsozialistischen Gesetze

Ziele der Siegermächte 491 Die Siegermächte setzten sich zum Ziel, die Deutschen vom *Nationalsozialismus* völlig *zu befreien*, zu *entmilitarisieren* und zu *demokratisieren*, aber nach ihrer als hierzu erforderlich erachteten »Umerzie-

hung« zur *Wiedererrichtung einer eigenen Reichsverfassung* und Wiederaufnahme der Verantwortlichkeit für ihre Verhältnisse zu veranlassen. Doch strebte die *Sowjetunion* für Deutschland eine *einheitsstaatliche Verfassung* an, während die *Westmächte* aus Furcht vor der Macht eines einheitlichen deutschen Staatswesens, sowie wohl auch zur Vorbeugung gegen einen kommunistischen Staatsstreich, wie er mit russischer Unterstützung in manchen zu russischen Satellitenstaaten degradierten Oststaaten stattgefunden hatte, für Deutschland ein – auch von den Ländervertretern gewünschtes – *föderalistisches System* verlangten.

Dieser und andere Gegensätze führten schließlich dazu, dass der Kontrollrat auf russischen Antrag im März 1948 seine Tätigkeit auf unbestimmte Zeit einstellte und später nicht wieder aufnahm. Eine Folge davon war es, dass die Westmächte im Juli 1948 auf Vorschlag des nachmaligen Wirtschaftsministers und späteren Bundeskanzlers *Ludwig Erhard* in den westlichen Besatzungszonen und Berlin-Sektoren eine erfolgreiche *Währungsreform* durchführten. Die von der Sowjetunion geforderte Anwendung einer entsprechenden, die Sowjetzone betreffenden Währungsreform auf ganz Berlin erkannten sie nur für dessen östlichen Sektor an, worauf die Sowjetunion die *westlichen Sektoren Berlins* 13 Monate lang blockierte und nur noch eine Luftbrücke zu diesen duldete. Allmählich wurde so der *»Eiserne Vorhang«* (vom britischen Premierminister *Churchill* geprägter Ausdruck), der schon damals die von der UdSSR beherrschten Staaten von der westlichen Welt trennte, auch zwischen den westlichen und östlichen Gebieten Deutschlands aufgerichtet. Nach einem von russischen Besatzungstruppen niedergeworfenen Ostberliner *Volksaufstand vom 17. Juni 1953* wurde er noch verstärkt und 1961 durch Errichtung einer Abwanderungen in den Westen verhindernden *Mauer* mitten durch Berlin Hunderttausenden vor Augen geführt. Auf diese Weise wurde die Hoffnung auf Wiedervereinigung der westlichen Besatzungszonen mit der östlichen und Schaffung einer Verfassung für ganz Deutschland schrittweise zerstört.

Inzwischen hatte ein *internationales Militärgericht in Nürnberg Kriegsverbrecherprozesse,* dh Prozesse wegen Kriegsverbrechen im engeren Sinn sowie Verbrechen gegen den Frieden und Verbrechen gegen die Menschlichkeit, auf rechtlich zwar problematischer Grundlage, aber in fairer Weise, vornehmlich nach bewährten britischen Verfahrensregeln, durchgeführt und weitgehend abgeschlossen.

In den westlichen Zonen hatten überdies von deutschen Behörden unterschiedlich durchgeführte *»Entnazifizierungsverfahren«* einigermaßen erfolgreich gewirkt. Es handelte sich zumeist um mit Bußurteilen endende Verfahren gegen die ehemaligen Mitglieder der NSDAP und ihrer Organisationen, sowie *Umerziehungsmaßnahmen*, vor allem durch Schulreformen. Im ganzen Volk waren Entsetzen und Scham über das Ausmaß an Massenmorden und anderen Terrorakten aufgekommen, deren sich die im Namen des deutschen Volkes han-

492 Einstellung der Tätigkeit des Kontrollrats

Währungsreform

Berlinblockade »Eiserner Vorhang«

Aufstand vom 17.6.1953

Berliner Mauerbau (1961)

493 Kriegsverbrecherprozesse

494 Entnazifizierungsverfahren

Umerziehungsmaßnahmen

delnden nationalsozialistischen Machthaber gegenüber Juden, Zigeunern und politischen Gegnern der Nationalsozialisten sowie gegenüber der Bevölkerung der besetzten Gebiete schuldig gemacht hatten. In den Ländern ist es überdies zu einer Reihe von Strafverfahren wegen der NS-Verbrechen gekommen, die anfangs noch mit Elan durchgeführt wurden; aber ab etwa 1950 erlahmte der Verfolgungseifer zunehmend.

Zusammenwirken unterer Verwaltungsstellen mit Besatzungsmächten

Demontagen

Marshallplan-Hilfe (seit 1948)

495 Vor allem infolge der klugen *Initiativen unterer Verwaltungsstellen*, die nach Entfernung aller Nationalsozialisten aus öffentlichen Funktionen weiterarbeiteten und mit den Besatzungsmächten zusammenwirkten, war die äußere Notlage stark gemildert worden. *Demontagen* von Einrichtungen, die zur Kriegsproduktion hätten verwendet werden können, hatten die Industrie nur vorübergehend geschädigt und wirkten sich langfristig sogar günstig für sie aus, da sie sie zur Modernisierung von Anlagen zwangen. Von 1948 an wurde die materielle Not dank der *Marshallplan-Hilfe* völlig überwunden.

Diese wurde von den USA teils aus rein humanitären Gründen, ebenso sehr aber zur Stärkung des westlichen Europa gegen die Sowjetunion, die sich den Parteiprogrammen ihrer Kommunistischen Partei zufolge zur Propagierung der kommunistischen Ideen in der ganzen Welt verpflichtet fühlte, geleistet.

Rasche Genesung der wirtschaftlichen Verhältnisse

496 Trotz der erhaltenen großzügigen finanziellen Hilfe erschien die rasche Genesung der wirtschaftlichen Verhältnisse um so erstaunlicher, als Westdeutschland nicht nur die unmittelbar erlittenen Kriegsschäden zu beheben hatte, sondern überdies durch die *Aufnahme von Millionen von Vertriebenen und Flüchtlingen* aus den von der Sowjetunion und Polen annektierten Ostgebieten und später aus der sowjetisch besetzten Zone und der DDR schwer belastet war.

VI. Das Grundgesetz für die Bundesrepublik Deutschland v. 23.5.1949

1. Entstehung

497 Nachdem der Kontrollrat seine Tätigkeit eingestellt hatte (→ Rn. 492), wurden die in Frankfurt tagenden Ministerpräsidenten der elf westlichen Länder von den westlichen Militärregierungen und den Regierungen der Niederlande, Belgiens und Luxemburgs aufgefordert, bis zum 1.9.1948 eine verfassunggebende Versammlung einzuberufen, die eine föderalistische, demokratische und die Individualrechte garantierende Verfassung für die Gesamtheit der westlichen Länder ausarbeiten sollte. Daraufhin bestellte die Ministerkonferenz zunächst einen *Sachverständigenausschuss*, der vom 10.–23.8.1948 in *Herrenchiemsee* einen vollständigen Verfassungsentwurf erstellte.

Verfassungsentwurf von Herrenchiemsee

Die von den Westmächten gewünschte Versammlung trat am 1.9.1948 in Bonn zusammen. Sie bestand aus 65 von den Landtagen abgeordneten Mitgliedern, bezeichnete sich aber nicht als verfassunggebenden, sondern als »*Parlamentarischen Rat*« und wollte nur ein »*Grundgesetz*« ausarbeiten, da sie das geplante Werk als provisorisch

Parlamentarischer Rat

ansah und die Erschaffung einer »Verfassung« der Zeit vorbehalten wollte, in der Deutschland wieder geeinigt sein würde.

Im Parlamentarischen Rat hatten die beiden wichtigsten zugelassenen Parteien, nämlich die *Christlich-Demokratische Union (CDU)* und die *Sozialdemokratische Partei Deutschlands (SPD)*, je 27, die kleineren Parteien insgesamt 11 Vertreter. Bei diesen Stimmenverhältnissen war es notwendig, eine wenigstens annähernde Einigkeit, besonders unter den Vertretern der beiden Hauptparteien, anzustreben. Doch musste auch den Wünschen der Militärregierungen, die dem Rat wiederholt Empfehlungen für seine Arbeit zukommen ließen, genügt werden. Als seinen Präsidenten wählte der Rat den 72-jährigen ehemaligen Kölner Oberbürgermeister *Konrad Adenauer* (CDU) und als Vorsitzenden des Ausschusses, dem die abschließende Formulierung des Grundgesetzes oblag, den 16 Jahre jüngeren Staats- und Völkerrechtslehrer *Carlo Schmid* (SPD). Nicht geklärt ist, wer außer diesen beiden eine maßgebende Rolle in den Verhandlungen gespielt hat.

498

Präsident: Konrad Adenauer
Vorsitzender des Redaktionsausschusses: Carlo Schmid

Allgemein war man bestrebt, alles typisch Nationalsozialistische, Menschenverachtende und Rechtsstaatswidrige auszuschalten, aber auch dem von der Sowjetunion propagierten kommunistischen Gedankengut entgegenzutreten und dafür an ältere Vorbilder, besonders an die Paulskirchenverfassung von 1849 und die Weimarer Verfassung von 1919, anzuknüpfen, an die letztgenannte aber unter Beseitigung ihrer in der Praxis zutage getretenen Mängel.

499 Allgemeine Bestrebungen

Nach monatelangen Debatten wurde weitgehende Einigkeit unter den Ratsmitgliedern erreicht. Am 8.5.1949 wurde das Grundgesetz mit 53 gegen 12 Stimmen angenommen. Am 12.5.1949 stimmten ihm die westlichen Militärregierungen zu, allerdings mit *Vorbehalten bezüglich Westberlins*, dessen – vom Berliner Abgeordnetenhaus gewählte – Bundestagsabgeordneten im Bundestag zwar rede-, aber nicht stimmberechtigt waren und in dessen Gebiet die vom Bundestag verabschiedeten Gesetze nicht ohne Weiteres galten. Alsdann wurde das Grundgesetz den Landtagen der westlichen Länder vorgelegt und von allen angenommen außer vom bayerischen, der es aber dennoch als auch für Bayern gültig anerkannte. Damit war die von den Westmächten für das Zustandekommen des Grundgesetzes verlangte Zweidrittelmehrheit der Länder erreicht, sodass es am 23.5.1949 verkündet wurde und am folgenden Tag in Kraft trat.

500 Annahme des Grundgesetzes

Vorbehalte bezüglich Westberlins

Inkrafttreten des Grundgesetzes

2. Inhalt

Während die Reichsverfassung von 1871 gar keine Grundrechte und die Weimarer Reichsverfassung zwar einen *Grundrechtsteil* enthalten, ihn aber ihren organisatorischen Bestimmungen hatte nachfolgen lassen, wurde ein solcher an die Spitze des Grundgesetzes gestellt. Denn nach der Überwindung des nationalsozialistischen Grundsatzes »Du bist nichts, dein Volk ist alles« erschien die Wiederherstellung der Achtung vor jedem einzelnen Menschen besonders vordringlich. Der grundlegende Art. 1 GG erklärt die *Menschenwürde* für *unverletzlich* und deren Schutz zur Pflicht aller staatlichen Gewalt. Er bestimmt ferner, dass Gesetzgebung, vollziehende Gewalt und Rechtsprechung durch die in den Art. 2–17 GG einzeln aufgeführten Grundrechte unmittelbar gebunden sind. Inhaltlich stimmen diese weitgehend mit

501 Grundrechtsteil (Art. 1–19)

Unverletzlichkeit der Menschenwürde (Art. 1)

denen der Verfassung von 1919 überein, aber sie sind zahlreicher. Auch bedeutete es eine Neuerung, dass viele von ihnen um der Völkerversöhnung willen als *Rechte nicht nur der Deutschen*, sondern *der Menschen schlechthin* aufgestellt worden sind.

Allgemeines Persönlichkeitsrecht (Art. 2)

502 Von den einzelnen Grundrechten ist besonders bemerkenswert das in Art. 2 GG vorgesehene Recht eines jeden auf freie Entfaltung seiner Persönlichkeit (meist als »*allgemeines Persönlichkeitsrecht*« bezeichnet); die Rechtsprechung hat ihm einen überaus weiten Anwendungsbereich und eine sogar Bestimmungen des BGB einschränkende Kraft zuerkannt. Insbesondere gegenüber der Presseberichterstattung, neuerdings aber auch durch das Internet, hat dieses Recht eine enorme Bedeutung erhalten.

Rechtsgleichheit, Gleichberechtigung (Art. 3)

503 Sehr bedeutsam ist auch Art. 3 GG, der nicht nur erklärt, dass alle Menschen vor dem Gesetz gleich sind, sondern darüber hinaus die schon in der Weimarer Reichsverfassung verkündete Gleichberechtigung von Mann und Frau in Staatsangelegenheiten auf eine *allgemeine Gleichberechtigung der beiden Geschlechter* ausdehnt und überdies bestimmt, dass niemand »wegen seines Geschlechtes, seiner Abstammung, seiner Rasse, seiner Sprache, seiner Heimat und Herkunft, seines Glaubens, seiner religiösen oder politischen Anschauungen benachteiligt oder bevorzugt werden« darf. Damit verwandt ist Art. 6 V GG,

Stellung der nicht ehelichen Kinder (Art. 6)

der vorsieht, dass den »*unehelichen Kindern*« durch die Gesetzgebung die *gleichen Bedingungen* für ihre leibliche und seelische Entwicklung und ihre Stellung in der Gesellschaft zu schaffen sind wie den ehelichen Kindern.

Recht auf Kriegsdienstverweigerung (Art. 4 Abs. 3)

504 Hervorzuheben ist auch das in Art. 4 III GG vorgesehene Recht, »*aus Gewissensgründen den Kriegsdienst mit der Waffe*« zu verweigern, eine Bestimmung, die infolge der Unerforschlichkeit des Gewissens zu erheblichen Anwendungsschwierigkeiten geführt hat.

Schranken der Vereinsfreiheit

504a Infolge der üblen Erfahrungen mit der allzu liberalen Toleranz der Weimarer Verfassung gegenüber antiliberalen, umstürzlerischen Bestrebungen gewährt Art. 9 GG die *Vereinsfreiheit* nur mit der Einschränkung, dass Vereine, »deren Zwecke oder deren Tätigkeit Strafgesetzen zuwiderlaufen und die sich gegen die verfassungsmäßige Ordnung oder gegen den Gedanken der Völkerverständigung richten«, verboten sind. Aus dem nämlichen Grund sind gem. Art. 21 II GG

Verfassungswidrige Parteien

Parteien durch das Bundesverfassungsgericht für *verfassungswidrig* zu erklären, wenn sie »nach ihren Zielen und dem Verhalten ihrer Anhänger darauf ausgehen, die freiheitlich-demokratische Grundordnung zu beeinträchtigen oder zu beseitigen oder den Bestand der Bundesrepublik Deutschland zu gefährden«.

Keine Grundrechte auf positive Leistungen

505 Aus Furcht vor überbordenden, kaum erfüllbaren Begehren nach positiven Leistungen sieht das Grundgesetz keine Grundrechte auf solche vor. Auch ist es in der Aufstellung allgemeiner Grundsätze über die Gestaltung der gesellschaftlichen Verhältnisse zurückhaltend, um nicht, wie manche Bestimmungen der Verfassung von 1919, ein Katalog unausgeführter guter Vorsätze zu bleiben.

In seinem zweiten Abschnitt erklärt das Grundgesetz, die Bundesrepublik Deutschland sei »ein *demokratischer und sozialer Bundesstaat*« (Art. 20 I GG). Dass sie ein demokratischer Staat ist, wird durch den anschließenden Satz wiederholt, dass alle Staatsgewalt vom Volk ausgeht, aber, infolge der nicht besonders guten früheren Erfahrungen mit Ansätzen zu direkter Demokratie, sogleich etwas eingeschränkt durch die weitere Bestimmung, dass die Staatsgewalt vom Volk durch Wahlen und Abstimmungen sowie durch besondere Organe der Gesetzgebung, der vollziehenden Gewalt und der Rechtsprechung ausgeübt wird (Art. 20 II GG). Die Erklärung, dass die Bundesrepublik ein *sozialer Staat* sei, hat erhebliche Bedeutung als Grundlage für die alsbald einsetzende stark soziale, Schwächere begünstigende Ausgestaltung besonders des Arbeitsrechts, des Versicherungsrechts, des Steuerrechts, des Erziehungs- und Bildungswesens sowie des gesamten Wirtschaftsrechts (Näheres → Rn. 561–576).

506 Bundesrepublik als demokratischer Staat

Bundesrepublik als sozialer Staat

Gewichtig in Art. 20 GG ist auch der Hinweis darauf, dass die Bundesrepublik ein *Bundesstaat* ist. Gegliedert ist sie in die schon vor 1949 geschaffenen Länder *Bayern, Bremen, Hamburg, Hessen, Niedersachsen, Nordrhein-Westfalen, Rheinland-Pfalz* und *Schleswig-Holstein* (→ Rn. 488) sowie *Baden-Württemberg* (an dessen Stelle in der Präambel und in Art. 23 GG die erst 1952 vereinigten Länder »Baden«, »Württemberg-Baden« und »Württemberg-Hohenzollern« genannt werden), ferner (laut Art. 23 GG) »Groß-Berlin« statt bis 1990 realistisch Westberlin und seit 1957 das *Saarland* (→ Rn. 488). Diese Gliederung beruht zwar nur beschränkt auf traditionellen Grundlagen und im Übrigen viel stärker auf dem Willen der Besatzungsmächte. Im Rahmen der Wiedervereinigung erließ die DDR am 22.7.1990 ein *Ländereinführungsgesetz* und ein *Länderwahlgesetz* als Grundlagen für die mit dem späteren Beitritt vom 3. Oktober wirksam werdende Errichtung der neuen Bundesländer *Brandenburg, Mecklenburg-Vorpommern, Sachsen, Sachsen-Anhalt* und *Thüringen*, die den ursprünglichen Ländern der sowjetischen Besatzungszone (→ Rn. 489) entsprechen. So vermehrte sich die Zahl der Bundesländer auf 16.

507 Bundesrepublik als Bundesstaat

Länder

Neue Bundesländer

Art. 29 GG sah daher (bis 1956) vor, dass das Bundesgebiet binnen drei Jahren durch ein Gesetz »unter Berücksichtigung der landsmannschaftlichen Verbundenheit, der geschichtlichen und kulturellen Zusammenhänge, der wirtschaftlichen Zweckmäßigkeit und des sozialen Gefüges neu zu gliedern« sei. Ein solches Gesetz ist aber mangels einer hinlänglichen politischen Willensbildung ebenso wenig zustande gekommen wie seinerzeit die in der Weimarer Verfassung vorgesehene Gebietsreform (→ Rn. 440).

508 Vorgesehene Neugliederung (nicht ausgeführt)

Dem Gesamtstaat gegenüber sind die Länder im Bereich der Exekutive durch die Bestimmung (Art. 30 GG) gestärkt worden, dass »die Ausübung der staatlichen Befugnisse und die Erfüllung der staatlichen Aufgaben Sache der Länder ist«, soweit das Grundgesetz keine andere Regelung trifft oder zulässt. Noch gewichtiger für die Kräftigung der Länder aber dürfte sein, dass ihnen Art. 106 III GG, 50%

509 Stärkung der Länder

(ursprünglich 66 2/3%), vom Aufkommen der vom Bund erhobenen *Einkommensteuer und Körperschaftsteuer* zuweist und sie dadurch finanziell vom Gesamtstaat einigermaßen unabhängig macht. Auf dem Gebiet der Gesetzgebung waren dem *Bundesrat als Ländervertretung* (→ Rn. 514 f.) erheblich größere Befugnisse als dem damaligen Reichsrat gegeben worden. Jedoch hat sich im Laufe der Zeit der Schwerpunkt der gesetzgeberischen Kompetenz von den Ländern zum Bund hin verlagert. Im Gegenzug dazu wurden die Gesetze, die der Zustimmung des Bundesrates bedürfen, vermehrt, mit der Folge, dass die jeweilige Opposition, wenn sie im Bundesrat die Mehrheit inne hat, die Gesetzesvorlagen der Regierungs-Koalition zu Fall bringen konnten.

Mit der am 1.9.2006 in Kraft getretenen »Föderalismusreform« wurde versucht, diesen Tendenzen durch Stärkung der Stellung der Länder entgegenzutreten; dies zB durch Abschaffung der Rahmengesetzgebung nach Art. 75 GG aF und einer teilweisen Überführung der ehemals dort angesiedelten Zuständigkeiten in die ausschließliche Kompetenz der Länder, etwa im Bereich des Versammlungsrechts, des Hochschulwesens und des Strafvollzugs. Durch die am 1.8.2009 in Kraft getretene zweite Stufe der Föderalismusreform (Föderalismusreform II) wurden die Bund-Länder-Finanzbeziehungen modernisiert und insbesondere verfassungsrechtliche Regelungen für eine Begrenzung der staatlichen Neuverschuldung in Bund und Ländern aufgestellt.

Stärkung der Gemeinden

510 In Art. 28 II GG wird auch die Stellung der *Gemeinden als autonomer Körperschaften* gestärkt, eine Konsequenz einer seit dem 19. Jahrhundert fortschreitenden Entwicklung, die durch die Schaffung von *Gemeinde- und Kreisordnungen* in den alten Bundesländern ihren vorläufigen Abschluss fand.

Zusammenlegung von Gemeinden

Das hat allerdings nicht verhindert, dass die einzelnen Länder in den 1960er und 1970er Jahren *Gebietsreformen* durchgeführt haben, durch welche Hunderte von Gemeinden, großenteils gegen den Willen ihrer Bevölkerung, aus Rationalisierungsgründen aufgelöst und mit anderen Gemeinden vereinigt worden sind und sich daher bspw. in Nordrhein-Westfalen die Gesamtzahl der selbstständigen Gemeinden von über 2000 auf weniger als 400 vermindert hat. Die in der DDR erfolgte planmäßige Beseitigung föderaler Strukturen wurde nach der Wiedervereinigung durch ein Gesetz von 1990 zur Wiederherstellung einer Kommunalverfassung rückgängig gemacht.

Völkerrecht Bestandteil des Bundesrechts

511 Ebenfalls im zweiten Abschnitt wird dem von den Nationalsozialisten gröbstens missachteten *Völkerrecht* der ihm gebührende Rang für das deutsche Staatsleben gegeben: Art. 25 GG bestimmt, die (freilich nur zum Teil feststehenden) allgemeinen Regeln des Völkerrechts seien Bestandteil des Bundesrechts und erzeugten unmittelbar, mit Vorrang vor innerstaatlichen Gesetzen, Rechte und Pflichten für die Bewohner des Bundesgebiets. In Art. 26 GG werden »alle Handlungen, die geeignet sind und in der Absicht vorgenommen werden, das friedliche Zusammenleben der Völker zu stören, insbesondere die Führung eines Angriffskrieges vorzubereiten«, als verfassungswidrig und strafbar erklärt.

512 Die Abschnitte III–X des Grundgesetzes betreffen Organisation und Kompetenzen der Bundes-, zum Teil auch der Landesbehörden. Nach ihnen und dem sie ergänzenden *Bundeswahlgesetz* von 1956 besteht der *Bundestag* aus 518 Abgeordneten (1990–2002: 656; seit 2002: 598), die von allen mindestens 21-Jährigen (seit 1970: 18-Jährigen) auf vier Jahre zu wählen sind. Da ehemals weder das reine Mehrheitswahlsystem, nach dem kleine Wahlkreise zu bilden waren und in jedem Wahlkreis nur der Kandidat mit der höchsten Stimmenzahl als gewählt galt, noch das die Bildung größerer Wahlkreise erfordernde reine Verhältniswahlsystem mit seiner Sitzverteilung nach der Zahl der auf die einzelnen Parteien entfallenden Stimmen befriedigt hatte, wurde bestimmt, dass die Wähler mittels einer *ersten Stimme* 299 (seit 2002) Wahlkreisabgeordnete nach dem *Mehrheitswahlsystem* und, mittels einer *zweiten Stimme*, 299 (seit 2002) auf Landeslisten (Parteilisten) aufgeführte Abgeordnete nach dem *Verhältniswahlsystem* zu wählen haben.

<small>Bundestag</small>

<small>Gemischtes Wahlsystem</small>

Noch bedeutsamer ist, dass das Bundeswahlgesetz, zur Vermeidung der in der Weimarer Zeit verderblich gewordenen Parteienzersplitterung, bei der Wahl nach Landeslisten nur solchen Parteien, für die im Wahlgebiet *mindestens 5%* aller gültigen Stimmen abgegeben worden sind, Abgeordnetensitze zuerkennt.

<small>Mindeststimmenzahl</small>

Die im August 1949 abgehaltenen ersten Wahlen zum Bundestag ergaben eine knappe relative Mehrheit für die CDU vor der SPD. Neben diesen beiden bis heute weitaus bedeutendsten Parteien der Bundesrepublik erhielten die FDP (Freie Demokratische Partei) und die KPD (Kommunistische Partei Deutschlands) je knapp 10% und einige minder wichtige Parteien zusammen ebenfalls gegen 10% aller Sitze. Bei den späteren Wahlen fand eine zunehmende Konzentration auf die beiden stärksten Parteien statt, weil unzählige Wähler ihre Stimmen vor allem im Hinblick auf die anschließend vom Bundestag zu treffende Wahl des Bundeskanzlers abgaben. Zudem ließen sich manche durch das 5%-Mindesterfordernis von der Wahl kleinerer Parteien abhalten, von denen eine, nämlich die KPD, wegen ihrer die freiheitlich-demokratische Grundordnung gefährdenden Ziele 1956 vom Bundesverfassungsgericht mit einer mehrere hundert Seiten umfassenden Begründung überdies als verfassungswidrig und daher aufgelöst erklärt wurde.

513 <small>Wahlergebnisse</small>

Neben dem Bundestag ist ein *Bundesrat* als Ländervertretung eingerichtet worden, in die jedes Land je nach seiner Bevölkerungszahl 3–5 (seit 1990: 3–6) Mitglieder seiner Regierung oder einzelne Regierungsmitglieder mit erhöhter Stimmkraft entsendet. Seine Kompetenzen sind zwar bei weitem nicht so groß wie diejenigen des Bundestags, aber doch umfassender als diejenigen des ihm entsprechenden Reichsrats der Weimarer Verfassung.

514 <small>Bundesrat</small>

Bundesgesetze werden mit einfacher Mehrheit der im Bundestag abgegebenen Stimmen beschlossen. Doch kann der Bundesrat alsdann eine Gesetzesberatung durch einen gemeinsamen Ausschuss von Bundestags- und Bundesrats-Mitgliedern (*Vermittlungsausschuss*) verlangen mit der Wirkung, dass, wenn dieser eine Änderung des Gesetzesbeschlusses vorschlägt, der Bundestag erneut Beschluss zu fassen hat.

515 <small>Bundesgesetze</small>

<small>Vermittlungsausschuss</small>

In bestimmten Angelegenheiten bedürfen Beschlüsse des Bundestags schlechthin der Zustimmung des Bundesrats, und für *Grundgesetzänderungen* ist (laut Art. 79 II GG) sogar deren Annahme durch zwei Drittel sowohl aller Bundestagsmitglieder als auch aller Bundesratsstimmen erforderlich.

<small>Grundgesetzänderungen</small>

8. Kapitel. Das Zeitalter des sozialen Rechtsstaates (20. Jahrhundert)

Bundespräsident | 516 Die Stellung des *Bundespräsidenten* ist infolge der unbefriedigenden Erfahrungen mit der dem Reichspräsidenten 1919 zugewiesenen in einigen Punkten schwächer ausgestaltet worden. *Gewählt* wird er nicht mehr wie dieser vom Volk auf sieben Jahre, sondern von der *Bundesversammlung*, die aus sämtlichen Mitgliedern des Bundestags und ebenso vielen von den Landtagen Abgeordneten besteht, *auf fünf Jahre*.

Die Wahl fiel 1949 auf den Schwaben *Theodor Heuss* (FDP); nach dessen einmaliger Wiederwahl folgten ihm *Heinrich Lübke* (CDU) – *Gustav Heinemann* (SPD) – *Walter Scheel* (FDP) – *Karl Carstens* (CDU) – *Richard von Weizsäcker* (CDU) – *Roman Herzog* (CDU) – *Johannes Rau* (SPD) – *Horst Köhler* (CDU) – *Christian Wulff* (CDU) – *Joachim Gauck* (parteilos).

Kompetenz | 517 Mit Gegenzeichnung des Bundeskanzlers oder des zuständigen Bundesministers vertritt der Bundespräsident zwar, entsprechend dem früheren Reichspräsidenten, die Bundesrepublik ausländischen Staaten gegenüber und ernennt und entlässt die Bundesrichter, Beamten, Offiziere und Unteroffiziere. Auch hat er wie sein Vorgänger das Be-

Keine Notstandskompetenzen | gnadigungsrecht. Es stehen ihm aber weder der – 1956 dem Bundesverteidigungsminister zugewiesene – Oberbefehl über die Streitkräfte noch die in der Weimarer Verfassung vorgesehenen Notstandskompetenzen zu.

Bundeskanzler | 518 Dafür ist die Stellung des *Bundeskanzlers*, der wie der frühere Reichskanzler die Richtlinien der Politik zu bestimmen hat, gestärkt worden. Gewählt wird er auf Vorschlag des Bundespräsidenten vom Bundestag mit einfacher Mehrheit der Mitglieder.

Als erster Bundeskanzler wurde *Konrad Adenauer* (CDU) gewählt, der nach mehreren Wiederwahlen erst 1963 aus dem Amt schied. Ihm folgten *Ludwig Erhard* (CDU) – *Georg Kiesinger* (CDU) – *Willy Brandt* (SPD) – *Helmut Schmidt* (SPD) – *Helmut Kohl* (CDU) – *Gerhard Schröder* (SPD) – *Angela Merkel* (CDU).

Konstruktives Misstrauensvotum | 519 Abgewählt werden kann der Bundeskanzler nur durch ein »*konstruktives Misstrauensvotum*«, dh nur dadurch, dass der Bundestag mit der Mehrheit seiner Mitglieder einen Nachfolger wählt. Diese Regelung, die von derjenigen der Weimarer und mancher ausländischen Verfassung abweicht, hat Wesentliches zur *Festigung* der politischen Verhältnisse beigetragen.

Tatsächlich eingetretene Kanzlerwechsel | Von den wenigen bis 1998 eingetretenen Kanzlerwechseln erfolgten vier nach dem vom Kanzler selbst erklärten Rücktritt, dessen Grund in zwei Fällen (*Adenauer* und *Brandt*) in Empfehlungen der den Kanzler stellenden Partei, in den zwei andern (*Erhard* und *Schmidt*) in der von der FDP erklärten Aufkündigung ihrer Regierungskoalitions-Abrede mit der Kanzlerpartei lag.

Bundesminister | 520 Die *Bundesminister* werden auf Vorschlag des Kanzlers vom Bundespräsidenten ernannt; sie bedürfen, anders als in der Weimarer Zeit, nicht des Vertrauens des Parlaments, können aber vom Bundespräsidenten auf Vorschlag des Kanzlers jederzeit entlassen werden.

Bundesverfassungsgericht | 521 Durch Errichtung eines mit weiten Kompetenzen ausgestatteten *Bundesverfassungsgerichts* (mit Sitz in *Karlsruhe*), dessen Mitglieder je zur Hälfte vom Bundestag und vom Bundesrat zu wählen sind, wurde der Rechtsschutz in Verfassungssachen verstärkt. Das Bundesverfassungsgericht ist in der Folge in einem Übermaß von Fällen angerufen worden. Unter anderem ist dies häufig durch die jeweilige parlamentarische Opposition zu dem Zweck geschehen, gegen ihre Stimme beschlossene Gesetze wegen behaupteter Verfassungswidrigkeit ihres Inhalts zu Fall zu bringen. Hierdurch hat das Bundesverfassungsgericht eine nicht unbedenkliche politische Rolle als dem Bundestag übergeordnetes Kontrollorgan auch in Bezug auf Ermessensfragen erhalten, deren endgültiger Entscheid nach Ansicht vieler den gesetzgebenden Organen überlassen bleiben sollte.

In seinem letzten (146.) Artikel erklärt das Grundgesetz dem von Anfang an herrschenden Willen seiner Schöpfer und der 1949 noch vorhandenen Hoffnung auf baldige Wiedervereinigung aller besetzten deutschen Gebiete entsprechend (→ Rn. 497), dass es *seine Gültigkeit beim Inkrafttreten einer Verfassung verliert*, die von dem deutschen Volke (einschließlich des in der Sowjetzone wohnenden Volksteils) in freier Entscheidung beschlossen worden ist. Die mitunter vertretene Auffassung, dass sich die deutsche Einigung auf eine solche Verfassung gründen müsse, wurde letztlich doch abgelehnt, da sich das Provisorium des Grundgesetzes bewährt habe. **522** Auflösend bedingte Geltung des Grundgesetzes

Demgegenüber wurde in der Präambel der einheitsstaatlichen »*Verfassung der Deutschen Demokratischen Republik*« v. 7.10.1949, die von der Volkskammer mit 58,1% Ja-Stimmen beschlossen und von der sowjetrussischen Besatzungsmacht genehmigt worden war, anspruchsvoller erklärt, das *deutsche Volk* habe sich *eine Verfassung* gegeben; doch wurde dieses keine zeitliche Beschränkung vorsehende Werk 1968 durch eine neue Verfassung ersetzt. (Über deren Schicksal → Rn. 542.) **523** Verfassung der DDR (1949)

3. Auswirkungen

Trotz der Tatsache, dass das Grundgesetz auf den Druck der westlichen Besatzungsmächte hin entstanden und, besonders bezüglich seines bundesstaatlichen Charakters sowie der Gliederung des Bundesgebietes, weitgehend ihrem Willen entsprechend gestaltet worden ist, hat es sich im Ganzen vorzüglich bewährt. Obwohl nicht die Bürger, sondern nur die Landtage über seine Annahme entschieden haben, wird ihm denn auch von fast allen Seiten eine hohe Wertschätzung entgegengebracht. **524** Allgemeine Wertschätzung des Grundgesetzes

Zwar wurde es inzwischen *mehr als 40mal geändert*. Doch sind Änderungen unterblieben, »durch welche die Gliederung des Bundes in Länder, die grundsätzliche Mitwirkung der Länder bei der Gesetzgebung oder die in Art. 1 und 20 GG niedergelegten Grundsätze« (betr. Grundrechte bzw. den Charakter der Bundesrepublik als demokratischer und sozialer Rechtsstaat) »berührt werden«; laut Art. 79 III GG wären sie überhaupt nicht zulässig gewesen. Die tatsächlich erfolgten Eingriffe in das Grundgesetz aber waren größtenteils nicht tief. **525** Änderungen des Grundgesetzes

So lösten im *Unruhejahr 1968* beschlossene Artikel, nach denen die *Grundrechte im Fall eines Staatsnotstandes keine unbeschränkte Geltung* haben, zwar in manchen Kreisen, besonders solchen des linken Flügels der Studentenschaft, heftige Proteste aus, erlangten aber in der Verfassungswirklichkeit einstweilen nur eine mäßige Bedeutung. **525a** Staatsnotstandsartikel (1968)

Einschränkung des Asylrechts

526 Einen für die Praxis gewichtigen Eingriff bedeutete die aufgrund einer ständig wachsenden Zahl von Asylsuchenden erfolgte Einschränkung des bis dahin vorbehaltlos gewährten *Grundrechts auf Asyl*, sodass dieses Recht (Art. 16a GG) nach Meinung vieler nunmehr als individuell einklagbares Recht lediglich auf dem Papier steht.

Wiederherstellung der allgemeinen Wehrpflicht (1956)

Beitritt zur NATO (1954)

527 Einschneidend wirkten schon 1956 erlassene Bestimmungen, die die *Wiederherstellung der allgemeinen Wehrpflicht* für 18- und mehrjährige Männer vorsehen, unbeschadet deren vom Grundgesetz garantierten Rechts auf Verweigerung des Kriegsdienstes aus Gewissensgründen. Sie ermöglichten es der Bundesrepublik, die 1954, infolge der von ihr empfundenen wachsenden Bedrohung durch den sowjetischen Expansionsdrang und den von der DDR unternommenen Aufbau einer Volksarmee, gegen starke innere Widerstände dem schon 1949 abgeschlossenen *Nordatlantikpakt (NATO)* beigetreten war, ihre dabei eingegangene Verpflichtung zu erfüllen, unter Verzicht auf eigene atomare Bewaffnung, und einen eigenen Generalstab ein Heer von 500.000 Mann zu unterhalten. Nach der Wiedervereinigung wuchs die Stärke der Bundeswehr durch die Übernahme der Angehörigen der Nationalen Volksarmee kurzfristig an, wurde aber aufgrund des Zusammenbruchs der kommunistischen Regime in Osteuropa schrittweise in den folgenden Jahren bis auf derzeit etwa 250.000 Soldaten reduziert. Zum 1.7.2011 wurde die Aussetzung der Wehrpflicht und damit verbunden die Umstellung auf eine verkleinerte, flexiblere Einsatzarmee angeordnet. Die Aufgabe der Streitkräfte besteht zwar weiterhin in der Abwehr bewaffneter Angriffe gegen die Bundesrepublik, in Anbetracht der veränderten Gefährdungslage in der globalisierten Welt aber verstärkt auch in der Mitwirkung der Bundeswehr sowohl an friedenssichernden als auch friedenschaffenden Operationen der Vereinten Nationen und der NATO. Solche Truppeneinsätze sind mittlerweile auch durch das Bundesverfassungsgericht als grundsätzlich verfassungsrechtlich unbedenklich angesehen worden, sofern die vorherige konstitutive Zustimmung des Bundestages eingeholt wird.

Beteiligung an Einsätzen der Vereinten Nationen

Beitritt zu anderen internationalen Organisationen Europarat Montanunion EWG

528 Außer der NATO ist die Bundesrepublik über hundert anderen internationalen Organisationen beigetreten. So ist sie seit 1950/1951 Mitglied des 1949 gegründeten *Europarats* (mit Sitz in Straßburg). 1951 beteiligte sie sich an der für Bergbau und Schwerindustrie bedeutsamen *Montanunion* (mit Sitz in Luxemburg) und 1957 an derjenigen der *Europäischen Wirtschaftsgemeinschaft (EWG)* (mit Sitz in Brüssel), die durch Einführung der Niederlassungsfreiheit für Angehörige der Mitgliedstaaten einen kaum eindämmbaren Zustrom von Gastarbeitern aus unterentwickelten südeuropäischen Gebieten auslöste, sich im Übrigen aber durch die von ihr bezweckte Liberalisierung des Handels günstig auswirkte, obwohl sie die einheimische Landwirtschaft einer übermäßigen Konkurrenz durch Importe aus billig produzierenden Mitgliedstaaten aussetzte und dadurch ständig wachsender Staatssubventionen bedürftig werden ließ. Ebenso beteiligte sich die Bundesrepublik an der mit Wirkung ab 1.1.1958 gegründeten *Europäischen Atomgemeinschaft (EURATOM)* sowie an der 1973 errichteten *Währungsunion*, die 1979 durch das *Europäische Währungssystem (EWS)* abgelöst wurde und die Schaffung des ECU als europäische Verrechnungs-Währungseinheit zur Folge hatte. 1973 wurde die Bundesrepublik überdies in die 1945 gegründete weltumfassende *UNO (United Nations Organisation)* mit Sitz in New York als Mitglied aufgenommen.

EURATOM

EWS

UNO

Durch den am 1.11.1993 in Kraft getretenen *Vertrag von Maastricht* wurde der Integrationsprozess der europäischen Staaten durch Schaffung der *Europäischen Union* (EU) als eines neuen Gemeinschaftsgebildes weiter vorangetrieben, indem die Zusammenarbeit auch auf die Außen- und Sicherheits- sowie die Justiz- und Innenpolitik erstreckt wurde. Besondere Bedeutung hat die vorgesehene stufenweise Verwirklichung der Wirtschafts- und Währungsunion in Europa, die zum 1.1.2002 eine neue gemeinsame Währung (Euro) an die Stelle der nationalen Währungen hat treten lassen. Das BVerfG hat die seit 1992 in Art. 23 GG vorgesehene Übertragung von Hoheitsrechten auf die EU grundsätzlich gebilligt, jedoch die demokratische Legitimation der politischen Entscheidungen angemahnt. Der Vertrag von Amsterdam v. 2.10.1997 hat das Europäische Parlament gestärkt, die Kompetenz der EU in der Sozial- und Beschäftigungspolitik erweitert und das Schengener Abkommen einzelner EU-Mitgliedsstaaten, das zu einem Abbau von Personenkontrollen beim grenzüberschreitenden Personenverkehr geführt hat, auf EU-Ebene übernommen. Durch den Vertrag von Nizza v. 26.1.2001 wurden – um die notwendigen Voraussetzungen für die Erweiterung der EU zu schaffen – unter anderem die Stimmen im Rat neu gewichtet, die Sitzverteilung des Parlaments geändert und vermehrt qualifizierte Mehrheitsentscheidungen zugelassen. Nach Scheitern des EU-Verfassungsvertrags wegen ablehnender Referenden in Frankreich und den Niederlanden wurde am 13.12.2007 der Vertrag von Lissabon unterzeichnet, der sich inhaltlich am Verfassungsvertrag orientierte und das institutionelle System der EU reformierte, um die politische Handlungsfähigkeit der EU auch nach den erfolgten Erweiterungen zu gewährleisten. Zudem wurde die Grundrechtecharta in allen Mitgliedstaaten außer Großbritannien, Polen und Tschechien für verbindlich erklärt. Infolge des Vertrags von Lissabon kommt der EU eigene Rechtspersönlichkeit zu.

529 Vertrag von Maastricht
Europäische Union

Das Gemeinschaftsrecht der EU, die infolge der ersten Osterweiterung zum 1.5.2004 und der Aufnahme von Rumänien und Bulgarien zum 1.1.2007 sowie Kroatien zum 1.7.2013 derzeit 28 Mitgliedsstaaten zählt, hat allgemein Vorrang vor dem Recht der Bundesrepublik. Die Richtlinien der Kommission verpflichten in erster Linie die Mitgliedstaaten, bestimmte Rechtssätze in innerstaatliches Recht umzusetzen, begründen teilweise aber auch Rechte und Pflichten für den einzelnen Bürger, wenn die Richtlinie inhaltlich hinreichend bestimmt und nicht innerhalb der Umsetzungsfrist in nationales Recht umgesetzt worden ist. Nach der Rechtsprechung des BVerfG findet eine Überprüfung von Rechtsakten der Gemeinschaftsorgane am Maßstab der deutschen Grundrechte nicht statt, solange der von der EU gewährte Grundrechtsschutz dem des Grundgesetzes im Wesentlichen gleichzuachten ist. Nationale Rechtsakte, die gemeinschaftswidrig sind, können allerdings vor den jeweiligen nationalen Gerichten angegriffen werden.

530 Europarecht

Die deutsche Mitarbeit in all diesen Organisationen war möglich, weil die vom ersten Bundeskanzler, *Adenauer*, geleitete Außenpolitik allmählich zur Wiedergewinnung des tief erschütterten Ansehens Deutschlands im

531 Wiederherstellung des Ansehens im Ausland

Aufhebung des Besatzungsstatuts (1955)		Ausland und zu einer Versöhnung wenigstens mit den westlichen Siegermächten, ja weitgehend sogar mit dem in diesen immer noch gewichtigen Judentum, und 1955 zur *Aufhebung des Besatzungsstatuts* führte.
Ostverträge (1972)	532	In den 1970er Jahren erreichte die von Bundeskanzler *Brandt* geleitete Regierung durch die mit Sowjetrussland und Polen geschlossenen *Ostverträge* (1972), in denen sie die *Oder-Neiße-Linie* als maßgebende Grenze anerkannte, sowie durch einen entsprechenden Vertrag mit der Tschechoslowakei (1974) und den mit der Deutschen Demokratischen Republik geschlossenen »*Grundlagenvertrag*« (1973), laut dessen beide deutschen Gemeinwesen offizielle, »gut nachbarliche« Beziehungen miteinander aufnahmen, eine Verständigung auch mit den genannten »sozialistischen« Mächten.
Grundlagenvertrag (1973)		
Überwuchern wirtschaftlichen Nützlichkeitsdenkens	533	Der von *Adenauer* verfolgte nüchterne Regierungskurs führte allerdings bei den meisten Politikern und ihren Wählern zu einem *Überwuchern des materiellen Nützlichkeits- und Wohlfahrtsdenkens*, das in deutlichem Gegensatz zu den heftigen Weltanschauungskämpfen unter den Parteien der Weimarer Republik und schon des Kaiserreiches steht.
Stellungnahmen von Kirchen	534	Immerhin gibt es auch heute noch gelegentlich derartige Kämpfe, so besonders bei Reformvorhaben im Bereich des *Familienrechts* und des *strafrechtlichen Schutzes ungeborenen Lebens*, bei denen die Regierung wenigstens die beiden mitgliederstärksten unter den als öffentlich-rechtliche Körperschaften anerkannten Religionsgemeinschaften, nämlich die *Evangelische Kirche Deutschlands (EKD)* und die *Katholische Kirche*, zusätzlich zu andern zu einer Stellungnahme aufgeforderten Organisationen, um eine solche zu bitten pflegt.
Fortbestehendes Gewicht der Parteien	535	Obwohl ideologische Momente alles in allem viel von ihrer früheren Bedeutung für die Politik verloren haben, verstärkte sich das Gewicht der *Parteien*, deren Mitwirkung bei der Willensbildung des Volkes in Art. 21 GG ausdrücklich vorgesehen ist. Neben den Parteien haben aber *private Wirtschaftsverbände*, vor allem der *Deutsche Gewerkschaftsbund*, die *Bundesvereinigung der deutschen Arbeitgeberverbände* und der *Deutsche Bauernverband*, eine überragende Bedeutung für das Staatsleben erlangt, da sie nicht nur einen entscheidenden Einfluss auf die privat ausgehandelten Arbeitsbedingungen und Preise, sondern auch auf die Behörden ausüben, zumal die *jeweiligen Regierungen wichtige Beschlüsse im Benehmen mit ihnen zu fassen pflegen*.
Politisches Gewicht von Wirtschaftsverbänden		
Parkinsonsches Gesetz	536	Dies begünstigte einerseits die angestrebte Versachlichung (Entideologisierung) der Politik, andererseits aber auch die lohn-, preis- und kostentreibende Willfährigkeit der Öffentlichkeit gegenüber den Verbandsgewaltigen, die sich beruflich zu immer höheren Begehren zugunsten der Angehörigen ihres Verbandes verpflichtet fühlen. Damit zusammen hängt die *Vermehrung der Mitarbeiter im öffentlichen Dienst* weit über das Maß der allgemeinen Bevölkerungszunahme hinaus gemäß naturgesetzähnlichen Zusammenhängen, die vom Engländer *Parkinson* als in allen modernen Staaten wirksam erkannt, aber scharf kritisiert worden sind; ebenso die fast unaufhaltsam fortschreitende *Gesetzes- und Verordnungsinflation*, welche die Rechtsordnung als Ganze sogar für Juristen unüberschaubar und für manche Laien schlechthin unverständlich macht; schließlich auch der aufs äußerste
Gesetzesinflation		

gesteigerte Ausbau des Gerichtswesens, der zur Bespöttelung der Bundesrepublik als *Rechtswege- und Rechtsprechungsstaat* geführt und, zusammen mit dem in weiten Kreisen üblich gewordenen Abschluss von Rechtsschutz-Versicherungsverträgen, eine schwer zu bewältigende Prozessflut verursacht hat.

Rechtswege- und Rechtsprechungsstaat

Alles in allem aber entwickelten sich die Verhältnisse auf der Grundlage des Grundgesetzes günstig. Die Bundesrepublik vermochte binnen einem Vierteljahrhundert nicht nur ihre zerstörten Städte und Industrien wieder aufzubauen sowie unzählige Ostflüchtlinge und Vertriebene einzugliedern, sondern auch eine streng geordnete Rechtsstaatlichkeit wiederherzustellen und darüber hinaus ein bis dahin unbekanntes Ausmaß an allgemeiner Freiheit sowie, wenn auch nicht durchweg an subjektiv empfundenem Glück, so doch an materiellem Wohlstand breitester Volksschichten herbeizuführen.

537 Insgesamt günstige Entwicklung

Wiederhergestellte Rechtsstaatlichkeit

4. Wirtschaftliche Entwicklung

Diese Verbesserung der Lebensbedingungen wäre zwar ohne die seit 1945 erzielten enormen technischen Fortschritte, die in nahezu allen Industrieländern eine starke Steigerung des Lebensstandards zur Folge hatten, kaum möglich gewesen. Zu ihr trug aber wesentlich auch die innere Beschaffenheit der neuen Ordnung bei. Dies gilt besonders für die nach neo-liberalen Lehren gestaltete Wirtschaftsordnung, für die *Müller-Armack* die Bezeichnung »soziale Marktwirtschaft« geprägt hat und für die sich der Initiator der gelungenen Währungsreform von 1948 (→ Rn. 492), *Ludwig Erhard*, als erster Bundeswirtschaftsminister, vorweg durch Aufhebung aller Rationierungsmaßnahmen, mit großem Erfolg einsetzte. Einerseits wurden die alten privatrechtlichen Grundlagen der Wirtschaft beibehalten, sodass die privaten Unternehmer weiterhin die Möglichkeit und den Anreiz zur vollen Entfaltung wirtschaftlicher Initiative und damit zur Steigerung und qualitativen Verbesserung der Produktion von Wirtschaftsgütern haben. Andererseits aber wurden die Unternehmer viel stärker als ehemals durch Gesetze über den wirtschaftlichen Wettbewerb an missbräuchlicher Ausübung von Wirtschaftsmacht und Wirtschaftsfreiheit gehindert (Näheres → Rn. 567). Auch wurde als Gegenstück zur freien Entfaltungsmöglichkeit der Unternehmer ein die individuelle Vertragsfreiheit beschränkendes, soziales Arbeitsrecht bis ins Einzelne entwickelt (Näheres → Rn. 559 ff.) und darüber hinaus die Volkswohlfahrt durch manche in öffentlich-rechtlichen Gesetzen vorgesehene Begünstigung von Minderbemittelten (zB Gewährung von Mietzinszuschüssen und Ausbildungsbeiträgen) gesteigert.

538

Soziale Marktwirtschaft

Die auf diese Weise erreichte Hebung des allgemeinen Wohlstandes, insbesondere des Reallohnniveaus, wurde freilich begleitet von einer zwar rationalen, aber dennoch bedenklichen fortschreitenden *Konzentration des Kapitals* bei wenigen großen Aktiengesellschaften, von denen manche allerdings mehrere hunderttausend Aktionäre haben, und dem gleichzeitigen Verschwinden unzähliger mittlerer und kleinerer Fabrikations-, Handwerks- und Handelsunternehmungen, die

539 Schattenseiten

Kapitalkonzentration bei Aktiengesellschaften

Globalisierung

sich mangels hinlänglicher Wettbewerbsfähigkeit zur Fusion mit größeren Unternehmungen gezwungen sahen oder gänzlich eingestellt wurden. Verstärkt wird diese Entwicklung durch die wachsende Zahl internationaler Unternehmen, die ohne Rücksichtnahme auf einzelstaatliche Interessen (insbesondere die Beschäftigungspolitik) allein nach dem Gesichtspunkt der Kostensenkung und Gewinnsteigerung handeln.

540 Leider fand (und findet weiterhin) Ähnliches auch in der *Landwirtschaft* statt.

Konzentration der Landwirtschaft

Jährlich gehen etwa 3% der selbstständigen Betriebe ein. Das hat allerdings nicht zur Folge, dass landwirtschaftliche Großbetriebe mit einer Vielzahl von Landarbeitern entstehen. Vielmehr herrschen zunehmend stärker Betriebe vor, die ein einziger mit nur wenig Hilfspersonal, jedoch vielen Maschinen gerade noch bewirtschaften kann. Die vorher als Landwirte Tätigen pflegen nämlich nicht Arbeitnehmer im Landwirtschaftsbereich zu werden, sondern einen neuen Beruf zu ergreifen bzw. ihren bisherigen Hauptberuf ohne Orts- und Wohnungswechsel weiter auszuüben.

Von Störungen geprägte Entwicklung seit ca. 1967

541 Die jüngste Entwicklung (seit ca. 1967, stärker seit 1973) ist gekennzeichnet durch Störungen des *wirtschaftlichen Gleichgewichts* – Geldentwertung, starke Wechselkursschwankungen, wachsende Verschuldung der öffentlichen Haushalte, Rückgang der Investitionen sowie Zahlungsschwierigkeiten mancher Unternehmer. Hinzu kam nach und nach vor allem das Problem erhöhter *Arbeitslosigkeit*, deren gewichtigste Ursachen außer im Verschwinden von Arbeitsplätzen infolge fortschreitender Betriebsrationalisierungen auch in fehlender Innovations- und Risikobereitschaft der Unternehmen, an kurzfristigem Profit orientierten Unternehmerhandeln, allzu hohen Lohnnebenkosten (im Vergleich zum Ausland) und in Auswirkungen der Globalisierung (→ Rn. 539) liegen dürften.

Nicht zuletzt aufgrund der Lohnzurückhaltung seit der Jahrtausendwende steht die deutsche Wirtschaft im internationalen Vergleich dennoch solide da. Aufgrund ihrer starken Exportlastigkeit ist sie allerdings in hohem Maße von der internationalen Konjunkturentwicklung abhängig. Der internationalen Finanzkrise, in der sich die Misswirtschaft auch einiger deutscher Banken offenbarte und die die deutsche Wirtschaft hart getroffen hat, begegnete die Bundesregierung mit umfangreichen Rettungs- und Konjunkturpaketen, um die Insolvenz systemrelevanter Banken zu verhindern und dem Wirtschaftsabschwung entgegenzutreten, Die Arbeitslosenzahl erhöhte sich in der Krise vergleichsweise nur geringfügig, da viele Unternehmen von dem staatlich unterstützten Instrument der »Kurzarbeit« Gebrauch machten.

VII. Die DDR und die Wiedervereinigung der beiden deutschen Staaten

Getrennte Errichtung der BRD und der DDR (1949)

542 Seitdem 1949 sowohl das Grundgesetz der Bundesrepublik Deutschland (v. 17.5.1949) als auch die erste Verfassung der Deutschen Demokratischen Republik (v. 7.10.1949) geschaffen und damit die beiden Staatswesen, voneinander getrennt, errichtet worden waren, wurde die Wiedervereinigung der beiden Staatsgebiete und ihrer Bevölkerung

von deren weitaus größtem Teil nachhaltig gefordert. Doch erschien sie lange fast unmöglich, zumal sich die Rechts- und Wirtschaftsverhältnisse in beiden Staatswesen völlig verschieden entwickelten. Im Lauf der Jahre wurden in der DDR viele Gesetze erlassen, die grundlegend von entsprechenden der Bundesrepublik abwichen, so 1961 ein *Jugendgesetz*, 1965 ein *Familiengesetzbuch*, 1968 ein *Strafgesetzbuch*, 1975 ein *Zivilgesetzbuch* und 1977 ein *Arbeitsgesetzbuch*, das ein schon 1961 erlassenes Gesetz über Arbeit ersetzte.

<small>Gesetze der DDR</small>

Noch gewichtiger waren die Unterschiede der Staatsverfassungen. In der DDR herrschte nicht das Volk, sondern, ohne Gewaltenteilung, die *Sozialistische Einheitspartei Deutschlands (SED)*. Die *Volkskammer* war zwar nicht nur aus Mitgliedern der SED zusammengesetzt, aber doch nur aus solchen Personen, die aufgrund von maßgebend von der SED mitaufgestellten *Blockwahlvorschlägen* ohne Alternativmöglichkeiten gewählt worden waren. Praktisch war sie ein reines Akklamationsorgan zu den Beschlüssen der SED. Diese wähnte sich, marxistisch-leninistischen Lehren entsprechend, im untrüglichen Besitz der Wahrheit. Unter ihrem entscheidenden Einfluss wurde alsbald der größte Teil des ländlichen und städtischen Bodens, soweit er nicht schon zwischen 1945 und 1949 auf Weisungen der russischen Besatzungsmacht hin *verstaatlicht* oder *kommunalisiert* worden war, teils unmittelbar, teils mittelbar, in *Volkseigentum* oder *genossenschaftliches Eigentum* überführt.

543 <small>Verfassung der DDR</small>

<small>Verstaatlichung</small>

Ferner wurden alle nicht ganz geringfügigen Industrie- und Gewerbebetriebe verstaatlicht und die Errichtung neuer Privatbetriebe von einiger Größe unmöglich gemacht. Die gesamte Wirtschaft sollte sich als *Planwirtschaft* nach einem jeweils staatlich aufgestellten Plan richten. Den Bürgern wurde zwar ein *Recht auf Arbeit* eingeräumt, gleichzeitig aber die *Pflicht zur Arbeit* unter Ausschluss jeden *Streikrechts* auferlegt. Insgesamt wurde ihnen die Möglichkeit, das Wirtschaftsleben durch den freien Abschluss von Verträgen über Arbeitsleistungen, Waren, Kreditaufnahmen, Grundstücke und Unternehmen maßgebend selbst zu gestalten, entzogen.

<small>Planwirtschaft</small>

Nachdem die geringe Effizienz dieses Wirtschaftssystems und die in der DDR herrschenden Freiheitsbeschränkungen zum vergeblichen Ostberliner Volksaufstand vom 17.6.1953 (→ Rn. 492) geführt hatten, wurde in der Bundesrepublik die Hoffnung auf Wiedervereinigung durch Erhebung des 17. Juni zum »*Tag der Deutschen Einheit*« als Nationalfeiertag wachgehalten. Die Menschen in der DDR wurden bedauert wegen der marxistisch-leninistischen Ideologie, die ihnen vom Kindergarten an auf allen Stufen des Bildungswesens eingetrichtert wurde, und der ihnen auf diese Weise vorenthaltenen Glaubens- und Gewissensfreiheit; ebenso wegen ihnen nicht gewährter anderer elementarer Freiheitsrechte wie des Rechts auf Ausreise aus dem Staatsgebiet; ferner wegen des in der DDR herrschenden undemokratischen politischen Systems sowie besonders wegen der äußerst dürftigen Wirtschaftsverhältnisse, in denen die weitaus meisten Menschen lebten.

544

<small>»Tag der Deutschen Einheit« (17. Juni)</small>

<small>Vorenthaltung von Freiheitsrechten</small>

8. Kapitel. Das Zeitalter des sozialen Rechtsstaates (20. Jahrhundert)

Akzentuiert wurde das Bedauern mit der DDR-Bevölkerung, nachdem der Berliner Mauerbau von 1961 (→ Rn. 492) zu ihrer noch größeren Abkapselung von der Bundesrepublik geführt hatte.

Fortdauer der russischen Besatzung

545 Die Hoffnung auf eine friedliche Behebung dieser Missstände erschien angesichts der politischen und militärischen Stärke der Sowjetunion, deren Besatzungstruppen weiterhin in der DDR weilten, ebenso gering wie die Wahrscheinlichkeit grundlegender Systemveränderungen in den Sowjetrepubliken überhaupt. Zur völligen Überraschung der ganzen Welt aber kam es seit 1989 in all diesen Ländern und so auch in der DDR mit fast unglaublicher Schnelligkeit zu Umwälzungen größten Ausmaßes. Sie gingen aus von der Sowjetunion.

Gorbatschows sowjetrussische Reformen

546 Deren führender Staatsmann, *Michail Gorbatschow*, der 1987 in einem Buch über »Perestroika« (Umgestaltung) die erstarrten, freiheitswidrigen und undemokratischen Zustände seines Landes scharf kritisiert hatte, brachte im Lauf des Jahres 1989 schon vorher eingeleitete umfassende Reformen der russischen Außen- und Innenpolitik zustande. Sie führten rasch zur Entspannung der internationalen Beziehungen der Sowjetunion, aber zugleich zu einer einstweiligen Verschlechterung ihrer ohnehin misslichen inneren Verhältnisse, zumal die zu Schleuderpreisen durchgeführte Privatisierung von Staatsgütern eine Schicht neureicher Kapitalisten entstehen, den Staat aber völlig verarmen ließ, während die sich geprellt fühlende Masse der Bevölkerung die neu proklamierten Freiheiten zur Lockerung der Arbeitsdisziplin statt zur Entwicklung eigener fruchtbarer Initiativen benutzte. Zudem reizte die neue Politik die Russland angegliederten, an seinem Rand gelegenen Republiken, zB Litauen, Armenien und Georgien, dazu, sich von der Sowjetunion unabhängig zu erklären. Die Bestrebungen nach Loslösung von politischen Bindungen an diese und nach Durchführung eines eigenen Reformkurses griffen alsbald auch auf die mit der Sowjetunion im Warschauer Pakt verbundenen Staaten Polen, Tschechoslowakei, Ungarn und Bulgarien sowie auf das ebenfalls kommunistische Rumänien über und erreichten schließlich auch die DDR, die als verhältnismäßig befriedigend funktionierendes Staatswesen galt.

Verschlechterung der inneren Verhältnisse der UdSSR

Streben der Russland angegliederten Sowjetrepubliken nach Unabhängigkeit

Unruhen und Reformverhandlungen in der DDR (Oktober 1989)

Öffnung des Berliner Mauerbaus (9./10.11.1989)

Letzte Änderungen der DDR-Verfassung

547 Im Oktober 1989 brachen in der DDR schwere Unruhen aus, die alsbald Anlass zu internen Beratungen über grundlegende Reformen des Staatswesens gaben. Während diese noch im Gange waren, kam es, unerwartet, in der Nacht vom 9. zum 10. November zur halbwegs befohlenen, halbwegs nur geduldeten *Öffnung und alsdann zur Niederreißung des Berliner Mauerbaus*. Das war das Signal zur Auflösung der DDR. Zwar wurde deren noch geltende zweite Verfassung, von 1968/1974, zwischen Dezember 1989 und März 1990 noch sechsmal im Sinn einer Angleichung an das Grundgesetz der Bundesrepublik geändert und im April 1990 ein von Experten ausgearbeiteter Gesamtentwurf einer neuen Verfassung vorgelegt. Er wurde jedoch nicht weiter verfolgt, da eine am 18. März durchgeführte Volkskammerwahl zu Ergebnissen geführt hatte, die als Ermächtigung und Auftrag zum Beitritt der DDR zur Bundesrepublik aufgefasst wurden.

Staatsvertrag v. 18.5.1990 Währungsunion (1.7.1990)

548 Dem so interpretierten Wählerwillen entsprechend schloss die DDR mit der Bundesrepublik am 18. Mai einen *Staatsvertrag*, in dem die Schaffung einer Währungs-, Wirtschafts- und Sozialunion vereinbart wurde. Die in diesem vorgesehene *Währungsunion*, bei der die bundesdeutsche D-Mark als Währung beibehalten und die bisherigen

Ostmarkbarbestände und -guthaben in einer für deren Inhaber günstigen Weise umgerechnet wurden, trat am 1.7.1990 in Kraft.

Einige Wochen später, am 31.8.1990, schlossen die Bundesrepublik und die DDR den *Einigungsvertrag*, der auf den 3.10.1990 hin den Beitritt der DDR zur Bundesrepublik, die Erhebung Berlins zur Hauptstadt und in sehr detaillierten Bestimmungen die teils sofortige, teils schrittweise Einführung des gesamten Rechts der Bundesrepublik im Gebiet der bisherigen DDR vorsah. Dieser *Beitritt*, der auf der Grundlage von Art. 23 S. 2 GG der Bundesrepublik erfolgt ist, wurde alsdann am 3.10.1990 ausdrücklich erklärt.

Einigungsvertrag v. 3.10.1990

Beitrittserklärung v. 3.10.1990

Inzwischen war der Zusammenschluss der beiden Staaten auch völkerrechtlich abgesichert worden: zunächst durch ein Schreiben der drei Westmächte, USA, Großbritannien und Frankreich, vom 8.6.1990, laut dessen diese der Berliner Bevölkerung die Direktwahl ihrer Vertreter in den Bundestag und der Berliner Vertretung volles Stimmrecht im Bundestag und Bundesrat einräumten; sodann durch den *Souveränitätsvertrag*, der am 12.9.1990 von den Außenministern der Sowjetunion, der USA, Großbritanniens und Frankreichs mit Vertretern der Bundesrepublik und der DDR geschlossen wurde. Durch ihn anerkannten jene, unter Vorbehalt lediglich der Kernwaffenfreiheit des Gebiets der DDR sowie des Verbleibens russischer Besatzungstruppen in diesem bis höchstens Ende 1994, die volle Souveränität der nach dem Beitritt der DDR vergrößerten Bundesrepublik, während diese die dann bestehenden Grenzen des gesamten Staats als endgültig anerkannte, was einer Bestätigung des schon früher erklärten Verzichts auf Wiedergewinnung der im Zweiten Weltkrieg verlorenen Gebiete, besonders Schlesiens und Ostpreußens, gleichkam.

549 Völkerrechtliche Absicherung der Wiedervereinigung Erklärung der drei Westmächte betr. Berlin

Souveränitätsvertrag v. 12.9.1990

Endgültigkeit der Außengrenzen des Staates

Ergänzt wurde dieser Vertrag durch die am 1.10.1990 in New York abgegebene *Deutschland-Erklärung* der vier Mächte, nach welcher deren Rechte und Verantwortlichkeiten bezüglich Berlins mit der Beitrittserklärung v. 3.10.1990 hinfällig würden.

Deutschland-Erklärung betr. Berlin

Durch die Gesamtheit dieser Verträge und Erklärungen wurde das bisherige Gebiet der Bundesrepublik von 248.678 km² um 108.181 km² auf 356.859 km² und ihre Bevölkerungszahl von 61,7 Millionen um 16,4 Millionen auf 78,1 Millionen vergrößert.

Vergrößerung des Staatsgebiets und der Bevölkerungszahl

Am 2.12.1990 fanden unter Mitwirkung der Wähler aus den neu angegliederten Gebieten, einschließlich Ostberlins, das mit Westberlin zu (Groß-)Berlin vereinigt worden war, die *Wahl zum neuen*, aus 656 Abgeordneten gebildeten *Bundestag* statt. (Über die bisherige Abgeordnetenzahl 518 → Rn. 512). Sie endeten mit einem besonders im Osten stark ausgeprägten Sieg der CDU, deren Vorsitzender, *Helmut Kohl*, alsbald vom Bundestag als Bundeskanzler wiedergewählt wurde.

Bundestagswahlen v. 2.12.1990

Seinen Wahlerfolg verdankte er der Tatsache, dass er durch Zähigkeit und diplomatisches Geschick in erstaunlich kurzer Zeit die lange vergeblich erhoffte Wiedervereinigung zustande gebracht hatte, aber auch dem Umstand, dass er den Wählern der neuen Bundesländer die Verbesserung ihrer sozialen und wirtschaftlichen Lage und den Wählern der alten Bundesländer das Absehen von Steuererhöhungen verheißen hatte. Sein vor der Wahl zur Schau getragener Optimismus erwies sich jedoch als trügerisch. Es zeigte sich bald, dass die jahrzehntelange sozialistische

Gründe des Wahlerfolgs der CDU

Desolater Zustand der neuen Bundesländer

Wirtschaft in der DDR zu noch viel größeren Mängeln, als im Westen angenommen worden war, geführt und das Land völlig zerrüttet hatte. Krankenhäuser, Schulgebäude, Wohnhäuser und Straßen, ja, die ganze Infrastruktur des Landes befanden sich in einem trostlosen Zustand, und gegen die Umweltverschmutzung waren kaum Vorkehrungen getroffen worden. Auch hatten sich nicht wenige SED-Funktionäre nach dem Niederreißen der Mauer staatliche Grundstücke zu geringen Preisen übertragen lassen. Als Schlimmstes aber erwies es sich, dass die verstaatlichten oder kommunalisierten Betriebe außerstande waren, in der neu eingeführten Marktwirtschaft die Konkurrenz der westlichen Unternehmen auszuhalten, einmal, weil ihre Anlagen hoffnungslos veraltet waren, und noch mehr, weil die in den Betrieben Tätigen aller Stufen sich nicht rasch auf die viel eigene Initiative erfordernde intensive und rationalisierte Arbeitsweise moderner, gewinnorientierter Unternehmen umstellen konnten. Überdies zeigte sich, dass die meisten Betriebe zwecks Erweckung des Anscheins, dass es in der DDR keine Arbeitslosigkeit gebe, weit mehr Personal als nötig angestellt hatten. All diese Mängel waren umso fühlbarer, als die Bewohner der neuen Bundesländer nach der Öffnung der Grenze zum Westen alsbald nur noch Westwaren statt vermeintlich weniger gute Ostwaren zu kaufen pflegten und für diese auch die wirtschaftlich zusammengebrochenen anderen kommunistischen Staaten als Absatzgebiete wegfielen.

Konkurrenzunfähigkeit der DDR-Betriebe

Privatisierung der volkseigenen Betriebe

Die zur Behebung dieser Missstände ergriffenen Maßnahmen, insbesondere die Überführung der volkseigenen Betriebe in den treuhänderischen Besitz einer staatlichen Treuhandgesellschaft, die diese Unternehmen alsdann an private Unternehmen veräußerte, und die von diesen daraufhin durchgeführten Rationalisierungsmaßnahmen, besonders Entlassungen überflüssigen Personals, haben zu Massenarbeitslosigkeit geführt. Zwar hatte man erwartet, dass die so entstandene schwere Wirtschaftskrise durch Kapitalinvestitionen westlicher Unternehmer gemildert würde. Diese Hoffnung hat sich aber einstweilen nur zu einem mäßigen Teil erfüllt, da viele zunächst noch ungeklärte Rechtsfragen, namentlich in Bezug auf seinerzeit enteignete Grundstücke, sowie der Mangel an den modernen Produktionserfordernissen genügenden Arbeitskräften die meisten Interessenten vom Eingehen ihnen allzu groß erscheinender Risiken abgehalten haben. Dafür sind die neuen Bundesländer zum Tummelplatz von Spekulanten geworden, die die geschäftliche Unerfahrenheit der Bevölkerung krass auszunutzen versuchen.

Wirtschaftskrise

Unzufriedenheit in den neuen Bundesländern

Dies alles hat höchste Unzufriedenheit erregt, sodass viele über Nichteinhalten von Wahlversprechen, ja über »Wahllügen« schimpften. Zudem hatte es, besonders bei vielen Jüngeren in den neuen Bundesländern, ein Neuaufleben nationalsozialistischer Schlagworte und Symbole und sogar schlimme Ausschreitungen gegen Asylberechtigte, Asylanten und andere Ausländer zu Folge.

B. Entwicklung des Verwaltungsrechts

I. Allgemeine Entwicklung

550 Wegen Fehlens einer funktionierenden Verwaltung nach dem Zweiten Weltkrieg wurde das Verwaltungsrecht stark von den Militärregierungen der Alliierten beeinflusst, was bis heute spürbar geblieben ist.

Darüber hinaus hat das Grundgesetz und insbesondere dessen Auslegung durch das Bundesverfassungsgericht dieses Rechtsgebiet geprägt und eine ständig zunehmende Stärkung der Rechtsstellung der Bürger sowie die Erstreckung des *Vorbehalts des Gesetzes* auf fast alle Bereiche des Verwaltungshandelns gebracht. In jüngster Zeit führte das Ideal eines »schlanken« Staates zu einer zunehmenden Tendenz zur *Privatisierung von Verwaltungsaufgaben*.

Einfluss des Grundgesetzes

Das in die Länderkompetenz gehörende *Polizeirecht* war in den 1930er Jahren und dann nochmals nach 1949 durch Ländergesetze geregelt worden. Ein Musterentwurf eines Polizeigesetzes der Innenministerkonferenz aus dem Jahre 1975 hat zu einer weitgehenden Vereinheitlichung geführt.

Polizeirecht

Zunehmende Bedeutung kommt dem Umweltschutz zu, was sich einerseits in der 1974 erfolgten Errichtung des *Umweltbundesamtes* zeigt, ferner in der Schaffung eines *Umweltstrafrechts* und eines *Umwelthaftungsgesetzes* sowie besonderen Gesetzen für den Schutz des Wassers (*Wasserhaushaltsgesetz* 1986, neugefasst 2009), der Luft *Bundes-Immissionsschutzgesetz* 1974, neugefasst 2002), der Natur (*Bundesnaturschutzgesetz* 1976, neugefasst 2009) und des Bodens (*Bundes-Bodenschutzgesetz* 1999). Schließlich erfolgte 1994 die Einfügung einer *Staatszielbestimmung in das Grundgesetz* (Art. 20a GG), nach der der Staat sich verpflichtet, »die natürlichen Lebensgrundlagen in Verantwortung für die künftigen Generationen zu schützen«. Gerade im Bereich des Umweltverwaltungsrechts zeigt sich eine wachsende Beeinflussung des nationalen Rechts durch die europäische Gesetzgebung.

Umweltrecht

Bundesgesetzlich ist im *Baugesetzbuch* (von 1960, neugefasst 1986) die Städteplanung der Gemeinden und in den *Landesbauordnungen* der Länder das Bauordnungsrecht geregelt; dieses Baurecht wird durch ein neugeschaffenes kompliziertes *Raumordnungs-* und *Landesplanungsrecht* ergänzt, das bei Großvorhaben eine stärkere Öffentlichkeitsbeteiligung vorsieht.

Baurecht

II. Ausbau der Leistungsverwaltung

Während im liberalen 19. Jahrhundert die sog. *Eingriffsverwaltung* die *Leistungsverwaltung* an Bedeutung bei weitem übertraf, hat sich dieses Verhältnis im sozialen 20. Jahrhundert ins Gegenteil verkehrt. Hierin liegt einer der hervorstechendsten Züge der Rechtsentwicklung seit 1900. Der Ausbau der Leistungsverwaltung betrifft unter anderem folgende Bereiche:

1. **den Straßenbau,** der in der nationalsozialistischen Zeit durch den damals begonnenen Bau von Autobahnen für den Fernschnellverkehr stark ausgeweitet wurde;   551

2. **die Schulen und Universitäten,** mittels deren man nach 1945 den Bildungsbedürfnissen minder-, mittel- und hochbegabter Jugend-   552

licher gleichermaßen genügen wollte, indem man um einer angestrebten Chancengleichheit willen sowie zur Vorbeugung gegen einen drohenden Lehrermangel und allgemeinen Bildungsnotstand möglichst viele zum Abitur führte. Das zog eine Aufblähung der Zahl der Gymnasiasten, Studenten und Universitätslehrkräfte nach sich;

553 3. **die Krankenhäuser**, deren Betrieb außer durch stark erhöhte Lohnkosten für das Personal bei gleichzeitig gestiegenen Ansprüchen der Patienten vor allem durch rasant fortschreitende medizinische Erkenntnisse fast unerschwinglich geworden ist, da diese die Anschaffung äußerst teurer Heilgeräte notwendig machten und die Menschen zwar durchschnittlich viel älter als früher, aber unzählige von ihnen jahrelang pflegebedürftig bleiben ließen;

554 4. **die Sozialversicherung**. Sie begann mit Gesetzen der Bismarck-Ära (→ Rn. 421) und wurde 1911 durch die damals erlassene *Reichsversicherungsordnung (RVO)*, die in 1805 Paragrafen die Krankenversicherung, die Unfallversicherung und die Invaliden- und Hinterlassenenversicherung regelte, zu einem vorläufigen, kodifikationsartigen Abschluss gebracht. Nach 1918 und erst recht nach 1945 wurde sie erweitert. Inzwischen hat sie, besonders wegen der sehr stark gestiegenen Lebenserwartung, früher unvorstellbare Dimensionen erreicht. Deshalb wurde zur Kosteneinsparung 1992 ein *Gesetz zur Sicherung der Strukturverbesserung der gesetzlichen Krankenversicherung* erlassen. Seit 1988 ist die gesetzliche Krankenversicherung und seit 1992 auch die *Rentenversicherung* aus der RVO herausgenommen und im *Sozialgesetzbuch (SGB)* geregelt. Ebenfalls in das SGB eingefügt wurde die am 1.1.1995 in Kraft getretene *Pflegeversicherung*, ferner am 1.1.1997 die bereits zuvor erweiterte *Unfallversicherung*. Das Arbeitsförderungs-Reformgesetz vom 24.3.1997 bildet als Bestandteil des SGB III die Grundlage für die Arbeitslosenversicherung, die damals neu geordnet wurde.

5. **die Sozialhilfe**, die als Ausfluss des Sozialstaatsprinzips Leistungen in Höhe des Existenzminimums als Mindeststandard menschenwürdigen Daseins gewährt.

2005 erfolgte die Zusammenführung der Arbeitslosenhilfe und der Sozialhilfe für bedürftige erwerbsfähige Personen (»Hartz IV-Reform«) Damit verbunden waren und sind Einschnitte insbesondere für Langzeitarbeitslose, die wegen des Wegfalls der Arbeitslosenhilfe, die sich nach damaliger Rechtslage an das Arbeitslosengeld anschloss und zumeist höher ausfiel als die reine Sicherung des soziokulturellen Existenzminimums durch das Arbeitslosengeld II, finanziell schlechter gestellt werden.

III. Steuergesetzgebung

555 Zur Deckung des durch diese Entwicklung enorm gesteigerten Finanzbedarfs erhielt das Reich, das erstmals 1913 im Zusammenhang mit einer Wehrvorlage eine außerordentliche direkte Steuer vom Einkommen und Vermögen erhoben hatte, durch die Weimarer Reichsverfassung die Kompetenz zur Gesetzgebung über diese Steuerarten

und führte alsdann *1920* die *Einkommensteuer* und 1922 die *Vermögensteuer* als dauernde Reichssteuern ein. Beide Steuern wurden, wie schon die außerordentliche Steuer von 1913, aber anders als ihnen entsprechende einzelstaatliche Steuern der klassisch liberalen Zeit, nicht streng proportional zur Höhe des zu versteuernden Einkommens bzw. Vermögens, sondern, sozialstaatlichem Denken entsprechend, unter weitgehender Entlastung der einkommens- und vermögensschwächeren Bevölkerungsschichten und progressiv steigender Belastung der einkommens- bzw. vermögensstärkeren erhoben.

Einkommensteuern (1920) Vermögensteuern (1922)

Zwar war es seit jeher streitig, ob der Grundsatz der *Progression* gerecht ist. Auch wurde frühzeitig erkannt, dass diese schon aus Zweckmäßigkeitsgründen nicht überstrapaziert werden kann, wenn die von ihr Betroffenen nicht zu Einschränkungen ihrer Erwerbstätigkeit, zur Verlegung ihres Wohnsitzes ins Ausland oder zu Steuermanipulationen veranlasst werden sollen. Kaum bedacht aber wurde, dass sie in der Weimarer Zeit infolge ihrer fast konfiskatorischen Stärke noch eine andere bedenkliche Folge nach sich ziehen würde, nämlich viele begüterte und einflussreiche Steuerpflichtige zu dauernden Gegnern der Republik werden zu lassen.

556 Progression

Das Einkommen- und Vermögensteuerrecht ist später nicht grundlegend, sondern nur in unzähligen Einzelheiten, besonders in der Höhe der Steuersätze und Abzugsmöglichkeiten, geändert worden. Die Vermögenssteuer wurde seit 1997 ausgesetzt.

557

Immerhin wurden unter der Herrschaft des Grundgesetzes die Bedenken gegen die Progression berücksichtigt, indem bestimmt wurde, dass das Vermögen (nicht aber auch der Vermögensertrag als Teil des Einkommens) nur proportional zu seiner Höhe besteuert wird.

Abschaffung der Progression für Vermögensteuern

Den direkten Steuern zur Seite standen in der Weimarer Zeit und stehen noch heute ertragreiche *indirekte Steuern*, die alle Volksschichten proportional zu ihrem privaten Verbrauch belasten und daher ein Gegengewicht zu den progressiven Einkommensteuern bilden. Zu ihnen zählen teilweise sehr alte *Verbrauchsteuern*, namentlich auf Bier, Branntwein, Sekt, Tabak, Kaffee, seit den letzten Jahrzehnten auch auf Mineralöl, Strom und Erdgas; diese Steuern richten sich nach Maß, Zahl oder Gewicht einer Ware. Noch bedeutender ist die *allgemeine Umsatzsteuer* auf Warenlieferungen und Dienstleistungen. Seit 1968 bemisst sie *sich als* sog. *Mehrwertsteuer* wettbewerbsneutral nach einem bestimmten Prozentsatz vom Bruttoerlös abzüglich aller Umsatzsteuerbeträge, die dem Unternehmer seinerseits in Rechnung gestellt worden sind.

558 Indirekte Steuern

Mehrwertsteuer

IV. Verwaltungsrechtspflege

Die in der Weimarer Zeit in ersten Ansätzen entwickelte Verwaltungsgerichtsbarkeit wurde nach 1945 durch die Alliierten als eine typisch rechtsstaatliche Institution mit einer zweistufigen Gerichtsbarkeit aufgebaut, die dann nach der Gründung der Bundesrepublik kräftig ausgebaut wurde, nicht zuletzt aufgrund des Art. 19 Abs. 4 GG, nach dem jedem, der geltend macht, durch die öffentliche Gewalt in seinen Rechten verletzt worden zu sein, der Rechtsweg offensteht.

559 Kräftiger Ausbau der Verwaltungspflege

Verwaltungsgerichts-ordnung (1960) Verwaltungsverfahrensgesetz (1976)	Die 1960 geschaffene *Verwaltungsgerichtsordnung* wurde 1976 ergänzt durch das *Verwaltungsverfahrensgesetz*, dessen Inhalt größtenteils den von der Verwaltungsrechtswissenschaft entwickelten Lehren und der bisherigen Praxis entspricht. Die ungeheure Zunahme der Verwaltungsverfahren in den letzten 20 Jahren hat zu einem Anstieg der Verfahrensdauer und zu einer Ausweitung des vorläufigen Rechtsschutzes geführt, der mitunter wichtiger wird als das Hauptverfahren, was verfassungsrechtlich bedenklich ist. Weitere Schwierigkeiten erwachsen aus der umfassenden Entscheidungskompetenz
Überlastung der Gerichte	und dem Untersuchungsgrundsatz in Verwaltungssachen, die bei hochkomplexen Sachverhalten gerade aus dem technischen Bereich häufig die Verwaltungsgerichte überfordern. Einer Entlastung der Verwaltungsgerichte dient die Reform der Verwaltungsgerichtsordnung aus dem Jahre 1997, in der die Möglichkeit der Berufungseinlegung stark beschränkt und darüber hinaus der Bereich der Einzelrichterentscheidung erweitert wurde.
Fehlende Verwaltungs-rechtspflege in der DDR	560 In der DDR wurden die Verwaltungsgerichte abgeschafft und durch ein Eingabewesen ersetzt, nach dem sich die Bürger mit Bittschriften unmittelbar an die Verwaltung wenden konnten. Die Verwaltungsgerichtsbarkeit ist daher in den neuen Bundesländern neu aufgebaut worden.

C. Arbeitsrecht

→ Rn. 425

Entstehung des Begriffs »Arbeitsrecht«	561 Kurz nach 1900 wurde von Gelehrten der Begriff »*Arbeitsrecht*« zur Bezeichnung eines überwiegend privatrechtlichen, zum geringeren Teil öffentlich-rechtlichen Zweigs der Rechtsordnung geprägt, der fortan als besonderes Fach der Rechtswissenschaft, zu deren herausragenden Vertretern *Hugo Sinzheimer* gehörte, behandelt wurde.
Dienstvertragsrecht des BGB	Inhaltlich war das Arbeitsrecht bis 1918 vor allem durch einige im Interesse der Arbeitnehmer aufgestellte Bestimmungen geprägt, die weniger im BGB als vielmehr in der Novellierung der Gewerbeordnung des Jahres 1891 enthalten waren und deren Anwendung vertraglich nicht zum Nachteil der Arbeitnehmer beschränkt werden kann, ferner durch heftig umstrittene Grundsätze über die Zulässigkeit und die Rechtsfolgen von *Streiks*. Die Entwicklung dieses Rechtsgebietes, das aus dem gewerblichen Arbeitsschutz hervorgegangen ist, wurde weniger durch Gesetze geprägt als vielmehr durch Vereinbarungen zwischen Gewerkschaften und Unternehmensverbänden.
Weiterentwicklung seit 1918	562 Wenige Tage nach dem Ende des Ersten Weltkrieges aber setzte aufgrund der neuen politischen Machtverhältnisse sowie unter dem Druck der allgemeinen wirtschaftlichen Notlage eine bedeutende Weiterentwicklung dieses Rechtsgebiets ein: Am 12.11.1918 verkündete der Rat der Volksbeauftragten mit Wirkung ab 1.1.1919 den
Arbeitszeitverkürzung	*Achtstundentag* als höchstzulässige Arbeitszeit für Lohnarbeiter, woraufhin sich Arbeitgeber- und Arbeitnehmerverbände auf eine

schon vorzeitige Einführung des Achtstundentages einigten. Zwar wurde diese Regelung später aufgelockert, zusätzlich aber bestimmt, dass für Überstunden 25% Lohnzuschlag zu entrichten sei.

Noch bedeutsamer war es, dass die großen Arbeitgeberverbände am 15.11.1918 mit den Gewerkschaften ein Abkommen (»*Stinnes-Legien-Abkommen*«) trafen, durch das jene die Gewerkschaften als berufene Vertreter der Arbeitnehmer anerkannten (wie es der Staat schon in einem Gesetz über den Vaterländischen Hilfsdienst von 1916 getan hatte) und sich beide Parteien mit der Gestaltung von Arbeitsverhältnissen mittels des Abschlusses verbindlicher Kollektivverträge zwischen Arbeitgeber- und Arbeitnehmerverbänden der einzelnen Gewerbe einverstanden erklärten. Die überragende soziale Bedeutung des so ins Leben gerufenen Instituts der gesetzesähnlich wirkenden *Tarifverträge* wurde noch dadurch gesteigert, dass der Rat der Volksbeauftragten am 23.12.1918 eine *Verordnung über Tarifverträge* erließ, die für den Fall des Scheiterns von Tarifverhandlungen ein *Schlichtungsverfahren* sowie für den Fall auch dessen Misslingens die Möglichkeit einer *amtlichen Zwangsschlichtung* vorsah. Überdies erteilte sie dem *Reichsarbeitsamt* die Befugnis, Tarifverträge für *allgemein*, dh auch für Außenseiter (Nichtmitglieder der Tarifvertragspartner), *verbindlich zu erklären*.

563 Anerkennung der Gewerkschaften als Arbeitnehmervertreter (1916/1918)

Tarifverträge (seit 1918)

Schlichtungsverfahren

Allgemeinverbindlicherklärung von Tarifverträgen (seit 1918)

Die *Weimarer Reichsverfassung* verkündete in neun Artikeln (Art. 157–165) zahlreiche arbeitsrechtliche Grundsätze. So sah sie zwar kein illusionäres Recht auf Arbeit vor, bestimmte aber, dass jedem Deutschen die Möglichkeit gegeben werden solle, durch wirtschaftliche Arbeit seinen Unterhalt zu erwerben. Damit *verpflichtete sie den Staat zu einer Wirtschaftspolitik, die den Arbeitsuchenden hinlängliche Arbeitsgelegenheiten verschafft*. Sehr wirksam konnte diese Aufgabe, zumal in der 1929 ausgebrochenen Wirtschaftskrise, allerdings nicht erfüllt werden.

564

Arbeitsbeschaffende Wirtschaftspolitik als Staatsaufgabe

Überhaupt wurde das arbeitsrechtliche Programm der Verfassung nur beschränkt verwirklicht.

Immerhin kam nach heftigen politischen Auseinandersetzungen 1920 ein *Betriebsrätegesetz* für Unternehmen mit wenigstens 20 Beschäftigten zustande, das von der Belegschaft gewählten Betriebsräten bedeutende Mitwirkungsrechte in personellen, sozialen und wirtschaftlichen Unternehmensangelegenheiten gab.

565 Betriebsrätegesetz (1920)

Ferner wurde 1926 ein *Arbeitsgerichtsgesetz* erlassen, das den Entscheid von Arbeitskonflikten neu zu errichtenden Sondergerichten, nämlich (lokalen) *Arbeitsgerichten, Landesarbeitsgerichten* und dem *Reichsarbeitsgericht* (mit Sitz beim Reichsgericht in Leipzig) als höchster Instanz, zuwies; diese Gerichte, die unter einem rechtsgelehrten neutralen Vorsitzenden mit Beisitzern aus dem Kreis der Arbeitgeber und der Arbeitnehmer tagten, entfalteten eine für den sozialen Frieden wertvolle Tätigkeit.

Arbeitsgerichtsgesetz (1926)

Obligatorische Arbeitslosenversicherung (seit 1927)

Als letztes großes arbeitsrechtliches Werk der Weimarer Zeit wurde aufgrund seltener Einmütigkeit von Arbeitgebern, Arbeitnehmern und Politikern 1927 eine *obligatorische Arbeitslosenversicherung* mit Beiträgen der Arbeitgeber, Arbeiter und der öffentlichen Hand gesetzlich eingeführt.

Nationalsozialistische Umgestaltung des Arbeitsrechts (1934)

566 Leider erwiesen sich alle diese im Kern guten Gesetze in der schweren Wirtschaftskrise der Jahre ab 1929 als von allzu geringem Nutzen. Daher fiel es *Hitler* nicht schwer, das bisherige Arbeitsrecht 1934 durch ein *Gesetz zur Ordnung der nationalen Arbeit* völlig umzugestalten: Die Aushandlung von Tarifverträgen durch Arbeitgeber- und Arbeitnehmerverbände wurde abgelöst von der Aufstellung von *Tarifordnungen* durch amtlich eingesetzte *Treuhänder der Arbeit*, und an die Stelle der dem Führerprinzip widersprechenden Mitwirkung von Betriebsräten bei der Führung von Unternehmen trat deren ausschließliche Leitung durch den Unternehmer als »Führer des Betriebes«. Die in der Weimarer Zeit eingeführten Arbeitsgerichte wurden zwar nicht abgeschafft, ihre Kompetenzen aber auf den Entscheid von individualrechtlichen (also nicht tarifvertragsrechtlichen) Arbeitsstreitigkeiten beschränkt. Gemildert wurden die Nachteile dieser Neuordnung für die Arbeiter dadurch, dass die Betriebsführer an den Gedanken der Betriebsgemeinschaft gebunden waren und ihnen in Betrieben mit wenigstens 20 Beschäftigten Vertrauensmänner aus der »Gefolgschaft« beratend zur Seite standen. Geradezu willkommen waren die neugeschaffenen Arbeitsverhältnisse vielen deshalb, weil sie mit einem ganzen Netz von Maßnahmen zum Wohl der Arbeiter, besonders in Bezug auf Verpflegung, Wohnung, Sport und Urlaub, verbunden zu sein pflegten, noch mehr aber, weil der alsbald einsetzende Wirtschaftsaufschwung die Arbeitslosigkeit verschwinden ließ.

Wiederherstellung der ehemaligen arbeitsrechtlichen Institutionen (nach 1945)

Kündigungsschutzgesetz (1951)

567 Nach dem Zweiten Weltkrieg wurden die in der Weimarer Zeit geschaffenen arbeitsrechtlichen Institutionen durch verschiedene Gesetze wiederhergestellt, obwohl das nur wenige arbeitsrechtliche Bestimmungen enthaltende Grundgesetz dies nicht ausdrücklich vorsah. Auch wurden die ehemaligen Arbeitnehmerrechte noch verstärkt. So wurde 1951 ein *Kündigungsschutzgesetz* erlassen, das die Arbeitnehmer vor sozial ungerechtfertigten Kündigungen des Arbeitsverhältnisses sichert.

Mitbestimmung der Arbeitnehmervertreter

568 Institutionell noch gewichtiger sind äußerst komplizierte Gesetze, die, gestützt teils auf den Montanunionsvertrag, teils auf die Sozialstaatsklausel des Grundgesetzes (Art. 20 Abs. 1 GG, → Rn. 506), Arbeitnehmervertretern die Befugnisse von Betriebsräten weit übersteigende *Mitbestimmungsrechte in den Aufsichtsräten* von Aktiengesellschaften und anderen körperschaftlich organisierten Handelsgesellschaften zugewiesen haben.

Montan-Mitbestimmung

Nach dem Montan-Mitbestimmungsgesetz von 1951 sind die Aufsichtsräte von Kapitalgesellschaften, die ein Bergbau- oder schwerindustrielles Unternehmen zum Gegenstand haben, je zur Hälfte mit Vertretern der Anteilseigner und der Arbeitnehmer sowie einem weiteren Mitglied, das in einem umständlichen Verfahren zu bestimmen ist, zu besetzen. Außerdem ist zugunsten der Arbeitnehmer vorgesehen, dass im Vorstand dieser Gesellschaften neben anderen Vorstandsmitgliedern ein gleichberechtigter *Arbeitsdirektor* tätig sein muss, der nicht gegen die Stimmen der Arbeitnehmervertreter im Aufsichtsrat gewählt werden kann.

<small>Arbeitsdirektor</small>

Bei den dem Montan-Mitbestimmungsgesetz nicht unterstehenden Gesellschaften hat das Betriebsverfassungsgesetz von 1972 den Arbeitnehmervertretern, weniger weitgehend, 1/3 der Aufsichtsratssitze und keine Vertretung im Vorstand zugebilligt; aber das nach erbittertem Ringen zustande gekommene *Mitbestimmungsgesetz* von 1976 hat für Gesellschaften mit mehr als 2000 Beschäftigten den Arbeitnehmern eine Vertretung im Vorstand durch einen *Arbeitsdirektor* gewährt und den Anteil der Arbeitnehmervertreter im Aufsichtsrat auf 1/2 erhöht, allerdings unter Hinzufügung von Bestimmungen, nach denen der Vorsitzende des Aufsichtsrats beim Scheitern eines ersten Wahlgangs von den Anteilseigner-Aufsichtsratsmitgliedern allein zu wählen ist und ihm im Aufsichtsrat bei Nichtzustandekommen von Mehrheitsbeschlüssen in einer erneuten Abstimmung bei Stimmengleichheit der Stichentscheid zukommt.

<small>569 Mitbestimmung in Nicht-Montan-Unternehmen</small>

Als ebenso bedeutsam wie diese Regelungen haben sich feste Grundsätze erwiesen, die von den in ihre früheren Funktionen wiedereingesetzten Arbeitsgerichten über seinerzeit ungeklärt gebliebene Fragen des *Arbeitskampfrechts* entwickelt worden sind. Danach sind einerseits von Arbeitnehmern unternommene *Streiks* und andererseits von Unternehmen beschlossene *Aussperrungen* soweit, aber nur soweit, zulässig, als sie nach dem Auslaufen eines befristeten Tarifvertrags zum Zweck der Aushandlung eines neuen unternommen werden. Diese Ordnung hat es ermöglicht, dass den Arbeitnehmern ohne schwere Erschütterungen der tarifgebundenen Unternehmen und der Gesamtwirtschaft schrittweise günstigere Arbeitsbedingungen, besonders in Bezug auf Entlohnung, Arbeitszeit und Urlaub, zugestanden worden sind, was allerdings zu den seit der Währungsreform von 1948 eingetretenen Preissteigerungen beigetragen haben dürfte.

<small>570 Arbeitskampfrechtliche Grundsätze</small>

Außer umfassenden innerdeutschen (und supranationalen) Regelungen sind auch bedeutende internationale arbeitsrechtliche Vereinbarungen zustande gekommen, die, erstmals 1890 auf der Berliner Arbeiterschutzkonferenz angeregt, 1919 zur Gründung der Internationalen Arbeitsorganisation mit Sitz in Genf geführt und inzwischen große Bedeutung erlangt haben.

<small>571 Internationale arbeitsrechtliche Vereinbarungen</small>

In der DDR waren mehrere arbeitsrechtliche Gesetze (von 1950, 1961 und 1977: Arbeitsgesetzbuch, in dem das ganze Arbeitsrecht enthalten war) darauf ausgerichtet, das Arbeitsrecht den Bedürfnissen der sozialistischen Gesellschaft anzupassen, die Arbeitsgerichtsbarkeit war 1961 abgeschafft worden. Mit der Wiedervereinigung wurde das bundesdeutsche Arbeitsrecht auf die neuen Bundesländer erstreckt.

<small>572 Arbeitsrecht der DDR</small>

D. Wettbewerbsrecht

Der freie Wirtschaftswettbewerb wurde nach 1900 schrittweise einer strengen Disziplin unterworfen.

<small>573</small>

Das 1896 erlassene *Gesetz zur Bekämpfung des unlauteren Wettbewerbs* (→ Rn. 428) wurde 1909 vom *Gesetz gegen den unlauteren Wettbewerb (UWG)* abgelöst, das, wie jenes, aber in präziserer Formulierung, rechtsethisch verwerfliche, Konkurrenten schädigende

<small>Gesetz gegen den unlauteren Wettbewerb (1909)</small>

Kartellverordnung (1923)

574 Als Gegenstück zu diesem Wettbewerbsexzesse verbietenden Gesetz kam 1923 eine unzulässige Wettbewerbs*beschränkungen* betreffende »*Verordnung gegen Missbrauch wirtschaftlicher Machtstellungen*« zustande. Sie richtete sich im Interesse des Publikums, dh der Kunden von Wirtschaftsunternehmen, *gegen Oligopole* (→ Rn. 211) und sie erzeugende *Kartellvereinbarungen*. Diese waren seit den 1970er Jahren in ständig wachsender Zahl abgeschlossen worden und hatten, ohne scharf und erfolgreich kritisiert zu werden, Deutschland allmählich zum Land der Kartelle gemacht. Indessen erwies sich diese aufgrund eines Ermächtigungsgesetzes erlassene Verordnung als nur wenig wirksam. Denn sie verlangte zwar für die Gültigkeit von – meist die Preisbildung betreffenden – Kartellabreden Schriftform und erteilte den an ihnen beteiligten Unternehmern das vertraglich nicht abdingbare Recht zu jederzeitiger Vertragskündigung; aber sie erklärte den Reichswirtschaftsminister nur dann für befugt, beim neugeschaffenen Kartellgericht die Nichtigerklärung der Vereinbarung zu beantragen, wenn diese die Gesamtwirtschaft oder das Gemeinwohl gefährdete.

Zwangskartellgesetz (1933)

575 In der *nationalsozialistischen Zeit* wurde die 1923 geschaffene Ordnung in ihr Gegenteil verkehrt, indem ein 1933 erlassenes Gesetz dem Reichswirtschaftsminister das Recht gab, Unternehmen zum Zweck der Marktregelung *zu Zwangskartellen zusammenzuschließen*, was den Behörden die Durchsetzung des Führerwillens erleichterte.

Entflechtung von Wirtschaftskonzernen

Dekartellierungsverordnungen

Die *Besatzungsmächte* schafften diese Gesetze ab. Um die ihres Erachtens für sie gefährliche Machtkonzentration in der deutschen Wirtschaft zu vermindern, entflochten sie durch verschiedene Maßnahmen die großen Wirtschaftskonzerne, mit dauernder Wirkung allerdings nur den IG Farben-Konzern, der in drei Nachfolgegesellschaften, BASF, Bayer und Hoechst, aufgelöst wurde. Auch erließen sie *Dekartellierungsverordnungen*, die ihr Vorbild in der amerikanischen Antitrustgesetzgebung hatten.

Gesetz gegen Wettbewerbsbeschränkungen (Kartellgesetz, 1957)

576 Nach der Wiedererlangung ihrer Souveränität befestigte die *Bundesrepublik*, dem Willen ihres Bundeswirtschaftsministers, *Erhard*, entsprechend, die von den Besatzungsmächten geschaffene Ordnung durch das 1957 erlassene *Gesetz gegen Wettbewerbsbeschränkungen (GWB)*, das in der Folge mehrfach verschärft und in einzelnen Punkten entschärft wurde. Das GWB sieht die Unzulässigkeit von Kartellvereinbarungen als Regel, daneben aber viele Ausnahmen vor, deren Voraussetzungen in jedem Einzelfall vom *Bundeskartellamt in Berlin* zu prüfen sind. Außerdem enthält das Gesetz *Vorschriften gegen Zusammenschlüsse (Fusionen)* von Unternehmen zum Zweck der Erlangung einer *marktbeherrschenden Stellung*.

Die gesamte Regelung hat sich, obwohl sie verwickelt ist und den Entscheid über die Zulässigkeit einer Kartellvereinbarung in manchen Fällen nicht sicher voraussehen lässt, als zwar nicht von allen geschätzte, aber gediegene Rechtsgrundlage der vom Gesetzgeber angestrebten *sozialen Marktwirtschaft* erwiesen.

Im Übrigen haben, wie für das Arbeitsrecht, so auch für das Wirtschaftsrecht, *internationale Regelungen, insbesondere in der Europäischen Union*, eine ständig zunehmende Bedeutung erlangt.

E. Strafrecht und Strafprozessrecht

I. Reformbestrebungen

Solche gehen zurück auf *Franz von Liszt* (1851–1919, → Rn. 346). Dieser forderte in seiner Marburger Antrittsvorlesung von 1883 (»Der Zweckgedanke im Strafrecht«) und später im Rahmen des von ihm gegründeten kriminalistischen Seminars, dass einerseits die umweltbedingten Ursachen von Verbrechen und andererseits die Wirkungen der Strafen auf die Verbrecher – auch unter Auswertung der 1882 eingeführten Reichskriminalstatistik – erforscht und die Ergebnisse in der Strafgesetzgebung und Gerichtspraxis berücksichtigt werden sollten. Hierdurch wurde er der Entdecker der *Kriminologie* als Wissenschaft. Als Begründer der sog. »*soziologischen Strafrechtsschule*« empfahl *Liszt* eine weitgehende *Abkehr vom Vergeltungsprinzip*, das im 19. Jahrhundert das Strafrecht beherrschte (→ Rn. 346). In den Vordergrund treten sollten, wie im Aufklärungszeitalter, *relative Strafzwecke*, also letztlich die Bestrafung des Täters um des sozialen Nutzens willen. So verlangte *Liszt* allgemein die *Abschaffung der kurzfristigen Freiheitsstrafen*, die auf nahezu alle Bestraften eine sozial schädliche Wirkung ausübten, was er auch mittels der seit 1882 geführten Reichskriminalstatistik nachzuweisen suchte. Auch trat er dafür ein, dass sich Art und Maß der Strafe sowie der im Einzelfall zu verfolgende Strafzweck nach der kriminologisch zu bestimmenden *Tätergruppe*, der ein Täter angehöre, richten solle: Besserungsfähige seien durch die Strafe zu *bessern*, Abschreckbare individuell *abzuschrecken*, weder Besserungsfähige noch Abschreckbare aber durch Dauerverwahrung *unschädlich zu machen*. Auch forderte er die Einführung von *Maßnahmen*, welche eine Strafe teils ersetzen, teils ergänzen sollten: Einweisung in *Erziehungsanstalten, Trinkerheilanstalten, Arbeitshäuser, Heil- und Pflegeanstalten, Verwahrungsanstalten*.

577 Franz von Liszt (1851–1919)

Begründer der Kriminologie und der soziologischen Strafrechtsschule

Strafrechts-Reformarbeiten

Forderung nach strafersetzenden und -ergänzenden Maßnahmen

II. Widerstand der klassischen Strafrechtsschule

Zwischen Liszt und seinen vielen Schülern einerseits und den Anhängern der überlieferten klassischen Strafrechtslehre *Kant-Feuerbach*scher Prägung andererseits, besonders deren Haupt, dem Leipziger Professor *Karl Binding* (1841–1920), kam es zu einem jahrzehntelangen heftigen Gelehrtenstreit. Der Widerstand der Anhänger eines absoluten Strafzwecks war so stark, dass Liszts umstrittene und zudem kostspielige Reformgedanken erst spät und nur schrittweise und

578

Karl Binding (1841–1920) als Verteidiger eines absoluten Strafzwecks

Resozialisierung unvollkommen verwirklicht worden sind, so die Strafaussetzung zur Bewährung, die Zurückdrängung der kurzfristigen Freiheitsstrafen und die Entstehung eines Jugendstrafrechts. Insgesamt wurde mehr und mehr die Resozialisierung des Täters als wichtigster Strafzweck angesehen, das Strafvollzugsgesetz von 1976 bezeichnet sie ausdrücklich als Vollzugsziel der Freiheitsstrafe. Dieses Vollzugsziel, das, über Liszts Empfehlungen hinausgehend, heute grundsätzlich sogar bei anscheinend besserungsunfähigen Tätern angestrebt wird, ist in der bisherigen Praxis allerdings nur selten voll erreicht worden.

III. Einzelreformen

Jugendgerichtsgesetz (1923, 1943, 1953)

Maßregeln zur Sicherung und Besserung (seit 1933)

Strafaussetzung zur Bewährung (seit 1953)

579 Solche brachte unter anderem das *Jugendgerichtsgesetz* von 1923, das 1943 in nationalsozialistischem Geist neu gefasst wurde und 1953 durch das heute geltende abgelöst worden ist, ebenso das *Gewohnheitsverbrechergesetz* von 1933, das in das StGB die §§ 42 a bis 42 n betr. *Maßregeln zur Sicherung und Besserung* eingeführt hat. Alle diese Gesetze, auch die in der nationalsozialistischen Zeit erlassenen, entsprechen *Liszt*schen Gedanken. Gleiches gilt für ein Strafrechtsänderungsgesetz von 1953, das den Gerichten die Befugnis gab, von ihnen verhängte *Freiheitsstrafen* von nicht mehr als neun Monaten *zur Bewährung* auszusetzen, eine Möglichkeit, die, häufig verbunden mit dem Verurteilten erteilten Weisungen, später auf längere Freiheitsstrafen ausgedehnt wurde und inzwischen eine überragende Bedeutung für die strafrechtliche Bekämpfung von Kleinkriminalität erlangt hat. Noch eindeutiger, wenn auch nicht unmittelbar auf Empfehlungen

Einheitliche Freiheitsstrafe (seit 1969)

Liszts beruht ein Strafrechtsreformgesetz von 1969, das die bisherige Zuchthaus-, Gefängnis- und Haftstrafe durch eine *einheitliche Freiheitsstrafe* ersetzt und die Gerichte angewiesen hat, sie nur ausnahmsweise unter sechs Monaten, an ihrer Stelle aber *Geldstrafen* zu verhängen. Ausländischen Vorbildern folgte dagegen ein im selben Jahr, 1969, erlassenes zweites Strafrechtsreformgesetz, das im Hinblick auf die gestiegene Bedeutung der Geldstrafen einerseits und die

Bemessung von Geldstrafen nach Tagessätzen (seit 1969)

sehr unterschiedliche wirtschaftliche Leistungsfähigkeit der zu solchen Strafen Verurteilten andererseits vorschreibt, dass sie *nach Tagessätzen* zu verhängen seien, deren Höhe sich nach den persönlichen und wirtschaftlichen Verhältnissen des Täters zu richten habe.

Abschaffung der Todesstrafe (1949)

Strafrechtsverwilderung in der nationalsozialistischen Zeit

580 Keinen Zusammenhang mit diesen Reformen hat die 1949 durch Art. 102 GG erfolgte *Abschaffung der Todesstrafe*.

Sie war eine humanitäre Reaktion gegen die Strafrechtsverwilderung der nationalsozialistischen Zeit, in der die überlieferte Regel »nulla poena sine lege« durch den jeder Willkür Vorschub leistenden Grundsatz »nullum crimen sine poena« ersetzt wurde (→ Rn. 480) und 2.600 verschiedene Tatbestände mit Todesstrafen bedroht waren, was die Fällung von insgesamt etwa 30.000 Todesurteilen, die größtenteils auch vollstreckt wurden, zur Folge hatte.

Straflosigkeit von Ehebruch und andern sittlichen Verfehlungen (seit 1969)

581 Auch die 1969 beschlossene Beseitigung der Strafbarkeit von *Ehebruch*, *gleichgeschlechtlicher Unzucht* und *Unzucht mit Tieren* hängt nicht mit jenen Reformen zusammen, sondern erklärt sich aus gewandelten,

stark gemilderten Vorstellungen von sittlichem Verhalten und von der Notwendigkeit, ein solches durch strafrechtliche Vorschriften zu erzwingen. Ähnliches gilt für die 1976 beschlossene Auflockerung des Verbots des *Schwangerschaftsabbruchs*, dessen Strafbarkeit durch ein Gesetz von 1992 noch weiter eingeschränkt wurde. In der DDR konnte schon seit 1972 eine Schwangerschaft in den ersten 12 Wochen straflos abgebrochen werden.

Auflockerung des Schwangerschaftsabbruchsverbots (1976/1992)

Im Übrigen wurde das Strafrecht je nach den gerade obwaltenden Umständen in einzelnen Punkten um der allgemeinen Freiheit willen gemildert (zB 1970, zwei Jahre nach dem demonstrationsreichen Unruhejahr 1968, durch Änderung einzelner Normen zum *Schutz des Gemeinschaftsfriedens*), in andern aber zwecks Wahrung der allgemeinen Sicherheit verschärft (zB 1971 durch Einführung von Strafvorschriften gegen *Geiselnahme* und *Luftpiraterie*, 1976 durch Erlass eines Gesetzes zur Bekämpfung der *Wirtschaftskriminalität*, 1980 durch Neugestaltung des strafrechtlichen *Umweltschutzes*).

582 Strafrechtsmilderungen

Strafrechtsverschärfung

Eine vom Bundesjustizministerium 1952 angebahnte Gesamtreform des Strafrechts führte 1962 zu einem von der Großen Strafrechtskommission erarbeiteten *Gesamtentwurf eines neuen Strafgesetzbuches* und 1966 zu einem von deutschen und schweizerischen Strafrechtslehrern erstellten *Alternativentwurf*, der noch konsequenter als jener die Resozialisierung als Strafzweck zu verwirklichen suchte. Diese beiden Entwürfe wurden allerdings nur teilweise, durch den Erlass der beiden oben erwähnten ersten Strafrechtsreformgesetze von 1969, unmittelbar fruchtbar. Weitere Reformarbeiten brachten 1975 die Neufassung des Allgemeinen Teils des Strafgesetzbuches; an der Reform seines Besonderen Teils wird noch gearbeitet. Mit dem 6. Strafrechtsreformgesetz von 1998 sind schließlich die bereits mit dem Verbrechensbekämpfungsgesetz von 1994 begonnenen Bemühungen einer Harmonisierung der Strafrahmen fortgesetzt worden, und zwar in der Weise, dass die Strafandrohungen bei Eigentums- und Vermögensdelikten zum Teil abgemildert, bei der Verletzung von höchstpersönlichen Rechtsgütern, wie etwa der körperlichen Integrität, hingegen verschärft worden sind, um dem gegen das Strafgesetzbuch von Anfang an erhobenen Vorwurf, es gewähre materiellen Rechtsgütern tendenziell einen effektiveren Schutz als höchstpersönlichen, zu begegnen.

583 Strafrechts-Reformarbeiten

Annähernd Gleiches wie auf das materielle Strafrecht trifft zu auf das *Strafprozessrecht*. Dessen für den Verfahrensgang bedeutendste Änderung trat ein durch ein 1974 erlassenes Gesetz, das dem Staatsanwalt die Befugnis erteilt, mit Zustimmung des zuständigen Richters von der Verfolgung geringfügiger Vergehen abzusehen, und ihm überdies gestattet, mit Zustimmung sowohl des zuständigen Gerichts als auch des Beschuldigten von der Erhebung einer öffentlichen Klage abzusehen, dem Beschuldigten aber zugleich bestimmte Leistungen, insbesondere die Zahlung einer Geldsumme zugunsten einer gemeinnützigen Einrichtung oder der Staatskasse, aufzuerlegen. Beide Befugnisse haben sich als für die dringend erwünschte Entlastung der Justiz äußerst

584 Änderung des Strafprozessrechts Befugnis des Staatsanwalts zur Einstellung des Verfahrens (seit 1974)

praktisch, die zweite aber als vom rechtsstaatlichen Standpunkt aus bedenklich erwiesen, zumal sie geeignet ist, eventuell zu Unrecht Beschuldigte einem erpressungsähnlichen Druck durch die Staatsanwaltschaft auszusetzen.

Unter dem Eindruck des gegen Ende der 1960er Jahre aufflackernden Terrorismus kam es zu Eingriffen in die Rechte des Angeklagten, die – zum Teil als verfassungsrechtlich bedenklich kritisiert – die Möglichkeit des *Ausschlusses von Verteidigern*, der *Verhandlung in Abwesenheit* des Angeklagten und der Unterbindung jeden Kontaktes zwischen dem Inhaftierten und der Außenwelt eingeführt sowie die Durchsuchungsbefugnisse der Staatsanwaltschaft erweitert haben.

Beschränkung der Strafverteidigung

Der internationale Terrorismus stellt die für die innere Sicherheit zuständigen Behörden vor neue Herausforderungen, denen der Staat mittels der Rasterfahndung, der Wohnraumüberwachung sowie der Online-Durchsuchung von Computern zu begegnen versucht, wobei umstritten ist, inwieweit diese Maßnahme mit dem durch das Grundgesetz gewährleisteten Schutz der Privatsphäre vereinbar sind. Die von Rechtsextremen verübten Morde, vor allem an Ausländern, die auch durch ein Versagen der Ermittlungsbehörden begünstigt wurden, haben zur Errichtung einer Antiterrordatei geführt.

Als eine Art Kapitulation vor der ständigen Praxis, die schon seit längerem, nicht zuletzt aufgrund der chronischen Überlastung der Justizbehörden, in größerem Umfang auf eine Verständigung in Strafverfahren hinwirkte, hat der Gesetzgeber 2009 unter gewissen Voraussetzungen den sog. »Deal« zugelassen. Er orientierte sich hierbei im Wesentlichen an den Kriterien, anhand derer der Große Senat für Strafsachen des Bundesgerichtshofs 2005 die Grenzen von Verfahrensabsprachen ausgelotet hat. Auch wenn Verfahrensabsprachen aufgrund des praktischen Bedürfnisses wohl kaum umgänglich sind, wird der »Handel mit der Gerechtigkeit« von der rechtswissenschaftlichen Literatur unter Rechtsstaatsgesichtspunkten teilweise stark kritisiert. Das BVerfG hat derartige Absprachen zwar für mit dem GG für vereinbar erklärt, aber der Praxis deutliche Grenzen gezogen.

Opferentschädigungsgesetz (1976)

585 Ergänzt wurden die strafrechtlichen und strafprozessrechtlichen Vorschriften durch ein 1976 erlassenes »*Gesetz über die Entschädigung von Opfern von Gewaltverbrechen*«. Es verpflichtet den Staat, Opfer von verbrecherischen Gewalttaten zu entschädigen, was aus zwei Gründen gerechtfertigt erscheint: erstens, weil es Aufgabe des Staates ist, Gewalttaten nach Möglichkeit zu verhindern und ihn bei nicht befriedigender Erfüllung dieser Pflicht zum mindesten moralisch eine gewisse Verantwortung trifft; zweitens und vor allem, weil es unbefriedigend wäre, schuldig befundene Gewalttäter durch kostspielige und oft nutzlose Maßnahmen resozialisieren zu wollen, ihre Opfer aber, die von den Tätern selbst nur selten Schadensersatz erlangen können, den erlittenen Schaden allein tragen zu lassen. Ebenfalls den Opferinteressen dient der Täter-Opfer-Ausgleich, der 1990 zuerst im Jugendstrafrecht, vier Jahre später dann allgemein eingeführt wurde.

In der DDR stand besonders auch das Strafrecht unter dem parteipolitischen Einfluss der SED, nach deren zunächst vertretener Auffassung jede Form von Kriminalität einen Angriff auf den sozialistischen Staat darstellte und daher streng zu ahnden war, während man später die Bagatellfälle milde behandelt hat. Einen relativ großen Raum nahm das *politische Strafrecht* ein, für das das neu eingerichtete »*Oberste Gericht*« zuständig war und in dem für eine Reihe von generalklauselartigen Straftatbeständen harte Sanktionen vorgesehen waren.

586 Strafrecht der DDR

Proteste aus dem Ausland und insbesondere aus der Bundesrepublik rief die Regelung hervor, dass der ungesetzliche Grenzübertritt mit Waffengewalt verhindert werden musste, sodass viele Fluchtwillige aus der DDR an der Deutsch-deutschen Grenze gezielt getötet wurden. Die nach der Wiedervereinigung wegen Totschlags angeklagten Grenzsoldaten (»Mauerschützen«) sowie – wegen ihrer Beteiligung daran – die Mitglieder des nationalen Verteidigungsrates der DDR verteidigten sich damit, dass ihr Verhalten durch Vorschriften der DDR über das Grenzregime gerechtfertigt gewesen sei. Einer Verurteilung auf der Grundlage bundesrepublikanischen Rechts stehe das *Rückwirkungsverbot* des Grundsatzes »nulla poena sine lege« (Art. 103 II GG) entgegen. Dessen ungeachtet wurden eine ganze Reihe von Mauerschützen und drei ehemalige Mitglieder des nationalen Verteidigungsrates der DDR verurteilt, Erstere meist zu Bewährungsstrafen, Letztere zu mehrjährigen Freiheitsstrafen. Das Bundesverfassungsgericht hat diese Rechtsprechung gebilligt, da die von Art. 103 II GG vorausgesetzte Schutzwürdigkeit des Vertrauens in seinerzeit geltendes Recht entfalle, wenn ein Staat für den Bereich schwersten kriminellen Unrechts die Strafbarkeit durch Rechtfertigungsgründe ausschließe und so in der Völkerrechtsgemeinschaft allgemein anerkannte Menschenrechte in schwerwiegender Weise missachte. Kritisiert wird diese Rechtsprechung mit dem Argument, dass die Bundesregierung seinerzeit zu Art. 7 II *Europäischen Menschenrechtskonvention*, der eine Ausnahme vom Rückwirkungsverbot im Falle schwerer Menschenrechtsverletzung macht, einen Vorbehalt erklärt und somit die schrankenlose Geltung des Art. 103 II GG bestätigt hat.

Mauerschützenprozesse (in der BRD nach 1990)

F. Zivilrecht

I. Gesetzgebung

Das BGB blieb bis heute die grundlegende Kodifikation des Zivilrechts, wurde aber in vielen Bereichen geändert; insbesondere die Verwirklichung der Grundrechte durch die Rechtsprechung des Bundesverfassungsgerichts hat zu einigen tiefen Einschnitten in seine ursprüngliche Fassung geführt. Das gilt vor allem für das *Familienrecht*, das in der nationalsozialistischen Zeit vorübergehend rassistisch umgestaltet, unter der Herrschaft des Grundgesetzes seinen patriarchalischen Charakter durch den Erlass mehrerer tiefgreifender Gesetze verloren hat. Zu diesen gehört das »*Gleichberechtigungsgesetz*« von 1957, das eine Konsequenz des vorangegangenen Gleichberechtigungspostulats (Art. 3 GG) darstellt. Jenes Gesetz brachte unter anderem eine Neuordnung des *ehelichen Güterrechts*, indem es den bisherigen gesetzlichen Güterstand der Verwaltungsgemeinschaft, bei dem der Mann das Frauengut verwaltete und nutzte, durch den Güterstand der »*Zugewinngemeinschaft*« ersetzt hat.

587

Gleichberechtigungsgesetz (1957)

Eheliches Güterrecht

Zugewinngemeinschaft

Gleichstellung ehelicher und nichtehelicher Kinder	588	Der Verwirklichung der Forderung des Grundgesetzes (Art. 6 Abs. 5 GG), den nichtehelichen Kindern die gleichen Bedingungen für ihre leibliche und seelische Entwicklung und ihre Stellung in der Gesellschaft zu schaffen wie den ehelichen, diente das *Nichtehelichengesetz* von 1969 sowie das *Kindschaftsrechtsreformgesetz*, das am 1.7.1998 in Kraft trat und die rechtliche Unterscheidung zwischen ehelichen und nichtehelichen Kindern aufgibt.
Herabsetzung des Volljährigkeitsalters		Dem Verlangen der jungen Generation nach Abbau sog. »autoritärer Strukturen« entsprach die 1974/1975 erfolgte *Herabsetzung des Volljährigkeitsalters* von 21 auf 18 Jahre.
Elterliches Sorgerecht		Einer stärkeren Berücksichtigung des Kindeswohls diente die 1979 beschlossene Umbenennung der bisherigen »*elterlichen Gewalt*«, deren Name demjenigen der römischen »patria potestas« nachgebildet war, in »*elterliches Sorgerecht*« und dessen Einschränkung durch verstärkte Kindesrechte und Befugnisse der Behörden zu Eingriffen in das Eltern-Kind-Verhältnis. Das bereits erwähnte Kindschaftsrechtsreformgesetz legt ein besonderes Gewicht auf die *gemeinsame elterliche Sorge*, indem es einerseits diese Möglichkeit für nicht miteinander verheiratete Eltern schafft und andererseits für Verheiratete nach einer Scheidung zum Regelfall macht. Ferner sind in den letzten Jahren die Rechte des leiblichen (nicht rechtlichen) Vaters ständig erweitert worden, sodass er nunmehr ein begrenztes Recht zur Vaterschaftsanfechtung und ein Umgangsrecht hat.
Ehescheidungsrecht	589	Mehrfach geändert wurde die Gesetzgebung auf dem Gebiet des *Ehescheidungsrechts*, das durch die seit 1945 ständig *wachsende Häufigkeit von Scheidungen* eine überaus große Bedeutung erlangt hat. Konservative Tendenzen, welche aus gesellschaftspolitischen, moralischen und religiösen Gründen wenig erfolgreich Scheidungen zu erschweren suchten, wurden infolge liberalerer Anschauungen zurückgedrängt: Das 1. *Eherechtsreformgesetz* von 1976 erleichterte die Scheidung durch den *Übergang vom* vorherrschenden *Verschuldensprinzip*
Übergang vom Verschuldens- zum Zerrüttungsprinzip		zum reinen *Zerrüttungsprinzip*, welches bereits 1938 eingeführt, in der DDR beibehalten, aber in der Bundesrepublik 1961 abgeschafft worden war: Zur Vereinfachung der für Parteien und Gerichte unerträglich langatmigen Scheidungsverfahren schrieb es vor, dass allen Scheidungsbegehren, unabhängig von einem schwer feststell- und abwägbaren Verschulden der Parteien, stattzugeben sei, wenn das Scheitern der Ehe gerichtlich festgestellt oder aufgrund längeren Getrenntlebens der Ehegatten unwiderlegbar zu vermuten ist. Entsprechend geregelt wurden die *Zuteilung des Sorgerechts für Kinder geschiedener Eltern*, wofür ausschließlich das Wohl der Kinder maßgebend sein soll, und die *finanziellen Scheidungsfolgen*, die sich modernem wirtschaftlich-sozialem Denken gemäß nach der mehr oder minder großen Bedürftigkeit der Geschiedenen und ihrer Kinder zu richten haben. Mit Gesetz v. 16.2.2001 wurde für gleichgeschlechtliche Paare
Gleichgeschlechtliche Lebenspartnerschaft		das neue Rechtsinstitut der eingetragenen Lebenspartnerschaft geschaffen, das Diskriminierungen abbauen und den Betroffenen einen rechtlichen Rahmen für ihr Zusammenleben bieten soll. Die Vor-

schriften sind weitgehend an das Eherecht angelehnt, was zu einer lebhaften Diskussion um die Vereinbarkeit des Gesetzes mit dem in Art. 6 I GG gewährleisteten Schutz der Ehe geführt hat. Das BVerfG hat daraus die Konsequenz gezogen, dass auch das Steuersplitting für Ehepaare den gleichgeschlechtlichen Lebenspartnern offenstehen muss, ebenso die Sukzessivadoption.

Durch das Eheschließungsrechtsgesetz von 1998 wurde das Recht der Eheschließung in das BGB zurückgeführt und inhaltlich der Zugang zur Ehe einerseits durch die Abschaffung diverser Eheverbote erleichtert, andererseits durch die Einführung eines Aufhebungsgrundes der sog. Scheinehe erschwert.

Eine wesentliche Änderung des Vormundschaftsrechts brachte das *Betreuungsgesetz* vom 12.9.1990, durch das die Entmündigung, die zuvor den völligen Verlust der Geschäftsfähigkeit für die entmündigte Person nach sich gezogen hatte, ersetzt wurde durch eine flexible Betreuung, die dem Betreuten noch so viel Entscheidungskompetenz wie möglich belässt. Die Betreuungszahlen sind in den ersten zehn Jahren der Geltung des Gesetzes enorm gestiegen, sodass im Jahr 2004 über 1 Million Menschen in Deutschland unter Betreuung standen, was mit der zunehmend höheren Zahl älterer Menschen in der Gesellschaft zusammenhängen mag. | 590 Betreuungsrecht (1990)

Im Bereich des *Bodenrechts* und des *Erbrechts* sind unter anderem bemerkenswert: einerseits die nach 1945 erfolgte gänzliche Auflösung aller – als antiquiert-aristokratisch betrachteten – *Familienfideikommisse*, durch deren Errichtung insbesondere Adlige viele Güter als unveräußerlich erklärt hatten mit der Maßgabe, dass diese jeweils an den ältesten Sohn gelangen sollten; andererseits die *Höfeordnung für die britische Zone* von 1947 sowie verschiedene andere nur partikulär geltende Gesetze über die Beibehaltung des im nationalsozialistischen *Erbhof-Gesetz* (1933) unmäßig verstärkten bäuerlichen *Anerbenrechts*, das auf ein vernünftiges Maß zurückgeführt wurde; ferner das *Wohnungseigentums-Gesetz* von 1951, das einem weiten Personenkreis ermöglichen soll, eine Wohnung zu Eigentum zu erwerben. | 591 Auflösung der Familienfideikommisse

Neuregelung des Anerbenrechts; Schaffung von Wohnungseigentum

Des Weiteren ist daran zu erinnern, dass dem Reichshaftpflichtgesetz von 1871 noch vor 1914 weitere *Haftpflichtgesetze* zur Seite traten (→ Rn. 394). Ihr Erlass erschien notwendig infolge der technischen Entwicklung, zB des Baus von Kraftwerken sowie der aufkommenden Großproduktion von Kraftfahrzeugen und Flugzeugen und der damit verbundenen Steigerung der Unfallgefahren. Diese Gesetze lassen, wie das Reichshaftpflichtgesetz von 1871, das Risiko einer – und sei es auch unverschuldeten – Verursachung eines Unfalls denjenigen tragen, der die Gefahrenquelle in seinem Interesse unterhält und sie zu beherrschen vermag. | 592 Haftpflichtgesetze

Typisch für die Rechtsentwicklung des 20. Jahrhunderts sind schließlich verschiedene *Wohnungsmiet-Gesetze*, die vornehmlich zum Schutz des Mieters als wirtschaftlich schwächerer Vertragspartei erlassen wurden. | 593 Wohnungsmiet-Gesetze Mietrechtsreform 2001

Andere schuldrechtliche Gesetze zum Schutz des wirtschaftlich Schwächeren

Dem Schutz des wirtschaftlich Schwächeren dienten weitere Ergänzungen des *Schuldrechts*, so das *Gesetz über die Allgemeinen Geschäftsbedingungen* von 1976, das eine starke richterliche Inhaltskontrolle über vorformulierte Vertragsbedingungen anordnet, des Weiteren das *Haustürwiderrufsgesetz* von 1986, das Kunden vor übereilten Geschäften schützen soll, ferner das am 1.1.1990 in Kraft getretene *Produkthaftungsgesetz*, das unter bestimmten Voraussetzungen dem Käufer unmittelbar Ansprüche gegen den Produzenten gewährt, und schließlich das ein Jahr später in Kraft getretene *Verbraucherkreditgesetz*, das – als Umsetzung einer europäischen Richtlinie – an die Stelle des *Abzahlungsgesetzes* von 1894 (→ Rn. 428) getreten ist. Außer dem Produkthaftungsgesetz haben alle diese Verbraucherschutzgesetze im Zuge der Schuldrechtsreform, die am 1.1.2002 in Kraft getreten ist, weitgehend unverändert Eingang ins BGB gefunden. Damit wurde ein lange gefordertes Ziel, nämlich die weitgehende Vereinheitlichung des bürgerlichen Rechts in einem Gesetz, verwirklicht. Ferner wurde durch dieses Gesetz das Recht der Leistungsstörungen gravierend umgestaltet, indem nunmehr die verschiedenen einzelnen Störungen des Vertragsverhältnisses (Nichterfüllung, Schlechterfüllung, Unmöglichkeit) durch den einheitlichen Begriff der Pflichtverletzung erfasst werden, der auch die bis dahin nicht kodifizierte positive Forderungsverletzung umfasst.

Zivilgesetzbuch (DDR)

594 In der DDR hatte zunächst das BGB gegolten, dessen Inhalt allerdings durch Ausgliederung einzelner sog. Rechtszweige und die Einführung des »*Volkseigentums*« nicht unwesentlich verändert wurde. 1975 wurde dann ein *Zivilgesetzbuch (ZGB)* erlassen, das aber lediglich für die Beziehungen der Bürger untereinander galt, während das Vertragsrecht der Betriebe, das die Vertragsfreiheit beseitigte, und das Familienrecht in gesonderten Gesetzen geregelt waren.

II. Gerichtspraxis

Präzisierung des Inhalts von Generalklauseln

595 Die Gerichtspraxis hat den Inhalt des BGB im Einzelnen entfaltet und präzisiert, so besonders den Inhalt von *Generalklauseln*, wie zB von § 242 betr. Treu und Glauben. Dadurch hat sie unter anderem – nach 1945 unter Berufung auf Art. 1 und 2 GG – den privatrechtlichen *Persönlichkeitsschutz*, um den es in der nationalsozialistischen Zeit übel bestellt war, verstärkt.

Persönlichkeitsschutz

Vorübergehende Rückkehr zum Naturrecht

596 Eigenartig war die nach 1945 *vorübergehend vorgenommene Rückkehr des Bundesgerichtshofs* (nicht aber des Bundesverfassungsgerichts) zur Urteilsbegründung mit Hinweisen *auf das seit Savigny verpönte Naturrecht*, dessen Wiedererwachen wegen der schlimmen Auswirkungen rein gesetzespositivistischen Denkens in der nationalsozialistischen Zeit nahelag. Sie betraf vor allem die Frage, ob bei Meinungsverschiedenheit der Eltern über die Kindererziehung dem Vater trotz der vom Grundgesetz proklamierten Gleichberechtigung von Männern und Frauen der endgültige Entscheid zukomme. Vom Bundesgerichtshof wurde sie unter Berufung auf die (katholisch-)naturrechtliche Schöpfungslehre bejaht, vom Bundesverfassungsgericht aber 1959 für grundgesetzwidrig erklärt.

III. Rechtswissenschaft

Diese hat, auf Grundlage des BGB, zwar nicht den Weltruhm der Pandektenwissenschaft bewahrt, im Übrigen aber Hervorragendes geleistet. Was die von ihr angewandte Methode angeht, so wurde die Begriffs- und Konstruktions-Jurisprudenz der Pandektisten (und auch der Germanisten) seit *Ihering* (→ Rn. 407) mehr und mehr bekämpft und zurückgedrängt: 597 — Zurückdrängung der Begriffs- und Konstruktionsjurisprudenz

1. **Die Freirechtsschule** der Autoren *Ehrlich, Fuchs, Kantorowicz* und andere (alle um 1910) sprach sich für eine Rechtsfindung aus, die sich nicht streng an das Gesetz zu halten habe, fand aber seitens fast aller Praktiker und Professoren schärfsten Widerspruch. — Geringer Erfolg der Freirechtsschule

2. **Die Interessenjurisprudenz**, deren Begründer *Philipp Heck* (1858–1943) war, verlangt im Gegensatz zur Freirechtsschule strikten Gehorsam des Richters gegenüber dem Gesetz. Gemeint ist aber nicht ein buchstabengetreuer Gehorsam und auch nicht einer, der das Gesetz mittels begriffsjuristisch-logischer Konstruktion interpretiert, sondern ein solcher, der zu ermitteln sucht, welche Zwecke der Gesetzgeber beim Erlass des Gesetzes verfolgte, von welchen *Wertvorstellungen* er ausging und welche *Interessen* er unter bestimmten Voraussetzungen schützen wollte. Diese – allerdings nicht leicht zu handhabende – Methode hat sich in Theorie und Praxis durchgesetzt und ist bis heute die herrschende geblieben. 598 — Philipp Heck (1858–1943); Herrschende Methode: Interessenjurisprudenz

3. **In der DDR** spielte die Rechtswissenschaft wegen der Dominanz der Politik eine untergeordnete Rolle, zumal nur beschränkte Möglichkeiten der Veröffentlichung wissenschaftlicher Meinungsäußerungen bestanden. Auf der 1958 abgehaltenen Babelsberger Konferenz wurde der vom damaligen Staatsratsvorsitzenden *Walter Ulbricht* selbst initiierte Versuch unternommen, die Wissenschaft linientreu auszurichten, was in der Folge im Wesentlichen auch gelang. 599 — Geringe Bedeutung der Rechtswissenschaft in der DDR
Nach der Wiedervereinigung sind viele Rechtsfakultäten in den neuen Bundesländern, auch unter tatkräftiger Mitwirkung von Hochschullehrern aus den alten Ländern, errichtet und ausgebaut worden

G. Zivilprozess

Die zu den Reichsjustizgesetzen (von 1877) gehörende *ZPO* hatte erstmals die prozessualrechtliche Rechtseinheit in Deutschland gebracht (→ Rn. 393) und die Parteiherrschaft weitgehend verwirklicht. Letztere wurde durch die mit der Novelle von 1933 eingeführte Wahrheitspflicht und das Verbot der Prozessverschleppung vom nationalsozialistischen Gesetzgeber vorübergehend zurückgedrängt. Eine Reihe von Aufgaben der Zivilrechtspflege, insbesondere solche der Zwangsvollstreckung und der Freiwilligen Gerichtsbarkeit, wurde mit dem *Rechtspflegergesetz* von 1957 auf das 1927 in Preußen geschaffene 600

Entlastung der Gerichte

Organ »Rechtspfleger« übertragen, das im Rahmen der kleinen Justizreform im Jahre 1969 weitere Kompetenzen erhielt. Die am 1.7.1977 in Kraft getretene *Vereinfachungsnovelle zur ZPO* hat die Prozessleitungs- und Aufklärungspflicht des Gerichts und die Prozessförderungspflicht der Parteien verstärkt mit dem Ziel, die Gerichte zu entlasten. Die Reform der ZPO im Jahre 2002 hat mit dem Ziel einer Entlastung der Gerichte und einem bürgernäheren Verfahrensrecht unter anderem die Einführung einer obligatorischen Güteverhandlung gebracht sowie die erste Instanz umfassend gestärkt.

Mit dem am 1.9.2009 in Kraft getretenen Gesetz über das Verfahren in Familiensachen und in Angelegenheiten der freiwilligen Gerichtsbarkeit (FamFG) wurde das familiengerichtliche Verfahren und die (sonstigen) vormaligen FGG-Verfahren neu geordnet. Das FamFG tritt an die Stelle des FGG und ersetzt die ZPO, soweit diese familienrechtliche Verfahren regelte.

Die ebenfalls zu den Reichsjustizgesetzen zählende Konkursordnung galt in den alten Bundesländern bis zum 31.12.1998. Sie wurde zusammen mit der Vergleichsordnung und der von der Volkskammer für die damals noch existierende DDR 1990 erlassenen Gesamtvollstreckungsordnung am 1.1.1999 durch die Insolvenzordnung ersetzt. Seitdem gilt im wiedervereinigten Deutschland ein einheitliches Insolvenzrecht, dessen bemerkenswerteste Neuerung wohl in der Einführung der Verbraucherinsolvenz besteht.

Namen- und Sachverzeichnis

Die im Register aufgeführten Zahlen bezeichnen Randnummern.
Die Hauptfundstellen sind durch Fettdruck hervorgehoben; »s« (siehe) bzw.»s. auch (siehe auch) verweisen auf andere Stichworte des Registers; die Umlaute ä, ö, ü werden in der alphabetischen Reihenfolge des Verzeichnisses so behandelt, wie wenn sie als ae, oe, ue geschrieben wären.

Aachen 38, 162, 168, 178; – Dom **148 f.**
ABGB s. Oesterreichisches Allgemeines Bürgerliches Gesetzbuch
Abgeordnetenhaus, preußisches. 366
Abhauen – der Hand s. Handabhauen; – des Schwurfinger 215
Absagebrief 214
Abschreckung als Strafzweck 218, 223, **340**, 342, 346
Absolutismus 5, 261, 263, **267**, 309; – aufgeklärter 189, 282, 312, 315, 353, 367
Abt, Äbte 240 und andere.; s. auch Ordensgeistliche
Abteien, Klöster 37, 47, 73, 81, 260, s. auch Benediktiner-a.
Abtreibung 534, **581**
Abtriebsrechte s. Retraktrechte
Abzahlungsgesetz (1894) **428**
Accursius, Accursische Glosse (13. Jahrhundert) **128 f.**, 187, 296
Acht 61, 170
Achtstundentag 436, **554**
Adel, Adlige (= nobiles) 25 f., 28, 30, 46 f., 110, 117, 234, 255, 262, 282, 314, 364, 402; – erblicher 351; hoher 231; – niederer 97, 231; – preußischer. 268, 273; -sverleihung 249
Adenauer, Konrad (1876–1967) **498**, **518**, 519, 530, **532**, 533
Adoption (durch Lebenspartner) 589
Advokaten = Anwälte 68, 300, 315, 321, 325 f., 393
Ägypter, Recht der 29
Ämter – im Fürstbistum Münster 270; – lehensgebundene 106; – nicht lehensgebundene **106**, 158; – städtische 172; s. auch Beamte
Akademie für deutsches Recht **482**
akademische Würden, Verleihung 249, s. auch doctor …
Akkusationsverfahren 221, 329
Aktenversendung 275, 299, s. auch Spruchtätigkeit
Aktiengesellschaften 423, **427**, 446, 539, 560; -gesetz (1937) **483**
Alamannen 31, s. auch Lex Alamannorum
Albrecht von Brandenburg 159, 269
Alexander III., Papst (1159–1181) **119**, **131**

Allgemeinbegriffe **405**
Allgemeiner Teil – des bürgerlichen Rechts **309**, 405; – des Strafrechts **75**, **330**, 574
Allmend = gemeine Mark 286, **287**, **290**, 293, s. auch Marknutzungsrechte, Waldland, Weideland
Allod **93**, **95**, 108
Alpkorporationen 295
ALR s. Preußisches Allgemeines Landrecht
Altes Testament 53, 71, 218
Althusius, Johannes (1557–1638) **145**
Amerika s. USA
Amsterdam 343
Amtmann, münsterischer **270**
Amts-betrieb **69**, 221, 373; -rentmeister, münsterischer **270**
Ancien Régime 364
Anerbenrecht 280, 419, **591**
Angriffskriege 473, **511**
Anhalt 440, s. auch Sachsen-Anhalt
Anholt, Herrschaft 242
Anstiftung 75
Anti-Terrordatei 584
Antitrustgesetze, amerikanische 566
Anwälte s. Advokaten
Anzeigungen = Indizien 329
Appellation, Berufung 223, **227**, 235, 269, 329
Aquitanier 31
Araber 95, 125
Arbeit, Gesetz zur Ordnung der nationalen (1934) 558; – Pflicht zur 542a; – Recht auf 542a
Arbeiter-ausschüsse **425**; -bewegung 363; -koalitionen **363**; -schaft 420, 424, **425**, 454; -schutzgesetz (1891) **425**; -schutzkonferenz (1890) 563
Arbeiter- und Soldatenräte 435
Arbeitgeberverbände 563; – Bundesvereinigung der deutschen **535**
Arbeits-beschaffung **564**; -direktor **568 f.**; -front, Deutsche **463**; -gerichte **565 f.**, 562; -gesetzbuch der DDR (1977) 542; -häuser 577; -kampfrecht **570**; -losenversicherungsgesetz (1927) **565**; -losigkeit **447**, 450, 460, 541, 566; -ordnungen (1891) 425; -organisation, Internationale (1919) 571

235

Arbeitsrecht 420, 425, **561–572**; – internationales **571**
Arbeitsvertrag 359
archäologische Gegenstände **18**, **26**
Archidiakon 112
arelatensisches Königreich s. Niederburgund
Arenberg, Herzog 349
Arier, Nichtarier **453**, **464**, 479
Aristokratie s. Verfassungen, aristokratische
Aristoteles (384–322 v.Chr.) 116, 129, 205, 307
Armee s. Heer
Arme und Reiche vor Gericht 379
Armenien 542 d
Armen-schutz 36; -unterstützung 288
Aschaffenburg 168
Assessoren des RKG **234**, 269, 297; -prüfungen, preußische. **275**
Asylrecht 526
Atom-energieanlagen, Haftpflicht 394; -gemeinschaft, europäische s. EURATOM
Attentate auf – Wilhelm I. 421; – Hitler (1944) **472**
Aufklärung 14, 281, 310, **334–339**, 342, 402, 568, s. auch Absolutismus, aufgeklärter; -suniversitäten **383**
Auflassung **208**
Aufopferungsanspruch (1794) **319**
Aufsichtsrat 560 f.
Augsburg 151, 169, **183**, 244; -er Konfession 250 f.; -er Religionsfrieden (1555) **250**, 261
Augustiner 112
Augustinus (Kirchenvater, 354–430) 307
Ausländer, Fremde 231
Aussperrungen 562
Austraegalgerichte **227**
Autobahnen 460, 544
Autonomie – der Städte **177**, **184**, 274; – der Landgemeinden **292**
Azo (Glossator, 12./13. Jahrhundert) 128, 296

Babelsberger Konferenz 599
Babylonier s. Codex Hammurabi
Baden – Großherzogtum (1806–1918) 321, 354, 391, s. auch Verfassung; – Markgraf, Kurfürst (1803–1806) **240**; – Land (1919–1945) 440, 507; – Prinz Max von Baden s. Max
Baden-Württemberg **488**, **507**
Badisches Landrecht (1809) **321**, 401
Bahrprobe **63**
Baldus (1328–1400) **129**, 187, 296, 327
Baltikum-Lübecker Recht 178
Bamberg 168; – Bischöfe 123
»Bambergensis« s. Constitutio criminalis B.
Banditen 225b
Bank (d. Reichstags) – geistliche **242**; – weltliche **242**
Bann – kirchlicher 115; – weltlicher 211

Bannrechte s. Gewerbebannrechte
Bannstrafen **225 b**, s. auch Verbannung
Barbeyrac, Jean (1674–1744) **309**
Bartolus (1314–1357) **129**, 187, 296, 327
Basel 169, s. auch Konzil
Bauern-befreiung **281–284**, 357; -krieg (1525) 231, 300; -legen 278; -verband, Deutscher 535; -weistümer **192**, **277**
Bauerschaft 291, 292
Bau-gesetz (1960) 210; -polizei 177; -recht 543
Bayern 27, 295; – Herzogtum, Kurfürstentum (1623–1806) 258, 339, s. auch Codex iuris criminalis bavarici, Codex Maximilianeus; – Königreich (1806–1918) 344, 387, 391, s. auch Strafgesetzbuch, bay., sowie Verfassung; – Land (seit 1949) 440, 443, **488** f., 500, 507; – Volksstamm 31, s. auch Lex Baiuwariorum
Beamte 262, 431, **492**, 517; – eingesetzte und absetzbare **106**, 108; – preußische. **273**, 366; s. auch Ämter
Beamtentum 106, s. auch Berufsbeamtentum
Beaumanoir 200
Beccaria, Cesare de (1738–1794) **337**, 339, 568
BGB s. Bürgerliches Gesetzbuch
Begnadigung 329; -recht 442, 517
Begriffs- und Konstruktionsjurisprudenz **404**, 407, 585
Beichtpraxis s. Jurisdiktion in foro interno
Beihilfe 75 f., 330
Beispruch des künftigen Erben s. Erbenlaub
Belgien 31, 321, **389**, 440, 469, 497, s. auch Verfassung
Benedikt von Nursia 50, 187
Benediktiner-Abteien **50**
beneficium s. Lehen
Bentham, Jeremy (1748–1832) 311
Bentheim, Fürst 119; – Grafschaft 242
Berg, Großherzogtum 349
Berg-bauunternehmen 528; -leute 425; -recht 419; -regal 248
Berlin 168, 309, 386, 403, 435, 542f, 542g, 563, 567; – Blockade (1948/1949) **492**; – Mauerbau (1961) **492**, 542e, 589; – Universität **383**, 402, 404, 492; s. auch Groß-Berlin (Sektoren), Ost-Berliner Volksaufstand, West-Berlin
Bern 140, 170
Berufs-beamtentum **273**, 464; -innungen 426; -politiker **448**
Berufung s. Appellation
Besançon 87, 152
Besatzungs-mächte **486–496**, 523 f., 566 f., s. auch Militärregierungen; -statut 530
Besatzungszonen **487** f., 490, 492, 494; – amerikanische **488**; – britische **488**, 489, 580; – französische **488**; – sowjetische **489**
Beseler, Georg 406
Besitz 402

Besserung – als Strafzweck 340, 342, **343**, 346, 579; – des Rechts s. Reformation des Rechts
Bestechung von Richtern 71, **78**
Betreuungsgesetz 590
Betriebs-führer 566; -räte 565, 566, 568; -rätegesetz (1920) **565**; -verfassungsgesetz (1972) 569
Beweismittel – magische 63, 82, **222**; – rationale **222**
Beweis-theorie, gesetzliche 329, 376; -verfahren 68, 375; -würdigung, freie 376
Bibel 40, 116, 129 f., 197, 205, 260; -stellen (einzelne) 204, 218, 222, 260; s. auch Altes Testament
Bildungsnotstand 545
Binding, Karl (1841–1920) **578**
Bischöfe (bis 1806) 49, 111, 115 f., **123**, 203, 242, s. auch Fürsten, geistliche: – (seit 1806) 398 f.
Bischofs-sitze 49, 52, 162; -städte **168** f.
Bismarck, Otto von (1815–1898) 8, 124, 366, 387, 389, 397, 399, 421, 430
Bismarcksche Reichsverfassung (1871) **387–391**, 412, 431, 438, 475
Bistum = Diözese 82, 111
Blockwahlen in der DDR 543
Blutstraf-en s. Strafen, peinliche; -recht 214
Bocholt 264
Bodenzinse – grundherrschaftliche = Erbleihezinse 53, **136**, 205, 276, **282**; – städtische 164
Bodin, Jean (1530–1596) 261
Böhmen 178; – König, Kurfürst 147, 241; – und Mähren, Reichsprotektorat (1939) 468
Bologna 93, **126, 128, 130**, 135, 149, 187
Bonifaz VIII., Papst (1294–1303) 131, **146**
Bonn 168, 497; -er Grundgesetz (1949) s. Grundgesetz
»Bourgeois« s. Bürger
Bracton 200
Brandenburg – (bis 1806) Markgraf, Kurfürst 147, 241, 266; – (nach 1945) Land 489, **507**
Brand-markung 215; -stiftung **300**
Brandt, Willy (1913–1992) **518**, 519, 531
Braunau
Braunschweig 258, 440, s. auch Verfassung; - Lüneburg, Herzog, Kurfürst 240
BRD s. Bundesrepublik Deutschland
Bremen 140, 169, **183**, 388, 391, 440, 488, 507
Brentano, Lujo (1844–1931) 424
Breviarium Alarici = Lex Romana Wisigothorum **34**
Bridewell 343
Brilon 414
»Brüche« 215
Brüning, Heinrich (1883–1970) **450**, 474, 498
Brüssel 528
Büchernachdruck, Verbot 395
Bünde 140

Bündnis-recht der Reichsstände **251**; -system 255
Bürger als »Bourgeois« **185**; – als »citoyen« **185**; – von Städten 165, **185**, 312, 354 und andere.
Bürgerliches Gesetzbuch = BGB (1896) **3, 8**, 481, 502 und andere.; – Entstehung **411–420**; – Erste Kommission (1874–1887) **414**; – Erster Entwurf (1887) 407, **414**; – Motive zum Ersten Entwurf (1887), **414**; – Teilentwürfe **414**; – Vorkommission (1874) **413**; – Zweite Kommission (1891–1895) **416**
bürgerliches Recht = Zivilrecht s. Privatrecht
Bürgerrechte s. Grundrechte
Bürgertum 423, 427, **454**; – höheres 386, 415
Bulgarien 434, 542d
Bulgarus (Glossator, 12. Jahrhundert) 128
Bundes-akte (1815) **384**; -gerichtshof (seit 1950) 179, 584; -kanzler (seit 1949) 517, **518** f., 520 und andere; -kartellamt 567; -minister (seit 1949) 517, **519** f., 538; -präsident (seit 1949) **516** f., 518
Bundesrat (1871–1918) 387, **388**, 390, 413, 414, 416 f., 438; – (seit 1949) 509, **514** f., 521, 549
Bundes-republik Deutschland = BRD **497** und andere; -richter (seit 1949) 517
Bundesstaat 255, 258, **387**, 437, **507**, 524; -en = Gliedstaaten des Deutschen Reiches (1871–1918) 387 f., **391**
Bundestag (1815–1866) 362, 364a, **384**, 386, 388, 395, 409; – (seit 1949) 500, **512** f., **515**, 516, 518, 521, 549
Bundes-verfassungsgericht (seit 1949) 513, **521**, 551, 584a; -versammlung (seit 1949) **516**; -wahlgesetz (1956) **512**; -wehr s. Heer
Burding 291
Burgund 116, 147, 152; – Freigrafschaft 87; – Herzogtum 160; – Königreich **87** f., s. auch Hochburgund und Niederburgund
Burgunder 31, s. auch Lex Burgundionum und Lex Romana B.
burgundisches Lehenrecht 100
Burgsteinfurt s. Steinfurt Burrichter s. Schulze
Burschenschaft, Allgemeine Deutsche 363; -en 363
Buße s. compositio
Byzanz, byzantinisch 125, 127

Caesar, Gaius Julius (100–144 v.Chr.) 19
Calixtus II., Papst (1119–1124) 89, **116**
Calvin, Jean (1509–1564) 307; -isten s. Reformierte
campio = champion 63
Canossa (1077) **115**
Carmer, Johann von (1720–1801) 314
»Carolina« (1532) s. Constitutio criminalis C.
Carpzow, Benedikt (1595–1666) **333**
Carstens, Karl (geb. 1914) 516

Sachregister

CDU s. Parteien (seit 1949)
centeni = Hundertschaft 22, **26**
Centrale Untersuchungskommission in Mainz (1819) **362**
Chancengleichheit 545
Charte constitutionnelle (1814) 364
Chlodwig I., König (481–511) 31
Christen – Deutsche **465**; -verfolgungen 484
Christianisierung 49
christliches Rechtsdenken s. religiöses Rechtsdenken
Chroniken 37, 89
Churchill, Winston (1874–1965) 487, 492
citoyen s. Bürger
civitas, civitates 21, **22**, **26**
Clemens VII., Papst (1523–1534) 149
Cloppenburg 159
Cluniazens-er 112; -ische Kirchenreform 86, 110, 115
Cluny (Abtei) 86
Cocceji, Samuel von (1679–1755) **275**, 314
Code civil (1804) **320 f.**, 401 f.; – pénal (1810) **341**; – d'instruction criminelle (1808) **372**, 393; – de procédure civile (1806) **326**, 393
Codex – Eurицianus (um 475) 34; – Hammurabi (um 1700 v.Chr.) **29**; – iuris canonici (1917 bzw. 1983) **133**; – iuris criminalis bavarici (1751) 313, 339; – v. Justinian (534) **127**; – Maximilianeus bavaricus civilis (1756) **313**, 314, 401
Coesfeld 168
Columbus, Christoph (1451–1506) 228
comites s. Gefolgsleute
Compiègne s. Waffenstillstand
compositio = Sühnegeld = Sühnegeldleistung = »Buße« 24, 51, 62, **74**, **216**
concilium s. Thing
conclusum imperii s. Reichsschluss
Confoederatio cum principibus ecclesiasticis (1220) **156**
Conring, Hermann (1606–1681) **306**
Constitutio criminalis – Bambergensis (1507) **327**; – Carolina = Peinliche Gerichtsordnung Karls V. (1532) 220, 224, 230, **327–333**, 339, 343, 350; – Theresiana (1768) **339**
Constitutio de regalibus (1158) **134**
consultum imperii s. Reichsgutachten
Corpus iuris – canonici (1415) **132**, 186; – civilis (532–534) **127**, 128 f., **187**, 197, 306, 309, 311, 401, 405 und andere.; – Fridericianum (1781) **325**
Corvey, Abtei 50, 242
Coutumes de Beaumanoir 200
Cuiacius, Jacobus (1522–1590) **306**
Cuius regio, eius religio **250**, **261**

Dänemark, Königreich 243, 440, 469

Dalberg, Karl Theodor von (1744–1817) 258
Dante Alighieri (1265–1321) **142**
Darlehen 25; -szinsen 25, 28, **205**, s. auch Wucherverbot
Dauerverwahrung 568
David, König 143
DDR = Deutsche Demokratische Republik VI, 510, **523**, 527, **531**, **542–549**; – Beitritt zur BRD (3.10.1990) **548**; – Einigungsvertrag (31.8.1990) **548**; – Gesetze **548**; – Ländereinführungsgesetz (1990) **507**; – Verfassung 542, 543, 544, 572, 581, 586, 599
Decretum Gratiani (um 1150) **130**, 197, 203
Decianus, Tiberius 333 b
Deflationspolitik (um 1932) 450
Dekan 112
Dekartellierungsverordnungen (nach 1949) 575
Dekretalen 130 f., **132**, 226
Delikt = unerlaubte Handlung (Begriff) 309
»Demagogenverfolgungen« (nach 1819) 362
Demokratie, direkte 506
demokratischer Rechtsstaat 382, **506**, 525, s. auch Verfassungen, demokratische
demokratische Erwägung 451
Demontagen (nach 1949) **495**
Deputationen – kaiserliche **248**; – ständische 267
Descartes, René (1596–1650) 307
Deutsche Demokratische – Partei s. Parteien (1919–1934); – Republik s. DDR
Deutscher Bund (1815–1866) 354, 362, **384**, 385, 410
deutsch-französischer Krieg (1870/1871) 387, 392, 434
Deutsch-nationale Volkspartei s. Parteien (1919–1934); -ritter 242, 277, **278**
Diebstahl 74, 215, 225a
Dienst-mannen s. Ministerialen; -recht 139; -vertragsrecht 417, 553
Digesten s. Pandekten
Digestum – novum 128; – vetus 128
Diktatur **142**, **459**, 477
Ding – echtes 59, 61, – gebotenes 59, 61; s. auch Thing
Diözese = Bistum **111**
Dispositionsmaxime **69**, 221, 226, 323
doctor – decretorum **133**; – iuris civilis **133**; – iuris utriusque **133**; s. auch akademische Würden
Domherren 116
Dominikaner 333
dominium – directum s. Obereigentum; – utile s. Nutzeigentum
Domkapitel 111, **123**, 157, 264, 265
Donellus, Hugo (1527–1591) **306**
»Doppelwahl« = zwiespältige Wahl 146 f.
Dopsch, Alfons (1868–1953) 286
Dordrecht, Erklärung von (1572) **355**

Dorf-gemeinden 56, s. auch Kirchspiel, politisches; -siedlung, vorherrschende **288**, 289
Dortmund 140, 168, 178, 244
Drei-felderwirtschaft **55**, 56, 209, 288, 352; -klassenwahlrecht, preußische. (1850) **366**, 388
Dreißigjähriger Krieg (1618–1648) 240
Dresden 168, 196, 486; -er Entwurf eines Obligationenrechts (1866) **410**
Droste 270

Ebenbürtigkeit 170
Ebert, Friedrich (1871–1925) **433**, 435 f., 442, 445, 448
ECU **528**
Edictus Rothari (643) **34**
Egalisierungsstreben 320, **379**, 380, 424, 587 f., s. auch Gleichheit
Ehe-beschränkungen von Leibeigenen 282; -freiheit 360; -güterrecht s. Güterrecht
Ehehindernisse – kanonische **203**; – nationalsozialistische 464
Eherecht – kanonisches **203**; – d. BGB 417; – (1919) **444**; – (nach 1949) 587; -sreformgesetz (1976) **589**
Ehe-sachen, Zuständigkeit 135, 260; -scheidung **589**; -schließung (Form) **203**, 320, s. auch Ziviltrauung; -schließungsregister 201; -sitten 25
ehehafte Rechte 211
Ehrenstrafen 215
Ehrlich, Eugen (1862–1922) 597
ehrlos, unehrlich, rechtlos **219**, 231
Ehrschatz s. laudemium
Ehrverletzungen 74
Eichhorn, Karl Friedrich von (1781–1854) **8**, 403
Eideshelfer **62**, 222
Eigen-behörige **280**; -betriebe, gutsherrliche 47, 53, 277, **278**; -kirchen **119**, 121
Eigentum – geistiges 395; – genossenschaftliches **25**, **28**, – geteiltes **94** und andere; – Unverletzlichkeit des 212
Eigentumsordnung, münsterische (1770) 269, **280**
Eike von Repgow (12./13. Jahrhundert) 98, **196**, 197
Einehe = Monogamie 25, **28**, 82
Einführungsgesetz zum BGB 212, 294, **419**
Eingriffsverwaltung 543
Einhard (ca. 770–840) 37, 72
Einheitsstaat 104, 387, 489, 491; – dezentralisierter 437
Einkammersystem 489
Einkommensteuern 391, 430, 443, **509**, 550, 557 f.
Einungen s. Satzungen
Einzelhofsiedlung, vorherrschende **290–292**
Eisenbahnen 391, 443; – Haftpflicht 394

Eisenprobe **63**
»Eiserner Vorhang« **492**
EKD = Evangelische Kirche Deutschlands **534**
El-Alamein (Schlacht, 1942) 471
Elsaß 87, 243; -Lothringen, Reichsland (1871–1918) 390, 440
elterliche – Gewalt **588**; -s Sorgerecht 588 f.
Emmingersche Justizreform (1924) 378
Engels, Friedrich (1820–1895) 379
England 106, **109**, 252, 263, 343, 402, 468 f., 487, 549; – König von 104, 243; s. auch Besatzungszone, britische
Enthauptung 215
»Entnazifizierung« **494**
Enzyklika »Rerum novarum« (1891) **425**
Erben, weichende 280
Erbenlaub 209, 364a
Erb-folge **25**, **36**, **81**, **101**, 177, **231**, **262**, **305**, **444**; -hofgesetz (1933) **580**; -kötterei 287; -lehen 209; -leihezins s. Bodenzinse; -männer, münsterische **170**; -recht s. Erbfolge; -untertänigkeit, preußische. **283**, **315**
Erfindungspatentgesetz (1894) 395
Erfolgshaftung **75**, 214
Erfüllungspolitik (nach 1919) **455**
Erhard, Ludwig (1897–1977) **492**, **518**, 519, **538**, 576
Erle bei Raesfeld 61
Ermächtigungsgesetz (1933) **459**
Ernst August, König von Hannover (1837–1851) 364 a
Ertränken als Strafe 215
Erzämter **147**
Erzberger, Matthias (1875–1921) 445
Erzbischof 112, 116, s. auch Köln, Mainz, Salzburg, Trier
Erziehungs- und Bildungswesen 545
Erz-kämmerer s. Kämmerer; -kanzler 40, **147**; -marschall s. Marschall; -primas 147; -schenk s. Mundschenk; -truchseß 147
Essen, Stift 50, 242
EURATOM = Europäische Atomgemeinschaft **528**
Euro 528 a
Europäische Union [EU] 528a, 576
Europäische Wirtschaftsgemeinschaft s. EWG
Europarat 528
Euthanasie 470
Evangelische s. Protestanten; – Kirche Deutschlands s. EKD
Evokation **227**
EWG = Europäische Wirtschaftsgemeinschaft 528
Exemtion **89**

Fabrikinspektoren 425
Fahnenlehen **99**

Fahrlässigkeit s. neglegentia
Falk, A. (1827–1900) **397**
Familie 25, 28; – Bindung an 81 f., 209, 231
Familien-fehden 24; -fideikommisse **591**;
 -gesetzbuch der DDR (1965) 542; -recht 405,
 414, 534, **587–589**
Faschismus 477
FDP = Freie Demokratische Partei s. Parteien
 (seit 1949)
Fehden 24, **214**, 229, **233**, 235
Feigheit 24
Felonie 103
feudale Bindungen 209
Feudallasten **54, 283**, s. auch Bodenzinse
Feudal-recht = ius feudale 107; -rechte 282
Feudalstaat **92, 110–118**; -liches Prinzip 247
feudum **93**, s. auch libri feudorum
Feuerbach, Paul Anselm (1775–1833) 336, **344 f.**,
 346, 378, 392, 569
Fichard, Johann (1512–1581) **304**
»finsteres« Mittelalter **89**, 228
Fischereirecht 9
Fiskus **324**, 364 a
Flüchtlinge 496, 537
Flur-bereinigungen 56; -zwang **55**, 288
Föderalismus 439, 443, 491
Folter 65, **223 f.**, 329, 333, 337, **338**, 339
Form – von Rechtsgeschäften 35; -elsamm-
 lungen 37; -freiheit des Vertragsschlusses **206**;
 -ularbücher 135
Fortschrittspartei s. Parteien (1871–1918)
Frachtverträge 125
fränkische – Grafenbank 242; – Zeit (Begriff) **14**;
 -s. Recht s. Recht, fr.
Franco, B. F. (1892–1975) 477
Franken – Herzogtum 90; – König- und (seit
 800) Kaiser-reich **31 ff.** und andere; – Volksstamm **31 ff.**, s. auch Ribuarier, Salfranken
Frankfurt a. M. 151, 168, 181,**183**, 384, 387, 402,
 497; – Dom **147 f.**, 149
Frankfurter – Reformation (1578) **304**; – Reichsverfassung (1849) s. Paulskirchenverfassung
Frankreich, Franzosen 27, 31, **87**, 104, 106, 210,
 229, 243, 251, 255–257, 261, 263, **320**, 349,
 367, 389, 400, 402, 423, 434, 440, 446, 455,
 468 f., 487 f., s. auch Charte constitutionnelle,
 Code ..., Französische Revolution, Juristen
 französische, Recht altfranzösisches
Franz I., Kaiser (1745–1765) 148; – II., Kaiser
 (1792–1806) 14, 107, **259**
Französische Revolution 54, 108, 145, 175, 185,
 189, 210, 212, 256, 282, 292, 314, 320, 347,
 353, 355
Frauenwahlrecht 438
fredus = Friedensgeld **24, 62**, 74,
Freiburg i.Br. 166, 168, 188; – Stadtrecht (1520)
 304

Frei-gelassene, Halbfreie 25, 28; -gerichte s.
 Vemeg.; -grafen **225**; -handel 385, 430
Freiheit 322, 325, 353, 379, 383, 573; -sberau-
 bung 74; -rechte **355–363**, 391
Freiheitsstrafen 215, **343**, 569 f.; – kurzfristige
 577, 579
Frei-herren 98; -rechtsschule **597**; -schöffen **225**
Fremde s. Ausländer
»Freunde« = Verwandte 62
Friede 73, **141**, 214
Friedens-bezirk 161; -geld s. fredus
friedlos **61**
Friedrich I. Barbarossa, Kaiser (1152–1190) 89,
 103, 134, 154; – II., Kaiser (1215–1250) 156,
 187; – III., Kaiser (1440–1493) 229; – der
 Große (1740–1786) 182, 266, 273, **274 f.**, 314,
 315, **324**, 325, 338, **361**
Friedrich-Wilhelm – der Große Kurfürst (1648–
 1688) 267; 309; – I., König, preußischer.
 (1713–1740) **271–273**; – III., König, preußi-
 scher. (1797–1840) 124; – IV, König, preußi-
 scher. (1840–1861) 365, 386, 403
Friesen s. Lex Frisionum, Ostfriesland
Frondienste 46, 53, 276, 281
frühe Neuzeit (Begriff) **14**, 228
Frühmittelalter (Begriff) 14
Führerprinzip 30, **454, 479**, 483, 558
Fürkauf 173
Fuero von Aragon 200
Fürsprecher (Vorsprecher) 68
Fürst, C. J. M. von (1717–1790) 324
Fürsten = principes **22** und a.; – geistliche 98 f.;
 – weltliche = Laienfürsten 98 f., **242, 353**, 388
Fürstenkollegium des Reichstags **242**, 245
Fuchs, Ernst (1859–1919) 585
Fulda, Abtei 50
Fusionen von Unternehmen 539, 576

Gajus (2. Jahrhundert) 127, 405
Galeerenstrafe 331
Galen, Christoph Bernhard von, Fürstbischof
 von Münster (1650–1678) 181; – Clemens
 August Graf von, Bischof von Münster
 (1933–1946) 470
Galgen s. Hängen
Gaststätten 46; -rechte 211
GATT (Vertrag von 1947/93) VI
Gau = pagus **22**, 41; -gerichte 23 f., 44, **61**, 72
Gebietsreform s. Gemeindegebietsreform
Geblütsrecht **39**, 90
Gebrauchsmustergesetz (1894) 395
Gefährdungshaftung **394**
Gefolgsleute = comites **22**, 26
Gefolgschaft 558; -treue **22**, 479; -wesen 30
Gegenreformation 14
Geheimer Rat, münsterscher **270**; – preußischer.
 271

Geiselnahme 573
Geisteskranke s. Euthanasie
Geistlichkeit s. Klerus
Geldstrafen 579
Gelnhäuser Urkunde (1180) 154
Gemeinde – politische **288**, 510; -gebietsreform 510; -ordnung, nordrhein-westfälische (1952) 292; -versammlung 288; -vorsteher = Schulze 288, 292
Gemen, Herrschaft 242
Gemeinfreie 25, 28
»Gemeinheit« s. Allmend
General-direktorium, preußischer. 271, 272; -klauseln 583; -prävention 340
genossenschaftliche (soziale) Bindungen **209**, 213
Genua 170
Genf 571
Georgien 546
Gerechtigkeit 308
Gericht (Begriff) 4
Gerichte – der Grafen **59 f.**; – grundherrliche = Patrimonialg. **60, 73**; – reichsstädtische 298; – territoriale 298; – Unabhängigkeit der 369; – der Zentenare 59 f.; s. auch Arbeitsgericht, Gau-gericht, Go-gericht, Hof-gericht, Jurisdiktion, Kartell-gericht, Kirchen-gericht, Königs-gericht, Lehens-gericht, Rechtsprechung, Reichs-gericht, Reichshofrat, Reichskammergericht, Sondergericht, Stadt-gericht, Vemegericht und andere
Gerichtsbarkeit – freiwillige 249, **305**, 600; – hohe 139; – kirchliche 203; – mittlere 139; – niedere 44, 139
Gerichts-bezirke 91, s. auch Zersplitterung der; -eiche 61; -frieden 61; -gebührenanteile s. Sportelm; -linde 61; -stätten **61**; -verfassungsgesetz = GVG (1877) **393**
Germanen 19, 453, s. auch Tacitus
germanische-s Recht s. Recht, germanisches; – Zeit 14, **19–30**
Germanisten 207, **406 f.**, 481, 597
Gerüfte **225 a**
Geschmacksmustergesetz (1876) 395
Geschworene **377**; -nbank 377
Gesellen **173**; -stück 173
Gesellschaft – mit beschränkter Haftung s. GmbH-gesetz; -svertrag, naturrechtlicher 337
Gesetz (Begriff) **3**; -buch, josefinisches (1787) 322; – westgalizisches (1797) 322; -e, rechtsstaatliche **369**; -eskommission, preußische. 315; -esrecht, vorherrschendes 369
Gesetzgebung-sarten im Mittelalter **189–192**; -sminister, preußische (1842) 403; – Zuständigkeit für **364**, **388**, 390, 441, 515
Gesindedienste 280, 282
Geständnis **65**, **223**, 224, 329, 333

»Gestapo« = Geheime Staatspolizei **467, 485**
»gesundes Volksempfinden« 480, 484
Gewaltenteilung **368**, 369, 477
Gewerbe-bannrechte 211 f., 352, **359**, 419; -ordnung (1869) 425
gewerblicher Rechtsschutz **395**
Gewere 99, **207**
Gewerkschaft-en **463**, 555; -sbund, Deutscher 535
Gewissensgründe für Kriegsdienstverweigerung 504, 527
Gewohnheits-recht 3, 17, 33, 96, 100, 203, 225a, 299, 306, 322, 369, 371; -verbrechergesetz (1933) 579
Gilden s. Zünfte
Glaubens- und Gewissensfreiheit **355**, 361, 542 b
Gleichberechtigung 503, 584; -sgesetz (1957) **577**
Gleichgeschlechtliche Lebenspartnerschaft 589
Gleichschaltung **463, 465**
Gliedstaaten (1871–1918) s. Bundesstaaten; – (1919–1945 und seit 1949) s. Länder
Glorious Revolution (1688) **145**, 263
Glossatoren 93, **126–129**, 134, 187, 306
Glosse – Accursische s. Accursius; – Malbergische s. Malb.
»Glückseligkeit« als Staatszweck 340, 353, 383
GmbH-Gesetz (1892) 427
Godesberger SPD-Parteiprogramm (1959) 542
Goethe, J. W. von (1749–1831) 148, 182, 225, 236, 255, 347, 362, 480
Göttingen, Universität 318, 364a, 383
Göttinger Sieben **364a**
Götz von Berlichingen 150
Gogerichte 225, 269
Goldene Bulle (1356) 114, **147**, 151, 187, 240, 275
Goldmark 446
Gorbatschow, Michail 546
Goslar 168
Gothofredus, Dionysius (1549–1622) 127
Gottes-gnadentum **143**, **145**, 364; -lästerung 215, 338; -urteil = Ordal 63 f., 222
Graf, Grafenamt 36, **41**, 95, 242 und anderen; -schaft **91**; -enbanken 242
Gratian (12. Jahrhundert) **130**, 204
Gregor VII., Papst (1073–1085) **115**; – IX., Papst (1127–1141) 131; – von Tours (6. Jahrhundert) 33, 37, 49, 71, 89
Griechen-land 469; – Recht der alten Griechen 29
Grimm, Jacob (1785–1863) 8, 192, **364a**
Groß-Berlin 507; – Sektoren von **487**
Großbritannien s. England
Großer Kurfürst s. Friedrich Wilhelm
Großhessen 488
Grotius, Hugo (1583–1645) **307 f.**, 309, 334
Gründerkrise (1873) 423

Gründungsstätte **164**
Grundbuch 37, 413, **419**; -ordnung (1897) **419**
Grundgesetz (1949) **497–527**, 535, 537, 542, 547, 557, 567, 595
Grundherrschaft 37, **45–48**, 53, 57, 60, 94, **276–284**, 352, 357 und andere; – Begriff **45, 276**; s. auch Eigenbetriebe sowie Gutsherrschaft
Grundhörige 46, 53, 60, 278; – Begriff **276**
»Grund-lagenvertrag« (1973) **531**; -rechte, Menschen- und Bürgerrechte 369, 386, 391, 444, 489, **501–504**, 505; -pfandrecht 446; -pflichten (1919) **444**
Grundstücks-belastungsschranken 352, **357**; -veräußerung, Form 208
Güterrecht, eheliches 81, 84, 177, 413, **587**
Gütergemeinschaft – eheliche 269; – westfälische 280, **317**
Güterstand, gesetzlicher 577
Gutsbetrieb der Grundherren s. Eigenbetriebe
Gutsherrschaft – im Fürstbistum Münster 269, 280; – preußische. 315; s. auch Grundherrschaft

Habsburg-er Dynastie 229, 240 f.; -ische Territorien 160, 266
Hadamar (Hessen) 470
Hängen als Strafe **215**, 225
Häuptlinge = principes 22
Haftpflichtgesetze 394, 592
Halbfreie s. Freigelassene
Halle, Universität 310, **383**
Hamburg 140, 169, **183**, 388, 391, 440, 488, 507
Hammurabi s. Codex H.
Hand – wahre Hand 208; -abhauen 215
Handelsgesetzbuch (1897) 409; – Allgemeines Deutsches (1861) 317, **409**
Handels- und Gewerbefreiheit 166, **175, 359**; -recht **125**, 315, 317
Handhafte (frische) Tat 225 a
Handlungshilfen 425
Handwerker 46, 170, **426**, s. auch Gewerbebannrechte, Zünfte
Handwerkskammern **426**
Hannover – (bis 1814) Herzog 240, 243, 416; – (1814–1918) Königreich 387, 416, s. auch Verfassungskonflikt
Hanse **140**
Hardenberg, Karl August von (1750–1822) **283 f.**, 353
Haubergsgenossenschaften 295
Hauptstädte 162
Haus-gesetze, landesherrliche **262**; -ierhandel 426; -meier, fränkische 40, 95
Haustürwiderrufsgesetz 593
Heck, Philipp (1858–1943) **598**
Hedemann, Justus Wilhelm (1878–1963) 482

Heer, Armee, Reichswehr, Bundeswehr 25, 36, 58, 231, 247, 382, 433, 471 f., 486, 527 f.; -führer, Oberbefehl 22, 40, **147, 389, 432**, 442, 469, 517, 527; s. auch Söldnerheer
Heerschildordnung **98**, 102
Hegel, Georg W. F. (1770–1831) 391, 480
Hegung des Things 22, **61**
Heidelberg 147, 196; – Universität (1386) **135**, 255, 309, 401
Heiliges Römisches Reich Deutscher Nation 14, **88, 255, 259, 348**, 401 und anderen.
Heil- und Pflegeanstalten 470, 577
Heimarbeiter 425
Heimlichkeit des Prozeßverfahrens **223**, 225
Heinemann, Gustav (1899–1976) 516
Heinrich III., Kaiser (1039–1056) 114; – IV., Kaiser (1056–1106) **115**; – V., Kaiser (1106–1125) 89, **115**, 116; – VI., Kaiser (1190–1197) 146; – der Löwe, Herzog von Sachsen (1142–1180) 92, 103, 154, 225; – IV., König von England (1399–1413) 144
Heise, Georg Arnold (1778–1851) 405
Helmstedt, Universität 306
Henker, Nachrichter, Scharfrichter **219**, 329
Herford, Stift 50, 242
Herrenfall 101
Henneberg, Berthold von (1441–1504) 232
Herrenchiemsee (1948) **497**
Herzog-samt 115; -tümer 90, 154
Hessen 27, 440, 488 f., 507; – Darmstadt s. Verfassung; -Kassel, Großherzogtum und Kurfürstentum = Kurhessen 240, 258, 387, s. auch Verfassung, kurhessische
Heuss, Theodor (1884–1963) **516**
Hexen-hammer = malleus maleficarum **333**; -prozesse 310, **333**, 335, 338
Hildesheim 168
Himmler, Heinrich (1900–1945) 467
Hindenburg, Paul von (1847–1934) 448, **451**, 467
Hintersassen **171**, 231
Historische Rechtsschule **8**, 403 f.
Hitler, Adolf (1889–1945) **451–485**, 486, 558
Hoch-burgund 87; -meister der Ritterorden 118; -mittelalter, Begriff 14; -savoyen s. Savoyen
Höfeordnung (1947) 280, **591**
Hölting = Holzgericht 290
Hof, Sitz des, in fränkischer Zeit 38; -ämter, fränkische 40; -fahrt **46**, 100
Hofgericht – grundherrliches 60, 108; – königliches **227**, 234; – münsterisches 269
Hofgerichtsordnung – münsterische (1571) **269**; -en 298
Hofkammer-münsterische 270; – Wiener 148
Hof-pfalzgraf 249; -recht, grundherrschaftliches 137, 139, 167; -tag s. Reichstag (bis 15. Jahrhundert)
Hohenstaufen, Kaiserdynastie 89 f.

Sachregister

Holland, s. Niederlande
Holstein, Herzog von **243**
Holz-gericht s. Hölting; -graf 290; -nutzungsrechte 293, **295**; -stab 81
Hommel, Ferdinand (1722–1781)
Honoratioren 299, 301 f.
Hoover, Herbert (1874–1960) 449
Hoya, Johann von, Bischof von Münster (1566–1574) 199, **269**, 298
Hoyer von Falkenstein (13. Jahrhundert) 196
Hugenotten 261, 361
Hugo (Glossator, 12. Jahrhundert) 128
Hugo, Gustav (1764–1844) **405**
Huldigung s. Lehenshuldigung
Humanismus, Humanisten 14, 228, **229**, 304, 306
Humboldt, Wilhelm von (1767–1835) 383
Hundertschaft s. centeni; -svorsteher s. Zentenar
Hutegenossenschaften 290, 294
Hypotheken 413

Idealismus s. Philosophie
Ihering, Rudolf von (1818–1892) **407**, 597
Immermann, Karl (1796–1840) 291
Immunität **73, 89**, 91, 117
Indigenat **262**
Individualrechte 497
Indizien s. Anzeigungen
in dubio pro reo **376**
Industri-alisierung 359, 382, 395, 423; -elle Revolution 423
Inflation – von Geld (1923) **446**; – von Gesetzen **536**
Infortiatum 128
Ingelheim 194
Initiativrechte des Volkes 441
Inkorporation 121 f.
Innocenz – III., Papst (1198–1216) 39, 64, **131, 146**, 222; – IV., Papst (1243–1254) 131
Innungen 5. Berufs-i., Zünfte
Inquisitions-maxime s. Untersuchungs-maxime; -prozess 223, 224, **329, 338, 373**
Insolvenzordnung 600
Institoris (Ketzerrichter, 15. Jahrhundert) 333
Institutionen – Justinians (532) **127**; -system **405**
Interessenjurisprudenz **598**
internationale – Organisation **527–530**, 563; – Regelungen 563, 567
Interregnum (1256–1273) 14, 151
Investitur, vestitura **99**; -streit (1075–1122) 86, **115** f., 217
Irnerius (12. Jahrhundert) **126** f., 198, 306
Iserlohn 318
Italien, Italiener 27, 31, 34, **89**, 116, **125**, 134, 147, 152, 206, 321, 337, 367, 469; – (888) Königreich **87**, 88
itio in partes 245, **251**

ius – evocandi 227, 324; – feudale = Feudalrecht 107; -tum pretium **205**

Jacobus (Glossator, 12. Jahrhundert) 128
Jagd 9; -recht 42
Jagsthausen 150; – Landrecht 150
Jahr und Tag 104
Jakob II., König von England (1685–1688) 145
Jalta **487**
Japan 434, 469; -isches Recht 96
Jena, Schlacht bei (1806) 283, 381
Jérôme, König von Westfalen (1807–1813) 349
Jesuiten 145, 335; -verbot 396
Johanniter 242
Josef II., Kaiser (1765–1790), Herrscher über Oesterreich und Ungarn (1780–1790) 148, **322, 339**, 356, 367
Josefinismus **367**
Juden 205, 231, **453** f., 456, **464, 471**, 473, 484, 494, 530; -regal **248**; -emanzipation 361
Jugend-gerichtsgesetze (1923, 1943, 1953) **570**; -gesetz der DDR 587; -liche, Minderjährige 330
Jugoslawien 469
Jurisdiktion in foro – externo **111**; – interno **111**, 205 f.
Juristen, Rechtsgelehrte – (bis 1806) 158, 234, 269, 298, – (1806–1933) 372, 386, 401 f., **415**, 557; – (1933–45) **473–485**; – (seit 1945) 536; – französische 187, **306**; – italienische 187, s. auch Glossaturen, Konsiliatoren; – österreichische 322; – preußische 275; – rheinische 321
Juristen-stand 402; -tage 411; -verein, Deutscher **411**
Justinian, Kaiser (527–565) 127
Justizreform – Emmingersche (1924) 378; -münsterische (1571) 199, **269**, 298; – preußische (um 1750) 275

Kabinetts-justiz **324**, 364a; -ministerium, preußisches. 271; -orders, preußische 271
Kämmerer 40, 147
Kaisertum – altrömisches (bis 536) 82, 90; – fränkisches (800–888) 39, 82, **90**; – römisch-deutsches (962–1806) 88, 90, 98, 107, **141–149**, 156 f., **248**, 348 und andere, s. auch »Doppelwahlen«, Königs- und Kaiserwahl, Krönung; – von Österreich (1804–1918) 259; – deutsches (1871–1918) **387, 389** f., 433
Kammergericht in Berlin **275**
Kanon = Stab = Richtmaß 130
kanonisches Recht s. Kirchenrecht, kath.
Kanonis-senstift 50; -ten, Kanonistik 116, **131**, 134, 186
Kant, Immanuel (1724–1804) **322, 337, 342**, 343, 346 f., **364**, 392, **405**, 420, 578
Kantianer 344

Kantone – der Ritterkreise 150; – der Schweiz 30
Kantorowicz, Hermann (1877–1940) 597
Kanzelparagraph **396**
Kanzler s. Bundeskanzler., Erzkanzler, Reichskanzler
Kapital – und Arbeit 461; -konzentration **539**
Kapitula-rien **36**, **74**; -tion (1945) **472**, 486
Kaplan 112
Kardinalskollegium **111**
Karl – der Dicke, Kaiser (881–887) 31, 87; – der Große, Kaiser (800–814) 34, 37, **39**, 59, 71 f., 78; – Martell (7./8. Jahrhundert) 95; – IV., Kaiser (1346–1378) **147**; – V., Kaiser (1519–1556) 124, 147, 149, 171, 230
Karlistenkrieg (1834–1839) 81
Karlsbader Beschlüsse (1819) **362**, 421, 445
Karlsruhe 521
Karolinger 95; -zeit 14, 31, 38, 64
Kartell-e **428**, **574–577**; -gericht **574**
Kassel 349
Kathedersozialisten **424**
Katholiken 250, 251, 397, 465, s. auch Kirche, katholische, und andere
Kaufmanns-gilden 83; -stand 125, 170, 173
»keine Experimente« **532**
Kesselfang **63**
Ketzer **215**; -richter 333
Kiesinger, Georg (1904–1988) 518, 519
Kinder, nichteheliche **231**, **249**, 360, 444, **503**, **588**
Kind-eserziehung **596**; -smord 215
Kindschaftsrechtsreformgesetz 588
Kirche **49–51**, 367; – altkatholische **398**; – Bekennende **465**; – Deutschlands, Evangelische s. EKD; – evangelische 465, s. auch Protestanten; – katholische 124, **397–399**, **534**
Kirchen-baulast 120, 122, 419; -gebet **119**; -gerichte **135**, 222
Kirchengut – unveräußerlich 95; – für Gebäudeunterhalt 120
Kirchen-Kampf, evangelischer **465**; – patronat **119**, **121**; – provinz 116
Kirchenrecht – altrömisches **111**; – fränkisches **49–51**; – katholisches = kanonisches **130–133**, 139, 186, 197, **203–2066**, 296; – urchristliches **111**
Kirchen-satz s. -patronat; -staat 114, 126; -stuhlrecht **119**; -väter 130, s. auch Augustinus; -vogtei s. Vogtei
Kirchgemeinde 120
Kirchspiel = Pfarrsprengel = Parochie 292; – politisches 292; -skonvention 292
Klage gegen den toten Mann 225a
Kleidung 305
Klein, Ernst Ferdinand (1744–1810) 340
Klein, Franz (1854–1926) **393**
Kleinkriminalität 480

Kleist, Heinrich von (1777–1811) 225, 309
Klerus = Geistlichkeit 51, **110**, 135
Kleve – Herzogtum 268; -märkische Stände **268**
Klöster s. Abteien
Klostervogtei s. Vogtei Koalition s. Arbeiterkoalition
Koblenz 168
Kodifikation im – engeren Sinn (Begriff) **311**; – engsten Sinn (Begriff) **311**; – weitesten Sinn (Begriff) **311**
Kodifikationen – des Strafrechts **313**, **339**; – des Zivilprozessrechts 313; – des Zivilrechts **311–322**
Köln 31, 162, 168 f., 244, 498; – Erzbischof, Kurfürst 118, 123, 146, **147**, 148, 154, 169, 176, 240
Kölner – Schreinsbücher **201**; – Wirren (1837–1842) **397**
Königtum – fränkisches 38 f.; – germanisches 22; – preußisches s. Preußen; – römisch-deutsches (bis 1806) s. Kaisertum
Königs-gericht, fränkisches **72**, **78**; – und Kaiserwahl 90, **146 f.**
Körper-schaftsteuern **509**; -strafen 215; -verletzung 74, **215**
Kötterei s. Erbkötterei
Kohl, Helmut (geb. 1930) 518
Kollaturrecht s. Kirchenpatronat
Kollegiatstift 112
Koloni-alpolitik **455**; -en 390; -sation s. Ostkolonisation
Kommanditgesellschaft 125
Kommissare – kaiserliche 182; – königlich-preußische 182, 268
Kommissionsverträge 125
Kommunis-mus 30, 181, 495, 499, 542 ff.; -ten 458; -tisches Manifest (1848) 379; s. auch Parteien (1919–1934 und seit 1949)
Kompositionen-System **24**, **28**, **33**, **35**, **82**, 214
Komturei 112
Konkordat (1933) **465**, s. auch Wiener Konkordat, Wormser Konkordat
Konkursordnung = KO (1877) **393**
»konkretes Ordnungsdenken« 480
Konrad II., Kaiser (1024–1039) 88 f.
Konsekration 116
konservative Rechtsauffassung **193**, **209**, 293, 316, 352
Konsiliatoren = Postglossatoren **129**, 187, 306
Konstantin – der Große, Kaiser (306–337) **114**; -ische Schenkung 114
Konstanz s. Konzil
Konstitutionen, römische 127
Konstruktions-jurisprudenz s. Begriffsjurisprudenz
Kontrollrat (1945–1948) **490**, **492**, 497
Konzentrationslager **464**, **471**, **484**, **485**

Sachregister

Konzessionen, öffentlich-rechtliche 212
Konzil – von Basel (1431–1449) 229; – von Konstanz (1415) 205, 229; – von Trient (1545–1563) **203**; – Erstes Vatikanisches (1870) **398**; s. auch Laterankonzil, Reformkonzilien
Konzilsbeschlüsse **36**, 130
Korruption 138
Kotzebue, August von (1761–1819) 362
KPD = Kommunistische Partei Deutschlands s. Parteien (1919–1934 und seit 1949)
Kraftfahrzeughalter, Haftpflicht 394
Krankenhäuser **553**
Kreisstände, preußische. 272
Kreittmayr, Aloys von (1704–1790) 313, 339
Kreuz-probe **63**; -züge 86, 116, 125, 163
Kriegs- und Domänenkammern, preußische 272; -verbrecherprozesse (nach 1945) **493**
Kriminalgesetze, josefinische (1787/88) 339
Kriminologie **577**
Kroatien 530
Krönung zum – Kaiser 39, 100, 114, 116, 118, 147, **148**; – König von Burgund 88; – König des fränkischen Reiches 40; – König von Hochburgund 87; – König von Italien 87 f.
Kunkellehen 101
Kurfürsten 146, 147 148, 240, 241; -kollegium des Reichstags 192, **240**, 241, **245**
Kur-hessen s. Hessen-Kassel; -iatsstimmen im Reichstag 242, 245; -köln s. Köln; -lande, unteilbar 147; -mainz s. Mainz; -trier s. Trier; -verein v. Rhens (1338) 146, 149, 192

Ladenbesitzer 426
Länder – (1919–1945) 439 f., 443, **463**; – (seit 1945) **488**, 497, **507–509**, 514, 548; -verfassungen (nach 1945) **489**
laesio enormis **205**
Laien-fürsten s. Fürsten, weltliche; -investitur 115; -spiegel (1509) 299
»laissez-faire« s. liberalistischer Grundsatz
Landes-herren, -herrschaft 106, **139**, **153–160**, **260–262**, 348 und andere; – Begriff **153**
Landes-hoheit 181; -planungsrecht **543**; -recht (seit 1900) 9, 212, 294; -rechtliche Vorbehalte **419**; -verfassungen 231, 351, s. auch Länderverfassung, Territorial-verfassung, sowie Verfassungen
Landfriede – Ewiger (1495) 230, **233**; -nsgesetze (-nsbündnisse) 191, **214**, **221**
Landgemeindeordnung – preußische (1891) 289; -en für Westfalen (1841 und 1856) **292**
Landgericht 269
Landgerichtsordnung, münsterische 269; -en **298**
Landräte, preußische. 272, 292
Landrecht 137, 139, **158**, 311, 405; – des Sachsenspiegels = sächsisches Landerecht 188;
– des Schwabenspiegels 200; -sreformationen (15.–17. Jahrhundert) 303 f., 311
Landschädliche Leute 217
Lands-gemeindeverfassung, schweizerische 30; -hut, Universität 344
Landstädte 157, 268, 274
Landstände 118, **157**, 181, **262**, **263–268** und andere; -Deputationen der, preußische 267
Landtag (bis 1806) 118, **157**, 264, 268; – (nach 1945) 489, 497, 500, 516, 524; -sfähige Güter **264**; -sfähige Städte 264; – Vereinigter preußischer (1847) **365**
Landwirtschaft, heutige 528, **540**
Langobarden 31, 34, 87
langobardisches Recht 34, 87, 126, s. auch libri feudorum
Lanze, Heilige 148
Lasker, Edward (1829–1884) 412
Lassalle, Ferdinand (1825–1864) 423, 453
Laterankonzil, viertes (1215) 64, 222
laudemium = Ehrschatz **101**
Lausanner Konferenz (1932) 450
Leges barbarorum = Volksrechte **32–35**, 74, 81 und andere
legitimatio per rescriptum principis 249
Lehen – Begriff **93**; -gut 93; -mann s. Vasall
Lehenrecht, ius feudale **96–104**, 107, 139 und andere; – burgundisches 100; – gemeines 89; – langobardisches s. libri feudorum; – sächsisches (des Sachsenspiegels) 96, 100; – schwäbisches (des Schwabenspiegels) 96, 100
Lehens-dienste 100; -erbfolge 101; -fähigkeit **97**; -gericht (-hof) 100, 103, 154; -heimfall 103; -herr **93** und andere; -herrlichkeit, -herrschaft 42, 46, **93**, 259; -hof 100; -huldigung 95, 99, 102, **103**, 105; -kuß 99; -objekt 46; -träger **101**
Lehenstreue 96, **100**; – Bruch s. Felonie
Lehensverhältnisse **92–109**; – Begriff **93**
Lehenwesen 41–43, 92, 231
Lehrlinge **173**, 426
Leibeigene, Unfreie 28, 82, 278, 282 f., 315, **356**, s. auch Sklaven
Leibniz, Gottfried Wilhelm (1646–1716) 307
Leihezwang **104**, 147
Leipzig 168, 557; – Reichsgericht (1879–1945) 393, 447, 557; – Reichsoberhandelsgericht (1870–1879) 393; – Schöffensprüche 194, 198; – Stadtrecht 177 f., 188; – Universität 569; -Völkerschlacht (1813) 349
Leistungsverwaltung **551 ff.**
Leitungsrecht des Richters 393
Lengerich 251
Leo XIII., Papst (1878–1903) 399 Leopold II., Kaiser (1790–1792) 367
Lex – Alamannorum (ca. 720) 34; – Angliorum et Werinorum s. Lex Thuringorum; – Baiuwariorum (ca. 740) 34; – Burgundionum (ca.

245

500) 34; – Frisionum (ca. 800) 34; – Gundobada s. Lex Burgundionum; – Ribuaria (ca. 750) 34, 135; – Romana Burgundionum 34; – Romana Wisigothorum s. Breviarium Alarici; – Salica (ca. 500) 34, 61, 74, 79, 81, 225a, 311; – Saxonum (ca. 800) 34, 81; – Thuringorum (ca. 800) 34
Liberal-e Tendenzen 352 und andere; -ismus 325, **353–363**; -istischer Grundsatz: laissez-faire **359, 422 f.**, 425; -konservative Gesinnung 30, 364a, 386; s. auch Neoliberalismus
Liber extra (1234) **132**, 203 f.
libri feudorum = langobardisches Lehenrecht **96**, 100, 187, 199, 296
Licet juris, Gesetz (1338) 146, 149 Limes 27
Lippe, Fürstentum 242; – Land (1919–1945) 440
Lippstadt 164
Liszt, Franz von (1851–1919) 346, **578 ff.**
Litauen 468, 591
Locke, John (1632–1704) **145**
»Löwe von Münster« 470
Looz-Corswarem, Herzog 349
Loskauf von Feudallasten 282 f.
Losungsrechte s. Retraktrechte
Lothar III., Kaiser (1125–1137) 306; -ische Legende **306**
Lothringen 31, 87, 243, 402; – Herzog 90
Louisiana 321
Ludendorff, Erich (1865–1937) 452
Ludgerius, Bischof von Münster (\k 809) 115
Ludwig – der Bayer, Kaiser (1314–1347) **146**; – II., König von Bayern (1864–1886) 387
Lübeck 169 f., **183**, 244, 388, 440; – Rat 177, 194, 302; – Stadtrecht 177, **178**
Lübke, Heinrich (1894–1972) 516
Lückentheorie (von Bismarck) 366
Luft-fahrzeughalter, Haftpflicht 394; -piraten 573
Luther, Martin (1483–1546) 230, 260, 307; -ische Konfession s. Augsburger Konfession
Luxemburg 497, 528; – er, Kaiserdynastie 147
Luzern 140, 170
Lyon 87

Maastricht, Vertrag von (1992) 528 a
Machtspruch 324
Mähren 178, 468
Märzfeld 58
Magdeburg 168; -er Schöffensprüche 194, 198, 302; -er Stadtrecht 177, **178**, 188
Maifeld 58
Mailand 337
Mainz 162, 168, 269 f.; 349, 362; – Erzbischof, Kurfürst, Erzprimas 118, 123, 146, **147, 148, 158**, 162, 170, 245, 269, 270; -er Reichslandfriede (1235) **187, 214**
Majoritätsprinzip 146 f., 245

Malbergische Glosse **35**
malleus maleficarum s. Hexenhammer
Malta 400
Mann s. Vasall; -geld s. Wergeld; -lehen 101
Marburg, Universität 310, 402, 568
Maria-Theresia, Herrscherin über Oesterreich und Ungarn (1740–1780) 322, 367
Mark – gemeine s. Allmend; – Grafschaft 169, 182, 242, **268**, 279; -enschutzgesetz s. Warenzeichengesetz
Markgenossenschaft, Waldgenossenschaft 9, **285–295**, 352, 419 und andere; – Begriff **285**
Mark-graf **41**, 154; -nutzungsrecht = Echtwort, Schar, Ware **290, 295**
Markt 161, 173; -beherrschende Stellung 567; -polizei 177; -wirtschaft, soziale (seit 1949) **538, 576**
Marschall 40, 147
Marshallplan-hilfe (seit 1948) 495
Marsilius von Padua (1290–1343) **142**, 146
Martini-tag (11. November) 276
Martinus (Glossator, 12. Jahrhundert) 128
Maß-nahmen, strafersetzende und -ergänzende 577; -regeln zur Sicherung und Besserung 579
Marx, Karl (1818–1883) 30, 379, 423, 453, 542; -ismus 454, 542a, 542b, s. auch Neomarxismus
Mauerschützenprozesse 586
Max, Prinz von Baden (1867–1929) **432 f.**
Maximilian I., Kaiser (1493–1519) **230, 232**
Mecklenburg 109, 278; -Schwerin 440; -Strelitz 440; -Vorpommern 489, 507
Mediatisierung 257, 348; – von Reichsstädten **183, 257, 348**
Mehrheits-prinzip s. Majoritätsprinzip; -wahlsystem 438, **512**
Mehrwertsteuern **558**
Meier s. villicus; -stättisches Recht 279
Meineid 215
»Mein Kampf« **452–456**, 473, 477, 479
Meister 173; -prüfung 426; -stück 173; -titel 426
Memelland 468
Menger, Anton (1841–1906) **415**
Menschen- und Bürgerrechtserklärung (1789) 355
Mensch-enrechte s. Grundrechte; -lichkeit, Verbrechen gegen 493; -enwürde **501**
Meppen 159
Merkantilismus 174, 182, 265
Merowinger 40; -zeit **14, 31**
Metternich, Clemens von (1773–1859) **362**
Metz, Reichstag von (1356) 147
Miete s. Wohnungsmietgesetze
Militärregierungen 498, 500
Minden, Fürstentum 242
Minderjährige s. Jugendliche
Mindeststimmenzahl bei Wahlen 488, **512 f.**

Ministerialen = Dienstmannen 97
Minister – preußischer 271, 283; – des Reichs s. Reichsminister
Ministerpräsident des Reichs (1918/19) 436; -en der Länder (seit 1945) 497; – preußischer 403
Miquel, Johannes von (1828–1901) 412
Mischehenrecht 124 Missetaten 24, 35, 60, 66, 74–76, 79 und andere missi = Sendgrafen 41
Misstrauensvotum, konstruktives (seit 1949) 519
Mitbestimmung 568 f.
Monarchie 141, 142, 255; – absolute s. Absolutismus; – erbliche 351, 387; – konstitutionelle 432; – parlamentarische 432; s. auch Verfassungen, monarchische
monarchische – Union von Ständestaaten 266, 365; -s Prinzip 364
Monarchomachen 145
Monogamie s. Einehe
Monopolrechte 89, 165, 211 f., 395
Montanunion 528 f., 568 f.
Monte Cassino, Abtei 50
Montesquieu, Charles de (1689–1755) 30, 310, 315, 336, 339, 364, 367, 368, 370, 372
Montgelas, Maximilian von (1789–1838) 258, 353
Monzambano, Severinus de 255
»Moorgrafen« 349
Moraltheologen 307
Mord 76, 215, 342; – politischer 467, 484, s. auch Attentate
more geometrico 309
Moser, Johann Jakob (1701–1785) 255
Müller-Armack, Alfred (1901–1978) 538
Müller-Arnold-Prozess (1779) 324
München 168, 386, 452; -er Abkommen (1938) 468
Mündlichkeit des Prozesses 67, 375, 393
Münster in Westfalen 140, 163, 165 f., 168 f., 170, 178, 181, 251, 264, 270, 317, 349, 450; – Bischof 100, 123, 225, 242, 470, s. auch Galen, Hoya, Ludgerius; – Erbfürstentum (1803–1807) 349, s. auch landtagsfähige Güter und Städte; – Niederstift 159; – Stadtrecht 188
Münster-land 264, 269 f., 317, 321, 349; -sche Stiftsfehde (1450–1457) 170; -scher Täuferkrieg (1534/1535) 170, s. auch Wiedertäuferherrschaft
Münzregal 248
Mundschenk 40, 147
Munt 207
Mussolini, Benito (1883–1945) 468, 477
Mutterstädte 178

Nachbarn – Bindungen an 209; – Vorkaufsrecht der 209
Nachbarschaften 25, 55–57, 291

Nachrichter s. Henker
»Nachtwächterstaat« 423
Näherrechte s. Retraktrechte
Napoleon I. (1769–1821) 258, 320, 347, 349; – III. (1808–1873) 423
Nassau 243, 387
National-feiertag 542a; -ismus 367; -liberale 5. Parteien (1871–1918); -konzilien = -synoden, fränkische 36, 51
Nationalsozialis-mus VI, 30, 452–485, 486, 490 f., 499, 501, 511, 596; – Begriff 461; -ten s. Parteien (NSDAP)
Nationalversammlung (1848/9) 386, 408; – (1919) 436
NATO = Nordatlantikpakt 527
Naturrecht 307–310, 312, 315, 320, 322, 337, 402 f., 596; – absolutes 310; – Begriff 307; – katholisches 584; – relatives 310; -ssystem 315, 405
Nebengesetze zum BGB 419
neglegentia = Fahrlässigkeit 75, 76
Neid 456
Neo-liberalismus 538; -marxismus 542 Neugliederung – des Reichs (1919) 440; – der Bundesrepublik (1949) 508
Neuhumanismus 383
Neutralitätsverletzung 389
Neuzeit, frühe (Begriff) 14, 228
New York 528
Nibelungenlied 93
Nichtarier s. Arier
Nichtehelichengesetz (1969) 588
Nidwalden 140
Nieder-burgund 87; -lande = Holland 87, 160, 251, 343, 433, 469, 497; -lassungsfreiheit 166, 358, 528; -sachsen 90, 198, 488, 507
Nikolaus II., Papst (1058–1061) 111
nobiles s. Adel
Nordafrika 471
Norddeutscher Bund (1867–1871) 385, 386a, 387, 392, 395, 423, 425
Norman-die 472; -nenstaat 160
Normativbestimmungen (für Aktiengesellschaften) 427
Norwegen 469
Notare, Notariat 40, 134 f., 230, 249, 301, 305
Not-standsartikel (1968) s. Staatsnotstandsart.; -verfassung (1919) 436; -verordnungsrecht (1919) 442, 446, 449, 451; -wehr 225a, 330
Novellen (nach 534) 127
Nowgorod 178
NSDAP s. Parteien (1933–1945)
Nürnberg 151, 168, 170, 182, 183, 244; -er Gesetze (1935) 464; -er Prozesse (nach 1945) 493; -er Reformation (1479) 304
nulla poena sine lege 70, 331, 336 f., 339, 344, 370, 477, 580

nullum crimen sine poena (1933–1945) **480**, 571
Nutzeigentum, dominium utile **93 f.**, 119, 121, 129, 136

Ober-befehl s. Heer; -eigentum, dominium directum **93 f.**, 117, 119, 121, 129, 286
Oberhof im Sinn von – Gericht der Mutterstadt **178**, 180, 194; – von Schulzenhof **291**
Obrigkeit 223, **260 f.** und andere
Oder-Neiße-Linie (1945) 487, **531**
öffentlicher Dienst, Mitarbeiter **536**, s. auch Beamte
Öffentlichkeit des Prozessverfahrens 223, 375
Österreich 200, 229, 258, 266, 295, 337 f., 356, 362, 365, **367**, 384–386, 389, 401, 434, **452**, **468**; – Kaiser (Titel) **259**; -isches Allgemeines Bürgerliches Gesetzbuch = ABGB (1811) **322**, 401 f.
Offene Handelsgesellschaft = OHG 125
Offensivbündnisse **455**
Offizial 111; -maxime **69**, **221**, 373
Offiziere – römische 26; – fränkische 41; – der Landesherren 262; – preußische. **273**, 366; – der Bundesrepublik (seit 1949) 517
Oldenburg 196, 349, 440
Oligopole 211, 574
Opferentschädigungsgesetz (1976) **585**
Opposition, parlamentarische (1949) 521
Oranien, Prinz von 243, 355
Ordal s. Gottesurteil Ordens-geistliche = Mönche 110, **112**; -staat s. Deutschritter; -statuten **186**; -verbände 89, 112
Orléans 38
Osnabrück 168 f., **251**; – Bischof 123, 242; -Fürstbistum 158, **280**
Ost-Berliner Volksaufstand (17.6.1953) **492**; -elbische Gebiete **284**, 289; -falen 81; -friesland, Fürstentum 268; -kolonisation 92, 164, 178, 198, 277 f.; -preußen 241, 594; -verträge (1972) **531**
Otto – I., Kaiser (962–973) 14, **88**, 114; – von Braunschweig, Kaiser (1208–1215) 146
Ottonen 115

Paderborn 168 f.; – Bischof 123, 242; – Fürstbistum 158, **279**, 287
pagus s. Gau
Pandekten **127**; -system 405; -wissenschaft 207, 404, **405**, 405–407, 410, 415, 420, 585
Pape, Heinrich Eduard (1816–1888) 414
Papen, Franz von (1879–1969) **450**, **457**, **467**, 474
Papst-tum 111, **114**; -wahldekret (1059) 111, 114
Paris 38
Parkinson, C. N. (1909–1993) **536**; -sches Gesetz **536**
Parlament 171, 263, 429, 449, 532 und andere; s. auch Bundestag, Landtag, Reichstag

parlamentarische – Monarchie s. Monarchie, – Regierungen s. Regierungen, parlamentarische; -r Rat (1948/9) **497 f.**
Parochie = Kirchspiel = Kirchsprengel 201
Parteibetrieb 69, 71, 221, 226, 323, 587a
Parteien – (1871–1918) **388**, **432**; – Fortschrittspartei 388; – konservative 388; – nationalliberale 388, 412; – sozialdemokratische = SPD 388, 418, 421, 432, **433**; – Zentrum 388, 399 – (1919–1934) 435, **438**, 447 f., 450, 463; Deutsche Arbeiter- = DAP (bis 1920) 452; – deutsche demokratische 436; – deutschnationale 437, 458; – kommunistische = KPD 458; – nationalsozialistische = NSDAP (1920–1945) 450 f., **452**, 458, 463, 466, 474 f., **494**; – sozialdemokratische = SPD **436**, 445; – unabhängige sozialdemokratische = USPD (bis 1922) 437; – Zentrum 436, 450, 498 – (seit 1949) 489, **504a**, 512 f., 535; – Christlich-Demokratische Union = CDU **498**, 513, 516, 518; – freie demokratische = FDP 513, 516; – kommunistische = KPD (bis 1956) 513; – sozialdemokratische = SPD **498**, 513, 516, 518; – sozialistische Einheitspartei der DDR (= SED) 543
Paschalis II., Papst (1099–1118) 115
patria potestas 588
Patrimonialgerichte **108**, 280, 284
Patriziat, städtisches **170 f.**, 181, 301
Patronat s. Kirchenpatronat
Paulskirchenverfassung Frankfurter Reichsverfassung (1849) 386, 499
Paulus, Apostel **260**
Pavia **87**, 126
Payerne **87**, 88
Peinliche Gerichtsordnung Kaiser Karls V. s. Constitutio criminalis Carolina
Perestroika **546**
Persönlichkeits-recht, allgemeines **502**; -schutz **583**
Personal-itätsprinzip 79, 80, 155; -union 88, 160, 266
Personenstands-register **201**, s. auch Zivilstandsregister; -gesetz (1875) 201
Pfalz 38
Pfalzgraf **40 g**, 72; – bei Rhein, Kurfürst 146
Pfalzstaat, autonomer (1923) 446
Pfarr-ei 36, **119–122**; -er 111, 201, 203, 399
Pfennig, gemeiner 231, **237**
Pfründen 138; -jägerei **138**
Pfrundgut 119
Philipp von Schwaben, König (1198–1208) 146
Philosophie – idealistische **342–345**; – rationalistische **307**, **334**; – scholastische 110, **116**, 129, **146**, **173**, 307, 334
Physiokraten 293
Pippin, König (751–768) 40
Pius VII., Papst 349

Pius IX., Papst (1846–1878) **398**
Planck, Gottlieb (1824–1910) **416**
Planwirtschaft 543
Plato (428–348 v.Chr.) 307
Poitiers 95
Polen 88, 178, 198, 241, 278, 314, 321, 367, 440, 469, 487, **531**
Polizei – Begriff **305**, **318**; -gesetze 543; -ordnungen 230, **305**; -staat 315 f., 318, 339; s. auch Bau-polizei, Markt-polizei.
Portugal 27
Post 391, 443; -glossatoren s. Konsiliatoren
Präambeln von Gesetzen 33, 507
Prälaten **242**; -banken 242
Präsentationsrecht 119
Prag 147, 168; – Universität (1347) **135**
Pranger 215
Preis – gerechter **205**; – reglementierter 173, 205; -schranken 352
Pressefreiheit **362**
Preuß, Hugo (1860–1925) **437**
Preußen – Königreich (1701–1918) 182, 242, 258, **266–268**, **271–275**, 283 f., **340**, 365 f., **381**, 385 f., 387, 390, 397, 403, 425, 433 f., 457, 463; – Land (1919–1947) 437, 440, 488, 490
Preußisches – Allgemeines Landrecht = ALR (1794) 174, 266, 283, **314–319**, **340**, 383, 401 f., 413 und andere; s. auch Strafgesetzbuch, preußisches (1851), Zivilprozessordnung, preußische (1781), und andere
principes s. Fürsten, Häuptlinge
Priorat 112
Privatrecht, bürgerliches Recht, Zivilrrecht 25, 81, **202–213**, **296–322**, 350, **401–420**, **577–586**; – Begriff **13**; – Deutsches 13, **207**, 213, 310, 402, **406**, 407, 415, 419; – französisches s. Frankreich, code civil; – internationales 80
Privilegien **176**, **190**, 299, 302
privilegium de non – appellando 227, 235, 275; – evocando 227; – evocando et non appellando 227
Produkthaftungsgesetz 593
Professoren, Rechtslehrer – deutsche 135, **306**, **316**, 331, 333 und andere; – französische 187, 296, **306**; – italienische **126**, **128**, **130**, 187, 296, 327
progressive Steuern 556 f.
Project eines corporis iuris Friderici ani (1749/51) **275**, **314**
Propositionen, kaiserliche **245**, 248
Propstei 112
Protestanten, Evangelische 203, **245**, **260** f., 397, s. auch Augsburger Konfession sowie Reformierte
Protokollierung 223, 302, 329
Provence 87

Provinz-en, preußische 365; -iallandtage, preußische **365**
Prozessführung – förmliche 68, 71; – geheime 67, **223**, 329; – mündliche 67, **326**, 375, 393; – öffentliche 67, **393**; – schriftliche 67, **323**
Prozessrecht – Begriff **4**, **12**; – fränkisches 35, **61–73**; – hochmittelalterliches 91; – kanonisches 131, 137, **226**, 323; s. auch Strafprozess, Zivilprozess
Prüm, Abtei 50
psychologischer Zwang durch Strafandrohung 344 f., 346
Puchta, Georg Friedrich (1798–1846) **404**
Pütter, Johann Stephan (1715–1807) **318**
Pufendorf, Samuel (1632–1694) **255**, **309**, 310, 315
Pyrmont, Grafschaft 242, 440

Quanta cura (Enzyklika, 1864) 398
quattuor doctores (12. Jahrhundert) 128
Quedlinburg 196
Quesnay, François (1694–1774) 293

Rachymburgen **61**, 72
Rädern als Strafe 215
Rätesystem 445
Ranke, Leopold von (1795–1886) 255
Rassismus **453**, **477**, 577
Rat – Geheimer (preußischer) **271**; – obrigkeitlicher 223; – parlamentarischer (1948/1949) **497** f.; – städtischer **177**; – der Volksbeauftragten (1918) **435**, 437, 554 f.
Rathenau, Walther (1867–1922) 445
Rational-e Beweismittel **64** f.; -es Denken 110, 164; -isierung des Rechts 39, 86, **91**, 115, 129, 131, 137, 187, 217, 286, 367, 510; -isten s. Philosophie
Rationierung, Aufhebung der 538
Rau, Johannes (geb. 1931–2006) 516
Ravensberg, Grafschaft 242
Realunion 88
recessus imperii s. Reichsabschied
Rechnen mit Begriffen 402
Recht (Begriff) **1**; absolutes **404**; – altes deutsches **383**; – altfranzösisches 320; – alttestamentliches 29, **225a**, s. auch Altes Testament; – auf Arbeit 564; – biblisches s. Bibel, Bibelstellen; – bürgerliches 5. Privatrecht; – dingliches **404**; – ehehaftes 211 f.; – im engeren Sinn = ieS **4**, **32**, **36**, **61–81**; – englisches 372, 377; – fränkisches **61–85**; – gemeines 96, 125, **187** f., 189, 199, **296**, 350, 401; – germanisches 24 f., **481**; – immaterielles 395; – interlokales 80; – japanisches 96; – kaiserliches 296; – kanonisches s. Kirchenrecht, katholisches; – objektives 1, 18, 209; – öffentliches (Begriff) 12; – partikuläres 96, **188**, 189, **297**, 302 f., 332,

401 f.; – positives 307–310, 320 und a.; – römisches 126–129, 225a, 278, 296, 309, 383, 402–404 und andere (s. auch Rezeption); – statutarisches 188; – subjektivdingliches 291; – subjektives 2, 404, 405; – subsidiäres 96; – universales 186; – im weiteren Sinn = iwS 5, rechtlos s. ehrlos
Rechts-anwalt s. Advokaten; -besserung s. Reformation; -bücher 3, 96, 137, **195 f.**, 299, 302; -fähigkeit 82, 379; -fakultäten s. Aktenversendung, Spruchtätigkeit, Universitäten; -gelehrte s. Juristen; -geschäft (Begriff) 405; -geschäfte **81**; -geschichte im engeren und weiteren Sinn 6; -kreise **139**, 188; -kundige 33; -lehrer s. Professoren
Rechtspfleger 600
Rechtsprechung – durch Honoratioren 299, 301; – verwissenschaftlichte 213, 299 f.
Rechtsquellen 16, 32–37, 89, **186–201** und andere; – mittelbare 18, **194–201** und andere; – unmittelbare 17, **189–193** und andere.
Rechts-sätze 1, 299; -schutzversicherung 536
Rechtssetzung durch – Befehl 189, 193; – Privilegerteilung s. Privileg; – Satzung s. Satzungen; – Weistum s. Weistum
Rechtsstaat 5, 369, 448, 452, 477; – liberaler **14**, 347 ff.; – sozialer **14**, 431 ff.
Rechts-subjekt **405**; -tag, endlicher **223**, 329, 375; -unsicherheit 91; -verhältnis **405**; -verweigerung 235; -wissenschaft 37, **125–130**, 135, 306, 402, 553, 597 f. und andere
Referend-arius 40; -arprüfungen, preußischer. 275; -umsrechte des Volkes 441
Reformation – kirchliche 14, **230**, 260; – des Rechts = Rechtsbesserung **262**, 303
Reform-ierte, Calvinisten 145, **250 f.**, s. auch Protestanten; -konzilien **138**, 229
Regalien **89**, 248
Regensburg 151, 169, **183**, 244, **246**, 257, 327
Regierung – münsterische 270; – parlamentarische **489**; – preußische 272; -skrise 448
Register 18, 172, 201
regnum Teutonicorum 11, 39, **87**, 88
Reich, Deutsches (1870–1949) **387**
Reichenau, Abtei 50
Reichsabschied = recessus imperii 246; – Jüngster (1654) 246
Reichs-abteien, -äbte 117, 123; -ämter (seit 1871) **391**; -amt des Inneren 391; -apfel 148; -arbeitsamt 555; -arbeitsgericht 557; -armee s. Heer; -deputationshauptschluss (1803) **183**, 257, 349, 351; -exekutionen 248; -gericht (1879–1945) 393, 447, 557; -gesetze 89, 156, **187**, 296; -gutachten = consultum imperii 245, 248; -haftpflichtgesetz (1871) **394**, 581; -heer s. Heer; -hofrat **235**, 248, 259, 348; -hoftag s. Reichstag; -insignien 148; -justizamt 391;

-justizgesetze (1877) **393**, 600; -landfriede s. Mainzer Reichstag
Reichskammergericht = RKG 170, 230, **234**, 248, 255, 259, **296 f.**, 298, 306, 332, 348, s. auch Assessoren, Richter; -sordnung = RKGO (1495) 180, 187, 199, **296–303**, 332
Reichskanzler (1871–1918) 387, **389 f.**, **432**; – (1919–1934) **442**, 448, **450 f.**, 518
Reichs-kreise 230, 248, 259, 348; -kreuz 148; -kulturkammergesetz (1933) 465; -minister (1919–1945) 436, 442, 448, 457, 565 f.; -oberhandelsgericht (1870–1879) 393; -präsident (1919–1935) 436 f., **442, 448, 450 f.**, 467, 516; -rat (1919–1945) **439**, 441, 509; -regiment (1500–1502), (1521–1530) 231, 238; -ritterschaft **150**, 153, 257, 265; -schlüsse **245**, 247 f.; -schwert 148
Reichskriminalstatistik 577
Reichsstädte 151, 168, 182, 234, 248, 348 und andere.; – freie 168 f.
Reichs-stände 151, 153, 244, 246, 248, 251 und andere; s. auch Mediatisierung; -standschaft 139, **150**; -statthalter (1933) **463**; -strafgesetzbuch s. Strafgesetzb. (1871); -szepter 148
Reichstag (bis 15. Jahrhundert = Hoftag = Reichshoftag) 38, 146, **150–152**, 225; – (Ende 15. Jahrhundert – 1806) **240–247**, 259, 348; – (1871–1918) 387, 388, 417 f., **432**; – (1919–1945) 438, 441 f., **448, 451, 458 f., 466**; – ständiger (1663–1806) 246
Reichs-tagsbrand (1933) 458; -teilungen 39; -unmittelbarkeit 225, 235, 257; -vasallen 150
Reichsverfassung (bis 1806) **232–255**, 348; – (1849) s. Paulskirchenverfassung; – (1871) s. Bismarcksche ; – (1919) s. Weimarer ; – (nach 1945) Pläne für neue **491 f.**
Reichs-versicherungsordnung (1911) 554; -wehr (1919–1945) s. Heer; -zivilprozessordnung (1877) s. Zivilprozess-ordnung
Reims 38
religiös-es, christliches, theokratisches Rechtsdenken 7, 82, **142**, **143**, 173, 193, 197, **260**, 339; -er Strafzweck 218, 340, 342
Religion 250, 261, 444, 453; -sdelikte 135, **338**; -sgemeinschaften **534**; -ssachen 245, 251
Renaissance 14, 229 a; – karolingische 35
Rentenbanken 282
Reparationsschulden (1919) 443; – Moratorium (1931) 449; – Streichung (1932) **450**, 460
Republik 141 f., 445, 450; – Ausrufung der (1918) **433**; – Gesetz zum Schutz der (1922) **445**
»Rerum novarum« s. Enzyklika
Reservatrechte, kaiserliche (bis 1806) 249; – von Gliedstaaten (1871–1918) 391, 443
Residenzstädte 168

Resozialisierung als Strafzweck **578**, 585
Restaurationszeit (1815–1848) 362, 364
Retraktrechte 209 f.
Rezeption d. gelehrten Rechts 10, **13**, **125–135**, 213, 230, **299** f., 301 und andere
Rheda, Herrschaft 242
Rheinbund (1806–1813) **258**, 259
Rheinische – Prälatenbank **242**; – Republik (1923) 446; -r Ritterkreis **150**; – Städtebank **244**
Rheinland-e 31, **321**, 326, 446, **468**, 488; -Pfalz **488**, 507
Rhens s. Kurverein von
Ribuarier 31, s. auch Lex Ribuaria
Richard II., König von England (1377–1399) 144
Richter 24, 66, 275, 315, 321, 323, 325, 338 und andere; – d. RKG 234, 248, 269; s. auch Bestechung, Gerichte, Rechtsprechung
Richterbank der Schwurgerichte **377**
Richtstätten 219
Rietberg, Grafschaft 242
Ring = Gerichtsr. **61**
Ring und Stab **115**
Ritter-bünde **140**; -gutsbesitzer 278; -kreise **150**; -orden 112, 242; -schaft **157**, 262, 264, 268, s. auch Reichsritterschaft
Röhm, Ernst (1887–1934) **467**; -putsch (1934) **467**, 474
Römer 27, 30, 74, 82, 162; – »Römer« in Frankfurt 148; -städte 52, 163
römischer König 148
römisches – Recht s. Recht, röm.; – Reich s. Heiliges Römisches R.
Rom **39**, 88, 100, **111**; -fahrt 100; -anisten 406
Ronkalische Felder 152
Roosevelt, Franklin D. (1882–1945) 487
Rothari, s. Edictus R.
Rousseau, Jean-Jacques (1712–1778) 145, 388
Rügen 243
Rügepflicht **225** c
Rüstungsaufträge (1933) 460
Ruhrgebiet 446, 488
Rumänien 321, 367, 542 d
Russische Revolution (1917) 453
Rußland 178, 284, 389, 434, 455, 471, s. auch Sowjetunion

SA = Sturmabteilung 451, 467
Saarland **488**, 507
Sachenrecht 405
Sachsen – Bürgerliches Gesetzbuch (1863) 199, 413; – Herzog, Kurfürst (bis 1806) 90, **147**, **225**, **241**; – Königreich (1806–1918) 388, s. auch Verfassung; – Land 31, 199, 440, 489, **507**; – Volksstamm 31; s. auch Lex Saxonum

Sachsen-Anhalt (Land) 489, **507**; -spiegel 3, 96, 98, 114, 146, 148 f., **196–200**, 208 f.
Sacrum Imperium Romanum 5. Heiliges Römisches Reich
Säkularisationen – von Abteien **122**, 351; – der geistlichen Fürstentümer 257, 351
säkularisierter Staat 398
Salfranken 31, s. auch Lex
Salica Salisches Thronfolgerecht 81
Salm-Kyrburg, Fürst 349; – Rheingraf von 349; -Salm, Fürst 349
Salomo, König 143
Salvatorische Klausel **332**
Salzburg 168; – Erzbischof 123, **240**; – Herzog, Kurfürst (1803–1806) 240
St. Gallen, Abtei 37, 50
sanior pars **116**
Sardinien-Piemont, Königreich 367
Satzungen = Einungen, Willküren **191**, 299, 302; – städtische **177**, **191**
Sauerland s. Westfalen, Herzogtum
Savigny, Friedrich Carl von (1779–1861) 8, 316, **392**, **402** f., 404, 408, 420, 481, 596
Savoyen 31, 87, 164; – Herzogtum 88, **282**
Schadensersatz 66, 216, 309
Scharfrichter s. Henker
Schaumburg-Lippe 440
Scheel, Walter (geb. 1919) **516**
Scheidemann, Philipp (1865–1939) **433**, **436**, 445
Schelsky, Helmut (1912–1984) 532
Schenkungen von Land **42**, 95, 117
Schieds-gerichte **136**, **227**; -verfahren 227
Schiffsziehen als Strafe 339
Schiller, Friedrich von (1759–1805) 252
Schisma (1378–1415) 229
Schleicher, Kurt von (1882–1934) **450**, **467**, 474
Schlesien 549
Schleswig-Holstein 199, **488**, 507
Schlichtungsverfahren 555
Schlieffen-Plan 389
Schmid, Carlo (1896–1979) 498
Schmidt, Helmut (geb. 1918) **518**, 519
Schmitt, Carl (1888–1985) **474**, 480
Schmoller, Gustav (1838–1917) 424
Schöffen = Urteiler **59**, 299, 328; -barfreie **98**, **196**; -gerichte = Schöffen-stühle **194**; -gerichte, große **378**; -sprüche **194**; -verfassung **59**
Schönborn, Philipp 333a
Scholastik s. Philosophie
Schreimannen 225 a
Schreinsbücher s. Kölner Schreinsbücher
Schriftleitergesetz (1933) 465
Schriftlichkeit des Prozesses **226**
Schröder, Gerhard (geb. 1944) 518
Schuld-knechtschaft 25; -recht 405; -strafrecht, Verschuldenshaftung 75, **214**; -versprechen 81

251

Schul-pflicht, allgemeine 382; -reformen 494; -wesen 36, 172, 260, 399 f., 444, **552** Schulze, Burrichter, Gemeindevorsteher **288, 291**, 292
Schulzenhof s. Oberhof
Schutz – der Republik, Gesetz zum (1922) **445**; -haft **464**
Schwaben – Herzogtum 90; -spiegel 114, **200**; – Ritterkreis 150
schwäbische – Grafenbank 242; – Prälatenbank 242; – Städtebank 244
Schwangerschaftsabbruch s. Abtreibung
Schwarzenberg, Johann Freiherr von (1465–1528) **327**
Schweden, Königreich 243, 251, 309
Schweizerische Eidgenossenschaft 27, **30, 140,** 200, **251, 289,** 295, **301,** 400, s. auch Westschweiz, ZGB
Schwerindustrie 528
Schwurfinger s. Abhauen des Schwurfingers
Schwurgerichte 377 f.; – »klassische« 378
Schwyz 140
Seeleute 425
Seelteil **81,** 82
Sektoren s. Groß-Berlin
Selbst-ergänzungsrecht 171; -hilfe 225 a
Sendgrafen = missi 41
Senechal s. Truchseß
Serbien 389
Shakespeare, William (1564–1616) 144
Sichard, Johann (1499–1552) **304**
Sicherung als Strafzweck 218, **340,** 342, **579**
Siebner-eid 225a
Siegerland 295
Sinzheimer, Hugo (1875–1945) 561
Sippe 24; -Ausscheiden aus der **81**
Sittenvorschriften 230, **305**
Sizilien 160
Sklaven **25,** 379, s. auch Leibeigene
Slowakei 468
Smith, Adam (1723–1790) **359,** 423
Söldnerheer 158, 262
Soest 140, 163, **169,** 176, 182, 274; -er Fehde (1444–1449) **169**; – Stadtrecht **176,** 178
Soissons 38
Soldatenhandel 252
Sondergerichte **485,** 565
Souveränität 259, **261, 289, 549, 576**; – Beschränkung der **529**; – Träger der **388**; -svertrag (12.9.1990) 549
Sowjetunion = UdSSR **469, 487,** 491 f., **495,** 499, 527, **531, 545,** 549
Sozial-e Bindungen s. genossenschaftliche Bindungen; -demokraten = SPD s. Parteien (1871–1918, 1919–1934, seit 1949); -gesetzbuch 547; -gesetzgebung 379; -isierung von Großbetrieben 461; -istengesetz (1878) **421**; -istische Einheitspartei Deutschlands (= SED) **542a**; -lehre, katholische 399; -politik, Verein für **424** f.; -er Rechtsstaat (1949) **506,** 525; -er Staat **506,** 555, 568; -versicherung 421 f., **554**
Spätmittelalter, Begriff 14
Spanien, Spanier 27, 34, 106, 229, 251, 261, 307, 321, 355
Spee, Friedrich von (1591–1635) **333 a**
Speyer 151, 169, 170, **234**
Spezialprävention als Strafzweck **340** Spiel-leute 231; -schulden **28**
Spinoza, Baruch (1632–1677) 307
Spiritualien 116
Sporteln = Gerichtsgebührenanteile der Richter 275
Sprenger (Ketzerrichter, 15. Jahrhundert) 333
Spruchtätigkeit der juristischen Fakultäten **180,** s. auch Aktenversendung
Spurfolgeverfahren 225a
SS = Schutzstaffel 451, **485**
Staat – totaler 477; – und Gesellschaft 366
Staatenbund 258, 384, 387
Staats-anwaltschaft 374, 378, **575**; -gedanke, moderner **106**; -kirchentum 51; -notstandsartikel (1968) **526**; -polizei, geheime s. Gestapo; -rat, preußische 271
Staatssekretäre (1871–1918) **391,** 432; – (seit 1919) 437
Staats-streich 40, 364a, 491; -verbrechen 338; -vertrag (16.5.1990) **542 f.**
Stabbrechen 329
Stadt – Begriff **161,** s. auch Städte; -bücher 172; -bürger s. Bürger; -gericht 172, 177; -herren **168** f.; -luft macht frei **136, 161,** 176; -mauern 161, 165, 172, 181
Stadtrecht 91, 125, 137, 139, 176 f., 311, 405; -sfamilien **178–180**; -sreformationen (15.–17. Jahrhundert) 303 f., 311
Stadtverfassung 167
Städte 25, 91, 97, 136, **161–185,** 217, **358,** 537 und andere; – gewachsene **163**; – landesherrliche **168,** 182; – aus wilder Wurzel s. Gründungsstädte; s. auch Ämter, Autonomie, Bischofsstädte, Residenzstädte, Satzungen, Tochterstädte
Städte-banken **244;** -bünde **140;** -kollegium des Reichstags **244,** 245
Stände – als soziale Schichten **74, 231,** 305, 379; – als Staatsorgane s. Landstände sowie Reichsstände
Stalin, Josef W. (1879–1953) 487
Stalingrad (Schlacht, 1942) 471
Standes-beamte 201, **320;** -herren **348;** -recht 315, 320, 322
Stapelrecht 173
Statutarrecht 125, 135, 188, 297
Statutum in favorem principum (1232) **156**

Staupenschlag 215
Steigbügelhalten 149
Stein, Karl Reichsfreiherr vom (1757–1831) 268, 283, 349, 365; – Lorenz von (1815–1890) 424
Steinfurt = Burgsteinfurt, Grafschaft 119, 42
Stein-Hardenbergsche Reform (1806–1811) 283 f., 316, 381; -sche Städteordnung (1808) 184
Sterb-eregister 201; -fall 280, 282
Steuerbefreiung Adliger 262
Steuern 158, 193, 278, **555–558**; – direkte **391**, **430**, **443**, **558**; – indirekte **558**; s. auch Umsatzsteuer, Pfennig, gemeiner
Steuer-progression **555**; -umlage 288, **292**
Stifts-kapitel 112; -vogt 196
Stinnes-Legien-Abkommen (1918) **563**
Strafaussetzung zur Bewährung **579**
Strafen – peinliche, an Leib und Leben = Blutstrafen 24, 78, **215**, **329**; – spiegelnde **215**; s. auch Freiheitsstrafe, Todesstrafe
Strafgesetzbuch (1871) = StGB = Reichsstr. **346**, **392**; – bayerisches (1813) **345**; – der DDR (1968) **588**; – Gesamtentwürfe (1962, 1966) **574**; – österreichisches (1803) **339**; – preußische (1851) **317**, **346**, **392**; s. auch Code pénal, Codex iuris criminalis bavarici, Kriminalgesetze, josefinische
Strafprozess-ordnung (1877) = StPO **393**; -recht 221–225, **329**, 372–378, **584**; s. auch Code d'instruction criminelle
Strafrecht 4, 12, 24, **74–80**, 214–220, 327 f., 330–346, **367**, **392**, **577–586**; – Allgemeiner Teil **330**, **392**, **574**; – Besonderer Teil **574**; – internationales **80**; Strafrechtsschule – klassische **577**; – soziologische **577**
Strafrechtsreformgesetze (1969) **583**
Straftheorien (betr. Strafzwecke) – absolute **342**, **569**, s. auch religiöse Strafzwecke, Vergeltung; – relative **342**, **346**, **577**, s. auch Abschreckung, Besserung, Generalprävention, psychologischer Zwang, Sicherung, Spezialprävention
Strafverteidiger **378**
Strafvollzug **578**; -sgesetz (1976) **578**
Strang s. Hängen
Straßburg 169, 244, 528
Straßen-bau **551**; -regal 248
Straßer, Gregor (1892–1934) 467
Streik **561**, **570**
Ströme, deutsche 468
Stryck, Samuel (1640–1710) **306**
Studenten 126, 255, 456, 542, 545
Suarez, Carl Gottlieb (l746–1798) 314
Sudetenland 468
Süd-amerika 321; -deutschland 139, 150, 157, 160, 164, 168, 171, 289, 294, s. auch Verfassungen, südd.; -slawen 367, s. auch Jugoslawien; -tirol 455

Sühnegeld s. compositio; -katalog **74**, 217 f.; -leistungssystem s. Kompositionen-System
Suggestivfragen, Verbot v. **329**
supranationale – Regelungen **563**; – Verbände **529**
Sutri, Vertrag v. (1111) **115**
Syllabus errorum (1864) **398**
Systembildung 35, 307, **309**, **311** f., **328**, **402** f., **405**, s. auch Institutionensystem, Naturrechtssystem, Pandektensystem; – mangelnde 197, 306

Tacitus (um 55–116) **20–27**, 32 f., 162, 286
Täter/Opfer-Ausgleich **584**
Täuferkrieg, münsterischer (1534/1535) 170, s. auch Wiedertäuferherrschaft
Tag der Deutschen Einheit (17. Juni) 544
Tagessätze bei Geldstrafen **579**
Talionsprinzip 218, 343
Tarif, fester s. Preis, reglementierter
Tarif-verträge **563**, **570**; – allgemein verbindliche **563**
Tarifordnungen **566**
Taufregister 201
Tavernen = Gaststätten 46; -rechte 211
Tecklenburg, Grafschaft 242
Temporalien 116
Tengler, Ulrich (um 1440–1511) **299**
Territorial-itätsprinzip 80, 155; -verfassungen 260–275
Territorien 106, 108, 154 f., 157–159, **260** ff, 271 f., 275; – geistliche **264**; – weltliche **266–268**
Testament 25, s. auch Seelteil; -ssachen, Zuständigkeit 135; s. auch Altes Testament
Teufel 333
»Theresiana« (1768) s. Constitutio criminalis Th.
Thibaut, A. F. J. (1772–1840) **401**, **402**, **411**
theokratisches Rechtsdenken s. religiöses R.
Thing, altgermanisches 22, 23, 58, s. auch Ding
Thomas von Aquino (1225–1274) 173, 307
Thomasius, Christian (1655–1728) **310**, **335**
Thorner Friede (1466) 278
Thron- und Altar 124; -folge **39**, **147** und andere
Thüringen 440, 489, **507**; -er 31, s. auch Lex Thuringorum; -ische Fürstentümer 199, 440
Tilsit, Friede von (1807) 349
Tochterstädte 178
Tocqueville, Alexis de (1805–1859) 379
Todesstrafe 24, 78, **215**, **330**, 331, **337**, 339, **342**, **580**
Tötungsdelikte 24, 74, s. auch Mord, Totschlag
Toscana, Großherzogtum 367
Toter Mann s. Klage
Totschlag 24, 215
Tours und Poitiers (Schlacht, 732) 95

Trennung von Tisch und Bett **204**
Treu – und Glauben **595**; -bruch des Vasallen = Felonie 103, s. auch Lehenstreue
Treue – als Element der Gerechtigkeit **309**; – gegenüber Führer **463, 475**; -gelöbnis 22, 25; -pflicht d. Beamten 273
Treueid der Landstände und Untertanen **262**
Treuhänder der Arbeit **566**
Trient 168, s. auch Konzil von
Trier 162, 168; – Erzbischof, Kurfürst (bis 1803) 146, **147**, 240
Trinkerheilanstalten 577
Truchseß = Seneschal 40
Truckverbot **425**
Tschech-en 367; -ische Gerichte 198; -oslowakei 531, 542 d
Turgot, A. R. (1727–1781) 293

UdSSR s. Sowjetunion
Ulbricht, Walter (1893–1973) 599
Ulm 168
Um-erziehung (nach 1945) 491, **494**; -satzsteuern 172, **558**; -stand **59**, **61**, 72; -weltrecht 550; -weltschutz 550, 582
un-ehrlich s. ehrlos; -erlaubte Handlung s. Delikt
Un-fehlbarkeitsdogma (1870) **398**; -freie s. Leibeigene
Ungarn **241**, 367, 546
Ungefährwerk 76
Universität-en 126, 128 f., **135**, 249, 255, 316, 362, 402 f., 406, 431, **552** und andere, s. auch Aktenversendung; -sreform, preußische (1810) **383**
Unmittelbarkeit des Hauptverfahrens **375**
UNO **528**
Unschuldsbeweis **62 f., 376**
Unteilbarkeit von Territorien **262**
Unter-eigentum s. Nutz-e.; -stützungspflicht unter Zunftgenossen 173
Untersuchungs-haft 215; -kommission s. Centrale U.; -maxime = Inquisitions-maxime **69, 221, 325, 329, 373**
Unter-tanen 260, 262, 312, 324; -vasallen 46, 97, 98, **102**
Unzucht – gleichgeschlechtliche 581; – mit Tieren **581**
Unzurechnungsfähigkeit 75
Urbare 37, 201, 282
Urheberrechtsgesetze (1871, 1876) 395
Uni 140
Urkund-en 18, **37, 65, 89**, 186 f.; -enbeweis 72, **222**; -spersonal 40
Urteil, zweizüngiges = bedingtes 62
Urteiler s. Rachymburgen, Schöffen
Urteils-begründung **194, 371, 377**; -schelte 72; -vorschlag 61

USA = Vereinigte Staaten v. Amerika = Amerika 355, 387, 447, 469, 487, **495**, 518, 549, 575, s. auch Louisiana sowie Verfassung
USPD = Unabhängige Sozialdemokratische Partei Deutschlands (1917–1922) s. Parteien (1919–1934)
Usus modernus Pandectarum 306, 313, 383, 402, 405
UWG (1896, 1909) s. Wettbewerb, unlauterer

Vasall = Lehenmann = Mann 42, **93**, 100, 114, 117, 139, **144**, 157 und andere
Vásquez, Gabriel (1543–1604) 307
Vechta 159
Veme = Strafe **225**; -gerichte = Frei-gerichte 225
Venedig 170, 255, 331
Verbände, soziale 5
Verbannung 215, s. auch Bannstrafen
Verbraucherkreditgesetz 582
Verbrauchsteuern 391, **558**
Verbrennen als Strafe **215**, 330
Verdachtsstrafe 331
Vereinigte Staaten von Amerika s. USA
Vereins-freiheit 363, **504a**; -recht 417
Verfassung – amerikanische (1787/91) 355; – badische (1818) 354; – bayerische (1818) 354; – belgische (1831) **364**; – von Braunschweig (1832) 364; – der DDR 542, **543, 547**; – englische 364; – förmliche 365, 367; – von Hannover (1833) 364; von Hessen-Darmstadt (1820) 354; – kurhessische (1831) 364; – landständische 354, 364; – österreichische (1867) 367;
– preußische. (1850) 365 f.; – von Sachsen (1831) 364; – von Württemberg (1819) 154; s. auch Charte constitutionnelle, Grundgesetz, Reichsverfassung
Verfassungen – aristokratische 22, 26, 28, **170 f.**, 255, 364; – demokratische 22, 26, 28, **58–60**, 289, 381; – gemischte **22**, **30**, 38, 364; – monarchische 22, 26, 28, 38, 255, 364; – süddeutsche (1818–1820) **354, 364**; – norddeutsche (1831–1833) **364**, s. auch Länder-verfassungen (nach 1945), Landes-verfassungen (bis 1806), Territorial-verfassungen
Verfassungs-geschichte, Begriff **6**
Verfassungskonflikt – hannoverscher (1837) **364 a**; – preußischer (1862–1866) **366**
Verfassungs-octroi, preußischer (1850) **365**, 381; -recht 12, 35; -urkunden, formelle 354
Verfemt = geächtet **225**
Vergeltung als Strafzweck **218**, 342, 344 f., 346, 568
Verhältniswahlsystem 438, **512**
Verhandlungsmaxime **69, 221, 226, 323, 325, 393**
Verklarung 225a
Verleideranteil 225c

Vermittlungsausschuss (1949) **515**
Vermögen-steuern 391, 430, **443, 555,** 557; -strafen 215
Verrat 24, **215**
Versailler – Friedensvertrag (1919) **437,** 455, 468; – Spiegelsaal (1871) 387
Versammlungsfreiheit **363**
Verschulden 75, **214;** -sprinzip bei Ehescheidung **579**
Versicherungs-recht **506;** -verträge 125, s. auch Arbeitslosenversicherungsgesetz, Sozialversicherung
Versöhnungs-geld s. compositio; -vertrag 24
Versuch 75, 330
Verstaatlichungen in der DDR 542a
Verstümmelungsstrafen 78
Verteidiger 378
Vertrag (Begriff) **309;** -sfreiheit **206;** -sform **206**
Vertriebene (nach 1945) 496, 537
Verwahrungsanstalten 577
Verwaltung, gesetzmäßige **369**
Verwaltungs-anweisungen 36; -bezirke 489; -gerichte 552; -gerichtsordnung (1960) **559;** -recht 315, **550–560;** -stellen, untere (nach 1945) 495; -verfahrensgesetz (1976) 559
Verwissenschaftlichung der Rechtspflege **300**
vestitura s. Investitur
Vielweiberei 181
Vierteilen als Strafe 215
Vikar 121
Viktoria, Königin von England (1837–1901) **364 a**
villicus = Meier **47, 60**
Villikationen 47, 277
Virilstimmen im Reichstag (bis 1806) 242, 245
Vischering, Cl. A. Freiherr von Droste zu, Erzbischof von Köln (1835–1845) **397**
Vitoria, Francisco de (1486–1546) 307
Völker-recht 253, 255, **308 f.,** 389, 477, 511, 529; -wanderung 28
vogelfrei s. friedlos
Vogtei **95,** 117
Volks-abstimmungen 488 f.; -aufstand (1953) s. Ostberlin; -beauftragte (1918) s. Rat; -eigene Betriebe, Eigentum der DDR 542a; -empfinden, gesundes **480,** 484; -geist 33, **402, 481;** -gemeinschaft 461, 479; -gerichte 33; -gerichtshof 454, **485;** -gesetzbuch, Entwurf **482;** -kammer der DDR **543;** -rechte s. Leges barbarorum
Voll-jährigkeitsalter **578;** -ziehung, Ausfertigung von Gesetzen 390, 418, 437, 442
Vorkaufsrechte, dingliche 209, s. auch Retraktrechte
Vormärz **364 a**
Vormund 305; -schaft 230, 305

Vorpommern 243; s. auch Mecklenburg-Vorpommern
Vorsatz 75
Vorsprecher s. Fürsprecher
Vorstand v. Aktiengesellschaften 560
Voruntersuchung 373 f.
Vorzensur 362
Vulgärrecht, römisches 34

Währungs-reform (1948) **492,** 538, 562; -system, europäisches = EWS **528;** -union mit der DDR (1990) **548**
Waffenstillstand (1918) 433
Waffentragungsrecht, studentisches **255**
Wagner, Adolf (1835–1917) **424**
Wahlen – direkte und geheime 388, 438; – indirekte 364
Wahl-fähigkeit **438,** 512; -kapitulationen **147;** -kreise 438, 512
Waldeck 440
Wald-genossenschaften s. Markgen.
Waldland, ungeteiltes 25, 57, 285, s. auch Allmend
Wappenbriefe 249
Warendorf 168
Warenzeichengesetz (1874) 395
Warschauer Pakt 591
Wasser-probe **63;** -recht 419; -rechte, ehehafte **211**
Wechsel **125;** -ordnung, Allgemeine Deutsche (1848) **408**
Wehrpflicht **381, 460,** 504, **527**
Weichbildrecht s. Stadtr.
Weide-land, ungeteiltes 25, 57, 285; -nutzungsrechte 293, 295
Weidgang, allgemeiner 55
Weimar 436; -er Reichsverfassung (1919) 109, **435–451,** 459, 499, 501, 503, 505, 514, **556**
Weistümer 192, 299, 302, s. auch Bauernweistümer
Weizsäcker, Richard von (geb. 1920) 516
Welt-klerus = Weltgeistliche 111 f., 121; -krieg, Erster (1914–1918) 389, 431, **432;** -krieg, Zweiter (1939–1945) 469, 471 f., 486
Werden bei Essen, Abtei 50, 242
Wergeld = Manngeld 74
Wertpapier 125
West-Berlin **500, 507;** -deutschland 168
westfälische – eheliche Gütergemeinschaft 317; – Grafenbank 242; -r Frieden (1648) 140, 245, **251–253;** -r Provinziallandtag 365
Westfalen 27, 31, 34, 50, 56, 81, 164, 198 f., **225, 279 f., 282, 290–292,** 294, **317,** 349, 488; – Herzogtum **154, 279,** 317; – Königreich (1807–1813) 349
Westgalizisches Gesetzbuch (1797) 322
West-goten 34; -preußen 241; -schweiz 31, 87, 164

255

Wettbewerb – Gesetze gegen unlauteren = UWG (1896, 1909) **428, 564**; -sbeschränkungen s. Kartell; -srecht **538, 574–576**
Wetterauer Grafenbank 242
Wetzlar **234**
Weyer, Johann (1515–1588) 333 a
Widerstandsrecht 144 f., **484, 489**
Wieder-täuferherrschaft in Münster (1534/5) **181**, s. auch Täuferkrieg; -vereinigung, Hoffnung auf 492, 497, 522
Wien, Wiener 168, 235, 386; – Bundesakte (1815) **354, 364**; – Hofkammer **148**; – Konkordat (1448) **116**; – Schlussakte (1820) 364, 384; – Universität (1365) **135, 415**
Wildschadensrecht 417
Wilhelm I., Kaiser (1871–1888) **387**; 389; – II., Kaiser (1888–1918) 418, **433**; – von Oranien, König von England (1689–1702) 145
William von Ockham (1270–1347) **146**
Willküren s. Satzungen
Wilson, Th. W. (1856–1924) 432
Windscheid, Bernhard (1817–1892) 407, 414
Windthorst, Ludwig (1812–1891) 399
Wirtschafts-konzerne, Entflechtung v. **575**; -kriminalität **582**; -krise (1929–1934) 447, 564, **566**
Wirtschaftsrecht (bis 1806) 173 f.; – (bis ca. 1900) **175, 425–429**; – (20. Jahrhundert) **576**
Wirtschaftsverbände, private **535**
Wittenberg 230
Wohlfahrt, Wohlstand 260, 358, 423, 533, **537–539**
Wohnungs-eigentumsgesetz (1951) **591**; -mietgesetze **593**
Wolfenbüttel 196
Wolff, Christian (1679–1754) **307, 310, 315**
Worms 151, 169; -er Konkordat (1122) 89, 99, **116**, 203; -er Reformation (1498) **304**; -Reichstag (1495) 232
Wucher-sachen, Zuständigkeit 260; -verbot = Zins-verbot 28, **205**
Würfelspiel 25 f.
Württemberg 255; – Herzog, Kurfürst (1803–1806) **240**; – Land (1919–1945) **440**; – Königreich (1806–1918) 388, 391, s. auch Verfassung
Württemberg-Baden **507**; -Hohenzollern **507**; -isches Landrecht (1555) **304**
Würzburg 168 f.; – Bischof 123, 169

Zähringerstädte 164, 166
Zasius, Ulrich (1461–1535) **304**
Zauberer **215**
Zehnte **53**, 82, 84
Zensur s. Vor-zensur

Zentenar **44**
Zeiller, Franz von (1751–1821) **322**
Zentrum s. Parteien (1871–1918 und 1919–1934)
Zepter 99, 116; -lehen **99**
Zerrüttungsprinzip bei Ehescheidung **589**
Zersplitterung – der Gerichtsbezirke **91**, 102, 135; – der Hoheitsrechte 139, 157, 160, 193, 231, 253
Zeugen-beweis **65, 72, 226**, s. auch Zweizeugenbeweis; – bei Rechtsgeschäften **81, 203**
ZGB = Schweizerisches Zivilgesetzbuch (1907) **301**
Zigeuner 494
Zins-en von Darlehen 25; -knechtschaft, Brechung der **461**; -lehen, erbliche **136**; -schranken 230, 305, 352; -verbot, Wucherverbot 28, **205**; s. auch Bodenzinse
Zionistische Protokolle (1905) **453**
Zivilgesetzbuch (DDR) 594
Zivilprozess – gemeiner **226**; – kanonischer **226**; – römisch-kanonischer **226**
Zivilprozess-ordnung – (1877) = ZPO 226, 326, 393, 587a; s. auch ZPO-Novellen; – österreichische (1895) 393, 587a; -preußische (1781) **325**
Zivilprozessrecht **226 f., 323–326, 393, 600**; -skodifikationen **325 f.**
Zivil-recht s. Privatrecht; -standsregister **396**, s. auch Personenstands-register; -trauung, obligatorische **396**
Zölle 36, 352, 391, **430**
Zonen s. Besatzungs-zone
ZPO – s. Zivilprozessordnung (1877); -novellen (1909, 1921, 1924) **393**
Zuchthausstrafen 343, **579**
Züchtigungsrecht 280, 282
Zünfte, Gilden, Innungen 165, 170, **173**, 175, 315, 352, s. auch Berufsinnungen
Zürich 140
Zugewinngemeinschaft **587**
Zugrechte s. Retraktrechte
Zunft-satzungen **191**; -verfassung **170 f., 173**; -wirtschaft 173 f.; -zwang, Beseitigung **175, 359**
Zunge – herausreißen als Strafe **215**
Zurechnungsfähigkeit 75
Zwangs-kartelle (1933) **575**; -rechtes. Gewerbebann-r.; -schlichtung **563**
Zweck der Rechtssätze **407**
Zwei-kammersystem **364**; -kampf, gerichtlicher **63 f., 72**; -schwerterlehre **114**; -zeugenbeweis **222**
zwiespältige Wahlen s. »Doppelwahlen«
Zwölftafelgesetz (um 450 v.Chr.) **29, 311**

Rechtssprichwörter

Consensus facit nuptias **203**

Cuius regio eius religio **250**, 261

Curia novit iura (iura novit curia) **297, 323**

Da mihi facta, dabo tibi ius **323**

Dux Cliviae imperator est in ducatu suo **156**

Ecclesia romana lege vivit **135**

Eigentum verpflichtet (1919) **444**

Hand wahre Hand **208**

In dubio pro reo **376**

… irregulare aliquod corpus et monstro simile **255**

Ne eat iudex ultra petita partium **323**

Neminem laedere **309**

Nulla poena sine lege 70, 331, **336 f.**, 339, **344**, **370**, 477, 571

Princeps legibus absolutus **267**

Quod non est in actis, non est in mundo **323**

Recht ist, was dem Volke nützt (1933–1945) **479**

Stadtluft macht frei **136, 161, 176**

Stadtrecht bricht Landrecht, Landrecht bricht gemeines Recht **297**

Statuta sunt stricte interpretanda **297**

Was Recht ist, soll Recht bleiben **193**

Wo du deinen Glauben gelassen hast, musst du ihn suchen **208**